西南揮戈
1944年中日桂柳會戰

目錄 contents

前　言

　　1944年4月，侵華日軍發動了規模空前的"一號作戰"。日軍戰史一般將這場大戰劃分為"京漢作戰"和"湘桂作戰"。因為戰事先後在河南、湖南、廣西境內進行，中國的抗日戰史稱之為"豫湘桂戰役"，也拆分為豫中會戰、長衡會戰、桂柳會戰。所謂"豫中會戰"，顧名思義也就是發生在河南中部的戰役；至於"長衡"，系指長沙和衡陽，可見湖南的戰事多發生在這兩個地方；"桂柳"是指廣西桂林和柳州，儘管事實上日軍還追擊到了貴州，不過我們仍習慣叫做"桂柳會戰"，而不是"桂黔會戰"。

　　長期以來，對於1944年的抗日正面戰場，人們總是將更多的眼光投向滇西、緬北地區。那裡有遠征軍強渡怒江，翻越高黎貢山，血戰騰沖、松山、龍陵的壯烈史詩；那裡有駐印軍橫掃胡康河谷，力克密支那的輝煌篇章。反觀東線豫湘桂戰場，國民政府軍兵敗如山倒，喪師失地，除了慘烈的衡陽保衛戰，很少有人去關注這場持續超過八個月的中日大戰。勝利值得歌頌，面對失敗則需更多的勇氣，有鑒與此，筆者萌發了撰寫"豫湘桂戰役"最後階段"桂柳會戰"的想法。

　　檔案資料採擷方面，中國第二歷史檔案館編輯的《中華民國史檔案資料彙編》、《抗日戰爭正面戰場》收入有史料價值頗高的戰鬥詳報和高級將領之間的來往電報；中國國民黨中央委員會黨史委員會編纂的《中華民國重要史料初編——對日抗戰時期——作戰經過》，雖然收入的檔案量不大，但同樣彌足珍貴。回憶性資料方面，首推大陸各級政協的文史資料，當事人寫的東西或因立場和記

憶力衰退的原因，往往存在不同程度的錯誤，然而結合檔案史料，仍可獲得不小收穫。張發奎作為第四戰區司令長官，幾乎全程參與指揮了桂柳會戰，他的口述歷史無疑是最重要的參考資料。就在拙作快要殺青的時候，當代中國出版社出版了這本書的簡體中文版，我為學術和出版的日益進步感到高興。

日軍深入黔南和1945年的"桂柳反攻戰"，無論是作戰時間還是作戰地點，都與"桂柳會戰"有著極大的關係，所以筆者專門安排了相關章節，並以反攻途中迎來抗日戰爭勝利作為全書的終結。從這一點來看，拙作可以說是第一次全景式展現了1944年至1945年的西南抗日正面戰場。不過筆者視野狹隘，聞道淺薄，錯謬誤失之處再所難免，敬請方家及有心之士斧正，同時也期待各位讀者的批評。

中國有句老話，叫"兩軍對壘看主將"。就讓我們從中日雙方的指揮將領，白崇禧、張發奎、岡村寧次、橫山勇等人說起吧。

第一章
張發奎與第四戰區

1、始信人間有鐵軍

1927年6月，武漢漸入仲夏，設在武昌前清督練公所的第2方面軍總司令部門庭若市。在長江流域出現的兩個國民黨中央和國民政府之間，32歲的總司令張發奎深信"只要追隨武漢政府的汪精衛，就不會迷失方向"。武漢方面也極度倚仗張發奎，好像沒有第2方面軍，政府便不能支持下去。武漢"二次北伐"，張發奎的第1縱隊出力最多，臨潁一役大破奉軍主力，直取開封。宜昌夏鬥寅等乘機西犯，武漢政府亦是依靠第1縱隊留守後方的葉挺第24師，才將其擊退。汪精衛要東征"討蔣"，張發奎立即回師武漢，下令部隊向南昌、九江集結。汪精衛要"分共"，張發奎坦言自己沒有認真地考慮："因為汪精衛認為這是正確的，我也就這樣想，我對於軍事的興趣遠高於政治。"

張發奎，字向華，1896年9月2日出生於廣東始興清化鄉矮嶺村（今隘子鎮彩嶺村）。幼年時曾就讀於縣立高等小學堂，1910年輟學到廣州增步習藝所當學徒。辛亥革命後投入粵軍模範團當兵，旋考取廣東陸軍小學接受軍事訓練，經教官鄧鏗介紹，加入同盟會。1914年升入武昌陸軍預備學校。1916年5月，回粵參加討袁之役，後在廣東士敏土廠任事。1917年7月，孫中山在廣州成立護法軍政府，張發奎參加"援閩粵軍"攻打福建漳州。1920年8月，粵軍回師廣東驅逐桂系軍閥，擔任督戰隊長。粵軍整編，升任鄧鏗第1師少校副官。1921年4月，鄧鏗奉命成立大總統府警衛團，張發奎任第3營營長。次年6月，主張聯省自治的陳炯明發動政變，張發奎率部轉戰粵北，被迫退入始興仙人嶺。其後接受改編，移駐番禺、肇慶等地。1923年1月，孫中山聯絡滇桂軍入粵討陳，張發奎加入討賊聯軍，因功升任第1師獨立團團長。1925年春，率部參加第一次東征，以及回師廣州平定滇桂軍叛亂。7月，第1師擴編為第4軍，張發奎任獨立旅旅長，積極投身統一廣東革命根據地的一系列征討戰中。翌年1月升任第12師師長。

1926年7月，廣州國民政府興師北伐，張發奎率領第12師進軍湖南，連克醴陵、瀏陽、長沙、平江等地。8月下旬，第4軍向湖北挺進，吳佩孚集結重兵扼守汀泗橋，第12

就讀於黃埔陸軍小學的張發奎（前排右一）與部分同學合影。

師配合左翼友軍發起猛烈攻勢。張發奎親率第35團和以共產黨員為主的葉挺獨立團展開正面攻擊，黃琪翔第36團乘夜渡江迂迴敵後，一舉佔領汀泗橋。第4軍隨即又再克賀勝橋，會同第7軍等合圍武昌，終於在10月10日破城而入，取得了一場北伐戰爭中具有決定意義的勝利。10月末，張發奎揮師援贛，奮戰德安馬回嶺，重創孫傳芳五省聯軍謝鴻勳部，不久又隨左路軍克復九江、南昌等地。蔣介石電嘉張發奎："此次兄千里增援，不辭艱勞，殊勝愛慕！有將如兄，革命無虞不成矣。"11月下旬，第4軍班師武漢，張發奎以戰功卓著，升任副軍長，仍兼第12師師長。1927年春，張發奎晉升軍長，粵僑紳商特別鑄了一枚鐵盾，稱頌第4軍"摧鋒陷陣如鐵之堅革命負擔如鐵在肩"，"鐵軍"的稱譽由此而起。蔣介石1月13日訪武漢，14日見張發奎及第4軍所屬師團長，觀感甚佳，日記中有"皆青年血性男兒也，可愛！"等語。

儘管武漢政府在張發奎回師後升他為第2方面軍總司令，掛上將銜，但張對分共並不熱情："我認為革命尚未完成，革命力量不應分裂。"可以這麼說，大革命時期的國民黨高級將領中，張發奎與中共關係最友好，客觀上對中共幫助最大。反過來，中共對張發奎也在多方面給予積極支持，尤其是在他部隊工作的共產黨員，無論是軍事幹部還是政工人員，工作都非常出色。30多年後，美國哥倫比亞大學口述史學者夏蓮瑛這樣問張發奎："共產黨人是否給了你很多幫助？"張的回答很乾脆："無可置疑，共產黨員用不同的方法幫助了我，我欽佩他們的熱忱和戰鬥精神。"

第2方面軍下轄第4軍、第11軍和暫編第20軍，黃琪翔、朱暉日、賀龍分任軍長。第2方面軍是共產黨員最集中的部隊，第4軍第24師師長葉挺是張發奎的好朋友，莫斯科回來就告訴張加入了中共，張沒半點反對的意思。周士第是葉挺推薦來的，起初擔任第34團參謀長，因善戰調任第25師第73團團長，他是共產黨員張也知道。汪精衛決定"分共"前曾對張發奎打招呼，要他提防共產黨，張無動於衷，反而禮聘郭沫若、高語罕到第2方面軍總部分別出任黨代表兼政治部主任和秘書長。甚至連新成立的總部警衛團這樣的直屬部隊，

張發奎也不排斥中共，團長盧德銘、參謀長韓睿、指導員辛煥文、1營營長宋文彬、3營營長余灑度、特務連指導員羅榮桓等等都是共產黨員。也有張發奎不知道的，比如第4軍參謀長葉劍英、第25師參謀長張雲逸、第73團3營7連連長林彪、第2方面軍總部參謀徐向前、教導團文書陳毅。1980年3月10日，張發奎病逝香江，時任人大常委會委員長的葉劍英給將軍家屬發去唁電：驚悉向華將軍逝世，不勝哀悼。鄉情舊誼，時所縈懷。特電致唁，尚希節哀。

說到這裡，我們就不難理解，張發奎為何遲遲下不了分共的決心。可問題是汪精衛不答應，共產黨也不會坐以待斃。7月29日，汪精衛在廬山召開"東征軍"師以上軍官談話會，強調在場的高級將領們回到各自單位務必做好"分共"準備。在這節骨眼上，偏偏賀龍、葉挺缺席會議，張發奎多少感到難堪，按照汪精衛的指示，他急電賀、葉限期將部隊帶到九江。張發奎哪裡想到，此時的賀龍和葉挺已經鐵了心要跟共產黨走。"我並不認為他們會發動叛亂，所以沒有先下手逮捕他們。"中共緊鑼密鼓策劃南昌暴動，張發奎事先竟然渾然不

知。

8月1日凌晨，周恩來、賀龍、葉挺、朱德、劉伯承等人指揮起義部隊打響了中共武裝反抗國民黨的第一槍。張發奎得知南昌有變，立刻下山搭乘機車趕往德安巡視，途中遭到起義部隊阻撓，不得不跳車返回九江。張發奎回到九江總部立即召開緊急會議：＂南昌發生的事變，大家都知道了，本人現在宣佈，‘CP’分子(共產黨)，三天以內保護，三天以後不再負責！＂起義部隊則盡力爭取張發奎＂入夥＂，賀龍和葉挺分別打電報給張，歡迎他來南昌一塊幹革命。張發奎最終沒有站到革命這邊，他請即將離開總部的郭沫若等人向賀、葉轉告：＂我希望他們盡速退出南昌，因為我的部隊也要到南昌去，免致發生衝突；我聽說他們要回廣東，我希望他們走東江，不要走贛南，因為我的部隊要走贛南回廣東，免致發生衝突；河水不犯井水，我們彼此不相干，我希望革命委員會以後不要再用張發奎的名義，做傀儡我不來；我對政工人員一律以禮遣散，也希望他們不要傷害了我的人。＂

起義軍南下潮汕，廣東李濟深急邀張發奎返粵助剿，在汪精衛示意之

1940年代的張發奎將軍。

下，張把部隊交由黃琪翔、朱暉日帶領，自己先搭船轉赴廣州。接下來的一幕極富戲劇性，蔣介石下野，武漢政府的東征瞬間失去目標，＂寧漢合流＂後汪精衛重回廣州，他號召支持者，抵制南京特別委員會代行中央職權，而李濟深站在桂系陣營，又堅決不同意這樣幹。11月16日，汪精衛和李濟深北上參加四中全會預備會，

張發奎根據汪的指示，發動了廣州政變。李濟深大怒，大興討伐之師，從東西北三面包圍廣州。忙於內鬥的張發奎顯然忽略了廣州的中共勢力，12月10日，中共繼南昌之後再度起事，史稱"廣州起義"。睡夢中驚醒的張發奎逃到珠江南岸，他一改南昌時與人為善的溫和態度，連夜調集部隊返回廣州鎮壓起義部隊。不想為此承擔任何責任的汪精衛不久宣佈辭職，處在槍口浪尖上的張發奎自然難逃各方攻擊，無奈放洋遊歷日本。

1929年3月，蔣桂戰爭爆發，蔣介石起用張發奎為討逆軍第1路右翼軍司令官。張發奎直率地說："我絕對忠於旅居法國的汪精衛，如果汪要我同您開戰，我怎麼辦？設若我拒絕，我就不成為他的忠實信徒了；設若我同您打仗，那就委屈了您。"或許蔣介石覺得張發奎政治上"可愛"，也玩起了忽悠："你認為汪精衛和你關係很好吧？好，我同汪先生的關係更加好！"桂系失敗後，張發奎重掌第4師（由第4軍縮編），率部移駐鄂西宜昌。9月，蔣介石命令第4師開赴隴海線討伐馮玉祥，張發奎從幾方面得到消息，南京想要半途設伏解決他，便又打出"護黨救

國"的旗幟再次反蔣。這時，汪精衛和桂系紛紛表示捐棄前嫌，共舉討蔣大旗，於是張發奎率部輾轉進入廣西梧州。"張桂聯軍"說好一起東下攻粵，迫近廣州時被中央軍和陳濟棠指揮的廣東部隊擊敗。次年中原大戰起，張發奎敗的更慘，原本前鋒已抵湖北境內，卻被蔣光鼐、蔡廷鍇斷了衡陽後路，最後只剩下千餘人敗回廣西，只能在李宗仁手下苟延殘喘，仰人鼻息。

九一八事變後蔣介石以退為進，再度下野，沒想到短短數月後形成蔣汪合作的政治局面，這無疑是給張發奎當頭一棒，這些年翻來覆去究竟是為了什麼？汪精衛漸漸疏遠失去軍隊的張發奎，張至此方醒，不禁長歎："我們軍人實在是政客的犧牲品。"落魄之時，倒是蔣介石不棄張發奎，這令張感到不解："我長期反對你，你用我難道就不怕我以後再反你？"蔣的回答讓張一生刻骨銘心："你反我是你的事，我用你是我的事！"不過張發奎還是決定離開第4軍，"打了這麼多年的仗，我實在累了。"蔣不好勉強，給了張軍事參議院上將參議的名義和五萬元出國考察費。1932年11月2日，張發奎和妻子

1937年9月張發奎擔任第8集團軍總司令，負責上海浦東及杭州灣北岸戰場。

劉景容離開中國，赴歐美考察軍事，直到1935年春天才在電召之下回到國內。曾經有人問張發奎：「向公，汪精衛如此無信無義，你怎麼老跟他跑？」張回答說：「我一次又一次地反蔣，不瞭解我的人，都罵我反復無常，其實我是上了汪精衛的大當。如果我現在再來反對汪精衛，那不更說我是個反復無常的小人嗎？這好比舊時的女人嫁錯了丈夫，要離婚，怕人恥笑，不離婚，又深感痛苦，真是難啊！以後我對汪敬而遠之，我已經沒有兵了，他還利用我幹什麼呢？」

1936年初，蔣介石任命張發奎為閩贛浙皖邊區清剿總指揮，可張早已對內戰喪失興趣，消極應付幾個月後改任蘇浙邊區綏靖主任，負責構築杭州灣北岸抗日國防工事。張發奎想起還在美國芝加哥考察時，有一位名叫雅倫的醫生邀請他吃飯，醫生席間端起一個斟滿白蘭地的酒杯說：「張將軍，我最恨日本人，相信你和我一樣，如果你能將這杯酒喝完，在我有生之年，你能將日本人打敗，我就將這個家傳酒杯送給你作紀念。」當時張發奎毫不猶豫一飲而盡，可心裡卻對抗日沒有一點把握，如今這項工作可謂正合心意。

全面抗戰這一天終於來到！八一三淞滬會戰，張發奎擔任右翼軍總司令，負責浦東和杭州灣北岸防務，由於隔著租界和黃浦江，右翼軍的戰鬥較為沉寂。為減輕浦西方面的壓力，張發奎不時集中砲兵進行火力支援。大革命失敗後東渡日本的郭沫若回到上海，他幫助張發奎成立了中共黨員唱主角的第八集團軍總司令部戰地服務隊。儘管有過南昌和廣州的兩次不愉快，如今共赴國難，張發奎願意將昔日恩怨拋棄一邊，中共政工人員的優良作風依然在他心裡留有美好回憶。郭沫若和夏衍、田漢等左翼文人冒著敵人砲火，訪問張發奎設在奉賢南橋的司令部，眾人為中華民族壓抑許久的怒吼舉杯，夏、田二人不禁酩酊大醉。夏衍後來寫下了《始信人間有鐵軍——張向華將軍會見記》一文，文章標題取自田漢即興而作的一首詩：

把酒持螯吒戰雲，一時飲者盡輸君。
浦江兩月波濤壯，始信人間有鐵軍。

2、粵海風雲激蕩

一月的武漢江風刺骨，十年前你爭我鬥的一切仿佛歷歷在目，如今的民族聖戰又把昔日不同陣營的精英團結到同一陣線。張發奎慶倖自己沒有缺席，在武漢這座再熟悉不過的城市，蔣介石依然給他機會，重建淞滬會戰後撤銷的第8集團軍，投入武漢保衛戰。1938年6月，第九戰區成立，陳誠為司令長官，薛岳、張發奎分任第1、第2兵團總司令，第2兵團轄14個軍、28個師，負責九江和長江南岸重要據點的防守任務。7月23日，湖口日軍登陸姑塘，三天后攻佔九江。蔣介石對此深感不滿，質疑張發奎的臨戰處置有保存第4軍實力之嫌，張給蔣寫了一篇長達2000餘字的報告書，申述九江失利的原因，後經陳誠居中解釋，終獲中樞諒解。武漢失守後不到兩個月，汪精衛出走越南河內，12月29日通電主和，公然投靠日本。張發奎及時站隊，即與陳誠、薛岳、李宗仁等人通電譴責汪氏叛國行經。

1939年元旦，張發奎在廣東韶關正式宣佈就任第四戰區代司令長官。對於這次晉升，張發奎顯得十分猶豫。第四戰區成立於1937年8月20日，抗戰初期被視為一個次要戰區，最初的任務僅是"除對敵海陸空之擾亂，完成戰備態勢外，應充分準備參加第二期之作戰"。軍政部長何應欽名義上兼任司令長官，但並沒有設置戰區指揮機構，軍事實際由副司令長官兼第12集團軍總司令余漢謀負責。

余漢謀是廣東高要人，生於1896年9月21日，雖與張發奎廣東陸軍小學、武昌陸軍預備學校同學，但兩人卻談不上有什麼同窗之誼。"我同余漢謀是廣東同鄉，是同學，也是第1師老同事。他的職位一直比我低得多，我當團長時，他甚至還未當上營長，他的飛黃騰達是在他推翻陳濟棠之後。我和余漢謀並無夙怨，但也談不上深交。"張發奎心裡很清楚，副司令長官余漢謀並不真心歡迎他去。

余漢謀在兄妹中排行第九，原本家境還算殷實，曾祖父余孔章做過三水縣守備，祖父余玉麟官至廣東撫標左營千總，父親余起鵬是鹽商，每年有幾百擔的鹽銷往湘南一帶。因為有一次裝鹽的船出事故沉沒，餘家就開始破落了。因父親供養不起讀書，余漢謀一直是由四姐余淑賢花錢供養。武昌預備學校畢業後考取保定軍校第6期，踏出校門一度奉派北京政府參戰軍任排長。1920年夏請假回粵，

加入粵軍第3師任連長，一年後升營長。張發奎這個時候在大本營警衛團充任營長，所謂"我當團長時，余漢謀甚至還未當上營長"之類的話，其實並不符合

事實。張發奎職務上超過余漢謀是在1923年，張任粵軍第1師獨立團團長，余任粵軍第1師第2旅中校主任參謀。舊軍隊有句古話，參謀不帶長放屁也不響，余漢謀參謀當了半年又調回當營長，直到1925年8月第1師擴編第4軍，才升任第31團團長。國民政府舉兵北伐，張發奎率第12師進軍湖南，余漢謀兼任高雷警備司令，留守後方。張發奎此後如日中天，官至武漢第2方面軍上將總司令，余漢謀只不過是第11師副師長兼第31團團長。

余的發跡離不開陳濟棠，1929年3月李濟深被蔣介石軟禁湯山，他的部下陳濟棠漸漸掌握廣東軍政大權，政治上與南京分庭抗禮，形成"南粵一片天"。

1931年秋，廣東第8路軍擴編為第1集團軍，陳濟棠自任集團軍總司令，余漢謀作為陳的重要將領亦是水漲船高，升任第1軍軍長，穩做"南天"第二把交椅。

1939年10月張發奎升任第四戰區司令長官。

第四戰區司令長官張發奎。

　　不過陳濟棠為人有些喜怒無常，對余漢謀等親信又一貫持家長制作風，而且還處處提防他們不忠，餘為此幾度感到苦悶。比如1929年12月，"張桂聯軍"進入廣甯，陳濟棠要余漢謀挺進四會迎敵，余以背水作戰為兵家大忌，主張在北江以東佔領陣地，陳濟棠不容分說，立馬削去餘的兵權，調任總部參謀長。據說從廣州來執行調令的人幾乎是架走余漢謀，不僅餘的衛隊被繳械，連身邊備吸的幾包"三五牌"香煙也未能倖免。接替指揮的李揚敬在四會被張發奎打的大敗，陳濟棠急忙陪笑臉，派人抬著花轎把余漢謀送回部隊。一會架著走，一會抬著來，哭笑不得的余漢謀趕赴前線督師，終於擊敗張桂軍

于北江東岸的白泥，迫使張發奎向梧州撤退。1932年春，余漢謀的第1軍進駐贛南剿共，此後長期作為粵系勢力的觸角，活動在贛粵兩省邊區。

　　1936年5月，陳濟棠利慾薰心，拉起"反蔣抗日"大旗，背地裡卻取得日本軍方所謂的"諒解"，準備放手一搏挑戰蔣介石的"九五至尊"。廣東將領大都態度消極，但一時又無人願意帶頭反對。只有余漢謀從軍事角度謹慎提出："我們沒有必勝的把握，請總司令詳加考慮。"陳濟棠家長制作風大發，責令餘即日起搬到總部後面房間好好反省。6月，陳濟棠宣佈成立抗日救國西南聯軍，李潔之、黃濤等一批廣東將領秘密推舉余漢謀倒陳。7月，余漢謀以接到部

張發奎、李漢魂、薛岳北伐合影。

隊屢次電請回防和準備抗日反蔣的軍事行動為由，擺脫陳濟棠控制，由廣州回到大庾。隨即飛赴南京參加國民黨五屆二中全會，接受第4路軍總司令兼廣東綏靖主任的任命，主張廣東還政中央。李潔之、黃濤等人緊跟其後，紛紛通電倒陳。隨著廣東空軍全部北上投效南京，陳濟棠只好黯然下野，余漢謀成為接管廣東軍政大權的方面要員。據李潔之回憶，當日余漢謀返回大庾，手下眾將請其立下決心反陳，餘哭哭啼啼，猶豫不決。後來有人說餘是"黃袍加身"，也有人說餘是"扮豬吃老虎"。

1938年10月廣州先於武漢輕易失守，憤怒的粵民斥責余漢謀為"余漢無謀"。雖然廣州失守客觀上有廣東軍隊抽調過多的因素，然而各級幹部腐化墮落也是不爭事實。余漢謀坐上廣東第一把交椅，為了酬謝部下，特准各單位將所存公積金的半數提出分發各級軍官，不少處長、團長級以上的人員，都由此買房買車，過起奢侈生活。先後擔任廣東省會警察局長和第四戰區兵站總監的李潔之透露："當時不少將官、校官一般備有三種服裝，他們在部隊裡穿的是軍裝，回廣州白天逛街穿的是洋服，晚上到陳塘、東堤喝酒嫖妓穿的是絲綢長衫。內部營商走私的風氣也很盛，駐紮惠陽、寶安、中山、新會的部隊大多以此為利，運出的是鎢砂，運入的是洋貨，唯利是圖，無法無天。」

甚至還有人懷疑余漢謀有通敵的嫌疑，最有力的證據來自《今井武夫回憶錄》。今井曾任日本駐華使館駐北平的陸軍武官助理、日本參謀本部中國課課長、侵華日軍中國派遣軍總部主管情報和政務的第二課長兼第四課長、派遣軍報導部長、上海陸軍部高級部長及派遣軍總參謀副長等職，是日本軍方高級特務。據該書披露，1938年6月上旬，余漢謀的機要參謀王子信通過朝鮮人林蹺，向華中派遣軍放出廣東有反蔣獨立意圖的消息，雙方約定在香港進行接觸。華中派遣軍和日軍大本營很快派出高橋大佐、今井中佐赴港，但余漢謀的代表未能如約而來，林蹺反被港英當局驅逐至上海。林蹺稱此事是第12集團軍參謀長王俊從中作梗，也就是王俊反對廣東私底下與日方接觸。到了9月，王子信和副官鮑毓光再度找到林蹺，但雙方未能在商談地點達成一致。後來日方讓步，林蹺南下澳門與鮑毓光多次會面，促成1939年1月6日，余

漢謀的正式代表余武祥與日方代表今井武夫在香港碰頭。當時交涉結果如下：余漢謀願意不抵抗而放棄廣東，今後希望日方給予誠摯的援助，目前還不願意流亡日本，正在極力說服李漢魂、蔡廷鍇，希望日本代表常駐香港。這事顯得撲朔迷離，關鍵人物林蹺、王子信、鮑毓光、余武祥等人均名不見經傳，目前似乎還缺乏令人信服的史料。倒是今井的判斷有幾分道理：「尚不能認為余果真如林蹺所談，正以迫不及待的心情企圖獨立、流亡等，而只能認為是為了考慮萬一，而先向日本疏通，在情況一旦發生變化時，以求保身之道。」不過蔣介石信任余漢謀多過質疑，他以最高統帥的身份自擔廣州失守責任，余漢謀撤職留任、戴罪立功。

重慶原本想調薛岳去執掌第四戰區，但因薛個性太強，余漢謀強烈反對，促使蔣介石改變主意，改以張發奎代理第四戰區司令長官。薛岳為此大為不滿，不惜辭職對抗，陳誠苦口婆心好話說盡，薛才答應擔任第九戰區副司令長官、代司令長官職。余漢謀拒絕薛岳，不好再拒絕張發奎，但他內心始終無法釋然，到了1965年還對人說：「以張向華代理第四戰區

司令長官，是委員長的一片苦心。抗日期間，不能不想辦法安置他，其實他的部隊已所存無幾，委員長深知我識大體，能夠和衷共濟與張向華合作，才作了這樣的安排，但有特殊事情，仍與我商議。我的幹部對我是絕對服從，我命令部隊歸誰指揮就歸誰指揮，是絕沒有問題的。如果別人想另打主意，他是指揮不動我的部隊的。"

張發奎猶豫不前，蔣介石約他談了幾次，最後答應調第4軍時期的骨幹李漢魂同去廣東接替吳鐵城任省主席，張始點頭應允。李漢魂將軍1938年率領第64軍北上豫東，遭遇從魯西渡黃河南下的日軍土肥原師團，這支廣東子弟兵不懼強敵，一舉奪回隴海路重要據點羅王寨，有力掩護了第五戰區部分主力從徐州西撤。隨後又參加保衛大武漢的萬家嶺戰役，獲得薛岳第1兵團總部頒授"銅軍"旗一面。1938年12月24日，張發奎、李漢魂從韶關來到翁源余漢謀第12集團軍總部。在次

時任第9集團軍總司令吳奇偉。　第35集團軍副總司令鄧龍光。

日的歡迎會上，張發奎發表講話："我是由粵軍第1師出身的軍官，你們第12集團軍的部隊也是粵軍第1師發展起來的。我們粵軍第1師從鄧鏗師長建立以來日益壯大，在兩廣和大江南北，經過無數次的戰役，從沒有打過敗仗，是國民革命最堅強的部隊，不意這次你們第12集團軍在惠廣戰役中，只和敵人作過幾次小的接觸，就潰敗下來，放棄了華南重鎮廣州。這不僅是粵軍第1師同人的奇恥大辱，也是廣東人民的奇恥大辱。我這次來當第四戰區司令長官，並不是來爭官做、爭地盤，而是來協助余總司令振軍經武，恢復名譽。待廣州收復後，定將廣東軍政大權交還給余總司令負責，絕不戀棧。"余漢謀當場眼淚直流，

不作一聲，第二天一大早，便約親信李潔之等人商量對策，決定採取忍讓態度，內部積極補充訓練，臥薪嚐膽，靜待時機，東山再起。另一方面，就是前面已經說過的，授意余武祥等人與日本疏通，以求一旦出現自身難以預料的情況，能有後路可退。

第四戰區所轄部隊不多，第16集團軍部署在粵桂邊區，第12集團軍集中在廣東境內，包括戰區直屬部隊在內，所有人馬尚不及武漢會戰時的第2兵團。不久，吳奇偉奉命率第9集團軍進入贛粵邊區，張發奎把第65軍從第12集團軍分出，撥歸吳奇偉指揮。張發奎當然知道余漢謀會很不開心，但他認為第65軍是國家的軍隊，並非餘家私有。作為司令長官，張發奎迫切尋求可以掌握的基本部隊，他將第64軍和粵省保安團主力編成的暫2軍合編為第35集團軍，以廣東省政府主席李漢魂兼任集團軍總司令，實際由副總司令鄧龍光負責。這一連串舉動被余漢謀視為分割第12集團軍的統一，銳意樹立原第4軍系統的勢力，因為吳奇偉、李漢魂、鄧龍光都是第4軍出身的將領。余漢謀"能忍自安"，當初給他"黃袍加身"的弟兄不幹。比如張發奎要求第12集團軍撥交吳奇偉輕機槍50挺、汽車20輛等一批軍需，李潔之就以並非兵站所有，不是兵站職權可以撥交為詞進行搪塞。

李漢魂調整地方官員，也被視為針對余漢謀勢力的一種舉措。據李潔之回憶，在改組調換中，凡是和余漢謀有關係的人，一概撤換，連余最親信的幹部，省府委員李煦寰和委員兼建設廳長徐景唐亦在撤換之列。李事前不徵求餘的同意，余漢謀便在背後罵李"忘本"。 張發奎感到諸多制肘，他在回憶錄中寫道："余將軍本是個老成渾厚的人，但亦常因這種封建勢力所左右，而無法擺脫這種羈絆。我每于作戰指揮上，不是須特別加以協調的考慮，便是只得聽他們自己去調度，而不加以過多的干涉，形成了一種尾大不掉的情勢。"至於第16集團軍，張發奎更加駕馭不住，廣西的軍政大權始終掌握在新桂系李宗仁、白崇禧、黃旭初手中，廣西雖然劃入第四戰區作戰地境，但實際上由軍事委員會委員長桂林行營主任白崇禧直接指揮。幸好張發奎與桂系有過共同"反蔣"的革命歷史，遇事總還有相互商討的空間。

3、勢單力薄的小戰區

新桂系的領袖和骨幹大多曾在陸榮廷的舊桂系中充任中下級軍官，李宗仁在林虎部下當營長，黃紹竑、白崇禧、黃旭初都是馬曉軍模範營的連、排長。1921年孫中山入桂討陸，舊桂系迅速解體，李宗仁、白崇禧等人於1925年統一廣西，並將其置於廣州國民政府領導之下。1926年廣西部隊改編為國民革命軍第7軍，李宗仁為軍長，率主力15000餘人參加北伐，白崇禧則調任北伐軍副總參謀長，協助蔣介石指揮作戰，人稱"小諸葛"。時人把李宗仁和白崇禧稱之為"李白"，他們是國民黨內最具實力的地方勢力──桂系的中心，多年來一直合作無間。而桂系集團與蔣介石之間可謂恩怨交錯，持續20多年的明爭暗鬥直到國民黨政權失去整個中國大陸。

1927年蔣介石上海"清黨"，會議就在白崇禧的東路軍前敵總指揮部舉行，當時蔣尚且有所顧慮，白崇禧挺身而出："你們怕共產黨，我不怕，你們不幹，我白某人一個人也要幹。"蔣介石一生下過三次野，兩次與桂系有關。"清黨"後不久，武漢政府東征"討蔣"，蔣介石內外交困，試圖以軍事的勝利扭轉政治上的被動，不料兵敗徐州。李、白聯絡武漢方面伺機發難，蔣介石以辭職相威脅："如果你們一定要

桂系首腦李宗仁 (左) 白崇禧 (右) 與蔣介石合影。

和的話，那我就必須走開！”未料正中白崇禧下懷：“總司令離開一下也好。”1948年國民黨軍接連在遼沈、淮海戰役中敗北，美國政府有意中途換馬，讓蔣介石下野，由李宗仁出面和談。桂系四處活動，白崇禧最為出力。1949年除夕，蔣介石柬請副總統李宗仁、五院院長及國民黨在京中央常委約四十人到黃埔路官邸晚餐。晚飯後，蔣介石決定即日通電下野，他先向李宗仁徵求意見，李說：“我讚賞總統的原則立場，沒有其他意見。”蔣介石深感憤慨：“我並不要離開，只是你們黨員要我退職。我所以下野，不是因為共產黨，而是因為本黨內的某一派系！”

白崇禧的晚年過的很不愉快，1949年他選擇去臺灣，用他自己的話說，是“向歷史交代”。他任職“戰略顧問委員會”副主任委員，沒有實權不說，還受到情治人員監控。1962年12月，白崇禧夫人馬佩璋因高血壓症過早的離開了人世，終年才59歲。老年喪妻對於身處逆境中的白崇禧無疑是精神上的一大打擊。1966年12月，白崇禧因心臟病突發逝世，蔣介石題頒挽額“軫念勳猷”，意思就是悲痛地懷念你對黨國

的功勞。

“兄弟鬩牆，外禦其侮”。抗戰軍興，蔣介石函電廣西共赴國難。1937年8月，南京發表白崇禧為副參謀總長兼軍訓部長，參贊中樞，旋又任命李宗仁為第五戰區司令長官，負責津浦路戰事。1938年12月，白崇禧兼任桂林行營主任，桂林行營名義上統制第三、第四、第九戰區，實際上對第三、第九戰區而言，只是軍委會與戰區之間的一個承轉機關，只有對廣西才是自己家裡的事自己說了算。1939年11月，日軍為截斷廣西與越南的國際交通線，集結三萬餘人，在欽州灣強行登陸。桂林行營和第四戰區認為日軍在華南的兵力有限，事先準備不足，廣西的正規軍只有第16集團軍的6個師，分佈在南寧至廣東新會約800公里的正面、200公里以上縱深的區域內。南寧很快失陷，重慶統帥部從湖南、江西、廣東、貴州等地急調部隊向廣西增援。第5軍、第99軍、第66軍、第36軍等部先後到達戰場，統一由桂林行營主任白崇禧指揮，與日軍進行桂南會戰。12月31日，杜聿明的第5軍經過浴血奮戰攻克南寧東北部要隘崑崙關，擊斃日軍第5師團第21旅團

旅團長中村正雄，取得昆崙關大捷。1940年1月，日軍發動新的攻勢，南寧北部重鎮賓陽失陷，昆崙關再度易手。後來日軍收縮戰線，退守南寧，第四戰區亦無力發動反攻，雙方形成對峙。

本來張發奎不需要為桂南的失敗承擔任何責任，那裡的戰事從一開始就由桂林行營在負責，會戰接近尾聲的時候，蔣介石突然賦予張發奎桂南前線指揮權，並要他把廣東西江、東江、北江地區的防務移交給余漢謀。仿佛重慶早有安排，前來廣西督戰的政治部長陳誠高調表示"不居名義，協助張長官指揮作戰"。這令張發奎感到十分困惑和憤懣："廣東西江、東江、北江地區既屬我第四戰區指揮範圍，余漢謀所轄第12集團軍又歸我節制，我為什麼不可以指揮廣東西江、東江、北江地區的戰鬥，而只能又轉而去指揮桂南之戰鬥呢？在此之前為什麼又可以指揮廣東所屬西江、東江、北江地區而不能指揮廣西之桂南地區呢？" 1月10日，張發奎遵命將廣東指揮權移交，即於11日回始興老家休息，不願再作馮婦前往桂南。蔣介石、陳誠、白崇禧連番來電規勸，張發奎不得不擯除成見，抱著

為國家民族犧牲之決心，委曲求全的再幹。桂南會戰失利，白崇禧以督率不力降級，陳誠以指導無方降級，張發奎自請記過，也算是兄弟情深同進退。

第七戰區司令長官余漢謀。

1940年6月，重慶以一個戰區不便在二個不同的正面指揮作戰為由，將廣東方面單獨劃開為第七戰區，兩戰區分界線為電白、茂名、信宜相連之東北縣境迄粵桂邊境相連之線，以東地區及海南歸第七戰區，以西歸第四戰區。8月，余漢謀正式擔任第七戰區司令長官。這也是張發奎本人的意思，他後來回憶說："鑒於余漢謀觀念封建，我想還是我離開廣東為妙，當然我是很不開心的。我這個第四戰區司令長官，名義上和責任上雖然指揮兩廣地區對日作戰，實際上，蔣先生賦予我所指揮的始終只是兩廣的一隅。在1940年1月7日前，命我將桂南交桂林行營指揮，我所指揮的就只廣東一隅，1月7日後又命我將廣東交給余漢謀，而再把

桂南交回我。說來說去,都好像是一個笑話。"張發奎和余漢謀"分家"的同時,桂林行營亦宣佈撤銷,白崇禧回到重慶專任副參謀總長,但他仍然"遙控"廣西的黨政軍事務。重慶將桂林行營一部改編為國民政府軍事委員會桂林辦公廳,安置李濟深為主任,這一機構並無實權,完全是因人而設。

張發奎的第四戰區司令長官部位于柳江之濱蟠龍山麓一處廢棄兵工廠內,他在臨江處築起一座小樓,平時就住在一艘長約20米的木艇上。張發奎在這裡接待過第4軍老軍長、時任桂林辦公廳主任的李濟深夫婦。1942年葉挺被軟禁桂林時,也曾應邀在艇上小住數日,還在紀念周上作了一次勉勵官兵抗戰的簡短講話。張發奎平日行事很低調,有時去看市容,也只有一個衛士跟著,別人很替他擔心,他卻總說不打緊。一日三餐多是二葷一素一湯,沒有特別的菜肴,而且常與副官、秘書一起進餐,毫無架子。就是煙癮特別大,每天起床之後,滴水未進,便開始抽煙,據說一支接一支地抽,要直到睡覺時才停止。張發奎還有個特別愛好,平日不論寒暑,要在淩晨跑馬,新任戰區參謀長吳石

性寡言笑,但也愛騎術,於是少不了雙雙馳騁,彼此角逐。吳石這個人可不簡單,咱們不妨多扯幾句。第四戰區參謀長原為陳寶倉,陳是河北人,保定軍校第九期工兵科出身,當初是陳誠推薦給張發奎的。由於跟不上陸大畢業生出任參謀長的潮流,張發奎委託桂林行營參謀長林蔚物色新的人選,林蔚推薦桂林行營參謀處長吳石升任。吳石是福建福州人,保定三期、日本陸軍大學畢業,被稱為"十二能人":能文、能武、能詩、能詞、能書、能畫、能英語、能日語、能騎、能射、能駕、能泳。或許是受保定同學吳仲禧影響,他對中共向有好感,1947年4月與中共正式建立聯繫,國民黨敗退臺灣後,吳石官至國防部參謀次長,成為中共在台最高級別"潛伏者",1950年因事發被臺灣當局執行死刑。2009年,諜戰劇《潛伏》熱播中國大陸,坊間認為吳石是最接近余則成的真實原型。

蔣介石和白崇禧的指示,張發奎無不順承聽命,照章辦事,特別對於廣西的地方行政,從不過問,以"張公百忍"為上策。他常對人說:"以我過去歷史,安敢再作過份之想,這個殘杯冷灸,實已受賜多多。"與

世無爭的張發奎也有忍不住的地方。余漢謀的憲兵隊護送鴉片從韶關運到粵桂邊區，主張禁煙的張發奎電令第64軍第155師師長鄧鄂查扣鴉片，鄧師長表示難以執行，畢竟張長官到兩廣是客卿性質，余長官才是"南天"一方之主。

戰況較為沉寂的1940年代初期，張發奎巡視部隊並講話。

張發奎當即發問："你是我部下還是他部下？"鄧鄂答道："軍事行動上絕對服從張長官命令，其他事務不能遵循。"張發奎十分氣憤，本想懲罰鄧鄂，但鄧的兄長鄧龍光是李漢魂的莫逆，李漢魂又是自己的鐵杆兄弟，事情只好不了了之。另一次震怒發生在1941年6月。那時節柳州陰雨連綿，司令長官部附近的軍械庫炸藥受水浸，起化學反應，洞庫持續冒白煙。中校庫長姓何，據說喚何應欽叫叔叔，何庫長對這事很不重視，等煙霧一天比一天濃，他才打算將砲彈搬出。但為時已晚，洞內溫度不斷升高，人員不能進出，砲彈無法及時轉移。張發奎知情後，天天派副官處去人瞭解情況，何庫長總是三個字："沒危險！"30日那天，"轟隆"

一聲巨響，蟠龍山頓時天昏地暗，硝煙彌漫，洞庫炸飛了天。張發奎氣的要法辦何庫長，何應欽屢次函電解送重慶訊辦，甚至不惜以軍委會的名義下令解渝。張發奎頂住壓力，堅持到底，硬是把庫長給斃了。

1940年10月，日軍跨過廣西邊界進入越南，第64軍乘勢收復龍州、南寧、欽州等地。不到一個月，廣西日軍全部撤走，第四戰區恢復了往日的平靜，張發奎指揮的正規部隊也只剩下一個第16集團軍。至此到桂柳會戰前，整整三年時間，由於沒有大的敵情，第四戰區建制部隊始終沒有增加。張發奎很識趣，他把第16集團軍的訓練、人事與整編事務全部交由戰區副司令長官兼集團軍總司令夏威負責。夏威與白崇禧是保定軍校第三期步科同學，畢業之後又同在廣西陸軍模範營任下級軍官，一路摸打滾爬下來，在新桂系的地位僅次於李、白、黃。夏威為人寡言笑不善詞令，貌似嚴厲，凜不可犯，但與人說話，還頗親切。1949年12月，白崇禧、夏威等乘飛機往海南島，夏轉香港定居沒去臺灣，1973年11月死於一場車禍。

第16集團軍有兩個軍——第31軍和第46軍，第31軍下轄第170師、第175師和新編第19師，第46軍下轄第131師、第135師和第188師。按照編制定額，擁有6個師的第16集團軍應該不下於60000人，但實際人數恐怕還不到50000人，人員物資補充困難，軍中"吃空額"現象幾成公開的秘密。1942年7月，第46軍主力北上湖南衡陽，歸軍委會直接指揮，第170師因為是後調師，故被留在廣西。所謂後調師，是指轄三個師的軍，將其中一個師的戰鬥兵全部撥給另外兩個師，這個師保留番號和各級幹部，在指定地點補充訓練新兵。第46軍一走，第四戰區一時被人譏笑"三代單傳"，怎麼個"三代單傳"？既一個戰區（第四戰區）指揮一個集團軍（第16集團軍），一個集團軍（第16集團軍）指揮一個軍（第31軍）。即便就只一個第31軍，張發奎還得省著用，第131師控置在南寧為機動部隊兼顧沿海防務，第188師在龍州對越南警戒，第135師也是後調師，唯一任務就是補充訓練新兵。

1941年至1943年是廣西方面較為沉寂的時期，張發奎比較專注入越軍事準備工作，他在1941年3月3日的日記中寫道："當前四戰區的唯一任務就是決定有關越南的軍事計畫。"考慮到柳州距離中越邊界太遠，張發奎特別成立了靖西指揮所，由陳寶倉任主任，專門負責監視侵入越南的日軍動態，及時掌握在越日軍的企圖，以利第四戰區的行動部署。張發奎計畫以三個軍入越作戰：一個軍從靖西向高平推進，進攻河內，並預期與滇境入越部隊齊頭並進；另一個軍由龍州向涼山前進，形成兩翼鉗形攻勢；另一個軍為第二線兵團，依狀況加入左翼方面，由涼山北側向河內攻擊前進。計畫沒有獲得重慶同意，蔣介石指示第四戰區"防禦第一，進攻第二"。張發奎對此表示理解："我們沒有足夠的兵力，中央必須更多關切法國政府的反應。"

柳州社會上的一些重大公務、

公益活動，也都能看到張發奎的身影。1940年8月，在公共體育場公祭棗宜會戰中壯烈殉國的第173師師長鐘毅將軍；1942年3月，為增修的中山紀念亭及公共體育場完工撰寫紀事碑文；6月，發起組織柳州公立育嬰院；8月14日空軍節，主持獻金購買飛機活動，並帶頭捐款。不為人知的是，張發奎的這些講演稿、文章和文告等，大都出自共產黨員左洪濤、何家槐之手，中共在第四戰區的地下組織始於淞滬會戰時的第8集團軍戰地服務隊。張發奎聲稱：「為了利用他們的才華，我不怕使用共產黨員。」皖南事變後，張發奎是唯一一位沒有發表反共通電的戰區司令長官。據說張發奎曾自嘲自諷地對人說：「如果我走蔣介石路線，我現在的地位當在陳誠之上；如果我走毛澤東路線，我的地位要高於朱德；可是我走的是張發奎路線，今天的地位就是這樣子。」聽著無不會心大笑。

青年軍官黃仁宇當年路經柳州時拜訪了張發奎。他在回憶錄《黃河青山》中追記說：「他個子不高，相當瘦，動作敏捷。不幸的是，一位偉大戰士的魅力，就像劇作中的英雄一樣，需要舞臺來烘托，這可不是遠離戰場的一間小平房辦公室所能做到的。張將軍出來見客時毫不做作，當著我們的面揉眼睛，似乎剛從午睡中醒來。他的勤務兵端茶給我們。將軍告訴我們，下級軍官勢必要走許多路，他年輕時，曾走遍中國的西南地區，沒有一個地方不留下他的足跡。除此之外，整個拜會過程平淡無聊。但這次經驗更讓我相信文學界人士的力量及影響力。在大眾心目中，英雄事蹟要顯得真實可以理解，前提是必須要有像田漢這樣富有創造能力的藝術家，才能在紙上以浪漫和節奏感重新安排英雄的豐功偉業，最重要的是要有扣人心弦的舞臺效果，例如吳淞江上烏雲低垂，強風刮起長江上的波濤，戰旗飄揚，戰馬嘶鳴等等。」

1944年6月，廣西局勢驟然緊張，攻佔長沙的日軍繼續南下合圍衡陽，第四戰區要把作戰正面從桂西轉移到桂北。當時計算，僅是固守桂林、柳州兩個城市及其附近的機場，就要不少於7個師的兵力，如果拒敵於戰區轄境外，正面約達1500餘公里，那就不是7個師的問題了。張發奎不得不向重慶申述：「如果沒有兵力增加，我的一切防守計畫，均將難以實施。」

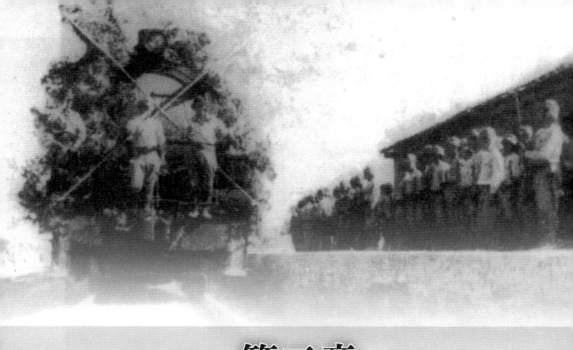

第二章
打通大陸交通線

1、"一號作戰"出臺經緯

　　1943年11月25日，東亞上空連續的陰雲已被陽光驅散，贛南遂川機場頓時一片忙碌。美國第14航空第341大隊第11中隊的8架B25D，中美混合團第1大隊的6架B25D，伴隨著巨大的轟鳴聲直沖雲霄。中美空軍的任務是跨海轟炸臺灣新竹機場，為了確保護航的絕對安全，還出動了第14航空隊的8架P51A和8架P38G戰鬥機。此外，中美混合團第3大隊的P40E已經提前升空，向北飛行實施佯攻欺騙日軍。中美機群抵達臺灣外海後爬升到130米高度，從西南方向接近新竹機場，P38G首先掃射開路，B25D跟進於300米高度投彈轟炸，最後由P51A俯衝攻擊跑道上停放的日機收場。這次大規模行動擊落敵機12架，地面摧毀36架。機群返抵遂川後立即加滿油轉飛後方衡陽、桂林機場。襲擊新竹機場是太平洋戰爭爆發後盟軍首次出擊臺灣，也被視為引發日軍發動"一號作戰"的間接導火線。

　　其實早在1943年2月，日軍被迫從南太平洋的瓜達康納爾島撤退之後，日軍參謀本部作戰部長真田穰一郎與作戰課長服部卓四郎等人，就提出有必要打通從馬來亞、泰國、越南經中國大陸至朝鮮的大陸交通線。建議遭到陸軍省軍事課強烈反對，理由是消耗太大，會對太平洋戰爭帶來嚴重後果。軍事課隨後向內閣總理兼陸軍大臣東條英機陳述意見，根據日本的國力，特別是船舶徵集和飛機生產方面的困難等等，今後對軍事力量的使用，必須保持重點。在剛剛過去的1942年冬天，日本也曾因為國力和資源方面的約束，放棄過一次大規模的陸上進攻，那就是意圖佔領西安、重慶、成都等地的"五號作戰"。日本軍方當時估計，為實施這一作戰，共需16個師團和2個混成旅團的地面部隊及2個飛行師團作為進攻的骨幹兵力，其規模之大，將超過過去日軍所發動的任何一場戰役。同時，現有佔領區必須保留總計16個師團和14個獨立混成旅團的守備部隊。這意味著至少要由日本本土、太平洋、中國東北和朝鮮等地向中國關內戰場增調36萬兵力。權衡利弊還是太平洋戰場重要，日軍大本營參謀總長杉山元上奏裕仁天皇，即向中國派遣軍全面叫停"五號作戰"。

　　陷入中國戰場"泥潭"的日本

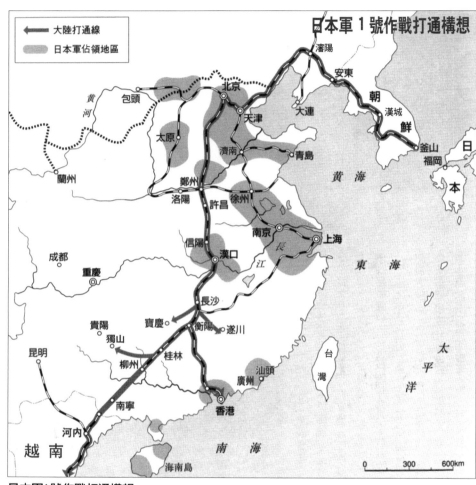

日本軍1號作戰打通構想。

政府深知，無論是和是戰，都不可能解決"中國事變"。既然沒有足夠的兵力爭取戰爭的最後勝利，那就只能想方設法保持現有的戰果，謀求一個較好條件的停戰交易。東條英機政府提出了建立日本"絕對國防圈"的概念。所謂"絕對國防圈"，就是指設

定保障日本本土安全與維持戰爭資源供應，所需的最小控制空間。日軍大本營認為，在太平洋中，日本最少要據守千島群島、馬利安納群島和印尼群島；在亞洲陸地上，日軍則要控制中國的平漢、粵漢鐵路，以及中南半島，並延伸到緬甸與印度東部。在

這個不求勝利的被動守勢戰略之一，中國戰場的一般方針未變，仍為"確保佔領地區的安定，加強對敵壓力，盡力摧毀敵方戰鬥意志"。中國派遣軍為此感到沮喪，然而鬱悶還在後面。大本營要在年底之前，從中國戰場抽調第3、第13、第22、第32、第35師團轉用東南、西南方向，用於鞏固"絕對國防圈"；來年春天第26、第37、第39、第104師團和坦克第3師團改為大本營總預備兵力，必須完成就地集結。中國派遣軍內部炸開了鍋，有人初步算了算，這意味著146800人、14800匹馬、1970輛汽車、重機槍740挺以上、迫擊砲90門、山野及野砲368門、榴彈砲24門、1400輛坦克和裝甲車要被抽調。大小參謀意見紛紜，莫衷一是，甚至有人嘀咕："大本營還要不要我們中國派遣軍？"比起手下這群好勝幕僚，總司令畑俊六倒還淡定："中國派遣軍對大東亞戰爭所能作出的貢獻，或者是提供其所擁有的戰鬥力，或者是派遣軍及其佔領大陸的地位為基礎進行活動。除此以外，別無他途。"

參謀總長杉山元並不想再扮演"煞車皮"的角色，自年初以來，日軍在中國東南沿海的艦艇損失急劇上升，這顯然是美國駐華空軍日益活躍所致。杉山元對服部卓四郎說："壓制中國大陸的美空軍似有困難，船隻在中國東海相繼被炸沉，其基地似在中國東南部。難道不能從華中和華南打通粵漢鐵路，使美空軍不得使用中國東南部的基地嗎？"有了總長的支持，作戰課長服部卓四郎顯得底氣十足："打通華北、華中、華南分割的中國戰線，並連接法屬印度支那，雖是極大的作戰，但考慮到該地區存在美國空軍基地的現狀，無論如何必須在1944年內發動大規模攻勢。"如果說作戰課長人微言輕，那麼參謀總長的想法總不能充耳不聞，大本營作戰部立即著手進行了相關研究，真田穰一郎原本就是打通大陸交通作戰的宣導者，他馬上電邀中國派遣軍第一課高級參謀天野正一赴東京面商機宜。

天野不明底細，說不出有多沮喪，他料定大本營無非是要把抽調師團的事情落到實處。"英美的反攻，在來年春夏時節，其規模將更為擴大而且更加激烈。美國將其主要兵力指向東南方面，來年春季，拉包爾附近的爭奪戰勢將激化。英國將從印度洋方面謀取奪回緬甸南部、安達曼以及蘇門達臘北部等地。德蘇戰局今冬仍將傾向有利於蘇聯。"真田說起太平洋和歐洲戰場頭頭是道，天野一味禮貌性的點頭，他猜想真田接下去就會切入抽調兵力的正題上。然而真田突然話鋒一轉，天野全身無比振奮："不論歐洲形勢如何，敵人的反攻，特別是美國的攻勢以及破壞海上交通的作戰，明春勢將更加激烈。現在打通中國大陸，確保與南方的交通線，實為重要。"服部也乘勢插話："因為在太平洋受到美軍的壓制，所以無論如何也必須考慮確保西面的中國大陸和南方的聯繫。在海上正面萬一發生問題，對在南方的五十萬軍隊不能坐視不救。"天野後來這樣描述他當日的心情："自本年秋季，就從中國方面抽調兵力，我曾擔心派遣軍究竟怎樣才能有助於戰爭？此時接受這一通知，真是太好了！這是了不起的大事，縱然有些困難，也要下決心幹下去。"

大本營要求中國派遣軍在12月15日以前給出打通大陸交通線作戰的計畫。7日，中國派遣軍就迫不及待地將"縱貫大陸鐵路作戰指導大綱方案"（後來定名為一號作戰）電告大本營，作戰分為湘桂第一期作戰、京漢作戰、湘桂第二期作戰和湘桂第三期作戰。計畫從1944年6月開始，以第11軍、第13軍進攻湖南，預定一個半月內佔領衡陽附近，控制粵漢鐵路和湘桂鐵路的交叉點。7月初以第12軍由黃河南下，打通京漢鐵路南段，作戰期限有預定一個半月。大致在9月初，以第11軍、第23軍分由衡陽附近、廣東西江地區，發動向心攻勢，攻佔桂林、柳州，法屬印度支那北部（越南北部）同時出兵策應，作戰期限約兩個月。12月再以第11軍、第23軍由衡陽和粵北分別發動攻勢，用一個月的時間攻佔粵漢鐵路南段要衝。方案還特別提到："今後如果不從派遣軍抽調兵力，本作戰使用的部隊，只要再由他處調進一個師團，並將印度支那駐屯軍兩個師團主力編入，其他運用派遣軍內的兵力即可完成任務。"大本營作戰課於12月下旬制訂出兵力使用方案："由滿洲抽調第27師團、軍直屬部隊的一部分，以及15個汽車中隊、12個輜重中隊，但預定應在一九四五年初返還。第3、第13、第21、第22、第32、第39師團可由中國派遣軍大致使用到1944年年底，第3、第13師團預定1945年2月調往滿洲，第21、第22、第39師團預定1944年10月或11月前後調往法屬印度支那。"作戰課還承諾：坦克第3師團的一半可以使用到1944年6月；給中國派遣軍新設立1個方面軍司令部和1個軍司令部；由滿洲調用1個鐵道兵聯隊，再臨時編成7個特設鐵道隊；將在中國的若干丙種師團改編為甲種或乙種師團；作戰準備期間，以13萬噸船隻給予協助。唯一的要求是儘量提早進攻發起時間。顯然作戰課部分正面回應了中國派遣軍關於部隊使用的訴求，等打完這一仗再抽調也不遲。

當中國派遣軍上下都為期待以久的大規模作戰喜形於色之際，畑俊六卻出奇地冷靜："船隻遭受損失越發嚴重，如不採取對策，將給作戰帶來障礙。為此，中央提出打通粵漢路，與法屬印度支那聯繫起來，以確保與南方的交通的意見，要求派遣軍對打通粵漢與京漢的作戰進行研究。但這是需要從滿洲和國內抽調所需兵力的。"為作好準備，日軍12月下旬進行了"虎"號兵棋推演，並擬定四個作戰目的：第一，奪取今後將成為美國B-29轟炸機進攻日本本土的基地桂林、柳州，以保證本土防空萬

無一失。第二，通過佔據桂林、柳州一帶，以應付將來敵軍經由印度、緬甸、雲南指向華南方面的進攻。第三，在海上交通日益不穩的情況下，修復這些貫通南北的鐵路，以開闢經過法屬印度支那與南方軍的聯絡。第四，通過摧毀重慶軍的骨幹力量和所取得的綜合戰果，以促進重慶政權的衰亡。服部卓四郎向東條英機就"一號作戰"綱要展開說明，東條針對四個作戰目的提問："真正的最終目的是什麼？作戰目的必須簡單明瞭。"服部似乎有備而來："摧毀航空基地。"

熟悉航空知識的讀者或許會問，美國B-29轟炸機最大航程是6300公里，即便日軍摧毀桂林、柳州機場又如何，成都起飛到日本九州不過2340公里，還不是照樣炸你本土。沒錯，B-29轟炸機從1943年開始陸續裝備美國陸軍航空隊，1944年成都附近的新津、彭山、邛崍、廣漢等地廣泛動員20多萬民工修建了能承受B-29轟炸機起落的四個機場。從1944年6月到1945年2月，B-29轟炸機共出擊十次，日本九州的八幡鋼鐵廠、長崎造船廠等重工業基地遭受毀滅性的打擊。不過"一號作戰"計

日軍投入河南作戰的坦克部隊。

畫出臺時，日軍並不清楚B-29轟炸機的具體性能。服部卓四郎後來回憶說：「當時認為只要摧毀桂林、柳州就行了，記得雖有情報說成都正在建設新基地群，但那時對B-29機，究能飛行多遠，並無確切情報。」今日看來，所謂「摧毀航空基地」這一最終目的，真的很蒼白很無力。

幾經周折，打通大陸交通線作戰總算定了下來。1944年1月9日，杉山元把「一號作戰」計畫綱要試探性的密奏裕仁，裕仁問：「據說中國的治安不太好，再進行這一作戰有無妨礙？或許作戰可以取勝，但治安是否會變得更壞？」杉山元答道：「投入新的兵力，務使治安不發生問題。」24日，杉山元拉著真田穰一郎一起奏請裕仁批准實施「一號作戰」，倆人一唱一和說了一大堆好處：摧毀中國西南飛機場，可以保證帝國本土安全；打通大陸後，不怕海上交通被切斷，物資可由陸上運往南方；攻佔地區的鎢礦資源可以為我所用。裕仁找不出什麼反對理由，那就打吧！大本營當天便下達「大陸命」第921號作戰命令，同時頒佈了陸軍部制定的"一號作戰綱要"，比較一個多月前中國派遣軍的那份"縱貫大陸鐵路作戰指導大綱方案"，兩者有所不同。"一號作戰綱要"把作戰時間從1944年6月提前到4月前後，改由華北方面軍先進行京漢作戰，再由第11軍和第23軍進行湘桂作戰。然後視情況，儘快對贛南、粵北附近機場進行毀滅性打擊，1945年1、2月份以第23軍攻佔南寧附近，打通並確保桂林至越南諒山的通道。

3月20日，中國派遣軍把"一號作戰計畫"正式遞交給大本營，確認了作戰目的和作戰時間，詳細制訂了京漢作戰和湘桂作戰的方針、作戰兵力和指揮要領。如果說京漢作戰主要針對第一戰區蔣鼎文、湯恩伯的部隊，那麼湘桂作戰前段第一期是瞄準第九戰區薛岳，第二期、第三期就是衝著第四戰區張發奎、第七戰區余漢謀而去。

前段第二期作戰

（一）第23軍7月下旬左右，以主力由西江兩岸地區，以部分兵力由雷州半島方面，分別發動攻勢，擊潰敵軍後，攻佔梧州、丹竹附近，在確保該地附近以東西江沿線要地的同時，作好今後對柳州方面作戰的準備。

（二）第23軍隨著作戰的進展，及時在梧州、丹竹附近修建飛機場，同時疏通西江河道，在西江西岸建立陸路兵站線，俾使後方迅速前進。此外，廣東地區命前任兵團長擔任警備任命。

（三）第11軍在衡陽附近補充戰力期間，及時以一支有力部隊攻佔寶慶及零陵，俾使以後的作戰順利進行。

（四）8月中旬前後，第11軍由湘桂鐵路沿線地區，第23軍由西江沿岸地區，分頭發動向心攻勢，殲滅第四戰區敵軍以及蝟集的部隊，各自攻佔桂林及柳州。預定攻佔時機大致在9月下旬前後。

（五）隨後，兩軍掃蕩殘敵，分別確保湘桂鐵路沿線及西江沿岸要衝，並為以後作戰作好準備。此時應將第11軍一部撥歸第23軍指揮。

（六）隨著作戰的進展，第11軍在零陵、桂林附近，第23軍在來賓、柳州附近分別建設飛機場。此外第11軍應修復湘桂鐵路，第23軍應疏通西江及設立陸路兵站線，俾使後方補給順利進行。

（七）在本期作戰開始時，確保湘潭附近以北的任務，由第11軍移交武漢防守軍。

前段第三期作戰

（一）第11軍命第二期作戰期間配備在衡陽附近的兵團，作好攻佔粵漢鐵路南段的各項準備工作。

（二）第11軍于攻佔桂林後，應立即將必要的兵團調回零陵附近，準備第三期作戰。第23軍攻佔柳州後，也應立即將部分部隊調回廣東附近，準備第三期作戰。

（三）10月前後，第11軍應以一支有力部隊由衡陽、零陵附近開始發動攻勢，殲滅第七戰區部隊和殘敵，佔領並確保粵漢鐵路南段沿線要地。預定作戰期限約一個月。

（四）第23軍應以部分兵力由廣東北方地區向英德附近發動攻勢，俾使第11軍順利作戰。

（五）第11軍在進行本作戰時應急襲攻佔省境附近鐵路橋和橋樑。同時

隨著作戰的進展，修復粵漢鐵路南段，並在彬縣及韶關附近建設飛機場。

（六）如敵空軍仍然利用遂川、南雄機場，應儘快或可能情況下與本作戰同時摧毀之。

2、横山勇和第11軍

1944年4月17日，中原大地暗夜沉沉，日軍華北方面軍乘著夜色強渡黃泛區，拉開了"一號作戰"的帷幕。第一戰區事先對日軍大舉南下有所察覺，也根據軍委會的指示作了相應的部署，但由於種種原因，戰事幾乎呈一邊倒。4月19日，日軍佔領鄭州；5月1日，許昌失陷，新29師師長呂公良以身報國。湯恩伯的主力部隊雖在登封、密縣一帶略有斬獲，終究還是無法扭轉被動局面。5月9日，日軍第27師團一部進佔確山，與武漢北上的日軍第11軍獨立第11旅團取得會師，平漢路南段被打通。5月21日，第36集團軍總司令李家鈺掩護大軍西撤，途中遇敵陣亡。5月25日，洛陽失守，

壯烈犧牲的第36集團軍司令李家鈺。

日軍繼續西進，長期固守關中的胡宗南大軍出兵禦敵，終於擋住了侵略者前進的腳步。就在洛陽失守同一天，中國派遣軍總司令官畑俊六和高級參謀天野等人，離開南京來到武漢，在漢口第11軍司令部內設立了前進指揮所。5月27日，日軍第11軍兵分三路向第九戰區正面發起全線進攻，"一號作戰"的重頭戲──湘桂作戰正式打響。第九戰區兵多將廣，最多的時候有50多個師，在湘北這片土地上，薛岳曾經三次打退日軍，摸索出一套"後退決戰"的克敵之術，美其名曰"天爐戰法"。無奈事過境遷，老辦法這回沒能派上用場，長沙於6月18日宣告失守。稍事休整，日軍繼續向南進攻衡陽，衡陽是粵漢、湘桂鐵路的交叉點，這時也可以說是西南的屏障。從6月22日到8月8日，方先覺的第10軍浴血守衛衡陽四十七天，大大超過日軍預料之外。雖說方先覺最後與日軍協議停戰，但引用毛澤東的一句話"守衡陽的戰士們是英勇的"。

與河南、湖南戰場截然相反，日軍在印度東部恩帕爾一帶、太平洋塞班島上、緬北滇西地區接連失利，大本營考慮到美軍很可能快要進攻菲律賓、沖繩群島、臺灣和日本本土，召集南方軍、臺灣軍、中國派遣軍、防衛總軍的主任參謀到東京開會，於是有人提出暫停"一號作戰"，全力準備"捷號作戰"，對日本本土、西南群島、臺灣、菲律賓一線進行防禦。也有人建議，桂林、柳州大老遠就算了，打通粵漢鐵路南段咱就收兵。真田穰一郎和服部卓四郎堅決不同意，最後還是這兩人的意見佔據主導。日本築波大學的波多野澄雄由此得出結論："一號作戰是一個受到現地軍（中國派遣軍）支持的兩位元核心參謀人員，根據自己主觀的作戰構思實施作戰的典型例子。連陸軍最高領導的抑制也沒起到任何作用。考察局部作戰和全面戰略之間的關係，也幾乎都依靠真田和服部，沒有進行有組織的研討。"

大本營曾經提出要給中國派遣軍新設立一個方面軍司令部和一個軍司部，如今似乎是時候了。中國派遣軍要著手組織與本土相適應的統一防禦作戰體系，畑俊六總不能常駐漢口指揮湘桂作戰。再說接下來進攻桂林、柳州，也十分需要一個方面軍統帥來協調第11軍和第23軍的分進合擊。中國派遣軍先就設置方面軍司令部的問題，徵求第11軍司令部的意見。第11軍被稱為"能夠對蜂擁而上的敵人適時實施反擊，能夠挫敗敵軍抗戰企圖"的"作戰軍"，平時長期保持著7個師團以上兵力，像第3、第13、第34、第40師團等一直隸屬不變。大本營陸軍部第241號命令明確規定，第11軍"要協同海軍確保自岳陽至長沙下游的交通，以武漢三鎮及九江為根據地，打擊敵主力部隊，摧毀敵之抗戰意圖；作戰地區大體上限定於安慶、信陽、岳陽及南昌之間"。

翻開第11軍的歷史，但凡華中地區的大戰還真是無役不從。從1938年6月到1940年3月，在第一任司令官岡村寧次任內發動了漢口作戰、南昌作戰、襄東作戰和贛湘作戰，也就是中國方面所指的武漢會戰、南昌會戰、隨棗會戰和第一次長沙會戰。第二任司令官園部和一郎和岡村寧次是日本陸軍士官學校第16期同學，上任後的第一把"火"燒向鄂西宜昌，李宗仁的第五戰區措手不及，第33集團軍總司令張自忠壯烈殉國，蔣介石急調陳誠前往"救

日軍第11軍軍長橫山勇。

火"，可是宜昌最終還是沒有奪回來。園部的第二把"火"燒得很糟糕，1941年春在贛北上高、高安一帶發起"錦江作戰"，未料被第九戰區羅卓英部迎頭痛擊，園部因此無比難堪地回到日本改任軍事參議官，旋即被打入"冷宮"，編為預備役。第三任司令官阿南惟幾指揮了兩次長沙作戰，中方分別稱之為第二次長沙會戰和第三次長沙會戰，結果一勝一敗，勝的那次說不上大勝，敗的那次有些狼狽，被第九戰區趕著"反轉"。半年後的1942年7月，阿南轉任關東軍第2方面軍司令官，次年又晉升大將，職務和軍銜是上去了，可手下人馬卻比第11軍少很多。第四任司令官塚田攻是個"倒楣蛋"，1942年12月18日，他在南京開完會後乘飛機返回漢口，途經安徽太湖縣上空時，被國民政府軍的高射砲擊落，當場斃命。塚田攻死後被追晉陸軍大將，成為八年抗戰中被中國軍隊擊斃的日本陸軍最高將領。

塚田攻一命嗚呼，橫山勇成為第11軍第五任司令官。橫山勇先後

畢業于日本陸軍士官學校第21期、日本陸軍大學第27期，在陸士求學的時候和石原莞爾、飯村穰並稱為第21期的"三羽鳥"。石原莞爾很多人都知道，日本對外侵略戰略的規劃者和鼓吹者，九一八事變實際就是他策劃的。飯村穰擔任過日本陸軍大學校長、關東軍參謀長和南方軍參謀長，日本投降前夕任東京防衛軍司令官，也是一重要角色。1939年9月，橫山勇來到中國黑龍江，晉任關東軍第1師團師團長，主要任務防備蘇聯進攻東北，日常工作也就是制訂對蘇作戰預案、訓練士兵和完善防禦工事，沒有像樣的仗可打。1941年10月，兢兢業業的橫山勇升任關東軍第4軍司令官，下轄第1師團、第8獨立守備隊和一些所謂的國境守備部隊，主要負責整個黑龍江從漠河到烏蘇里江與黑龍江匯合處沿線的防守，還是沒什麼大仗可打。塚田攻意外陣亡，橫山勇意外接到調令，同樣是軍長，第11軍和第4軍可大不一樣，兩者就好比薛岳的第九戰區和張發奎的第四戰區。

橫山勇心裡很清楚，第11軍上一年被薛岳挫敗在長沙城下，這次又發生司令官墜機死亡事件，士氣難免低落，他決定先"採取用牛刀殺雞的方式使部隊體驗一下必勝的作戰實踐，以此來振奮目前業已消沉下去的士氣。"殺誰呢？活躍在長江和漢水之間三角地帶的王勁哉第128師等部。結果很成功，王勁哉被活捉，日軍順利推進到華容、石首和沙市對岸地區，取得了長江南岸灘頭陣地。初戰大勝，橫山勇很是得意，他不打算和前幾任司令官那樣從湘北南下攻取長沙，準備再度向西攻向屏障重慶的第六戰區。1943年5月，第11軍出動了約5個師團的兵力，目標是打擊南縣安鄉、公安、枝江和宜昌以西地區的中國軍隊野戰部隊。第六戰區司令長官陳誠同時負責雲南境內的中國遠征軍整訓工作，得知日軍大舉來犯，馬上從滇西趕回鄂西坐鎮指揮。堅守石牌的第11師師長胡璉發誓："成功雖無把握，成仁卻有決心。"經過25天的連續作戰，第11軍基本完成了預定作戰任務，橫山勇於5月29日下令撤退。鄂西會戰持續月餘，雙方恢復到戰前態勢，第六戰區對外宣稱取得"鄂西大捷"，實際上並未殲滅多少敵人，不過倒是擊斃了好幾個日軍大隊長。

不到半年，橫山勇捲土再來，

畑俊六要他進攻常德。常德是湖南西北部重鎮，第六戰區和第九戰區的結合部，日軍此舉意在牽制中國軍隊向滇緬戰場轉用兵力，同時也為獲得戰略物資。制定作戰計畫時，橫山勇要求抽調隸屬第13軍的第116師團前來增援，第13軍以兵力不足進行抵制，"官司"驚動中國派遣軍總司令畑俊六。後來第116師團總算是調來了，但在協調過程中，橫山勇認為畑俊六做事沒有魄力，發生了直言頂撞的尷尬場面，搞得上下級關係一時頗為緊張。常德會戰從11月初打響，日軍第3師團於12月3日攻佔常德，國軍第57師孤軍血戰，全師8000餘人大部犧牲。在要不要確保常德的問題上，橫山勇和畑俊六又發生了不愉快。畑俊六認為"有必要確保常德"，橫山勇認為"兵力所限不希望確保常德"。畑俊六先是讓步，同意第11軍"在適當時機返還"，13日卻又下令停止撤退，準備再次攻佔常德，並確保不失。這不是開玩笑嗎？橫山勇大怒，回電說："我要求取消這次作戰，等明年春季再進攻常德。"

其實這事並不能怪畑俊六瞎指揮，當時中國派遣軍第三課高級參謀辻政信正在東京，在他的建議之下大本營發出了確保常德的指令。不想由此造成橫山勇對畑俊六的越發不滿，大本營擔心"有可能發展成統帥紀律問題"，急遣真田穰一郎飛往南京進行調解並傳達："參謀本部關於確保常德的意見不是絕對的。"畑俊六當然不快，上頭號令不明，忽左忽右，偏偏橫山勇又是個刺頭，搞得上下級關係如此緊張。12月18日，中國派遣軍下令："第11軍自今日起，選擇適當時機，從澧水附近現在戰線撤離，恢復原態勢。"第11軍司令部很快收到電令，高級參謀島貫武治發現橫山勇臉上洋溢起得意的笑容。12月25日，常德會戰結束，雙方恢復到戰前態勢，國軍折損第150師長許國璋、暫編第5師師長彭士量和預備第10師師長孫明謹三員大將。日軍第116師團第109聯隊聯隊長布上照一和第3師團第6聯隊聯隊長中畑護一也均於此役陣亡，死後都被追晉少將。

橫山勇上任一年，鄂西、常德兩次大仗，加上一次"殺雞用牛刀"式的監利、華容地區作戰，其實也談不上有什麼驕人成績，但湘桂作戰第一期打下來，心態就不一樣了。岡村寧次、阿南惟幾不是三次頓足長沙城下嗎？我橫山勇讓日章旗飄揚于嶽麓山上；方先覺第10軍不是號稱"泰山軍"嗎？你在長沙壓得住阿南惟幾，在衡陽你就壓不了我橫山勇。正在橫山勇得意揚揚的時候，大本營來徵求他設置方面軍司令部的意見，"可將第11軍升格為方面軍"，橫山勇壓根不知道謙虛是啥東西。島貫武治回憶說："第11軍升格，當然是橫山司令官升為方面軍司令官最為適宜。當重要的桂柳作戰正在進行時，突然由新的方面軍司令部擔任中間統帥也不妥當。此時的重要問題是應該委派熟悉第一線的第11軍情況的人。在派遣軍徵求意見的初期，第11軍司令部自司令官以下都認為應該如此。"島貫這些幕僚最後總算冷靜，進言橫山勇可不能一味堅持要把第11軍升格為方面軍。橫山勇仔細想想硬來也不是辦法，於是較為緩和地提出了三點意見：方面軍司令部的設置地點，考慮到作戰的全面指導和通信設備的運轉狀況，以及補給上的方便與否，武漢地區最為合適。司令部編組的時間，應在湘桂作戰第二期開始前儘快執行。司令部的人事問題，必須特別注意不使影響今後的作戰。

由於攻佔衡陽的時間比預定的7月中旬晚了將近一個月，9月中旬想要攻佔桂林、柳州已經不合時宜，中國派遣軍總司令部在考慮新設方面軍司令官人選的同時，也對"一號作戰計畫"進行了修訂。

二、新設方面軍大致於8月底以前完成設置司令部，統率第11軍、第23軍、第34軍（也就是武漢防守軍）完成湘桂作戰任務。但在攻佔梧州附近之前第23軍仍屬派遣軍直轄。第11軍後方區域由新設方面軍直轄，以使第11軍專心致力於進攻作戰。

三、第二期作戰的前段作戰

甲、第23軍於9月上旬，從西江兩岸地區展開攻勢，迅速攻佔梧州、丹竹後，大致於10月下旬以前作好進攻柳州方面的準備。

乙、新設方面軍命令第11軍由9月下旬從衡陽南面地區展開攻勢，攻佔全縣附近後，大致於10月下旬作好進攻桂林的準備。

丙、新設方面軍大致於11月上旬命令第11軍和第23軍展開包圍攻勢。圍殲敵第四戰區軍及企圖聚集的敵軍主力，並攻佔桂林、柳州附近。屆時指導第23軍使之攻佔柳州。

丁、以後，新設方面軍命令第23軍司令部及部分有力部隊返回廣東，同時命令第11軍確保湘桂沿線主要地區，消滅企圖反擊的敵軍。

戊、本作戰預計大致於11月末結束。

1944年8月10日，大本營回復中國派遣軍："對第二期作戰修改方案無異議，但關於作戰的進度，希望只要不打亂後方補給工作的協調，力求縮短作戰時間。"15日，中國派遣軍總司令部指派的第一課高級參謀天野正一來到衡陽附近的第11軍前進指揮所，天野先向橫山勇通報了作戰計畫的修訂經過，然後就新設方面軍相關事項進行耐心溝通。橫山勇同意未來方面軍司令部的前進指揮所可以和第11軍同設於衡陽附近。或許是氣氛還算融洽，天野談起了中國派遣軍新的作戰設想："在本年內完成一號作戰，明年就要準備進攻昆明。同時還要迅速佔領華南沿海要地，杜絕美國海空利用。在南京、上海、杭州一地佔領堅固據點，準備對付美國的陸、空攻擊。"天野的"豪情壯志"顯然不能阻擋歷史的滾滾車輪，他何曾想到，一年後的8月15日日本竟然宣佈無條件投降。橫山勇此刻倒不關

心明年怎麼打法，他關心的是誰來當新設的方面軍司令官。

3、岡村寧次這個厲害傢伙

1944年8月的華北大地和往年一樣飽受著烈日的炎烤。自從第110師團南下參加京漢作戰以後，駐守石家莊的日軍獨立步兵第2旅團就顯得十分忙碌。獨立步兵旅團一般只轄4個獨立步兵大隊，要接替原先一個師團的防區肯定不是輕鬆活。進入8月下旬，因為華北方面軍司令官岡村寧次要來視察，整個旅團處於高度戒備狀態。

岡村寧次先後畢業于日本陸軍士官學校第16期和陸軍大學第25期，曾經擔任北洋政府軍事顧問青木宣純的助手，在北京工作兩年多。後來又到上海出任日本領事館武官，當過孫傳芳的軍事顧問。1932年2月從陸軍省人事局補任課長調為日軍"上海派遣軍"副參謀長，8月又調到中國東北任關東軍副參謀長。1935年3月，岡村寧次調任參謀本部情報部長，一年後晉升中將，並就任第2師團師團長，直到1938年7月從東北"空降"華中，擔任進攻武漢的第11軍司令

官。一路攀升的岡村寧次1940年3月卻被調離司令官崗位，回國轉任軍事參議官。軍事參議官位尊而無實權，有時是為了安置勞苦功高的高級將領，有時是某個高級將領行將退役，暫時安排一下算是"面子"過渡，有時又是某個高級將領將被賦予更大責任前的特別安排。

岡村寧次當然想要第三種，可閑院宮載仁親王代表大本營的褒獎之語反而令他心涼："前者尊官奉命任第11軍司令官，從事華中征戰以來，克服天然和人為障礙，果敢大膽領導作戰。或于武漢，或於南昌、襄東及其他作戰中，取得赫赫戰果。當茲完成大任、闕下覆命之機，得睹壯容，衷心欣慰，深感尊官之多勞。惟今正處於諸般形勢愈益嚴重之秋，宜自珍愛，更加為邦家盡瘁，是所期望。"載仁官話說了一大堆，56歲的岡村寧次只聽進"宜自珍愛"四個字，弦外之音不外乎是要做好退休的思想準備。1940年7月17日，經歷了平沼騏一郎、阿部信行、米內光政幾任走馬燈似的內閣更迭之後，近衛文麿再次出山組閣。在近衛的這次組閣中，強硬派東條英機被起用為陸相。在陸軍士官學校學習時，東條比岡村晚一

屆，起初陸軍省人事局長野田向岡村徵詢陸相人選時，岡村力推梅津美治郎。如今學弟東條成功上位，師兄只得反過來陪笑臉。1941年4月，閑差一年多的岡村

岡村寧次。

寧次被授予大將軍銜，成為陸軍士官學校同期同學中的一匹領頭馬。顯然這是一個信號，岡村即將"被賦予更大責任"，而不再是"宜自珍愛"。

1941年7月7日是"盧溝橋事變"四周年紀念日，自從全面抗戰以來，每年的這一天中國政府都要重申"抗戰到底，收復失地"。也在這一天，北平的日軍華北方面軍司令官多田駿接到了大本營的通知，他被授予大將軍銜。多田駿1903年畢業于日本陸軍士官學校第15期，高出岡村寧次一屆，表面上這是一次完美晉升，然而深知內情的人卻透露出這樣一個消息：多田駿即將卸任回國，大本營對華北共軍發動百團大戰感到震驚，認為他鎮壓不力，治安太壞，才來了個明升暗降。事情果然如此，同

日東京三阪宅陸軍省小禮堂內舉行了一場任命儀式，岡村寧次東山再起，他將赴北平接任華北方面軍司令官。7月9日，大本營正式通知多田駿回國轉任軍事參議官，不過兩個月後就被編入了預備役，屬於典型的退役前的體面過渡。

岡村寧次到華北後提出了"滅共愛民"的口號，對中共抗日根據地採取"蠶食"封鎖政策，通過挖溝、築碉、開河、修路等手段，分割根據地與外界、根據地與根據地之間的聯繫。岡村寧次的這套囚籠政策很管用，上任僅半年，就使八路軍陷入被動，華北根據地大為縮小，一度只剩下阜平、涉縣、平順、范縣、觀城等幾個縣城。難怪多田駿要"下崗"，也難怪彭德懷要說："岡村這個傢伙有很多本事，能實事求是，細緻周密，他不出風頭，不多講話，對部下不粗暴，經常收集研究我們的東西，是歷來華北日軍司令官中最厲害的一個。"據說岡村寧次還有一套"從中國姑娘的眼神可以看出當地的治安情況的好壞"的"理論"：絕對見不到姑娘們的蹤影，系懼怕日本兵的佐證，治安不好。對我們的汽車、卡車感到稀奇而遠遠地從視窗眺望，治安

稍好。在上項情況下，走出家門口眺望，中國姑娘神態自若地走在有日本兵往來的街道上，治安良好。岡村寧次這一套"理論"，倒也不能說一點道理沒有，可1942年的"五一大掃蕩"，證明他其實沒怎麼把軍紀放在眼裡。

冀中軍區是八路軍的一個二級軍區，下屬5個軍分區，1938年10月最鼎盛時期擁有 44個縣（其中22個縣完全控制）、800萬人口。因為富庶而被八路軍稱為中國的烏克蘭，日軍則稱其為八路的兵站。1942年5月1日，岡村寧次指揮5萬餘人，採取多路密集的"拉網式"、"梳篦式"戰術，對冀中軍民發動了空前殘酷的大掃蕩。僅僅一個多月，冀中軍區的所有縣城和較大集鎮、村莊都被日軍佔領。由於日軍實行"殺光、燒光、搶光"的"三光"政策，據日後粗略統計，根據地軍民被殺5萬多人，當時有"無村不帶孝"的說法。冀中"五一大掃蕩"開始不久，岡村寧次又組織了意圖摧毀八路軍統率機關和消滅第129師的晉東南大掃蕩。5月25日，位於涉縣偏城鎮西北部的八路軍總部、中共中央北方局暫駐地南艾鋪被日軍包圍，彭德懷等大部分機

關人員雖幾經周折衝破重圍，可八路軍副參謀長左權卻在指揮突圍中犧牲在遼縣麻田十字嶺。岡村寧次的"肅正作戰"迫使八路軍正規部隊撤至偏遠山區，隨著根據地面積減少，中共不得不實行"精兵簡政"。1942年八路軍三大主力師中，第115師和山東分局、山東縱隊司令部，僅三大機關就由1萬人精簡到3500人；第120師人數由35000縮減至27000人；第129師師直、第385旅、新1旅和各軍分區，由原來的420個單位減至269個單位。

1944年4月，華北方面軍主力第12軍所屬的第37、第62、第110師團，坦克第3師團、騎兵第4旅團、獨立混成第7旅團以及方面軍直轄的第27師團等部，南渡黃河發起京漢作戰，席捲豫中平原和豫西山區，連陷鄭州、許昌、洛陽等地。岡村寧次不無得意地說："這次我軍特別掌握著坦克師團，最初將其隱藏起來，待湯恩伯照例調集主力向其被突破的一點發動反攻時，我軍以坦克兵團，從另一面插入敵陣，敵軍大亂，我作戰成功。"岡村寧次這個傢伙還真是有兩把刷子，共產黨軍隊能對付，國民黨軍隊一樣照打。他的這些"本

事"，特別是對付中共的手段，很被國民黨看好，日本投降後，蔣介石不僅沒有為難他，反而以禮相待，岡村寧次投桃報李，一年多的時間裡一口氣寫了《毛澤東的兵法及對付辦法》、《圍點打援是共軍的作戰特點》、《以集中兵力對集中兵力殲滅共軍》等"學術"文章。1949年1月，在國民黨政府庇護之下，岡村寧次被判無罪，悄然回到日本。1950年，敗退臺灣的國民黨成立"革命實踐研究院"，岡村寧次作為該院聘請的高級教官，多次赴台講學、訪問。同時他還不甘寂寞，擔任右翼組織"日本戰友會"副會長等職。1966年9月，82歲的岡村寧次因心臟病突發去世。這些都是後話，我們還是回到1944年的華北。

8月24日，岡村寧次正在石家莊巡視獨立步兵第2旅團，突然接到調任第6方面軍司令官的密令電報，這使他不禁想起八個月前，占卜大師小玉吞象給他算的命："1944年歲首，小玉卜師來訪，特為我當年命運認真進行占卜，所卜大意是本年截然不同於前二三年，命運將有極大變化。戰局迄今雖無甚大變化，但年中直至秋季將有進行大戰之跡象。作戰

方位似在西南，我的職務亦將有變，且屬榮升云云。"華北方面軍司令官和第6方面軍司令官是平級，莫不小玉只算准了一半？按照日軍慣例，擔任防守為主的將領調去執行大規模進攻作戰，往往是提升前的考查和過渡。岡村寧次僅僅擔任第6方面軍司令官三個月，便又接替畑俊六，升任為中國派遣軍總司令官，至此他才感到"小玉卜師的預卜全部應驗，確實令人驚歎"。

根據"大陸命第1113號"，第6方面軍戰鬥序列如下：

第6方面軍 陸軍大將岡村寧次（日本陸軍士官學校第16期）

第11軍 陸軍中將橫山勇（日本陸軍士官學校第21期）

第23軍 陸軍中將田中久一（日本陸軍士官學校第22期）

第34軍 陸軍中將佐野忠義（日本陸軍士官學校第23期）

第27師團 陸軍中將落合甚九郎

第40師團 陸軍中將宮川清三

第64師團 陸軍中將船引正之

第68師團 陸軍中將堤三樹男

野戰高射砲第22聯隊

獨立工兵第38聯隊

獨立工兵第60大隊

第6師團架橋材料中隊

第7師團架橋材料中隊

中國派遣軍第2野戰鐵道隊

電信第5聯隊

第59固定無線電隊

第60固定無線電隊

日軍大本營把岡村寧次調任第6方面軍司令官，也是經過一番慎重考慮的。在中國關內戰場的幾個軍司令官中，第11軍司令官橫山勇和第12軍司令官內山英太郎資歷最深，同為日本士官學校第21期，其他幾位都是後期。橫山勇為人十分傲慢和自負，中國派遣軍的參謀人員有事到第11軍聯絡，經常可以聽到他

肆無忌憚地大講畑俊六的壞話。橫山勇在作戰指揮上向來主張大綱主義，即上級只要管主要決策和定下決心，具體怎麼打法，權力應下放給軍司令官。

橫山勇這號專橫人物，不是厲害角色你休想壓住他，岡村寧次還真是不二人選。

由於喪失了平漢路以西的制空權，岡村寧次這次上任，不敢從北平直飛漢口，只能先到南京，然後利用早晨中美空軍還未出動的短暫間隙，沿長江上空偷偷摸摸地飛抵漢口。比

起第11軍司令官任內那些年，武漢環境的變化令他大感吃驚："以前敵機極為罕見，在漢口、九江之間，往來內地之大型運輸船，常達三、四十只；如今，連十噸左右的小汽船均被敵空軍炸光。以前，此地住有數萬日本僑民，店鋪很多，相當繁華；如今，僑民留者寥寥無幾。偕行社尚有一些男女服務人員，照料軍人食宿。飛行隊青年軍官頻頻出征，常有去而不回者，人數逐漸減少。在偕行社食堂每天照料他們的少女，睹此情景，露出淒涼神態，毫無青年朝氣。甚至我的居處亦有變化，以前，位於漢口市內，彼時常從二樓視窗眺望街頭情景；如今，改在漢口東郊為樹林環繞的舊軍事設施之內，連個中國人影都不見。"

第6方面軍司令部已經編制就緒，參謀長宮崎週一曾經擔任過第11軍作戰課長，副參謀長天野正一由中國派遣軍第一課調來，以前也在第11軍當過作戰參謀。對於大本營的人事安排，岡村寧次感到十分滿意。天野報告說："第34軍負責警備漢口周圍和擔當補給工作。第11軍先頭目前已進入廣西全縣，正準備向桂林、柳州進發。第23軍也正準備從廣東遠距離攻向柳州。"岡村寧次聽完微微皺起眉頭，幕僚們都清楚，橫山勇的舉動並不符合中國派遣軍和第6方面軍的設想。事先計畫第11軍9月下旬從衡陽南面展開攻勢，10月下旬作好進攻桂林的準備，目前應該恢復戰鬥力，以待後方補給線和空中支援向前推進。如今的局面完全動搖了方面軍想要先穩固後方，再扎實進行第二期作戰的全盤打算，而且司令部還得趕緊跟著向前推，武漢離全縣距離太遠。天野正一後來回憶說："在這個意義上，第11軍挺進到全縣，實在使人為難，但方面軍也不能立即予以處理，只有順應情況的發展，再無他法。"天野建議岡村寧次："先由宮崎與第11軍聯絡，再由司令官飛赴廣州掌握第23軍，分別進行作戰計畫通告，然後10月上旬把前進指揮所推進到衡陽附近。"

9月16日，宮崎在衡陽北郊一處民宅中見到了橫山勇。宮崎是日本陸軍士官學校第28期出身，屬於"小字輩"，面對出了名的刺頭橫山勇，他說話謹慎但又不亢不卑："為了完成方面軍的任務，要協調第11軍與第23軍的關係，特別是對新參加這次作戰的第23軍應給以親切關懷。

方面軍要承擔第11軍後方地區的警備、兵站任務，使第11軍無後顧之憂，專心于前方對敵作戰。關於敵軍地面兵力，問題不大，重要的是隨著美國空中力量的增強，對我後方交通威脅很大，所以應先確保後方補給線，以適應持久作戰的需要。"宮崎接著傳達岡村寧次的命令："第11軍大致停止於全縣和道縣一線，準備就緒再向桂林進發，時機為11月上旬。"話音一落，第11軍前進指揮所的氣氛驟然緊張，橫山勇問道："上級從來就有制止我軍向前推進的傾向，從國內或全域形勢來講，幕後是否有些內在原因？"宮崎回答："有關這樣的原因，一無所知，望勿擔心。相信方面軍司令官是立足于真誠的統帥立場，一心為了完成任務。"橫山勇又問："關於桂林、柳州的作戰目標，一向從未給以明確意志的表示。一會說本軍只以桂林為目標，一會又說連同柳州也一舉攻下，或者說第23軍不攻擊柳州，實際究竟如何部署？"宮崎的回答有些像外交辭令："這一點理應清楚，方面軍以桂林、柳州為目標，屆時統帥將向兩軍指示各自的目標，方面軍將負責對兩軍的協調進行策應。"橫山

日軍打通京漢線，圖為京漢線通車的情景。

勇繼續追問："本軍一舉進攻到全縣附近，是否符合上級的意圖？究竟是好事還是壞事？"宮崎還是不正面回答："我認為這屬於軍司令官針對情況進行指揮的問題，不存在好壞。這是方面軍司令部成立之前的事情，估計派遣軍總司令部當時鑒於今後的作戰形勢，而沒有完全約束第11軍積極性的意圖。"

宮崎週一日後談及此次衡陽之行，心裡很不是滋味："第11軍司令部給我的感想，雖然難以明確表達出來，但令人擔心的是軍司令官和參謀長、參謀之間，缺乏思想的一致和意志的統一，往往聽信一些謠傳和異議，而不明了大本營、派遣軍和方面軍統帥的本意。"

全縣是桂柳會戰中第一個淪陷的縣城，我們從頭說起。

第三章
桂北門戶開

1、重慶軍委會的戰略分歧

1944年5月20日，國民政府五屆十二中會議在陪都重慶舉行。此時，日軍為打通平漢路而發動的京漢路南段作戰已接近尾聲，戰事雖還在洛陽激烈進行，但第一戰區"挫師失地"已經不可改變。27日，日軍又在湘北發起大規模的攻勢，白崇禧約正在重慶出席會議的廣西省政府主席黃旭初等桂系要人，到嘉陵新村李子壩白公館會商時局。眾人關心桑梓，研判日軍為了支援南太平洋的軍事行動，必然要打通粵漢路，桂林、柳州也可能成為他們的進攻目標，廣西必須預謀應付。28日，軍事委員會舉行最高幕僚會議，與會人員包括參謀總長、副參謀總長、各部部長、侍從室主任、海軍總司令、航空委員會主任、軍法執行總監、軍事參議院院長等。多數人認為日軍的戰略意圖是想要打通平漢路、粵漢路至湘桂路迄鎮南關。主張放棄粵漢路抵抗，退守湘桂路，可贏得一個多月的準備時間，在此期間從各方調集兵力，在桂林附近組織決戰，或有制勝的希望。鄂北與桂林相距約700公里，對於進攻者來說，如同橡皮帶一樣，拉得愈長，

就愈薄弱，超過了極限，就可能崩折。退至廣西境內與日軍決戰具備一些優勢，白崇禧力持這一主張。

唯獨軍令部長徐永昌有不同看法，他對日軍打通大陸交通線、摧毀西南空軍基地的說法不以為然。徐永昌判斷日軍的企圖是"欲打擊我之野戰軍，杜我反攻或轉用"，認為日軍的進退程度，全視國軍的反擊力度如何。因此主張粵漢路節節抵抗，北戰場積極反攻，否則"抗戰前途實堪憂慮"。徐永昌進一步指出，第一戰區蔣鼎文、湯恩伯作戰不力，已經引起國內外輿論的指責和譏評，如果粵漢路也不戰而退，"抗戰前途尚堪問乎？"徐永昌日記載："余氣極發言，諸人皆無語。"顯然，徐永昌佔領了民族氣節制高點，一番慷慨激昂的講話過後，所有人都沉默無語，他的主張得到了蔣介石的認可。

其實不光是最高幕僚會議有分歧，軍令部內亦有不同聲音，掌管國防作戰事宜的第一廳認為，華中敵人將會師衡陽，並窺伺桂林。徐永昌依然獨排眾議，華中日軍進至株州以南或即停止，即便是竊據衡陽，也決不會西入桂林。"敵人完全無深入企圖，不過一意打擊吾人反攻力量。"

徐永昌堅持認為日軍不會打通粵漢、湘桂路。廣西地方可沒如此樂觀，黃旭初6月初返回桂林，數日後電告白崇禧：「桂林市面人心浮動，由於中原會戰我軍潰敗，對於此次湘北會戰都不抱樂觀。如果敵情緊急，省府必須遷移時，應以百色為宜。」第四戰區司令長官張發奎在柳州召集廣西黨政軍負責人開會，初步決定桂林、柳州早日疏散。國民黨中央宣傳部長王世傑的日記稱：「一般推測，以為敵軍企圖攻佔衡陽、桂林，俾免該地成為盟軍空軍根據地。」可見當時社會輿論對日軍的戰略意圖已有相當準確的推測，抱樂觀態度且低估敵人作戰能力的人畢竟是少數。

6月14日，白崇禧以書面形式向蔣介石陳述對戰局發展的看法：「日軍發動一號作戰，是趁盟軍在歐洲開闢第二戰場後，無法顧及遠東，故而調兵入關，展開全面攻勢，意圖打通平漢、粵漢兩路，進而打通桂越路，減低國軍牽制威脅之力，以利日本南洋軍的運輸、補給、進展與退守。國軍至少要獨立支援一年，才能得到盟軍的大量增援，現階段戰略應采消耗戰，以求得時間的餘裕為主。不能因局部希望爭取勝利，而將實力大量消耗。」

對於保持桂柳戰略根據地和空軍基地，避免日軍打通桂越，白崇禧具體建議：「第10軍不加入長沙會戰，第62軍必須調祁陽，扼守熊飛嶺或全縣黃沙河，暫2軍以在現地阻敵為佳，美械迅速運桂補充，增強保守桂柳部隊的戰力。」然而第10軍和暫2軍後來都投入了長衡會戰。

18日，長沙失守，軍事委員會再度舉行最高幕僚會議，與白崇禧關係親近的軍令部次長劉斐認為，日軍勢必進攻衡陽，並很有可能進攻桂林。徐永昌以為「敵兵力不足，尚不至企圖入桂林」。白崇禧提出放棄在長沙、衡陽之間的拼命抵抗，把防守衡陽的兵力調往桂林，立即著手桂林防衛戰。徐永昌堅決不同意，力主下一階段仍要在長沙、衡陽正面作持久抵抗，兩翼則相機與日軍展開決戰，以消耗日軍，打擊其僥倖心理。白、徐二人爭的面紅耳赤，蔣介石對徐永昌的敵情判斷亦是將信將疑，但蔣明確支持湖南持久抵抗，白也就不好再爭。22日，沿湘江東岸南下的日軍第68師團，進抵衡陽東郊。蔣介石緊急召見白崇禧，要白前往桂林協調指揮第四、第九戰區聯合作戰。

白崇禧和張發奎合作問題不大，說到"老虎仔"薛岳可就頭大。日軍第一次進犯湘北，重慶方面不主張堅守，蔣介石特意要白崇禧和陳誠星夜入湘，勸說個性極強的薛岳服從撤退命令。結果碰了一鼻子灰，任憑白崇禧怎麼說，薛岳就是不願意放棄長沙。最後陳誠反被說服，支持第九戰區打了一個勝仗，"小諸葛"別提有多尷尬。

白崇禧建議把防守衡陽的兵力調往桂林，徐永昌反對，薛岳也反對。趙子立時任第九戰區參謀長，他回憶說："薛岳聽聞白崇禧要到桂林，指導第四、第九戰區作戰，就開始叫罵，鬧著要辭職。有一次薛和白通電話以後，薛怒容滿面，大罵'丟那媽'，我就不去給廣西看大門，不在湖南打，把部隊都拉到廣西他家裡去，可惡！"薛岳的強硬態度使白崇禧望而卻步，他向蔣介石辭謝第四、第九戰區協調指揮權，但對廣西戰事表示義不容辭，願意奔走傳達最高統帥意旨。張發奎並不感到意外，坦言"蔣先生派白崇禧到廣西來協助我，因為他是廣西人氏"。話雖有幾分無奈和消極，其實張發奎早已未雨綢繆，派遣戰區少將高級參謀李漢沖等

前往湘桂邊區實地調查，還不時聯繫正在衡陽週邊作戰的第46軍軍長黎行恕，多方面瞭解有關湘南的戰況。

白崇禧一到廣西，就和從柳州匆匆趕來的張發奎連日巡視素有"山水甲天下"的桂林城。白崇禧認為桂林的地形和防禦工事都十分有利，堅信可以守住半年。張發奎卻有不同看法："桂林的地形無疑是有利於防守，有許多山洞，例如市郊的七星岩能夠容納好幾萬人。城牆高且堅固，還建有半永久防禦工事。從理論上看，桂林守得住，但我不相信能守六個月，因為我們的裝備與戰鬥力都比日軍差。我認為桂林頂多能守一兩個月。"從23日至25日，白崇禧連續三天主持召開第四戰區作戰指導高級軍事會議，會議形成了一些初步共識。26日，白崇禧電呈軍事委員會委員長蔣介石，具申保衛桂林、柳州意見：

一、此次攻湘之敵，如到達衡陽後，其企圖或沿粵漢路進攻曲江、或沿湘桂路進攻桂柳，俱有可能；然就敵欲掩護其南太平洋之陸上運輸及將來之退路安全起見，定然續攻桂柳或進而打通桂越，控制我粵漢路以西、湘桂路以南之機場，桂柳在戰略上實

屬重要。

二、桂柳石山環繞，岩洞甚多，可容十萬餘人，對敵機砲轟擊，均可抵抗，且往歲防匪西竄，曾築有永久工事，誠為天然要塞。然就現在預想部署，只有第62軍及第46軍，縱能短期遲滯敵人，但絕無反攻之力，時間延長，徒作無謂消耗，不能達成預想目的。再觀第七戰區，現有第63軍、第64軍、第65軍，仍有備多力分之弊。至於在邑、龍之第31軍，地廣兵單，無論敵由越南或欽、防進攻，第188師與第131師兩個師，亦難操勝算。

三、固守桂林，應徹底集中兵力，予進攻之敵以反擊，為收殲滅之效起見，擬以第七戰區香總司令所部，擔任粵漢路以東之作戰，俾抽調第七戰區主力之兩個軍，控置於龍虎關、富川、賀縣一帶，以一總司令或副總司令統一指揮，第62軍掩護桂林，相機進出桂全以東地區，側擊進攻桂林之敵，另密調第31軍之第188師及第131師，集結柳州。又南寧機場及其附近之警衛，原有第175師之兩個團擔任，即以該師之一部移置南寧，再於以上各軍之原防地，另編地方團隊，襲用原駐軍之番號，擔任

警戒，一俟敵進入我桂林核心陣地，受我相當消耗後，即以第七戰區主力之兩個軍，進出恭城、栗木，第31軍於柳州分途推進，適時由東南西南方向轉移攻勢，

第46軍軍長黎行恕。

將敵人夾擊而殲滅之。

就在白崇禧電呈重慶的同一天，美國副總統華萊士在宋子文陪同下短暫停留桂林機場。華萊士代表羅斯福觀察戰時中國的實際狀況，12天的行程中超過一半在昆明，桂林只是他前往重慶的一個中轉站。在機場貴賓室，華萊士詢問白崇禧對桂林防守的看法，白崇禧自信地說能守半年，還侃侃而談關於地形的理論依據。華萊士也有問張發奎同樣的問題，張搖頭說守半年很難，因白崇禧在場，張不願過多發表意見。華萊士怎麼說？"如果守上三個月，就可以創造其他方面有利的情況，桂林之圍，那時可以不救自解。"這位後來創辦《讀者文摘》的美國副總統並且表示，可以保證在柳州機場控制充分的空軍，

取得絕對之制空權，協助城防部隊戰鬥。可以提供一些諸如火箭筒、60mm迫擊砲和無線電報話兩用機之類的美國武器裝備。

軍委會綜合各方情況，29日電令白崇禧、張發奎和余漢謀："敵主力正圍攻衡陽，似有續向湘桂路及粵漢路進攻之企圖。國軍決定固守桂林陣地，依第六、第九戰區之夾擊及第七戰區之協力，先擊滅進攻湘桂路之敵。第46軍之主力固守桂林，一部在黃沙河，任桂林之掩護。桂林陣地，應積極加強工事，儲備足夠三個月使用之糧彈，以備能獨立固守。第31軍主力，即秘密開柳州待命，準備參加桂林會戰。該軍之後調師及桂林綏靖公署獨立第3團，固守邑龍一帶現陣地，須確實掩護宜山、河池、南丹我後方交通。第62軍暫位置于祁陽附近，掩護湘桂路及零陵機場，依狀況轉移全州，參加桂林會戰。第七戰區應秘密準備一個軍，轉移連山方面，參加桂林會戰，並即時以一個師秘密先開連山附近。第35集團軍除第155師續行原任務外，並秘密以一個師即開梧州擔任固守，並準備于必要時參加桂林會戰。南寧、玉林以南各公路及其他敵可利用之交通線，由白副參謀總長轉飭第四戰區及桂省府，動員民眾，徹底破壞之，並切實疏散各交通線上壯丁及糧食物資，以免資敵。"

軍委會同意第46軍守桂林，第31軍守柳州，只是將抽調第七戰區兩個軍改為一個軍。30日，蔣介石密電張發奎："第46軍主力負責防守桂林，該軍其他部隊防守全州與黃沙河至桂林以北的陣地。三個月的糧食、彈藥供應正送往桂林使第46軍能堅守待命。"張發奎對堅守桂林三個月始終持意見保留："蔣先生習慣於為堅守某地規定一個時限，然而他常常不明白當地的真實情況。我軍戰力與裝備都比敵軍窳劣，守城三個月是困難的。如果沒有兵力增加，則我的一切防守計畫，均將難以實施。"

7月上旬，面對張發奎屢次請援，蔣介石下令駐在四川綦江隸屬重慶衛戍司令部的第93軍增援廣西。蔣介石在主持軍事會議時強調："今日惟一要圖，為如何能固守衡陽，增強湘桂路兵力，以確保桂林空軍基地，如能粉碎其犯湘桂路之企圖，則此次作戰當不失為成功也。"第93軍加入第四戰區，張發奎倍感鼓舞，桂柳會戰的預定部署有了一些改變。

1944年6月，美國副總統華萊士訪問中國昆明：前排右一熊慶來、右二宋子文、右三陳納德、右四華萊士、右五龍雲。

張在回憶錄中說："第93軍新調來桂，這是生力軍，使我迅速地決定了初期的部署。我以主陣地帶置於湘桂路的正面，以第93軍擔任全縣及黃沙河的守備，第31軍守桂林，並以第16集團軍副總司令韋雲淞為桂林守備司令，以參加衡陽會戰後的第46軍第175師集結於柳州附近為機動部隊。"張發奎爭取到第93軍入桂，白崇禧也沒閑著，他去湖南彬縣登門造訪第九戰區司令長官薛岳，試圖要薛在衡陽萬一不守時，第九戰區的部隊沿湘桂鐵路兩側部署，以利隨時側擊日軍。可是薛岳沒答應，如果衡陽不保，他要把部隊撤往湘東一帶，即粵漢鐵路以東地區，名義上為了補給容易，內心就是不願意替"桂系"看家護院。

1944年的整個夏天，白崇禧和張發奎一直都為第四戰區防務奔波，然而蔣介石內心牽掛的始終是衡陽，能否阻止日軍打通粵漢路並阻止其進犯廣西，首先取決於能否固守衡陽，其次才是加強湘桂路兵力。再說戰事還在湖南境內激烈展開，至少徐永昌極有信心在衡陽附近消耗日軍有生力量，迫使敵人揚棄僥倖心理。李漢沖和徐永昌相反，他在結束湘桂邊區實地調查後報告張發奎："第九戰區的部隊已支離破碎，競向湘南撤退，薛岳已走茶陵、安仁，無法掌握部隊和組織全戰區之作戰。衡陽形勢危殆，雖有幾個生力軍趨援解圍，但因逐次注入戰鬥，反予敵人各個擊破。湘桂鐵路及公路沿線異常混亂，難民擁塞於途，各縣政府均在作逃亡準備。廣西東北正面，實際已經暴露於日軍面前。"

8月8日，激戰47天的衡陽終告陷落，得知衡陽失守的消息，各方迅速作出反應。美國總統羅斯福致電蔣介石："中國戰場形勢危急，關於史迪威之事需要立即行動，否則將為太遲。"所謂史迪威之事，系指美國提出將中國軍隊交由史迪威指揮。中共毛澤東指示林伯渠："衡陽失守，敵後抗戰地位更形重要，我軍四十七萬須要求政府全部承認，不要談五軍十六師了。"時值國共談判，將敵後武裝改編為五軍十六師原為中共所提條件，現在隨著衡陽失守砝碼也要變。白崇禧急電蔣介石，速將衡陽周圍的第46軍、第62軍調往桂林，並請將其他部隊大部撤至祁陽、零陵至桂林一線防守。內外交困的蔣介石讓軍令部加以研討，徐永昌建議第九戰

區主力部隊仍留在衡陽周圍繼續攻敵，理由有四：一是前線撤兵，敵人必然跟蹤深入；二是激戰之後，部隊急撤，有潰退之慮；三是撤兵影響人心與盟軍觀感；四是目前態勢，地理比較有利，利用現形勢打擊敵人，較退保桂林有利。徐永昌甚至建議蔣介石將白崇禧調回重慶。10日，蔣介石電令各軍反攻衡陽。12日，蔣介石再次訓令各軍"以攻為守，並襲擾敵後方"。直到8月下旬，蔣介石才捨棄反攻衡陽的想法，開始重視湘桂路兩側防禦。

徐永昌一貫堅持盡全力去拼湖南戰場，白崇禧始終主張舍湖南保廣西，軍委會戰略分歧嚴重，多次站在徐永昌一邊的蔣介石為此飽受後人指責。平心而論，白崇禧的方案是有一定道理，但更多的是讓人感覺他把廣西利益放在第一位。蔣介石作為"大家長"不可能全部照白的思路去做，河南沒打好，美國和中共那邊已經壓力很大，湖南戰場肯定要拼一拼。這也是衡陽失守以後的一段時間裡，蔣介石仍對湖南戰局抱有希望的根本所在，如果能在湘南擊退日軍，一定可以扭轉國內外觀感。蔣介石把"白臉"推給徐永昌做，正是他的高明之

處,一旦出現湖南、廣西接連戰敗的局面,責任有人分擔,白崇禧也不能一味將髒水全往他身上潑。

2、白崇禧主導作戰計畫

重慶軍委會的戰略分歧並沒有影響張發奎的抗敵熱情。大約在7月上旬,張發奎召開了第四戰區高級幕僚會議,李漢沖總結湘桂邊區實地考察體會,判斷日軍從湖南進攻桂北的路線有三條:第一條沿湘桂鐵路、公路,這是正面,適合大兵團運動。第二條從湘南道縣、江華,經龍虎關、恭城出平樂、荔浦,戰略迂迴桂林右側背和遮斷桂林、柳州之間的連絡。第三條由湘南零陵經灌陽出全縣或桂林以東山間小道,戰術迂迴全縣。根據李漢沖的意見,第四戰區很快有了一份初步作戰計畫,主要內容如下:

一、敵情判斷:敵為西進,其企圖有三種可能性。一是以打通粵漢路為目的,在攻略衡陽後,當以一部擴大衡陽以西地區,以鞏固衡陽的佔領。因此戰區東北正面時有受敵騷擾之可能。二是以打通湘桂路與越北之敵含接為目的,當協越北之敵從東西兩方面夾擊戰區,最後佔領桂林、柳州、南寧各要點而固守之,其主攻方面當在桂北。三是以侵犯貴州,威脅重慶為目的,當以沿鐵路線為主作戰方面。

二、戰區作戰方針:以敵情的第二第三兩種可能性的判斷為基礎,確保桂柳為目的。根據現有兵力,先集中力量守備桂林、柳州兩大據點,採取持久防禦,待後續兵團到達,再策劃以後作戰計畫。但為明確敵人之真正企圖、掩護桂柳防禦準備可得餘裕之時間,並使後續兵團爾後作戰容易,應以有力一部於全縣、灌陽、龍虎關之線,竭力遲滯敵之行動,特別在全縣方面,須行較堅韌之持久抵抗,以直接掩護桂林。

三、兵力部署:本部高級參謀李漢沖即率戰區直屬工兵營及第31軍工兵營前往黃沙河選擇地形,構築一個軍二個師使用的半永久性工事陣地,限兩周內完成。同時在全縣設立戰區情報收集所,與衡陽方面部隊聯繫,收集敵情和我軍狀況。並監督全縣專區發動群眾,進行地方配合國軍作戰準備工作。第93軍即開全縣,以主力佔領黃沙河陣地,一部于灌陽方面對敵警戒。第16集團軍總司令夏威指揮第31軍集中桂林,構築桂林城防永久性堡壘工事，以後該軍即擔任桂林城防守備。軍校第六分校主任甘麗初率該校學生及荔浦地方團隊，進出龍虎關附近，擇要佔領陣地，對敵警戒。靖西指揮所主任陳寶倉指揮龍州指揮官曾天節、東興指揮官潘奮南及越桂邊境汛警部隊，嚴密警戒越北日軍。長官部指導直屬部隊構築柳州永久性堡壘工事。

衡陽失守的消息傳來，白崇禧以副參謀總長的名義再次召開第四戰區高級軍事會議。參加會議的除了張發奎、黃旭初這兩位廣西文武"巨頭"外，還有軍令部第三廳廳長張秉鈞、後方勤務部參謀長湯堯、工兵學校教育長林柏森、廣西保安副司令張任民、第16集團軍總司令夏威、參謀長韓練成、戰區高級參謀李漢沖、張勵等人。會議進行了一整天，李漢沖在他的回憶錄中，詳細描述了當時的情形："白崇禧聽了我代表張發奎會報戰區的初步作戰計畫後，對這個採取持久防禦以確保桂柳的作戰指導，立即表示不同意，他說，我們不能挨打，應採取內線作戰各個擊破敵人的攻勢手段，來達成確保桂柳之目的，要乘敵人沿湘桂鐵路正面和沿湘桂公路側面前進之分離，于桂林以北

和平樂附近地區集中主力與敵決戰而各個擊破之。他還提出這個決戰方面的主力兵團，由夏威集團之賀、黎兩軍擔任。對桂林防守，他亦反對固守設堡陣地之持久戰術，他說，桂林之防守，應用依城野戰之手段，把主力控置於城外實施決戰防禦。又桂林城防守備部隊，他主張由第93軍在黃沙河轉進後擔任。至於桂西方面，他以為不得已時可以放棄南寧，堅守柳州。當時大家對白的這個指導方案，都不反表意見，夏威還一再強調桂林城內不能配備過多的兵力。"

李漢沖對白崇禧的計畫很不以為然，會後他對張發奎說："白的計畫表面上好像很積極，實際上很危險，以戰區現有之兵力和賀、黎兩軍之素質，對優勢敵人採攻勢決戰，難期有勝券把握，況黎軍甫由衡陽作戰歸來，士氣、員額和裝備，均有缺點，怎能擔任攻勢決戰之主力，又第93軍將來經過黃沙河戰鬥後，由敵前轉進而擔任桂林城防守備任務，既不熟悉地形，又無時間準備，也是不切實際的。依我意見，不如仍以戰區之原來計畫，集中賀、黎兩軍於桂林，依堅固之設堡陣地和優勢之制空權，進行持久防禦，然後依後續兵團情況，

再策以後行動，比較穩當。"

根據李漢沖的說法，張發奎是同意他的意見的，但又顧慮重重："白是對最高統帥部負責的，自有其智慮之處，我們何必另出主意，將來作戰不利，把責任歸咎於我，由白一手佈置就是了。"張發奎的回憶則截然相反："我一貫信奉攻勢防禦，不贊成困守孤城，我不想桂林再犯衡陽的錯誤，但白崇禧不同意。"隨後，張秉鈞、韓練成、李漢沖三人基本上按照白崇禧的指示，共同起草了第四戰區新的作戰計畫，張發奎簽字下達：

一、湘西南之敵，現於衡陽以西集結，有沿湘桂鐵路及湘桂公路向戰區前進，侵犯桂柳之企圖。

二、戰區以確保桂柳之目的，以一部固守桂柳兩據點，主力乘敵前進之分離，于桂林以北和平樂縣附近地區，求敵決戰而各個擊破之。

三、第93軍佔領黃沙河既設陣地，極力阻敵西進，爾後依情況逐次向桂林轉進，協同賀軍之桂林作戰。限令該軍在9月10日以前不得令敵超過全縣。

四、夏威指揮賀、黎兩軍擔任桂林方面之作戰，以該集團軍副總司令韋雲淞為桂林城防守備司令，指揮

賀軍，另戰區直屬砲兵一個團、戰車一個連固守桂林，如無命令，不得放棄。以該集團之黎軍控置於陽朔、永福一帶，依情況使用于桂林和平樂間之作戰。

五、第62軍固守柳州。

六、靖西指揮所仍照前令執行任務。

七、戰區於荔浦設立前進指揮所，以張勵為指揮所主任。

白崇禧的作戰指導原則上是正確的，反對被動挨打和單純守城，把主力拉到城外實施決戰防禦，也就是陣地戰與運動戰相結合的打法。問題是白崇禧有塊心病，不管怎麼打，都要以保存桂系實力為上，避免在激烈的城防守備戰中挫傷和消耗。陸學藩時任第175師參謀長，1986年他在《抗戰時期闞維雍堅守桂林為國捐軀的鐵證》一文中披露："白崇禧看似信心百倍，神氣十足，但這是他表面的一套，背地裡又是另一套。當天夜裡，他召集夏威、韓練成、黎行恕、海競強、陸學藩等人，在東鎮路他的公館開秘密會。他宣示蔣老頭要把第16集團軍都集中桂林作防守部隊，借日寇之手，把廣西部隊一網打盡，我們要作出對策。黎行恕、海競強主

桂柳會戰前夕，張發奎檢閱部隊。

張要保存較好的部隊而以次的部隊應付他。白崇禧告誡須絕密執行。"這個秘密會議，別說張發奎、李漢沖不知情，就連韋雲淞也沒打招呼，可見白崇禧的"小九九"盤算到了什麼程度。

另一方面，白崇禧很高調："廣西要動員全省力量，與敵周旋，固守桂林三個月以上，創造一個抗戰以來空前的戰績。"他趁機向蔣介石提出要求："廣西民氣昂強，向有組織基礎，可以動員五十萬人參加戰鬥，其中又可以編組五萬的基幹力量。由第31軍、第46軍各擴編一個補充師，

另將綏靖公署的四個獨立團改編為兩個獨立縱隊。只要中央撥給兩師和兩縱隊的武器裝備和餉項，可以在兩星期內編成，將來即使後續兵團不能如期到達，這些部隊也可以立即參加戰鬥。"蔣介石為形勢所迫，不得不答應下來，獨立縱隊後來如期完成編組，補充師則慢了一步，沒來得及擴充。

8月20日，白崇禧電呈蔣介石，再度對第四、第七、第九戰區作戰指導，進一步作意見具申：

一、衡陽失陷後，敵人在湘北及湘江東岸之兵力，仍然增加，在湘

江西岸及衡陽附近，似已超過六個師團，我對湘桂路方面應特別注意。

二、對第九戰區敵人作戰，似應參考迭次電呈劣勢裝備對優勢裝備敵人戰法，即組織多數支隊，最大以團為單位，附以工兵及爆破器材，採取避實就虛的遊擊戰法，截擊日軍水陸交通線，並與空軍配合，使敵前方補給困難，或不敢貿然再行深入，若敵悍然不顧，仍一意西進，我可固守桂林三個月以上，必然使敵疲敝，我軍可乘其疲敝，轉移攻勢，勝算可操，屆時太平洋方面，料想必有極大變化，敵本土感受極大威脅，至此我危機或可解除。

三、第四戰區之兵力，現只有兩個軍，第31軍守備桂林，第93軍守備全縣，對桂林東南龍虎關、清水關要地，只有中央軍校第六分校練習營和學生數百人構築工事。敵如進攻桂林，判斷其主力沿桂全大道直趨，另以一部取道湘省常寧、永明，進入龍虎關或清水關，出咸水，威脅全州側背，或經恭城出陽朔，威脅桂林側背，故前電擬請第七戰區集結兩個軍於北江西岸連縣，連山，以便進出賀縣、富川，掩護桂林側背，此著似應做到。

四、桂、全如發生戰事，我在桂柳之機場，只能作前進著陸場，如敵迫近桂林，則不能使用，故請修百色、獨山兩機場，或在南丹河池方面再新開一機場，以便將來必要時之應用。

白崇禧認為："桂柳若失，不僅影響國際視聽，且影響國內人心，甚至誘起敵人進攻重慶或昆明企圖"，他考慮再三，為了堅守桂林，必須還要增兵，8月下旬遂再度建議重慶三點："一、以空軍運輸機全力輸送第97、第14軍，各編完整三個師，由陳素農軍長率往桂林。二、嚴令第七戰區司令長官余漢謀抽派一個軍，歸第四戰區掩護龍虎關之用。三、再運漢中之第29軍到柳州。"重慶以史迪威準備空運兵力增援滇西龍陵為由，不置可否。白崇禧提出自己的看法："龍陵得失，與桂林相較，其輕重緩急自有等差，對緬甸應保持現在態勢，不必再投入大量主力，一面催促英、美大軍向緬甸登陸，則國際路線可通，而我西南所受敵軍壓力可減，如此空軍就可用於運送軍隊到桂林。"蔣介石不已為然，他在日記中提出疑問："彼意欲將川黔中央軍悉數空運桂林參加保衛戰，而置四川抗戰根據地於不顧，此烏乎可？"

24日，軍令部制定"第四、第七、第九戰區今後作戰指導要領"，部分程度吸取了白崇禧的意見：

甲 第一期（敵未突破衡陽以西我現設主陣地以前）

一、第九戰區

（子）湘江以東各軍，就現態勢續行攻奪要點，牽制消耗敵人，並相機擊破之。

（丑）湘江以西各軍，調整如次：

（天）李玉堂（歸王耀武指揮）指揮37軍、62軍、79軍、46軍之新19師及彭璧生部，以有力一部於現陣地佔領前進陣地，與敵接觸，其主力于茅桐橋、新橋之線占領主陣地，並抽一部於雞籠街附近，積極整補，構築預備陣地。但37軍主力應暫控置於松柏西南地區，與主陣地之右翼連系。

（地）王耀武直轄73軍、74軍、100軍。

（1）74軍（欠57師）以一部於現陣地佔領前進陣地，與敵接觸，其主力在新橋以北、蒸水西岸占領主陣地，並控置一部於金蘭寺一帶，積極整補，構築預備陣地。57師到邵陽後，擇要築工，並積極整補，準備機動使用。

（2）100軍以一部攻襲永豐東南之敵，其主力控置界嶺一帶（永豐、邵陽間），積極整補，構築預備陣地。

（3）73軍以原態勢向敵攻擊。

（寅）46軍先抽調控制部隊一個師，集結於柳州，並擔任柳州之防務；其餘一個師（新19師）仍在現陣地，服行原任務，與敵保持接觸。

（卯）湖南作戰各軍，除服行原任務外，應以小部隊為單位，附必要工兵及爆破器材，編成多數遊擊隊（但每軍抽編兵力不得超過一團），採取避實擊虛辦法，深入敵後，輪番截擊敵水、陸交通，並與我空軍配合，使敵補給困難。

二、第四戰區

（子）46軍之一個師調柳州後，將31軍（欠135師）移駐桂林，擔任固守。

（丑）93軍以一部佔領黃沙河陣地，以主力防守全州（全縣）。

（寅）南寧以南各部隊防守現陣地，繼續加強工事。

（卯）發動地方武力，積極予以組訓，並分區酌設機構，俾收統一指揮之效。

（辰）南寧、玉林以南各公路及其他敵可利用之交通線，應繼續動員民眾徹底破壞之，並切實疏散各交通線上之壯丁及糧食物資，加強堅壁清野。

（巳）擴修獨山機場，俾我空軍始終發揮威力。由航委會另擬辦法呈核。

三、第七戰區

（子）以現態勢防阻敵人，即在粵漢路南段者，以主力利用南北山險及既設陣地持久作戰，以六個團兵力（必須以一個建制師為骨幹）固守曲江。

（丑）依狀況先期抽調二個師秘密分開連山、梧州，構築工事而固守之。

乙 第二期（敵突破衡陽西側我現設陣地後大舉侵桂時）

一、第九戰區

（子）李玉堂所率之37軍轉移湘江南岸，62軍、79軍及彭璧生部轉移湘桂路以南地區，而王耀武直轄各軍則在湘桂路以北地區，並以邵陽為根據地（須以有力一部固守之），積極夾擊、側擊西犯之敵。

（丑）其他第九戰區各部隊亦

第七戰區司令長官余漢謀。

應在公、鐵路兩側攻襲敵人，予以牽制、消耗。

（寅）遊擊部隊繼續襲攏、困疲敵人，並斷其補給交通。

二、第四戰區

（子）93軍之任務，謹擬二案如下：

（甲）以一部佔領黃沙河陣地，以主力死守全州。此案確實有效，但犧牲較大。

（乙）在黃沙河、全州、嚴關口、大榕江各地區，逐次持久抵抗，再依狀況參加桂林決戰。此案犧牲較小，但不易確實實施。

二案以何者為宜，乞鈞裁。（蔣介石裁定第93軍任務"應照甲案實施"。）

（丑）敵如鑽隙深入桂林附近，則適時召集46軍及由七戰區轉用之二個師協力守軍包圍而殲滅之。

（寅）南寧以南各部隊採用機動戰法。但如可能，仍依既設堅固工事，極力拒止敵人，俾能確實掩護柳州以西我後方交通。

（卯）越北敵如進犯河田路，則以桂綏獨3團（主力龍州，一部靖西）向田東逐次轉進，阻擊敵人。

（辰）利用地方武力，配合正規軍，積極打擊敵人。

三、第七戰區

（子）準備以一軍長率二師，適時參加桂林決戰。

（丑）梧州仍留一師固守，並另以西並兩側之挺進部隊及地方團隊準備攻襲沿江西犯之敵。

看來軍令部很有辦法，對付出了名不好駕馭的薛岳，通過王耀武、李玉堂等嫡系將領，直接指揮部分中央軍留在湘桂鐵路以北，以免第九戰區整個退到湘東南。難以搞定的倒是余漢謀，6月中旬已派出一個第62軍，是不是還願意再抽調部隊增援廣西？

這個問題我們留到後面再說，因為日軍已經兵臨城下。

3、退色的"抗日勁旅"

湘桂鐵路和湘桂公路是湖南進入廣西的交通要道，位於廣西境內的路段，沿線兩側是五嶺山脈，鐵路、公路沿湘江與漓水河谷蜿蜒向前，地勢平坦，宛如走廊。鐵路、公路進入廣西後在全縣（當時也稱全州）形成一個交叉，使全縣成為名副其實的桂北門戶。全縣又為國民政府的西南補給點，槍支、彈藥、汽油、被服等各類戰備物資堆積如山，機械化第5軍的後方倉庫也在全縣。全縣城的地形屬於盆地，受西北郊高地群瞰制，並不好守。縣城北面30公里的黃沙河倒是一處險要地方，黃沙河前面地形開闊，後面有縱深高地，左右依託良好，十分有利於防守。8月間，第四戰區即派工兵到黃沙河構築了二個師的半永久性工事，不久，重慶衛戍部隊第93軍配屬砲兵第29團第2營等部進駐全縣，歸第16集團軍指揮。

第93軍軍長陳牧農剛過不惑之年。這次他率第10師、新8師增援廣西，因部隊不滿員，實際只有10000

餘人。陳牧農治軍不嚴，第93軍從四川開赴廣西，一路上軍紀極差，沿途到處拉夫擾民不說，有些軍官竟用軍車載運物資到重慶做生意，甚至在貴陽還差點和當地駐軍發生火拼。事發晚上，陳軍部分官兵到貴陽大戲院看電影，與準備空運印度的徒手集訓部隊發生口角，由於陳軍官兵人少，挨了些拳腳，回去搬來一個武裝連尋求報復，結果電影散場人去樓空，就在附近街道上尋閒氣。碰巧美軍一輛吉普駛過，見有軍隊佈防，為了自身防備，提槍上膛，不想擦槍走火。陳軍官兵以為是迎賓樓上的集訓部隊在暗處打黑槍，一時機槍步槍齊向迎賓樓亂射，雖未造成傷亡，地方秩序已是一片大亂。黃埔一期出身的貴陽警備司令宋思一出面解決糾紛，陳軍鬧事官兵這才泱泱退去。事後，陳牧農對宋思一說："貴州的地方真不行，我在西安時，軍隊所需柴草都由地方供應，但貴州一點不管我們，柴草非買不可，而且價錢又貴，你應替我想想辦法。"老同學宋思一看不慣陳的驕橫，頗不賣帳的說："你是過境部隊，不是駐防軍，以行軍費支付好了。"

第93軍的胡作非為實在對不起以往的光榮歷史，要知道第10師和新8師曾經也是能征慣戰之師。1931年6月，駐防安徽蚌埠的第45師改稱第10師，師長由原第45師師長衛立煌擔任。衛立煌人稱"常勝將軍"，他升任第14軍軍長以後，第10師師長一職由旅長李默庵遞升。李默庵也是鼎鼎大名，在黃埔軍校第一期學員中，常有人說"文有賀衷寒，武有胡宗南，又文又武李默庵"。1937年9月，李默庵升任軍長，部隊旋即奔赴山西抗日戰場，後來彭傑如、王勁修、陳牧農、王聲溢依次升充師長。第10師有個特點，衛立煌之後的五位師長全是湖南人，除了王聲溢是黃埔四期，其他幾位全是黃埔一期。抗戰相持階段，第10師長期在山西沁水、陽城、曲沃、侯馬一帶與日軍周旋，東塢嶺一戰可是打得敵人聞風喪膽。

中央軍校第十四期畢業的陳濟生1938年春天分配到第10師第30旅當見習官，他在《銷毀日軍汽車300輛》一文中詳述了東塢嶺伏擊戰的經過："我們得到情報，日軍有300來輛滿載軍需用品的汽車，要從沁水開到侯馬去。天剛濛濛亮，就聽遠處傳來汽車馬達的轟鳴聲，很快就見長蛇般的日軍車隊沿著公路蜿蜒地進入我伏擊圈。當第一輛汽車剛剛進到一座山坡上的關帝廟旁時,只聽轟的一聲,我方的一顆迫擊砲彈不偏不斜正打中車身,頓時火光一閃,黑煙騰空而起,車隊前進的道路被堵塞,後退又無路可走,押車的敵人驚慌失措,一片混亂。這時埋伏在公路兩側山上的我軍,槍砲齊鳴,帶著對敵人的憎恨猛烈地射擊。過了一會兒,敵人的還擊逐漸稀疏,甚至停息下來,我軍弟兄以為日軍已被殲滅了,歡呼聲響徹山谷。有些性急的士兵歡跳著奔向公路去尋找戰利品。沒料到敵人並未全部被擊斃,他們躲藏在車底下,一看見我們沖下山來就瘋狂地射擊,於是殲敵的槍砲聲再次響起。到了下午,敵人才被全部殲滅,我們繳獲了大衣、軍毯、餅乾、香煙等大批給養物資。師部命令不能帶走的戰利品和汽車一起燒掉,當我們撤出戰場時,山谷中已是濃煙滾滾,日軍的300輛汽車完全淹沒在一片火海之中。"由於職務關係,陳濟生並不知道此戰得到了中共八路軍的有力配合,還抓了43名俘虜。

新8師前身是黔軍第25軍第3師,1935年紅軍長征入黔,蔣介石乘機解決貴州土皇帝王家烈,第3師改編為新8師,師長蔣在珍。該師在抗戰初期隸屬第一戰區,最搶眼的表現是爆破黃河鐵橋和執行黃河掘堤。1939年9月,蔣在珍升任第93軍副軍長,陳牧農接任師長,部隊逐漸中央化。1940年8月,陳牧農調長第10師,黃埔軍校第三期畢業的馬叔明繼任師長。新8師在晉南抗日戰場亦是無役不從,1939年4月連續進攻安澤、浮山縣城,陣亡第22團團長彭鎮璞以下600餘人,雖未取得成功,但也可歌可泣。1940年8月,八路軍發起"百團大戰",新8師奉命牽制高平日軍,熊先煜時任師部參謀主任,他在《新編第8師抗戰親歷記》一文中這樣描述當時的情形:"為了配合百團大戰,第93軍奉命攻打晉東南之敵,新8師主力選定沁水縣至高平縣公路上的高平關,高平縣至長治縣公路上的寺莊鎮為攻擊目標。高平關村落較大,我軍為了避免誤傷居民和房屋,僅用第22團步兵攻擊。寺莊鎮日軍據點構築在該鎮後面山腰上,我砲兵在對山反斜面陣地發射一百餘發砲彈,打得敵人東逃西竄。長治日軍調來二門大砲增援,我軍聲東擊西,第23團3營夜襲高平城西北的大、小野川之敵，營長黃映清身先士卒，帶領官兵與敵白刃交鋒，反覆肉搏，殺聲震天，夜襲成功，黃營長以身殉國。"

第93軍在山西很能打，1942年夏秋改隸重慶衛戍總司令部，此後兩年未經戰事，刀槍入庫、馬放南山，各級幹部漸漸腐化，曾經的抗日勁旅已然退色。唐資生當年是灌陽縣縣長，他回憶起第93軍進駐全縣也是大倒苦水："除了向附近各縣徵集數以萬計的民工在全縣的雙橋和城郊構築防禦工事外，還要各縣征送大量的杉木、蔬菜、黃豆和鐵鹿角等。當時指定灌陽縣要征送民工3000人，蔬菜50000斤，黃豆8000斤和杉木、鐵鹿角等各若干，而且期限非常緊迫。我們動員了縣府、縣國民兵團部的全部人馬，……除了鐵鹿角一項因灌陽鐵匠很少未能全數打造齊，黃豆一項因征送較遲，運至中途遭遇到敵人全部損失外，其餘民工、杉木和蔬菜等都如期如額送到了全縣。"

張發奎不會認同唐資生的感受，作為戰區司令長官，當然是軍事第一。吳懋時任黔桂湘邊區兵站總監部軍械處長，他跟隨張發奎前往全縣開會，從表面上看，第93軍士兵體質健壯，精神狀態也不錯。吳懋回憶說："會議由張發奎主持，會上該軍的軍師長均發言表示，他們有決心有信心守住全縣，並要求充分屯備糧彈、副食和足夠的迫擊砲。兵站同意滿足其要求，經張發奎核准，決定糧食、副食由全縣縣長負責就地籌撥，限3日內送到；彈藥由第四兵站運發。另將桂林軍械總庫現存待發某軍的美造60mm迫擊砲40門全部改發該軍。張發奎要求陳軍長增加和加固工事。第三天我們乘汽車回桂林時，沿途看到往全縣送糧的馬車隊和準備宰殺作為副食品的牛群。我們私下議論，全縣至少可守20天以上。"

8月26日，蔣介石電令陳牧農："該軍應以一部佔領黃沙河陣地，以主力固守全州，確實掌握該要地，與鐵路兩側友軍配合，阻敵西犯。著在全州附近，利用地形，構築適合於兵力之環狀閉鎖式子母堡壘群，以增強陣地韌性。依地形設置防敵戰車之各種設備，並準備在敵易於接近及攻擊可能較大地區，適時敷設地雷群。敵可利用各道路，必須準備徹底破壞，待命實施。積儲可供二個月之糧彈，但儲藏地點必求安全，並適當分散。全州城內及其他重要據點倉

張發奎與薛岳（左）、梁華盛（右）合影。

庫，應有防敵轟炸與防止火災之各設施。"27日，陳牧農電陳蔣介石："全州附近情形，刻黃沙河已構築之工事，職已親赴各實地視察完畢。以固守全州附近，遵構四個團之工事，已於二十六日開始構築。工事配置，自全州車站之北方金背嶺，互東南地區經白竹塘、蛇公壩、龍眼塘、羅家灘、高嶺腳、七裡橋、五裡村、水井崗、姚家沖、三裡亭、村尾、蔣家、西瓜坪、雷公嶺之線，構築閉鎖式子母堡之主陣地，在主陣地地前方三公里內，扼要構築警戒陣地，在主陣地內及車站附近，沿城西南各高地，至雷公嶺四周，構築核心工事，扁擔坳

及485.1高地沿山嶺及亭子、白閣等各隘要口處，構築排、連據點和砲兵陣地。"蔣介石當即批示發給工事費50萬元，並允許實報實銷。

兵力部署方面，陳牧農以新8師積極從事全縣北面的永歲鄉雙橋東西地段的工事構築；第10師第28團及第29團1營，附戰防砲營1連、砲29團1營山砲2門為前進部隊，主力佔領眼門前、尚禮村、慕道村之線，一部控置朱砂蓋頂加強工事，掩護軍主力進入陣地，另以一部在黃沙河警戒及向零陵、東安方面搜索敵情，師主力控置於全縣車站以西地區為預備隊，準備由鐵路兩側陣地前方出擊；

軍直屬搜索營駐防城西的龍水鄉、大西江鄉，防止敵側翼攻擊。

9月2日，第四戰區得到情報，越南日軍正大規模集結北上，有呼應湖南日軍進攻廣西的跡象。張發奎擔心陷入兩面作戰，電請蔣介石將重慶衛戍司令部的另一個軍——第97軍再調至河池、宜山，同時催促第七戰區援軍迅速向平樂、梧州集中。蔣介石答應第97軍先頭可以立即開拔，不過只能先開到黔桂邊境控置，歸軍委會機動使用。至於第七戰區的部隊，繼續督促余漢謀遵辦。重慶衛戍司令部所轄兵力並不多，第93、第97兩個軍趕往廣西"救火"，已經是主力盡出，國民政府在西南大後方缺乏機動作戰部隊，分析原因，一方面是受到滇西戰場牽制，另一方面則是使用重兵封鎖中共陝甘寧邊區所至。

蔣介石決定使用第97軍後，再電陳牧農："迅速完成作戰諸準備，工事之構築，務加緊實施，並切實講求縱深配置及秘匿，各據點須能獨立作戰，並能相互支援。糧彈及其他戰鬥資材之準備，雖以二個月為基準，但須以極激烈之戰鬥計算，並須將可能之轟炸損耗計入，務期在敵人斷續

攻擊之下，能固守三個月以上。"張發奎對全縣守軍糧彈、器材的屯備，都是"准後勤部奉委座電令，照兩個月計算"，如今從陳牧農口中獲悉重慶要在全縣打三個月，那還少一個月的物資怎麼辦？蔣介石複電說，全縣應該死守，至於糧彈器材的屯備，限維持約三個月之用，作戰三個月後，準備空運補給。衡陽保衛戰守了47天，已是"驚天地、泣鬼神"，全縣果真能守上三個月嗎？蔣介石分明不切實際，白崇禧就不抱希望，他主張把第93軍撤到桂林，既然全縣難以久守，就不要作無謂犧牲。徐永昌則以"現時運至全縣彈藥，足供三個月之用，而且全縣地形較衡陽為佳，尤利於守，似宜定一防守期限，縱即不能如期，亦可令其突圍而出"。

8日，張發奎帶領李漢沖等參謀人員視察全縣防禦工事，發覺很多都不合格，第93軍的陣地過於寬廣，以至備多力分。本來按照張發奎的意思，第93軍應該以主力佔領黃沙河既設陣地，以一個團進出廟頭佔領前進據點，進行持久防禦。陳牧農根據蔣介石的指示，在黃沙河只使用一個團，將主力置於全縣，面對張發奎的質疑，陳牧農說："如果一定要貫

徹戰區的命令，請再補發一個命令，當遵照執行。"張發奎猶豫了："既然有委員長電令，就按現在部署就是了，惟必須加緊構築城防工事，並確實控制兩側高地，才能掩護城內和安全後方交通線。"張發奎接著問陳牧農，能不能按委員長的要求守三個月？陳牧農不假思索："能！"張發奎聽完一邊搖頭一邊苦笑："我相信陳牧農無法實踐他對蔣先生的承諾，我甚至認為他守不了三天。但是我相信，如果我盡最大的努力，我能在兩周內利用湘桂線把所有軍需物資運離全縣。"陳牧農糟糕的防禦工事和蔣介石直接干預指揮的壞毛病，使張發奎對全縣防守徹底失去了信心。

4、陳牧農輕棄全縣

白崇禧和徐永昌在戰略上有分歧，張發奎和白崇禧在作戰指導上有不同看法，具體全縣怎麼防守各人又有各人的意見，1944年的重慶軍方高層有點折騰。其實日軍也不是鐵板一塊，中國派遣軍和第11軍在攻佔衡陽之後，就產生了很大矛盾。中國派遣軍要第11軍"先在衡陽附近整備態勢，排除萬難迅速推進後方部

隊，以恢復和充實各師團的戰鬥力，從9月下旬再開始第二期作戰"。第11軍認為"在發動第二期作戰以前必須攻破並確保零陵及寶慶，作為第二期作戰的準備"。中國派遣軍反對："第11軍進至祁陽附近，距衡陽約需行軍100公里，到零陵還有50公里，從新設方面軍實施作戰準備，特別是從兵站供應物資的角度來看，畢竟是不能允許的。"橫山勇不甘心，繼續申訴："第11軍的作戰設想的意圖是根據以往的作戰計畫制訂的，特別是以攻取零陵、寶慶作為第二期作戰的準備而預定實行的，現在的意圖主要在於殲滅當前的重慶軍以結束第一期作戰。"中國派遣軍的答覆很令第11軍失望："衡陽西南方的會戰，應便於第二期作戰的進行，望對作戰深度嚴加注意。"橫山勇再次提出申請："如此，則取消進攻寶慶，但仍望批准攻取零陵。"結果還是沒有獲得批准。

中國派遣軍的出發點還是有道理的。8月21日，第11軍在衡陽下牌沖司令部召開軍事會議，各師團在彙報中都提到了人員雖經補充，但缺額很大。第116師團補充新兵4000人，仍缺600人；第58師團補充新兵後，還

缺3000人，士兵們畫夜日曬雨淋，軍服無一完整，軍鞋大都破損。第13師團提出，軍鞋問題已經影響作戰，得趕緊補充。第40師團的問題是12門山砲只有6門可用，也希望儘快得到補充。橫山勇顯然不想停下進攻腳步，他強調"各部隊對補充的新兵，應加強訓練，在作戰中要特別注意突擊力的發揮"。27日，第11軍下令各部沿湘桂鐵路攻向衡陽以西的祁東、祁陽，並且指定第13師團、第40師團、第58師團"要有對重慶軍突然撤退，隨即發起攻擊前進的準備"。祁陽距離零陵只有50公里，橫山勇這不擺明要往零陵方向攻擊前進。中國派遣軍不會看不懂第11軍的作戰意圖，30日電報批覆只同意進攻祁東、祁陽，不同意追向寶慶、零陵。橫山勇在參謀長中山貞武等人勸說下，多少有些動搖，可一旁的心腹高參島貫武治插話說："既已採取攻勢，今後的戰鬥指導應該視敵情而定，這已屬於軍司令官統帥戰場的範圍之內。"言下之意也就是"將在外君命有所不受"。橫山勇被島貫這麼一說，又來勁了。31日覆電："軍司令官的戰場指揮用兵，是職權範圍以內之事情。"

如果說重慶方面是分歧，那日軍這邊就是"較勁"。中國派遣軍總司令畑俊六在9月1日的日記中無奈寫道："因後方整備工作頗無成效，在此情況下即圖攻取零陵，恐將重蹈衡陽覆轍。故衡陽周圍掃蕩戰雖屬可行，但攻取零陵則應停止。第11軍覆電雖承認後方整備工作尚不充分，但對攻取零陵問題，希望委之于所謂軍司令官的戰場統帥權。"橫山勇鐵了心，9月2日晚上下令第3師團"在祁陽附近切斷敵軍退路後，應及時佔領零陵機場，準備進攻零陵"。 畑俊六控制不住局面，只得聽之任之，但總要挽回一些顏面，結果撤換了橫山勇麾下力主擴大追擊的島貫武治，也算是找了個"下臺階"。6日，第3師團攻佔零陵機場。7日，第13師團攻佔零陵縣城。橫山勇志高氣昂，畑俊六有些語塞。第11軍根據戰場實際情況，把握時機，大膽投入兵力，雖與上級的指導方針和作戰命令不相符合，但畢竟是成功向前推進了一大步。難怪橫山勇常說："在目前的大東亞戰爭中，能立即取得軍事主動地位的，唯有在本軍之當前。"

原本中山貞武等人還比較謹慎，在後方準備不足的情況下，擔心突擊冒進蒙受損失，沒想到中國軍隊在湘桂路沿線很少頑強抵抗，於是多數人主張應乘中國軍隊後撤的短時混亂與尚未建立新的防禦線之前，進行果敢的追擊，形成進攻桂林、柳州的有利態勢。橫山勇連夜下令：“軍決定乘攻佔零陵後的有利形勢，繼續攻佔全縣。第3師團沿瀟水經道縣向永安關追擊；第13師團向冷水灘南北高地追擊，作好進攻準備；第40師團從東安以北追向新寧，到達該地後即左轉南下；第58師團向鹿鳴村、峽口（全縣以北）之線推進。”橫山勇要各師團先在廣西省境線集結，充分搜索情報，等待坦克、重砲部隊上來，再一起攻取全縣。第11軍情報部門此前曾經通報過全縣方面的情況：“8月2日，第四戰區派參謀多人到全縣，正在指揮構築防禦工事；8月10，張發奎抵全縣，視察第93軍陣地；全縣儲藏的武器、彈藥及各種軍需品正在積極運往宜山和金城江。”日本人真是無孔不入，掌握的情報還很準確。

假如那時候就有衛星定位系統，你會發現9月8日這一天，日軍第13師團第104聯隊正沿湘桂公路南側小道急進，在大部隊前面，30多人的便衣隊已經快要接近黃沙河。而在60公里開外的全縣，陳牧農在張發奎的搖頭和苦笑之下，終於低頭承認守不了三個月，只是“一言既出，駟馬難追”。張發奎後來對美國哥倫比亞大學東亞研究所的夏蓮蔭女士坦言：“基本上我不同意死守任何地方。死守的目的乃是等待援軍到來後內外夾擊粉碎包圍圈，換言之，是為了等候時機反攻。我們派不出援軍去全縣，全縣遲早會陷落，犧牲那麼多士兵有什麼意義？在抗戰期間，我從未濫用全力下令死守，我認為死守這一做法基本上是錯誤的。”

張發奎當日對陳牧農說：“陳軍長，你最大的錯誤是對委員長誇下海口，堅守三個月是不可能的，我期望你守兩星期。我會報告委員長，減輕你的負擔。”陳牧農聽了自然感激不盡，對張發奎千恩萬謝。由全縣歸途中，李漢沖對第93軍只在黃沙河使用一個團耿耿於懷：“全縣地形不好，目下情況緊迫，恐無時間來構築堅固工事。委座遠在重慶，不瞭解實際地形。陳軍既已歸戰區指揮，就應執行戰區命令才對，否則恐難達成持久任務。”李漢沖的考慮無疑是對的，放著地形險要且事先已構築工事的黃沙河不守，退到四周是高地的全縣城，確實難以久守。張發奎先是沉默，繼而說：「全縣戰鬥的性質，不過是爭取時間，得失關係不大。委座指揮部隊，向來掌握到師，有時甚至到團，他的命令是不容輕易改變的。為今之計，你可給我補發一個命令給陳牧農，規定該軍應在全縣作堅強之抵抗，不得已時，逐次向興安、大小溶江預備陣地交互轉進。惟自黃沙河戰鬥開始之日起，最少須滯敵半個月以上，又各次撤退時機，要候長官部命令。」

張發奎回到桂林即打電話給蔣介石，鑒於兵力不足，防禦工事脆弱，守全縣三個月是不可能的。蔣介石反問能守多久，張發奎建議第93軍在全縣至靈川之間憑藉有利地形節節抵抗，但9月27日之前，不可撤至靈川以南。搶運物資至少需要兩個星期。張發奎把自己的意思一說，蔣介石倒也不再堅持死守全縣。

9日下午，日軍第13師團便衣隊在湘江邊的廟頭與第10師第28團警戒部隊交火。第16集團軍總司令夏威聞訊飭令陳牧農，黃沙河最少要抵抗兩天才能撤退。夏威這道命令有點荒唐，張發奎已經說了，全縣至少要

守兩周，作為前進陣地且地形有利於防守的黃沙河怎能頂兩天就撤？10日黃昏，第104聯隊先頭第3大隊由東湘橋西進，第10師第29團1營搜索隊正向東北方搜索，見日軍人多就急忙退守栗木嶺。其實日軍這個大隊處於迷路狀態，是誤打誤撞而來。第104聯隊所用的十萬分之一地圖和地形不一致，加上是夜晚行軍，不知不覺越過了規定的省境集結線。事先預計第93軍可能會出現在湘桂邊界，可這一路上卻沒有中國軍隊蹤影，今天遇上了，聯隊長海福三千雄堅信到了廣西省境，於是便親率聯隊一部急急追趕第3大隊。

11日拂曉，栗山陣地被日軍突破，港底村、茶園頭、青木塘、轎子嶺陣地險情頻出。第29團1營3連馳往堵擊，閻震黃營長負傷，官兵無心戀戰，有人帶頭以請示軍部補發幾個月的欠餉為由，擅自往全縣方向撤退。這是桂柳會戰中最無恥最腐敗的一幕軍事兒戲，從近處看，陳牧農治軍懈怠可見一斑，從遠處看，國民黨實在病得不輕。日軍緊追不捨，但心裡卻十分納悶，混凝土構築並帶掩蓋的據點抵抗如此微弱，中國軍隊是沒來得及進入陣地嗎？眼看日軍迫近

全縣東北15公里的青水塘，砲29團1營的兩門山砲總算發揮了一點威力，第104聯隊通信中隊中了頭彩，海福三千雄急令部隊退入附近村莊隱蔽。這時才從俘虜口中得知，聯隊早已突破命令所指的界線，沖入到全縣防禦陣地，海福大佐決定："事已至此，騎虎難下，退卻反會遭到重慶軍的反擊，倒不如西憑湘江阻擋，東憑比高800米以上的陡峭山地，進一步擴大戰果。"

陳牧農沒有海福三千雄的勇氣，壓根不想拿主力去恢復前進陣地，竟令第28團退守和好鋪東西之線。第28團3營9連從黃沙河撤退時，留下一班斷後，全班士兵流盡最後一滴血，全部犧牲，算是陳牧農對棄守黃沙河的一點歷史交待。第28團剛到和好鋪陣地整理，日軍就在全縣東北12公里的梅潭附近渡過湘江，陳牧農乾脆和好鋪陣地也不要了，令第28團退到全縣歸建。根據國防部的《抗日戰史》記載，11日22時至24時之間，張發奎幾次電話指示："決改變作戰計畫，放棄固守全縣，該軍應保持戰力參加桂柳會戰，但為爭取準備時間，在全縣至桂林間應逐次抵抗兩周，遲滯敵之前進。"張發奎本人則否認下過放棄全縣的電話命令，他回憶說："第93軍守衛黃沙河的部隊未經抵抗就後撤至全縣的主陣地，我打電話訓斥他。"12日9時，蔣介石急電張發奎："第93軍留一部堅守全縣，不得已時節節抵抗，支持兩星期以上時間，主力轉移桂柳方面，黃沙河仍須督飭努力支持為要。"蔣介石不捨全縣，畢竟那裡囤積物資太多，但又底氣不足，"不得已時"這四個字明顯給陳牧農留有空間。至於"黃沙河努力支持為要"云云，只能說戰鬥瞬息萬變，重慶沒有及時掌握桂北前線戰況，尚不知道黃沙河已棄守。

12日13時，第93軍聲稱接到戰區電話指示："著該軍沿公路鐵路逐次抵抗兩周，第一步到嚴關鄉，第二步到大溶江，並以大溶江為最後抵抗線，在兩周內不得任敵突過大溶江，並立即抽調步兵兩個團，到嚴關鄉、大溶江各附近構築陣地，該軍野砲即開桂林。"事情顯得撲朔迷離，蔣介石給張發奎的電報確實存在，第四戰區有否給陳牧農打過電話就說不清了。至少從李漢沖的回憶來看，完全不存在什麼電話指示。12日深夜，全縣專員陳恩元從興安打電話報告張發奎："全縣城內火光沖天，爆炸聲甚巨，電話已中斷，興安發現少數潰兵，情況似有變化。"張發奎非常焦慮，命令李漢沖星夜驅車前往偵查和就地處理一切。13日拂曉，李漢沖在距離全縣50多公里的興安遇到了陳牧農。陳振振有詞："昨夜全縣西側高地被敵襲擊，左側背與後方連絡線均已受威脅，為撤退安全和爾後戰鬥起見，不得不放棄全縣，情況緊迫，彈藥糧秣無法全數撤走，乃作了焚毀處置，因電話中斷，不及請示長官部。"

對照日軍戰史，全縣戰鬥實際上並不緊迫。第104聯隊12日接到師團長赤鹿理的叱責電報："超越省境集結線，破壞第11軍進攻計畫，實屬不當。"海福聯隊長感到惶恐，當即下令第1大隊從梅潭返回到湘江東岸。第13師團第65聯隊這時還在零陵以西70公里的地方，第116聯隊同樣推進緩慢，難怪赤鹿理要對孤軍深入的第104聯隊發火。13日，情況有了一些變化，第11軍的高級參謀井本和竹內趕到師團戰鬥指揮部聯絡相關事宜，赤鹿理和他們商量後，下達"鹿作命甲第172號"命令：步兵第116、第104、第65聯隊為第一線，

採取從右側攻取全縣的態勢，搜索敵情、地形。發動進攻應聽候第11軍命令。於是，第104聯隊第1大隊又調頭沿湘桂公路前進，海福三千雄則率聯隊主力轉移到湘江西岸，等待第116聯隊趕來並肩展開威力搜索。日軍很快發現"敵軍正在退卻"，走在最前頭第1大隊第2中隊實行威力搜索，14日凌晨首先進入全縣，"城內並無重慶軍，只在路上見到不久前像是敵軍本部地方零亂桌椅等物"。海福聯隊長簡直不敢相信，上級煞有其事，進攻全縣要等待軍部命令，沒想到中國軍隊如此輕易放棄了這座西南補給重鎮。第65聯隊天明後到達全縣東北8公里的新村裡，得知第93軍已全面退卻，聯隊長伊藤義彥在日記中寫了三個字："真掃興"。

國防部的《抗日戰史》有意為第93軍輕棄全縣開脫，形容日軍"借其優勢火力，突破我中央陣地及公路兩側地區，守軍以陣地殘破，死傷慘重，退守城郊繼續抵抗"。黃昏後，日軍"由東北兩門突入城內，雙方血戰方酣，而該軍搜索營在車底以北與由楓木山南之敵千餘激戰後，被迫退至龍水鎮附近，……該軍恐後方連絡線被敵截斷，為達成逐次遲滯敵前進

保持爾後參加桂柳作戰力量起見，經將撤退詳情，以申元電呈軍事委員會，入夜複以申寒電報張長官後，即於13日晚19時撤離全州，向興安附近轉進。"其實哪有什麼"血戰方酣"，日軍幾乎是以一個大隊驅退國軍兩個師，張發奎非常憤怒，陳牧農分明是擅自放棄全縣，洞開戰區門戶，非嚴辦不可。

5、中將軍長之死

1944年9月14日，第93軍抵達興安附近，第10師佔領井上田、七家嶺、飛龍殿、五旗嶺之線，新8師佔領大溶江附近。陳牧農直接致電侍從室主任林蔚，報告了全縣放棄經過："軍為既出不利，避出膠著，保持會戰力量，於元晚脫離敵軍西退。彈藥搶出一部，餘均徹底爆破。爾後決在界首嚴關鎮、大溶江之線阻敵。" 日軍對於第93軍輕棄全縣大惑不解，"黃沙河對岸和大結以南高地上的陣地，構築極為堅固，是以洞穴碉堡為中心組成的縱深達四公里的陣地。此外，在塞前嶺、江家村、五裡村以南高地一線，還有尚未竣工的縱深達三公里的陣地。重慶軍放棄如

此堅固陣地竟然退卻，其意圖何在，實難理解。"

國防部的《抗日戰史》有提到陳牧農以申元、申寒分別電報蔣介石和張發奎後，才敢於13日晚撤離全州。"申元電"是指元日（9月13日）所發電報，目前筆者還未掌握這封電報的具體內容，不好妄加議論。"申寒電"是指寒日（9月14日）所發電報，也就是說給張發奎的電報是在14日發出的，當時全縣已經棄守。《抗日戰史》所謂"入夜複以申寒電報張長官後，即於13日晚19時撤離全州"，分明是魚目混珠，想要造成一種假像，棄守全縣事先不光請示過蔣介石，還通知過張發奎。"國防部史政編譯局"為什麼要這樣做？筆者從電報韻目代日找出其破綻，力圖拂去歷史的塵埃，還原全縣棄守和陳牧農伏法的真實一幕。

15日或者是16日，張發奎電話報告蔣介石："陳牧農未奉命令，擅自放棄全縣，焚毀大批軍需物品，應予嚴屬處分。"蔣介石要張發奎"扣留法辦"。張發奎通知陳牧農到桂林出席會議，有部下提醒他不要去，陳牧農認為自己有"申元電"在手，充其量就是說明經過罷了。於是叫衛士

把《紅樓夢》、《三國演義》等書裝入一個木箱，外帶一條紅色毯子，離開軍部趕往桂林。17日8時，陳牧農到達桂林鸚鵡山下的城防司令部，韋雲淞在路口笑臉迎入指揮所。此時的鸚鵡山早已布下天羅地網，為了防止陳牧農逃跑，城防司令部警衛營兩次偵察附近地形，防守桂林北門的第131師第392團嚴密監控湘桂路，生怕第93軍嘩變奪人。蔣介石當日指示"扣留法辦"，扣留已經完成，法辦究竟怎麼辦？張發奎建議移交重慶軍事法庭審理。19日，蔣介石複電拒絕押送重慶，"務將陳牧農槍決後的屍體拍照呈核備案。"張發奎向陳牧農出示電報，問陳要不要寫一紙遺囑？陳牧農不服，要求直接與蔣介石通電話。張發奎打電話給侍從室主任林蔚，林說："委員長已經休息了，不必報告，命令已經下達，請長官立刻執行就是了。"林蔚主任話鋒冰冷，語氣中沒有分毫迴旋餘地。陳牧農萬分絕望，但又冷靜地坐到桌前給在四川江津教書的妻子馬綺紅寫信，據說信只有幾句話："我貽誤軍機，愧對國人，我死後盼你撫育孤兒，善自為之，並將我遺骨揚灰免汙國土。"陳牧農把寫字的派克筆送給城

防司令部中尉參謀李德清，請李代為寄出。

執行當日，桂林城防司令部軍法官陳芹聲率警衛營官兵一連，將陳牧農押往北門外，整個過程沒有用繩捆綁，算是給即將踏上黃泉路的中將軍長一點最後的尊嚴。刑場設在火車站西側的亂墳堆，陳牧農昂首挺胸坐在一條樟木做的長凳上，保持著軍人應有的威嚴姿態。執行槍決的是警衛營1連副連長兼排長韋仁大，或許是過於緊張，平時槍法極准的韋仁大連開兩槍才結束了陳牧農的生命。陳被處決後，李宗仁的原配夫人李秀文出面置棺收殮，後由第93軍軍械主任陳若輝運至綦江安葬。

陳牧農伏法見諸報端之後，遠在重慶的軍法執行總監何成濬拍手稱快："此等軍長不槍決，真無以言戰矣。"也有人為陳牧農叫屈，陳的黃埔一期同學甘麗初私下說："張長官一時意氣用事，把陳牧農殺了。我們黃埔同學為此對張十分不滿，我覺得他當時不應當這樣做。"侍從室第六組組長唐縱也加入叫屈隊伍："中央命令第93軍守全縣，張發奎變更部署，要第93軍保衛桂林，陳牧農得到張長官之意見而撤出全縣，但到

奉命槍斃時，則不為陳牧農負責。陳牧農之死，可謂冤屈！」陳牧農遺體運回綦江，綦江各界人士1000多人特別召開大會進行悼念，永新人代易東作挽聯雲：「功高乎，罪大乎，評論者交相審鑒，他說窮途遭白眼；遺臭乎，流芳乎，大丈夫固不計較，我來搔首問青天。」更有人質疑張發奎之所以要殺陳牧農，完全是為張德能之死洩憤。張德能雲南講武堂畢業後分配到第4軍任排長，二十年間一步步升遷到軍長，外界一直傳說他是張發奎的侄兒，是張一手培養起來的「鐵軍」軍長。1944年8月，張德能因失守長沙被判死刑。坊間傳言繪聲繪色，說什麼張發奎曾對第4軍的將領們說過：「蔣委員長殺我一個張德能，我也殺了他一個陳牧農，可以互相抵消了。」

張發奎本人對此堅決否認：「張德能到第4軍任軍長是1943年的事，可我1932年8月就離開第4軍了，他從未做過我的下屬。」李漢沖也幫張發奎說話：「據我所知，張發奎自始至終，均無殺陳之意，只想將陳撤職查辦而已。」李漢沖的回憶文章還透露了另外一些內幕：「陳牧農被扣，軍長一職由副軍長胡棟成臨時代理，

胡系廣西修仁人，也是黃埔一期畢業。拘禁期間，陳牧農與胡棟成洽商交接，陳托胡設法疏通重慶營救，又將撤退經過轉呈張發奎，信函中說及第93軍來桂前，蔣介石有言在先，在桂作戰，應相機行動，不可以主力投入決戰，一切戰鬥行動，可直接報告我，以我的命令為依據。13日晚上是征得蔣介石同意才放棄全縣的。張發奎看過陳牧農的曝料，覺得情有可原，囑咐胡棟成照實情詳細呈報重慶。後據傳說，胡棟成因想真除，乃將陳之密函內容向蔣密報，以速其死，蔣恐陰私暴露，立即令張執行槍決。」然而這畢竟是傳說，李漢沖的說法未必可以全信。張發奎晚年接受美國哥倫比亞大學東亞研究所訪問，對陳牧農之死談到：「我報告蔣先生陳牧農擅自後撤，他命令我立即槍斃陳，接著我收到蔣先生的電話，確認他的命令。不然，我是不敢執行處決令的。第93軍團以上軍官要求我幫忙求情，我沒有理由拒絕，另外，陳牧農以往也是一員虎將。雖然有足夠的理由判他死刑，但我必須為他求情，我們中國人常常強調人情。」

甘麗初同情他，唐縱替他抱屈，代易東為他惋惜，張發奎承認他「以

往也是一員虎將"，那麼陳牧農究竟是怎樣一個人呢？

陳牧農，別號節文，1901年4月出生于湖南桑植縣南岔的一戶普通農民家庭。早年就讀桑植縣立高校，1923年考入湖南省立高等工業專門學校，與湖南桃源人劉戡是莫逆之交。1923年冬，陳牧農和劉戡投筆從戎，投入廣州大本營軍政部講武學校。1924年秋併入黃埔軍校第一期，與李默庵、王勁修、彭傑如等湖南籍學員同屬第6隊。畢業後歷任東征軍總指揮部警衛營排長，第1軍第2師連長、營長、團附，國民政府警衛軍第1師副團長，第10師第28旅第57團團長等職。1934年1月，第10師奉命從贛南入閩，討伐福建人民政府，第28旅的任務是佔領惠安城北的塗嶺附近陣地，準備側擊由莆田方面沿公路向南退卻的第19路軍。第19路軍人地相熟，偏偏避開28旅側擊火力範圍，陳牧農和旅長陳沛幾次要求進擊，都被謹慎的李默庵師長拒絕，以至錯失良機。19日，28旅奉命追擊向南潰退之敵，第19路軍據守泉州灣長約3華里的洛陽橋不退，第56團團長馬叔明關鍵時刻玩起失蹤，陳牧農倒是十分英勇，帶頭進攻

時所穿棉軍服被貫穿一洞，差點一命嗚呼。第19路軍被迫改編，陳沛升任第60師長，第28旅旅長一職由陳牧農遞升。

抗戰軍興，第10師先是增援南口受阻，後取道正太鐵路入晉參加忻口會戰。大白水是忻口左翼兵團較為突出的一個重要據點，陳牧農率旅部和第57團進駐大白水和閆莊，第56團位於小白水擔任預備隊。日軍將大白水週邊工事及障礙物摧毀後，便由東、西、北三面將大白水包圍，陳牧農見情況危急，親率第56團2營、3營反擊，同時振臂高呼："弟兄們，今日為吾人成功成仁之時，前進！"日軍步兵雖被殺退，但有三輛坦克從東關順路突入大白水市街，一直沖到第28旅旅部，陳牧農身邊的衛士紛紛被射殺，一時秩序大亂。抗戰初期缺乏打坦克的經驗，戰車防禦砲這種新式武器配備又少，第14軍軍長李默庵聞訊，建議搜集老鄉的煤油和部隊用的汽油，用瓶裝投擲到敵坦克上，然後引著火攻。陳牧農立即照辦，黃昏時擊毀日軍一輛坦克，迫使其餘二輛掉頭退去。

太原淪陷之後，衛立煌部退到晉南地區展開遊擊戰，屢屢攻略日

軍據點，襲擾日軍補給線，陳牧農在1940年12月由新8師師長調任第10師師長。在山西抗戰期間，陳牧農受衛立煌、李默庵等人影響，與中共尚能保持良好合作，特別是與第120師師長賀龍交往尤多。陳賀都是湖南桑植人，據說第10師和第120師的籃球隊經常舉行友誼賽，第10師還一度派出一個工兵營協助八路軍訓練工兵，獲得左權參謀長熱情接待。1941年7月，第10師經陝西韓城移防寶雞整訓，次年初，陳牧農升任第93軍副軍長。8月，第93軍改隸重慶衛戍總司令部，所屬各師分駐彈子石、海棠溪、巴縣、北碚、嘉陵江、復興關、白市驛等地。9月，劉戡入陸大特別班受訓，陳牧農升任軍長，成為衛戍陪都炙手可熱的"禁衛軍"統領。從1942年秋到1944年夏，差不多整整兩年時間，陳牧農一直過著安逸的生活，比起抗戰初期轉戰山西的那些烽火歲月，那可真是天壤之別。"前方吃緊，後方緊吃"，衛戍部隊的應酬似乎特別多，一來二去，陳牧農和第十六補訓處處長周振強、綦江縣縣長楊卓勳等成了牌桌上的好友，整天吃喝玩樂，為民族抗戰"成功成仁"的價值觀漸漸被紙醉金迷的生活揚棄

到九霄雲外。1944年率部馳援廣西的陳牧農早已不是當年的"抗日虎將"，看來環境足以改變一個人，尤其是那些意志不堅強的人。

國防部史政編譯局的《抗日戰史》初版於國民黨強權政治年代的1966年5月。編撰人員掌握包括"申元電"在內的大量檔案資料，對陳牧農棄守全縣被處決多少持同情態度。因為眾所周知的原因，不能公佈"申元電"的具體內容，只得含糊其詞什麼"以申元電呈軍事委員會，入夜複以申寒電報張長官後，即於13日晚19時撤離全州"。之所以要把張發奎拉進來，除了為陳牧農開脫，主要是想找一個有份量的人和"最高統帥"分擔責任，也不排除編撰人員本身對張發奎的一些處置持不贊同立場。但話又不便說得太直接，張發奎旅居香港，50年代以來一直都是海峽兩岸爭取到自己陣營的重量級對象，落筆自然要謹慎再謹慎。至於陳牧農未經司法審訊被槍決，編撰人員乾脆跳過不提，直到9月26日的戰況表述中出現"代軍長胡棟成"，陳牧農仿佛在14日"人間蒸發"。

顯然，編撰人員的同情基於"申元電"，認為陳牧農是奉命撤退，至

少是打過招呼再走人，並沒有把輕棄全縣所造成的抗戰損失考量在內。時任第31軍副軍長的馮璜在1990年代還惋惜的說：「陳牧農燒毀那批武器彈藥估計折合人民幣一億元。」如期徵送民工和物資的原灌陽縣縣長唐資生別提有多氣憤：「第93軍聲言起碼要死守全縣三個月，不料日軍還沒有越過雙橋防線，而僅以一小部兵力向全縣城西迂迴襲擊剛到達龍水的時候，第93軍便驚慌失措，把縣城一把火燒光，倉促撤退，灌陽及其他各縣徵送去的民工，許多來不及逃走，都被日軍殺害。而各縣千辛萬苦送到全縣堆積如山的物資，當然付之一炬，沒有發揮半點作用。」從物資損失的角度來看，輕棄全縣影響惡劣，陳牧農死得並不冤。當然蔣介石要為他的死負上相當責任，從「死守三個月」到「一部堅守全縣」，再到「不得已時節節抵抗」，老闆沒有信心，員工哪來士氣。這也是後來蔣介石同意劉戡等人的請求，對陳牧農「撤銷罪名，作陣亡撫恤」的深層原因。從內心講，蔣介石感到一絲愧疚。據傳陳妻馬綺紅曾經趕到重慶喊冤，蔣介石只丟下一句話：「將在外君命有所不受。」抗戰勝利後，馬綺紅將陳牧農遺體移葬武昌洪山。

2002年江蘇人民出版社出版的《中國抗日戰爭正面戰場作戰記》一書，似乎也在刻意迴避陳牧農伏法的往事。該書對全縣棄守只簡單寫道：「1944年9月13日，日軍第11軍第13師團的第104聯隊進至全縣以北黃沙河附近，第3師團的第34聯隊及野砲兵第3聯隊進佔道縣。第四戰區得知此情況後，以全縣右側背已受威脅為理由，急令經軍事委員會部署、蔣介石批示應固守黃沙河和全縣的第93軍放棄有利的地形和堅固的既設國防工事，沿湘桂鐵路撤向大溶江。因而日軍於14日不戰而佔領廣西東北戰略要地全縣，打開了通向桂林的門戶。」另外，陳牧農家鄉湖南桑植縣的政協文史資料委員會，經過多年走訪調查，整理了一篇名為《抗日將領陳牧農》的文章，文章末尾頗有幾分蓋棺定論：「綜觀陳牧農在八年抗戰期間，浴血沙場，頗著戰功，日寇侵我大片河山，何止陳某一人棄守！千秋功罪，留待後人評說。」

第93軍輕棄全縣時的大火連同陳牧農服刑響起的槍聲，還在張發奎心中久久迴蕩，此刻他不得不把注意力從桂北轉移到桂東。

第四章
功虧一簣的桂平反擊戰

1、"南集團"

1944年9月25日，晨曦中的漢口機場比以往平添了幾分忙碌，和來的時候一樣，岡村寧次要選擇中美空軍頻繁出擊的"空當"，前往另一座日軍佔領下的城市——廣州。即便是撿個"空當"，飛機還不能直接沿粵漢路往南飛，先得往東南方向繞個大圈子到臺灣，再從臺灣轉飛廣州。也許這就叫做江河日下吧。岡村寧次到廣州聯絡第23軍，副參謀長天野正一隨行左右，他臨行前叮囑留守漢口的參謀長宮崎週一："據來自東京的消息，參謀本部第二部及陸軍省有關部門對這次作戰的成敗惶惶不安，為避免重蹈恩帕爾覆轍，對確保後方補給，望更加慎重。"

第23軍在"一號作戰"中代號"南集團"，其沿革歷史可以追溯到1938年9月編組的第21軍。第21軍當年是專為進攻廣州而設，歸日軍大本營直接指揮，下轄第5、第18、第104師團等部。1939年9月中國派遣軍成立，第21軍轉隸其下，基本任務就是確保廣州附近包括惠州、從化、清遠、北江以及從三水到西江下游之間。日軍大本營的指示非常明確："如果超越上述區域進行地面作戰時，另行下令。"第21軍後來也有過幾次批准的越區作戰行動，先是1939年2月應海軍強烈要求，攻佔海南島，後又於是年6月，為進一步封鎖華南沿海，攻佔廣東潮汕地區。南寧作戰則是規模最大的一次出擊，第5師團和臺灣混成旅團登陸欽州灣，第18、第104師團和近衛混成旅團配合廣西方面，從廣州向北攻。第21軍這兩次作戰就是我們通常所稱的桂南會戰和第一次粵北戰役。1940年2月，第21軍番號撤銷，升格為華南方面軍，一年多後為加強對太平洋作戰的統一指揮，又將華南方面軍撤銷，另成立第23軍，以今村均為司令官。之後所屬部隊調進調出，到太平洋戰爭爆發時的第23軍尚有第38、第51、第104三個師團和獨立混成第19旅團。第38師團攻佔香港後脫離第21軍，第51師團也在1942年11月調往南太平洋，作為彌補，另外新成立了一個獨立混成第22旅團，加入第23軍防守華南。1943年2月，剛剛編成的獨立混成第23旅團從臺灣登陸雷州半島，也歸第23軍指揮。

1944年2月3日，中國派遣軍

在南京召開方面軍及各軍參謀長會議，下達有關"一號作戰"的指示。第23軍參謀長安達與助簡直不敢相信，層峰給予的任務如此之重："第23軍於6月末派一部兵力牽制第七戰區，以利第11軍作戰。7月末，第23軍從廣東地區開始作戰，與第11軍相呼應，擊潰重慶軍攻佔桂林及柳州附近後，掃蕩湘桂、粵漢兩鐵路沿線殘敵，佔領並確保之。根據情況，以後再摧毀遂川和南雄附近的敵軍機場。"這還不算，如果情況進一步許可，1945年1月、2月還得攻佔南寧，打通並確保桂林至越南諒山的道路。知道第23軍有難處，中國派遣軍承諾"在廣東地區新設兩個獨立步兵旅團，由華中抽調第22師團以加強兵力。"都算好了，"進攻作戰兵團為第22、第104兩個師團和第22、第23兩個獨立混成旅團，留下獨立混成第19旅團和新成立的兩個獨立步兵旅團擔任防守。"安達與助當即提出："進攻兵力只增加一個師團不敷應用，為了確保包括柳州附近的中國西南各重要地區和粵漢鐵路沿線地區，難以勝任。"也難怪，第11軍作為日軍"能夠對蜂擁而上的敵人適時實施反擊，能挫敗敵軍抗戰企圖"

的作戰軍，平時擁有7個師團以上兵力，第五、第六、第九戰區進進出出，所屬各部都是見過大場面的強悍之師。反觀第23軍長期抱著廣州、汕頭及湛江、海口、三亞的"一畝二分地"，基本靠守大小據點過日子，如今多給一個師團就要衝出廣東，談何容易。中國派遣軍的答覆很令安達與助失望："派遣軍需要全盤運用兵力，希望克服困難，特別期待於對余漢謀的工作。"這裡所謂對余漢謀的工作就是指誘降，不過到了1944年，瞎子都知道日本穩輸，只不過什麼時候輸的問題，余漢謀還會傻到明裡暗裡巴結日本人？

安達與助回到廣州，第23軍司令官田中久一聽完彙報一聲不吭。田中久一這個人外表看上去很斯文，戴著一副眼睛，活像一名大學教授，其實為人兇悍狡詐、殘酷成性，當年廣東人可沒少吃他苦頭。田中久一是日本兵庫縣人，1910年畢業於日本士官學校第22期，後進入陸軍大學第30期深造。1938年2月被任命為臺灣軍參謀長。同年9月，調任新組建的第21軍參謀長，參與指揮大亞灣登陸，攻佔廣州。一年之後，田中久一調任陸軍戶山學校校長，戶山學校相當於國民政府的南京步兵學校。1940年田中終於有機會帶兵了，這年9月他被調任第21師團師團長，先是參加進攻中條山，後又多次掃蕩中共抗日根據地。1942年1月，第21師團從青島出發，調往越南北部，一部分兵力被派往菲律賓支援巴丹半島攻堅戰。1943年3月，田中久一升任第23軍司令官，成為華南日軍的“一把手”。日本投降後，中國軍民要和他算帳：1940年12月，殺害瓊崖游擊隊100多名傷患；1942年初，掃蕩惠州槍殺平民500多人；1944年7月，為了準備參加“湘桂作戰”所需物資，命令部下派人到臺山縣勒索糧食，該縣第四區三社鄉245人被殺。英美盟軍也要找他償還血債：1941年12月，攻陷香港後屠殺住在聖斯蒂芬學院60多名英軍傷兵；美軍聯絡官指控他下令殺害被俘的美軍飛行員荷克少校。總之華南日軍造的孽都要田中承擔，儘管有些暴行與田中並無直接關係。

1946年5月18日，廣州行營軍事法庭公審田中久一，起訴書中歷數了他的罪行：“肆意屠殺平民，破壞財物，姦淫擄掠，強拉夫役，濫施酷刑，無惡不作，為禍之烈，史無前例。平民無辜遭其荼毒者不知凡幾，財產損失更難以數計”軍事法庭判處田中久一死刑，宣判書中這樣指出：“田中久一身為侵犯華南日軍之最高指揮官，任其部屬為此滔天罪行，其縱兵殃民之責，亦萬咎無可辭核。其所為不特違反戰爭法規及慣例，抑亦有傷人道。”田中久一死到臨頭還挺嘴硬，看押期間居然還說：“日本戰勝卻投降真不服氣，且看十年之後，誰執亞洲牛耳。”1947年3月27日是槍決田中久一的日子，按照中國自古以來處決要犯的慣例，先要在市區遊行示眾，於是成千上萬的群眾走上街頭，有扔石塊和垃圾的，也有喊口號和罵祖宗的。在流花橋刑場，裡裡外外聚集了三萬多人圍觀，一見囚車開到，全場頓時掌聲雷動，可見廣州人對田中久一那真是恨之入骨。

當年還是小學生的蔡國頌老人親眼目睹了這一幕：“田中久一沒有被捆綁，身穿日本軍便服，面色蠟黃，像厚厚塗了一層黃蠟油，最後一個下車。兩個彪形軍漢一左一右，一隻手抓住他的手，另一隻手抓住他的肩膀，把他推向北行。為了看個真切，我急忙脫下鞋襪，挽起襪管，從廣花路旁的水田涉水斜走趕上去，得以站到距離行刑點最近的地方。田中久一在鐵路上走了沒幾步，就用力將身向東轉，兩個押解的軍人用力按捺住他，他便轉過頭來，朝東點頭三下，然後下跪。一個押解的軍漢拍打他的肩膀，用手向前指示地點，他起來走到那裡就跪下。軍號響了，行刑兵用步槍朝田中久一背部開槍，他中槍後身體向上一沖就撲倒在地上。行刑兵再開兩槍，一個軍官上前察看，用手一指，行刑兵又加一槍。那個軍官一揮手，收隊的軍號響起。"

　　1944年的田中久一還是躊躇滿志的，雖然進攻廣西的道路充滿荊棘，但作為一名好戰的軍人，內心依然渴望建功立業。安達與助返回廣州沒幾天，"第23軍湘桂作戰設想大綱"就擬定上報了中國派遣軍：第一期以第22師團和第104師團往北攻，牽制余漢謀派兵增援湖南。第二期分兩步走，第一步以第22師團和第104師團沿西江兩岸向梧州南北一線推進，獨立第23旅團從雷州半島攻向丹竹；第二步協同湘桂路南下的第11軍進攻柳州，第22師團和第104師團目標柳州，獨立第22旅團向柳州西南進擊，獨立第23旅團在來賓、遷江擔任側翼掩護。第三期以部分兵

1947年3月27日，田中久一被處決。

力進攻南寧。如此勞師動眾的遠距離作戰，對第23軍來說還是首次，廣州到柳州的直線距離足有400公里，只留下三個獨立步兵旅團看家，主力傾巢而出，田中久一壓力很大，事先故意放出空氣說："本軍為對付美軍登陸，實行東進作戰，計畫由陸路進攻到福建附近。"

　　1944年2月，獨立步兵第8、第13旅團很快在日本和廣東編成，野戰高射砲第55大隊和野戰機關砲第49中隊也紛紛接到命令，開赴廣東擔任重要地區的防空。7月初，隨著第22師團悉數到達廣州，"南集

團"用於進攻的兵力全部到位，合計約40000人。

第104師團是南粵軍民最熟悉的宿敵，自從1938年10月登陸大亞灣之後就一直沒離開過廣東。該師團組建於1938年6月，主要是由第4師團預備役人員構成，長期擔負廣州及其周圍地區的警備任務，雖然1939年和1940年兩度進犯粵北，但畢竟戰役規模不大，無法通過實戰有效提高戰鬥力。第104師團最初是四聯隊制，1941年1月調整為三聯隊制，既師團下轄第104師步兵團（轄步兵第108、第137、第161聯隊）、騎兵第104大隊、野戰砲兵第104聯隊、工兵第104聯隊、輜重兵第104聯隊和通信隊、衛生隊、野戰醫院等。第104師團滿員人數應為18000人，實際可能達不到，但也不會少於15000人。

第22師團組建於1938年4月，師團所屬的山砲兵第52聯隊曾經配屬第106師團投入武漢會戰南淘路戰線，不過戰績不佳，受損嚴重。1939年9月，該師團編入第13軍，駐防杭州附近。1940年棗宜會戰期間，抽調部分兵力組成松井支隊配屬第11軍作戰。1941年4月，配合第5師團進攻浙東，後又退守杭（州）甬（寧波）公路沿線。1942年4月，參加浙贛會戰，一直打到江西橫峰，返轉後負責浙江中部金華周邊地區警備任務。第22師團是三聯隊制，既轄第22步兵團（轄步兵第84、第85、第86聯隊）、搜索第22聯隊、山砲兵第52聯隊、工兵第22聯隊、輜重兵第22聯隊和裝甲車中隊、通信隊、衛生隊、野戰醫院等。原則上人數應與第104師團相等，但在調歸第23軍過程中多次遭到空中及海上打擊，人員、物資都有不同程度損失。

第一批輸送的是步兵第84聯隊、山砲兵第52聯隊主力、工兵第22聯隊、師團司令部等單位，共乘15艘運輸船，人員倒無傷亡，但這批船隻在返回上海途中遭到美國空軍轟炸，"神壽號"當場被炸沉，另有兩艘中彈起火。日軍從香港調派軍艦前來救援，"橋立號"、"築波號"砲艦又被早一步趕到的美軍潛艇擊沉。第二批走的是第85聯隊和山砲兵第52聯隊一部，靠近海岸線小心翼翼地航行，總算沒出事。第三批輸送的是步兵第86聯隊和輜重兵第22聯隊等單位，7月4日被美軍潛艇盯上，"日東號"、"曉勇號"和"第二十八共同號"三艘運輸船先後被魚雷擊沉，至少有千餘人喪生大海。第22師團最終到達廣州的人數不超過14000人。

　　獨立混成第22旅團組建於1942年11月，最初轄5個獨立步兵大隊及砲兵、工兵、通信隊各一，後來又增加1個步兵大隊，既第66、第70、第71、第125、第126、第127大隊。1944年9月，因湛江方面兵力不足，將第70大隊調歸獨立第23旅團指揮，剩下約5000人。

　　獨立混成第23旅團1943年1月編成於臺灣，轄3個獨立步兵大隊及砲兵、工兵、通信隊各一，分散守備在雷州半島的湛江和海南島海口、三亞等地。原定作戰時增加第247、第248兩個大隊，後來因為情況變化，並沒有趕上第23旅團的西進步伐。第70大隊雖然也歸第23旅團指揮，但主要用於留守後方，實際參加進攻廣西的只有第128、129、130三個大隊，合計3000人左右。

　　日軍的獨立混成旅團是具有獨立建制的戰術單位，規模小於師團但與師團處於同一指揮層級，均受軍司令部指揮或直屬方面軍司令部。既能用於佔領地警備，也可參加軍級野戰行動，師團常由日軍大本營在各戰場之間調配使用，獨立旅團卻很少發生跨總軍的調動。但時任第27師團士官後來成為日本軍事歷史學家的藤原彰認為，獨立旅團在日軍內部地位並不高，一般是"以徵召的預備役軍人為主體，編制裝備比現役師團差，軍紀方面的問題就更多了"。當然，田中久一是不在乎軍紀的，他現在滿腦子是攻佔柳州，仿佛要向所有人證明，"南集團"不僅能守而且善戰。

2、余漢謀北江拒敵

　　1944年6月14日，第七戰區司令長官余漢謀接到蔣介石電令："著第62軍克日開赴衡陽策應大軍作戰，歸本會直接指揮。"湖南戰事緊，衡陽得失攸關粵漢路和粵北安全，余漢謀遵令照辦，第62軍快速集結曲江，由鐵路輸送陸續入湘。第四戰區分家後，余漢謀在粵北牢牢掌握著第62軍、第63軍、第65軍和獨立第9旅、獨立第20旅等部。鄧龍光的第35集團軍因暫2軍年初即已開赴湖南株州、淥口整訓，現在只剩下一個第64軍分佈在湛江至清遠、英德間綿延千里的防線上。田中久一對第七戰區增援湖南的舉動有所察覺，16日召開第23軍作戰會議，下令實施第一期作戰，其要點如下：

一、第23軍計畫沿北江地區採取攻勢，牽制重慶第七戰區軍，以利於第11軍在衡陽附近的作戰，並作好以後作戰的準備。預定6月27日開始進攻，第2飛行團直接協助第23軍作戰。

二、獨立混成第22旅團，於6月27日日落以後從江門附近開始行動，經過單水口攻佔臺山，並作好下期作戰準備。

三、第104師團從6月27日開始進攻，牽制北江右岸的第七戰區軍，以有利於第11軍進攻衡陽為目的，擊潰當前的敵軍，進入連江一線，並作好第二期作戰準備。

四、第22師團命令一部（步兵3個大隊為基幹）於6月27日從增城附近開始行動，向龍門方面推進拖住北江右岸的重慶軍。至於第二期作戰的準備，另行指示。

五、獨立步兵第8旅團以一部向從化方向出擊，配合第22師團向龍門進攻，使第22師團易於行動。

第七戰區調走暫2軍和第62軍後，是否有預案應付日軍第23軍可

桂柳會戰日軍第23軍指揮系統表（1944年7月）

司令官 田中久一
參謀長 安達與助
第22師團 師團長 平田正判
步兵團 原田義和
步兵第84聯隊 深野時之助
步兵第85聯隊 能勢潤三
步兵第86聯隊 中川紀士郎
山砲兵第52聯隊 本田和助
工兵第22聯隊 高城安
輜重兵第22聯隊 瀨古第一
第104師團 師團長 鈴木貞次
步兵團 竹內一郎
步兵第108聯隊 上野原吉
步兵第137聯隊 川上護
步兵第161聯隊 清水園
野砲兵第104聯隊 小林漸
工兵第104聯隊 獲野仕
輜重兵第104聯隊 門口元一
獨立混成第22旅團 旅團長 米山米鹿
獨立步兵第66、第71、第125、第126、第127大隊
砲兵隊
通信隊
獨立混成第23旅團 旅團長 下河邊憲二
獨立步兵第70、第128、第129、第130、第247、第248大隊
砲兵隊
工兵隊
通信隊

能發起的攻勢，目前還缺乏相關原始檔案佐證，商務印書館發行的《民國余上將漢謀年譜》對北江、連江戰事隻字不提，想來也是缺少第一手資料。中國派遣軍當初要第23軍多做余漢謀工作，田中久一不抱希望，不過種種情報顯示第七戰區未必有積極行動。沒錯，作為地方實力派，余漢謀這個時候不會選擇硬拼，既然日本出局已經是時間問題，就要考慮如何更多地保存實力到戰後，這對自己將來的政治地位可是大有影響。粵系將領都知道，和蔣介石打交道，沒實力只能靠邊站。不過話也說回來，余漢謀能派出第62軍應援湖南，也算是"公忠體國"了。第62軍一走，粵北機動力量減弱，第七戰區的現狀只允許余漢謀在英德、韶關間集中優勢兵力，利用連江、北江河流地勢阻擋日軍北上。

日軍戰史評價第七戰區的防衛方針從來都是避免與日軍決戰，所謂"不打人也不挨打"。其實有些失之偏頷，至少第64軍在沉寂的相持階段有過數次有力出擊，日軍第104師團要進入連江一線，首先要過老對手第64軍這一關。

第64軍成立於1937年8月，最初下轄第155師、第156師，軍長李漢魂兼任第155師師長，副軍長鄧龍光兼任第156師師長，李、鄧二人都是張發奎第4軍系統出身的將領。1939年2月，李漢魂率部從江西泰和回到廣東，改任廣東省政府主席，軍長一職由副軍長鄧龍光晉任。鄧龍光的軍部駐在余漢謀的老家肇慶，第155師駐南岸高要、九江鶴山之間，第156師駐北岸三水、四會、清遠地區。不久，鄧龍光升任第35集團軍總司令，同為第4軍系統出身的陳公俠任軍長。5月，第64軍對當面日軍展開攻勢，第155師利用黑夜，渡過西江襲擊沙坪據點，繳獲一些步槍和輜重。日軍在廣州週邊的據點少則一個中隊，多則一個大隊，對於第64軍侵擾式的夜襲，感到情況不明，多半是據守不出。是年底，華南日軍為改善態勢，大舉進攻粵北，第64軍從西江側背策應作戰，第155師進出三水佯攻廣州，第156師由四會、清遠向從化、英德方面側擊，配合粵北第12集團軍各部擊退日軍。

1940年1月，第64軍和第66軍相繼急調廣西參加桂南會戰，第66軍旋因賓陽作戰不利，被撤銷番號，所屬的第159師撥歸陳公俠指揮。5

月，第64軍奉調昆侖關、武鳴一線與盤踞桂南的日軍展開周旋，直到日軍撤離廣西一舉收復南寧。1941年初夏，陳公俠率部回到闊別一年多的西江，余漢謀調第155師南移高雷、陽江一線，第156師和第159師負責西江兩岸防務。粵北戰場總體上較為平靜，但也不乏局部激烈之處。1942年4月，第156師主動進攻日軍佔領的舊三水和蘆苞據點，第467團曾一度攻入舊三水城中，焚燒日軍輜重設備倉庫多間；第468團與蘆苞日軍一個大隊血戰竟夜，天明後安全撤退返防。6月，第156師北移清遠、英德間，第159師仍任新會、九江守備，第155師由粵西南調到高要、四會地區。第155師接防不久即夜襲舊三水、旱塘日軍，繳獲輕機槍、步槍數十支。1943年2月，在臺灣新編成的日軍獨立混成第23旅團登陸雷州半島，攻佔湛江，並以湛江為基地時常進擾遂溪、廉江等地。8月中旬，第155師保衛廉江，與敵奮戰五晝夜，傷亡第465團團長鄭曙曦以下官兵近千人，迫使日軍退回湛江。

1944年6月，第64軍軍長陳公俠與第35集團軍參謀長張馳對調。張馳的經歷與一般廣東將領有所不同，

張是江西九江人，德國學成後先在建國滇軍總司令部任職，後調任廣東石井兵工廠警衛團營長，1923年升任粵軍第1師第2團團長參加東征，1925年在張發奎第12師任副官處長參加北伐，1928年入陸大特別班第一期，畢業之後赴江西發展，歷任第5師團長、江西保安處參謀長、南昌行營少將高參、江西省第十一區兼第十三區行政專員。抗戰軍興又回到廣東部隊，先後任第154師參謀長、第156師副師長、第155師師長、第64軍副軍長、第35集團軍參謀長，看來廣東人沒把這個"江西佬表"當外人。此時，第159師主力已經北移連江口，第155師仍舊在雷州半島應付日軍獨立混成第23旅團，張馳軍長直接掌控第156師活動於清遠地區。

6月下旬，連續的陰雨天雖然使南粵大地暑氣頓消，但北江水位也因此持續暴漲，到了月底兩岸已是氾濫一片。29日晚上，日軍第104師團冒雨搶渡北江，由於天氣原因，只有第161聯隊一部于30日黎明到達清遠以西4公里處。第156師無意堅守城池，主力逐步向清遠西北方的珠坑既設陣地後撤。日軍第22師團遙相呼應，派出一個加強聯隊從增城往龍門

方向攻擊前進，也同樣沒有遇到有力抵抗。集結江門附近的獨立混成第22旅團輕易攻佔臺山，隨後大肆掠取江門至臺山沿線的鐵路器材。日軍獨立步兵第8旅團的主要任務是確保廣州及其周邊地區的治安，但仍按計劃以一部兵力投入了進攻從化的戰鬥，據日本防衛廳戰史記載："旅團長加藤章少將親自指揮戰鬥，雖盡力包圍了在我前面構築陣地的重慶軍第152師的一部（約1000人），結果敵遺屍150具終於逃脫。"

30日，第104師團第108聯隊向清遠東南方向掃蕩，第156師一部在三帽山一帶構築有帶鐵絲網的一連串掩體，為掩護師主力集結珠坑，該部不懼日軍飛機轟炸、掃射，堅持到7月1日晚才悄然撤離。第104師團上報戰果和損失：敵方遺屍345具、俘虜44人，繳獲平射砲2門、輕機槍4挺、步槍57支、汽艇2艘；我方戰死34人、負傷69人。3日，第104師團第137聯隊開始進攻珠坑，張弛命令第156師第467團滯敵西進，第468團東移高田籲，第466團從四會向清遠日軍展開側擊。6日，第104師團前方指揮所向高田籲推進，遭到第468團襲擊，參謀長齋藤二郎大佐被擊成重傷，差點斃命，後來靠空投藥物應急處理撿回一命。余漢謀並不想在清遠以北一線和日軍拼消耗，他下令張弛讓開正面，第65軍和獨立第9旅等部從韶關南下，加強連江北岸的防守。

7月7日是抗戰七周年紀念日，中美空軍大舉出動，7架P—51戰鬥機攻擊日軍蘆苞、石角江上的機動船隻，5架B—25轟炸機先後三次對廣州市郊的日軍貨場、倉庫以及黃埔港和三水進行轟炸。8日，15架B—25轟炸機照準天河機場、白雲機場和中山大學日軍兵營投彈，結果日機4架起火，兩架破損，人員傷亡百餘人。9日，第104師團順利挺進連江南岸，且戰且退的第156師傷亡並不大，鈴木貞次師團長承認："師團雖按預定計劃進入連江一線，但駐在連江南岸的重慶軍大部分逃往北方和西方，因而未能予以圍殲，估計只余部分重慶軍尚在山中徘徊。"

第156師閃人，佈防連江口東西一線的第159師按理也能抵擋一陣，不至於讓鈴木這麼輕易進抵連江南岸吧？可是余漢謀此時根本就聯繫不到第159師，原來該師師部所在地三門洞被日軍飛機給炸了，估計是漢奸搞鬼，第64軍軍部也未能倖免，通信系統一時陷入癱瘓。隨著第104師團到達連江南岸，第23軍制定的第一期作戰計畫表面上已經完成，實際上"牽制重慶第七戰區軍"的目的卻沒有達到，第62軍和暫2軍早就去增援衡陽了。田中久一認為"這是由於第11軍作戰先於第23軍，而且攻勢大猛所致"。接下來的問題就是第104師團要不要過連江？此時日軍大本營和中國派遣軍正在研究第11軍攻佔衡陽後，繼續進行韶關作戰的可能，於是田中久一命令鈴木貞次準備渡江。11日，第161聯隊一部率先在連江口西北附近渡過連江，但大部隊因為渡河器材不足，滯留南岸。

張弛重新集結第156師和第159師一部于連江口以西大洞圩附近，這一舉動迫使第104師團主力不敢大舉北上。13日，鈴木貞次揮師大洞圩，第64軍為了粵北方面從容佈防連江北岸，一度頑強抵抗。14日，第65軍已經進入北岸陣地，余漢謀下令張弛往西北山區撤退。第137聯隊緊追不捨，17日報告說"在大洞圩附近被我軍圍攻的第64軍主力似乎已陷於潰亂狀態，師長、副師長、團長各一名下落不明"。時任第159

師475團團部副官的羅偉達證實日軍所言不虛："我正在群山中找尋散失官兵，突然聽到一陣槍聲，看見兩個人正在匆忙涉水過河。我急奔前去一看，原來是我第159師師長劉紹武和副師長倪鼎垣，他倆在激烈戰鬥中被沖散。當時追擊槍聲不斷，我馬上跑上去，分別背負他們安全渡河，先送他們到一個山洞內安身，然後冒險折回找了幾個山頭，找到了師長的衛隊，帶他們回到山洞與兩位師長會合，安全轉移。"

日軍中國派遣軍這時因為第11軍湘北作戰順利，以為可以短時間拿下衡陽，從而改變原有計劃，明確指示第23軍準備8月上旬對英德方面採取攻勢，配合第11軍有力一部從粵漢路攻佔韶關。田中久一認為"進入連江一線後繼續再向英德作戰並非不可能"，於是下令第104師團做好北進和西進都有可能的兩手準備。既然是兩手準備，往北攻的時間又規定在8月上旬，第104師團已經渡過連江的一小部分就回到了南岸。實際上鈴木貞次對突破連江並非信心十足，第156師和第159師雖然蒙受一定損失，但主力仍集結在清遠境內山區，再說余漢謀的第12集團軍已彙聚到連江北岸。此刻冒然渡江，第64軍勢必從側面殺出，第12集團軍亦不會輕易放棄連江北岸。田中久一不敢大意，乘勢宣佈第一期作戰結束：「第23軍從6月下旬到7月末的第一期作戰，恰恰在第11軍攻打衡陽受挫期間進行。在此期間，第七戰區除暫2軍、第62軍外，再未派出增援部隊，牽制重慶軍的作戰目的已經達到。」

田中久一算是說對了一半，暫2軍和第62軍早在日軍發動北江攻勢前就已離開廣東，沒你什麼「牽制」功勞。第七戰區「再未派出增援部隊」倒是事實。余漢謀調出暫2軍、第62軍，正規軍只剩下第63軍、第64軍、第65軍和獨立第9旅、獨立第20旅等，除去粵西南方面的第64軍，粵北正面兵力已是捉襟見肘。偏偏此時白崇禧、張發奎還要說第七戰區「備多力分」，要求重慶從廣東再抽調兩個軍參加桂林會戰，余漢謀哪裡還肯，乾脆對軍令部頒令的作戰指導裝聾作啞，不予正面回應。後來方先覺第10軍在衡陽拼死抵抗，徹底打亂了日軍8月上旬想要進攻韶關的計畫，中國派遣軍電令田中久一取消第104師團攻擊英德的作戰任務。

8月初，日軍第23軍根據中國派遣軍作戰計畫的修訂和第6方面軍的設置，重新制定了「湘桂作戰第二期作戰」計畫，主要內容如下：

一、第二期作戰改到9月上旬開始，預定8月中旬由丹竹附近向柳州進發，也延期到11月上旬。

二、由於以上變動，預定9月下旬攻取柳州，也延期到11月末。

三、攻取梧州、丹竹由中國派遣軍直轄作戰，以後納入第6方面軍指揮。

四、攻佔柳州後，第23軍抽出部分兵力轉屬第11軍，確保西江沿岸重要區域，主力迅速調會廣州。

五、打通粵漢路作戰延期到1945年1月前後。

六、攻佔南寧打通法屬印度支那任務，改由第11軍承擔。

日軍戰史坦言：「原來第23軍也曾預料柳州作戰的時間多少會有變化。同時，由於沿海運輸情況惡化，運輸遲滯，尤其是第22師團第三梯團的遇難，以及軍直轄部隊、獨立野砲兵部隊和補充兵力未能到達，作戰也有延期開始之虞。另一方面，儘管第11軍摧毀了衡陽等空軍基地，但中美空軍的活動依然頻繁，恐將影響今後作戰。因此,對第二期作戰的擔心與日俱增。"看來田中久一和張發奎、余漢謀也有同病相憐之處,那就是"你們困難我也有困難"。

3、烽火漫西粵

　　田中久一面對困難不退縮。第104師團放棄準備中的英德攻勢,從連江南岸退到清遠集結,第22師團逐步向江門、新會移動,獨立第22旅團集結開平、臺山,獨立第23旅團集中遂溪整裝待發。按照田中久一的設想,第104師團主力要在西江北岸攻取肇慶、德慶,然後目標梧州,一部需從懷集、信都迂迴梧州之北。第22師團擊潰西江南岸廣東軍隊,一路攻佔新興、郁南,然後挺進梧州以南。獨立第22旅團一部沿肇慶、六都、德慶推進,主力佔領梧州附近西江沿岸,確保水路暢通。獨立第23旅團從遂溪開始行動,貼著桂粵省界向北,佔領廉江、花根後,向羅定或岑溪進攻,會合軍主力部隊殺向丹竹。

　　第23軍從廣州西進柳州足有400多公里,作戰期間傷兵後送及彈藥補給勢必需要一個安全的運輸通道,因此西江水路的疏通和後方兵站線的設置可以說悠關日軍生死。西江是珠江主幹流,河長2074.8 公里,從上游到下游又依次稱為南盤江、紅水河、黔江、潯江、西江。第四戰區對西江一直以來談不上有什麼防務,張發奎認為:"第35集團軍第64軍的155師駐紮在粵西南,按常態來講,我的戰區是平靜的,敵人僅是彙集在雷州半島的一支小部隊。"制定初期作戰計畫的李漢沖承認:"當時沒有估計到廣東方面日軍應有的動作。"田中久一現在就要打破這個平靜局面,早在1944年4月中旬,第23軍就與海軍遣華第2艦隊締結了協定,大致確定梧州以東以水路運輸為主,海軍負責掃雷開路,計畫9月底之前,先向梧州附近集中約5000噸軍需品。

　　第四戰區雖然缺席西江防務,但該地活躍著一支直屬於軍委會的江防部隊。事情還得從1938年說起,那年10月廣州先於武漢失守,廣東江防司令黃文田率部撤退西江,隨即在險要的肇慶峽敷設視發水雷,阻敵西犯。最初江防司令部還有一些小型艦艇,其後損失殆盡,黃文田乾脆將西江正面肇慶峽至三水一線完全封鎖。1938年12月,江防司令部改編為廣東綏署艦務處，1939年4月又改編為桂林行營江防處。後來的重慶艦艦長鄧兆祥曾作為海軍總司令部派出人員，于1939年夏至1940年秋間，駐肇慶協助西江佈雷工作。1940年3月，日軍派艦駛至陳沖雷區掃雷，其中有一艘觸雷沉沒，最終還是止步新昌、荻海、長沙三埠。8月，江防處改為粵桂區江防司令部，直接歸軍委會指揮。粵桂區江防司令部控置在西江的兵力有水雷大隊所屬的四個水雷中隊、掩護大隊所屬的步兵二個中隊、機槍三個中隊、特務隊一隊，外加幾艘小砲艇。西江戰事起，黃文田下令加強羚羊峽外佈雷封鎖，各水雷隊於沿江各指定佈雷區待命。

9月6日，擔當迂回梧州任務的日軍第104師團第137聯隊首先由珠坑出發。9日，第104師團主力開始進攻四會，守備四會的第155師第466團堅持兩畫夜，被敵突入城內，巷戰至12日突圍到四會、德慶間繼續阻敵。第159師在西江南岸節節抵抗第22師團，12日高明不守，日軍第23軍在西江兩岸形成齊頭並進之勢，田中久一進入三水前進指揮所坐鎮指揮，下令採取追擊形式向梧州南北一線前進。16日，第159師不敵

日軍第104師團第108聯隊，放棄肇慶西撤。日軍戰史這樣描敘當時的情景："師團正面田螺附近、青灣及其東側地區均有重慶軍向西北退卻中，在肇慶西北發現少數重慶軍，以及裝載重慶軍部隊的四隻大型舟艇。該敵為第156師、第159師一部，均避免與我戰鬥。"粵桂區江防司令部掩護大隊顯然不在撤退大軍之中，該大隊堅守肇慶峽東西兩端南岸據點，掩護佈雷隊撤離，機槍第3中隊中隊長劉人鳳等30餘人英勇犧牲。另外，肇（慶）清（遠）師管區的三個保安大隊和地方團隊、軍警1700多人也參加了肇慶戰鬥，當年的高要督察處督察黃海回憶說："中午，我們在焦園盤古廟處煮了三大鍋飯，還未煮熟，日軍的飛機、橡皮艇又猛撲過來，為了減少傷亡，只好退到大湘的大山中，結果被日軍圍困山中，多次突圍均告失敗，到被困的第十五天晚上，風雨大作，自衛隊一不做二不休，主動向敵人進攻，總算分乘七十只大船渡江突圍出去。"

17日，日軍獨立第22旅團到達肇慶南岸，掩護艦隊溯江西進。從日軍的掃雷情況來看，西江佈雷呈不規則狀態，雖對日軍造成一定難度，

但數量並不多，從三水到梧州約一半的路程上總共才發現60個水雷。倒是中美空軍在西江上空相當活躍，迫使日軍只能利用傍晚和早晨或者陰雨天進行掃雷。日軍戰史寫道："重慶軍佈設水雷全無計畫，水雷在各處亂放，但從飛機投下的水雷相當多。白天為了躲避飛機，全部船舶以竹子偽裝好停在岸邊，幾乎無法施工，只有夜間和黎明作業較多。"中美空軍很快掌握了這一情況，24日18時30分，一群野馬式戰鬥機低空突襲掃雷艦隊，日軍"舞子"號砲艦傾斜進水，正在現場指揮的海軍廣東警備隊司令小倉外吉大佐被擊成重傷，數日後死去。

按照預定計劃，日軍第23旅團將得到第247、第248兩個大隊增援，但由於船舶運輸困難，援兵這時尚在大海上顛簸，只能以原有的三個大隊進行作戰。旅團長下河邊憲二擔心突破廉江時，將會消耗旅團戰鬥力，影響部隊深入廣西，決定用臨時歸他指揮的第70大隊打頭陣。下河邊憲二畢業於日本陸軍士官學校第23期，先在本土做了半年多的久留米聯區司令官，後調任第88聯隊聯隊長、第43師團步兵團長，還從未參加過如此遠距離的長途奔襲。從9日開始，第70大隊一路向北，第155師基本上閃開正面，廉江輕易被日軍佔領。下河邊旅團長又萌生了新的想法："這次作戰的主要任務是從雷州半島向北推進，行動上必須大膽穿插和快速突破，不允許擁有輜重和後方兵站線。因此，旅團要考慮儘量減輕負擔，以便靈活運動。"下河決定第70大隊帶上不必要的裝備、物品、軍需品和強拉的民夫返回遂溪，重武器只留下兩門山砲，每門只配80發砲彈。真是夠精簡的，這個輕率決定註定第23旅團日後要吃苦頭。

張發奎獲知廉江陷敵，判斷日軍很有可能沿玉林至柳州公路北上，第四戰區沒有力量顧及桂東，只能一個勁商請蔣介石速令第七戰區的援兵到位。其實蔣介石也一直在催，無奈余漢謀好說歹說就是不同意派兵入桂。早在9月5日，蔣介石就電令余漢謀："該戰區應先抽一師，秘密速開連山防守，並即確實準備以兩個師（連山之一師在內）歸一軍長率領，由連山方向參加桂林附近之決戰。粵敵一部如沿西江進犯，以策應湘敵作戰，則除沿江兩側挺進隊及地方團隊積極攻襲敵人外，西江防守兵力應增至一個師，竭力拒止敵之西犯。不得已時，逐次向梧州轉進而固守之。"余漢謀第二天複電拒絕："本戰區所有兵力已竭盡綿薄，曆遵調出，現實極度薄弱，無可抽調。關於敵情，我方配備及本戰區倘被敵控制，不特對大局影響，即對桂省亦難牽制……。乞准免再抽調，保留現在僅有兵力，支撐危局。"要是自己嫡系將領如此抗命，蔣介石早已大發雷霆，但對余漢謀這樣的地方實力派，不得不有所顧忌，只能耐著性子再想辦法去疏導。

張發奎通過"自家兄弟"李漢魂、鄧龍光，對余漢謀不肯出兵自然有所瞭解，7日、10日連續向蔣介石乞援，"請懇將第七戰區抽調之部隊，速開恭城或道縣"，"懇令七戰區抽調二個師，先頭用汽車輪送，弛赴賀縣及賀連路要點，對該敵予以阻止"。蔣介石一面安撫張發奎，一面再苦口婆心般要求余漢謀服從大局。10日，軍令部次長劉斐出面勸導余漢謀："桂柳要地不但為我抗戰形勢所必爭，且為盟軍反攻基地，非竭全力保衛，必難使友邦諒解。貴戰區防廣兵單，素所深悉，然以全般形勢而論，究屬次要……，尚望勉為其難，

速遵委座電令辦理，大局利賴。"陷入電報海洋的余漢謀終於還是點了頭，重慶再次褒揚他"公忠體國"。18日，蔣介石電令張發奎、余漢謀、鄧龍光："著第35集團軍全部即改歸四戰區張長官指揮，擔任西江方面之作戰。"

張發奎來不及對余漢謀說聲"多謝"，急忙電令鄧龍光："第155師主力在陸川附近阻敵前進，必要是向貴縣至玉林公路轉進。第155師第465團、粵保第10團（欠一大隊）在化縣、合江附近側擊尾擊敵人後，速向陸川、玉林地區轉進。第35集團軍少將參議詹式邦指揮沿海兩個警備大隊及化縣、茂名兩區地方團隊，仍在原地守備，相機襲敵。雷州挺進支隊即向廉江之敵襲擾，以策應第155師作戰。"接到命令，第64軍無心戀棧西江，急向第四戰區轉移。日本防衛廳戰史這樣寫道："在肇慶西北24公里附近發現少數重慶軍，以及裝載重慶軍部隊的四隻大型舟艇，該敵為156師、159師各一部，均避免與我戰鬥，似在伺機撤退中。18日晨，雲浮西側約有重慶軍2000人，正在向西退卻，19日發現大田附近約有重慶軍300人，其西北12公

里處約有1500人，正向西北方向退卻中。"事實的確如此，第64軍轉進匆忙，僅21日就在德慶對岸羅定江口損失9艘火輪，另在郁南丟下迫擊砲數門、重機槍20挺和大批軍需品。

從廉江北上的日軍獨立第23旅團，動向出乎張發奎所料，並沒有抄近路由玉林進入廣西，而是繼續向北於16日中午由信宜以西越過粵桂省境。第247、第248大隊這時才匆匆趕到廣州，田中久一改變主意，第248大隊就近配屬第104師團，搶運四會附近豐富的木材資源。第247大隊就沒這麼走運，海運雷州半島途中遭到中美空軍轟炸，兩艘船沉沒，傷亡100餘人，後來就沒參加作戰。第155師可不管那麼多，什麼側擊尾擊一概略過，快速甩敵沿玉（林）貴（縣）公路向第四戰區報到。張發奎盼廣東援兵望眼欲穿，此時哪裡還會計較有否執行滯敵命令，反正來了就好。輕裝疾進的第23旅團很快嘗到了缺少重武器，沒有後方補給聯絡線的苦頭，日軍形容"一進入廣西，有如萬里長城那樣的城牆瞭望樓，均面對主要道路，各處都有自衛團，不斷進行射擊。每天進入宿營地時須經

過戰鬥，排除自衛團的抵抗才能進村莊。"兩門山砲總共才160發砲彈，下河邊憲二捨不得用，即便是步機槍子彈也得省著點。可惜張發奎判斷有誤，要是嚴令第155師不走玉貴公路，改為跟在日軍後面尾擊，下河邊憲二可能到不了梧州就彈盡糧絕了。23日，第23旅團擊退民團抵抗，佔領容縣，田中久一電令下河邊憲二："軍主力推進估計稍有遲延，獨立第23旅團應迅速攻佔丹竹機場和平南，使軍的主力易於向該地區推進。"

再說日軍第104師團第137聯隊，該聯隊為了隱藏迂回梧州以北的動機，幾乎都是夜間行軍，白天休息，放著大路不走，專揀險峻山地和溪穀前進。12日晚上，第156師兩條滿載炸藥的運輸船在懷集附近被第137聯隊截獲，正當第64軍為此感到疑惑不解之時，該聯隊17日在信都悄然渡過賀江，離梧州已不到70公里。第137聯隊的隱蔽工作很成功，一路走來未遇到任何抵抗，甚至沿途村莊的老百姓都不知道"鬼子來了"。不過17日晚上宿營時發出的火光被中美空軍發現，配屬作戰的部分山砲隊受到了一點損失。

梧州是廣西東大門，素有廣西水上交通的中心和廣西近代化、現代化的橋頭堡之稱。梧州市區人口當時已經超過十萬，經濟相對比較發達，據1933年、1935年、1940年三次調查統計，梧州的商店數量都超過桂林、南寧。1936年3月，廣西銀行總行由南寧遷來梧州，此後中央銀行、中國銀行、中國農民銀行、郵政儲金匯業局等等，紛紛在梧州設立分行或辦事處，設立時間都要早于桂林、南寧。工業方面，梧州有電池廠、電力廠、酒精廠、硫酸廠、精油廠等，就精油廠來說，1932年廣西共有28家，其中24家集中在梧州。雖說廣西省會幾次在桂林南寧之間遷移，但廣西第一所現代大學——廣西大學就建立在梧州蝴蝶山上。然而繁華的梧州在抗戰期間竟然沒有構築任何國防設施，廣西軍政當局向來以西江有第七戰區部隊駐守，梧州因而不設防。抗戰期間梧州曾多次遭到日機空襲轟炸，其中1939年7月26日那次受損最重。當日下午1時許，日機18架沖入市區高空，籍雲層掩蔽，乘隙低空轟炸，共計投彈268枚，炸毀房屋400餘間，炸死炸傷500餘人，熊熊大火直到傍晚時分才被撲滅。

日軍第137聯隊從珠坑出發時，鈴木貞次曾經交待聯隊長川上護：“根據軍司令官的意圖，為了讓鹿兵團（獨立混成第22旅團）建立戰功，希望不要在該兵團之前開進梧州。”川上護為此煞費苦心，一路上沒少做部下思想工作，險路我們走，城不讓我們進，這算什麼道理？20日傍晚，日宿夜行的第137聯隊距離梧州只有20公里了，官兵們又犯起嘀咕，川上護心中也是十分不解，無奈軍令如山。深夜時分，第104師團發來最新指示：“鹿兵團因遇雨和道路難行，前進遲緩，可不受過去規定的限制，盡速攻佔梧州。”川上護立即命令第3大隊先行挺進。21日晚上，第3大隊佔領梧州東北的白雲山，大隊長中村敏之沒敢進城，估計是《三國演義》看多了，怕中埋伏。22日上午，第137聯隊全部到達，川上護才不學司馬懿，揮師進入梧州“空城”。

4、“內線作戰”對“外線作戰”

中美空軍在梧州不守後連續展開轟炸。9月28日，鈴木貞次進駐梧州，迎接他的是美孚石油公司儲油罐的雄雄大火和滾滾濃煙。第104師團主力還在陸續搶渡賀江之中，連續的大雨天促使江水暴漲，沖走了不少浮橋，初步統計約有600人掉隊。在西江南岸行進的第22師團比第104師團慢很多，先頭第84聯隊25日越過粵桂省境線，主力28日還位於郁南境內，距離梧州尚有60多公里。日軍戰史總結原因說：「師團長平田正判中將雖督促各部隊前進，但由於地形、道路，特別是不熟悉河流的情況，加以連日美軍飛機襲擾，造成前進遲緩。」田中久一也為中美空軍的頻繁襲擊感到頭疼：「由於制空權完全在於敵方，水路運輸極端困難，只能在夜間航行，但損失依然非常嚴重，特別是小型機動貨輪大半被擊沉或焚毀。」第23軍原計劃9月底要向梧州輸送5000噸軍需物資，因不斷遭到中美空軍打擊，已不得不減少為1500噸。

鈴木貞次建議田中久一，第104師團士氣正旺，不如早日攻下梧州以西80公里處的丹竹機場。丹竹機場建成於1943年10月，是中美空軍的前進機場，它的存在對日軍西江掃雷及補給運輸威脅很大，不過據《桂柳會戰空軍戰史紀要》記載，當時中美空軍使用的機場主要有芷江、桂林、柳州、昆明、成都等，丹竹機場並不在內。田中久一原本打算由第23旅團從容縣直取丹竹，但第104師團既然已形成西進丹竹的態勢，沒有理由不批准。實際上鈴木也是先宰後奏，早在24日午夜，他已下令第137聯隊第3大隊和第5中隊從梧州先遣出發，川上護率聯隊主力隨後跟進，目標丹竹、平南。

守備丹竹機場的是第31軍第135師第405團，該師主力和桂綏第1縱隊位於桂平大湟江口、三江圩一帶。第135師1942年後改為後調師，專門從事整理補充，士兵絕大多數是新兵，沒有什麼作戰經驗，所以被派到相對平靜的桂東防守。梧州陷敵，第405團先是協助空軍破壞機場，然後沿潯江北岸一線佈防。26日中午，第137聯隊先遣隊直取丹竹機場，聯隊主力向潯江北岸要地蒙江圩急進。第405團剛與日軍接觸就敗下陣來，曹震團長率部向桂平大湟江口狂奔，後來被白崇禧以作戰不力為名執行槍決。張發奎認為白崇禧之所以殺曹震，主要是想掩飾輕棄丹竹機場的過失，因曹是湖南人而不是廣西嫡系，實際需要負責的應該是指揮第405團作戰的師長顏僧武。張發奎的見解可謂一言中的。28日，第137聯隊第3大隊佔領火光沖天的丹竹機場，由容縣北上的第23旅團同日渡過潯江佔領丹竹鎮，隨後獨立步兵第130大隊深夜西進，又快速攻入平南縣城。29日，第137聯隊主力突襲蒙江圩，繳獲了第35集團軍總部未及轉移的部分行李和糧食，其中包括不少鄧龍光的私人信件。日軍戰史吹噓"俘虜敵軍參謀長等高級軍官10名"，可我們知道第35集團軍參謀長陳公俠並沒有做俘虜的經歷。

攻下梧州、丹竹之後，第23軍按照預定計劃納入第6方面軍指揮。岡村寧次為此特地從武漢趕往廣州，他向田中久一提出，第23軍在柳州作戰告一段落後，軍部和第104師團要及時返回廣州，準備打通粵漢路南段的作戰準備，還要預備反擊美軍的沿海登陸。岡村與田中的廣州會晤目前還沒有資料顯示具體經過細節，《岡村寧次回憶錄》也只有寥寥數語提及此事，但可以肯定的是，田中久一沒有橫山勇那樣使人感到"心裡很不是滋味"。第6方面軍明確要給田中一次立功機會，柳州由第23軍攻

取，第11軍應以主力突擊中國軍隊背後，不能搶著入城。10月4日，第6方面軍頒發了作戰計畫：內容大致如下：

一、方面軍於11月上旬命第11、第23兩軍轉入攻勢，互相策應捕捉柳州西面地區的敵軍主力，隨後向貴州省境追擊敵軍。

二、第11軍從11月上旬，由湖南、廣西省境附近發動攻勢，命主力沿湘桂公路，一部向其南方地區前進攻取桂林，隨後與第23軍相策應，命主力從柳州北方切斷敵軍退路，在柳州西方地區聚殲敵軍。敵逃跑時，即向貴州省境追擊。

三、第23軍於11月上旬由平南地區發動攻勢與第11軍的攻勢相策應，在柳州西北地方聚殲敵軍主力，同時攻佔柳州。

很明顯，日軍的作戰指導思想是外線作戰，從南北兩線夾擊中國軍隊。北線的第11軍比較"強勢"，南線的第23軍相對"弱勢"，田中久一當然感激岡村寧次的特別安排，如果不對橫山勇有所限制，第23軍恐怕是"跑不贏"的。田中把戰鬥指揮所前移梧州，他下令第104師團第137聯隊從獨立第23旅團手中接過平

南防務，第108聯隊警備丹竹以北，第161聯隊和工兵第104聯隊負責修復梧州至龍港間西江北岸公路。第22師團速度稍慢，主力正逐步開進平南、丹竹西南地區，第86聯隊一部則加入修路作業，改善公路補給狀況，以彌補西江水運的不足。提起西江水運田中久一又不禁大皺眉頭，指揮現場疏通的海軍中佐參謀馬場金次剛剛被美機擊傷，這是繼小倉外吉之後海軍中級軍官的又一次傷亡事故，有些不好交待。

獨立混成第22旅團沒有深入廣西的任務，所屬的幾個大隊沿西江進佔肇慶、六都、德慶、梧州等要地，維持後方補給線。獨立混成第23旅團的任務就重了：「應繼續佔領桂平（丹竹以西45公里）附近，掩護軍主力推進。」下河邊憲二有點慌了，原本計畫要在11月中旬才由丹竹附近向柳州推進，中間補充給養和裝備的時間非常充裕，所以才從雷州半島輕裝北上。如今彈藥消耗殆盡，補給又遲遲不能到位，卻要提前西進，只好向第104師團第137聯隊商借一小部分暫時維持。11日傍晚，第23旅團先集中全部輕、重武器齊射20分鐘，然後分由官江圩、社步、夏灣等地強渡郁江。第129大隊發瘋似地「揮舞刺刀、手榴彈，亂炸亂殺」，竟然一舉衝到了桂平西山龍華寺。守備桂平的是從雷州半島開來的第155師，該師第465團留駐化縣滯敵，還未歸建，按理兩個團加上師直屬部隊也能頂一頂，結果一片混亂，大批糧食未及帶走，匆忙棄城。12日，桂平西南方向10公里處的蒙圩村落也被日軍佔領。

日軍沿西江侵入桂東，第23旅團一馬當先，進攻勢如破竹，被張發奎稱讚為「年輕、勇敢、有文才，且刻苦耐勞」的少將高參李漢沖透露：「第四戰區對西江方面，向以為梧州以下有第七戰區部隊駐守，又距桂柳遙遠，不致有何顧慮。現猝然發現敵情，當然手忙腳亂。」李漢沖作為張發奎的主要幕僚之一，全程參與了桂柳會戰作戰計畫的決策和執行指導業務實施。李漢沖回憶：「戰區以西江之敵，威脅桂柳背後甚大，且柳州為戰區為中心，在兵力使用上，亦無法在桂柳兩方面同時進行主力之戰鬥。於是白崇禧、張發奎共同決心，以桂林為北正面支撐點，轉用第64軍和第46軍于西江方面，先求擊破桂平之敵，排除背後顧慮。得手後，再將

1930年代的梧州船橋。

主力轉用到桂林正面。"其實李漢沖忽略了一個細節,白崇禧最初是不同意發動攻勢的。

張發奎萌生"以攻為守"的想法是在梧州不守之後,當時他認為"唯一可行的方法,是在桂林與龍虎山地區守住防禦陣地,對西江以北的敵軍發動攻勢。如果我們處處採取守勢,我軍將處於一個不利的局面"。但"白崇禧與他的參謀們認為這太危險了,他們不敢採取主動進攻。於是我們決定在桂林與柳州都採取消極防守"。10月上旬,第20軍、第26軍、第37軍、第62軍相繼從湖南進

入廣西,白崇禧偕軍令部作戰廳長張秉鈞也再次來到桂林。11日,張發奎日記寫道:"敵人沿西江進逼時,我們不顧中央作出的在柳州、桂林取守勢的決定,斷然實施我先前提出之在西江以南發動攻勢的計畫。"也就是說,白崇禧在第四戰區兵力有所增加後,始同意張發奎放手一搏。

第四戰區擬定武宣經荔浦至桂林一線為戰略上的利害轉換線,希望在這一條線上各個擊破分離狀態的日軍。張發奎後來回憶:"敵人的兵力相當的龐大,如果全面採取守勢,則我們任何一方面都沒有足夠的兵力,

只有絕對處於劣勢的地位。反之，如果攻擊敵人，雖然也是一件異常困難的事，但此決心基於內線作戰的戰法，和根據任務與有利的地形交通的條件而正確創立了。」張發奎這裡所指的有利地形具體在哪裡呢？桂平以北荔浦以南的大瑤山和荔浦以北桂林以南的海洋山，標高均在1000公尺以上，這兩座大山形成天然屏障，使西江和桂林兩方面的日軍，處於一種分離狀態，必須要翻過大山才有可能匯合。而大山內側剛好有一條從桂林到來賓南北貫通的鐵道，以及與鐵道成直角的柳州至荔浦的公路，此外柳江水路還有一定的運輸能力，非常符合內線作戰轉用兵力和軍需品供應所需要的交通條件。原先張發奎準備在荔浦、平樂間利用山地隘路，誘敵渡過灘江後再實行聚殲，但桂北日軍一直都沒有什麼積極動向。反而桂東西江方面的田中久一來勢洶洶，連陷梧州、丹竹、平南、桂平各地，大有向武宣、來賓直趨柳州之勢。張發奎這才決定先擊破桂平之敵，排除柳州側背的威脅，再將主力轉用于桂林方面。

派駐廣西的美軍聯絡組十分贊同內線攻勢方案，據張發奎所說，

美軍組長博文上校為人沉默寡言，常為第四戰區較少獲得美式裝備而抱不平。持相同觀點的還有突然前來柳州巡視的史迪威，他也為張發奎沒有大量得到美式裝備而感到驚訝。史迪威要博文從駐柳州的美軍聯絡組中撥出一輛吉普車、四支衝鋒槍、一支卡賓槍和十二套無線電臺設備給戰區長官部，並答應可經常保持50架以上的飛機，來協助對西江日軍的攻擊。然而僅僅一周後，史迪威被美國政府解職召回，原因眾所周知，他和蔣介石說不到一塊。重慶方面並不反對西江攻勢，從目前已經公佈的檔案史料來看，蔣介石從來沒有阻止或試圖干涉第四戰區的主動進攻。張發奎也只說「不顧中央取守勢的決定」，而不是「不顧中央反對」。

張發奎很快下達了「第一號」作戰命令：「戰區以確保桂柳之目的，以必要兵力固守桂林，另以有力一部，配置於桂平、江口附近地區，相機先行擊破西江方面之敵，主力控置於陽朔、荔浦、修仁間地區，乘敵深入，於荔浦、平樂間地區包圍殲滅之。」張發奎把第四戰區部隊區分為若干兵團：夏威指揮第31軍、第79軍、第93軍等組成桂林方面軍，擔

任桂林正面的防守；楊森指揮第20軍、第26軍、第37軍等為荔浦方面軍，擔任荔浦方面的作戰；鄧龍光指揮第135師和第155師等組成西江方面軍，擔任西江正面的作戰；第46軍、第64軍集結於荔浦附近，為戰區直屬兵團，待機投入攻擊方面。當第37軍軍部和第95師向荔浦以南25公里處的新圩移動時，張發奎又召見羅奇軍長面授機宜，指定第37軍繼續南移到水晏圩、陳村塘之線，對平南附近潯江北岸日軍進行牽制攻擊，策應西江方面軍作戰。原先持謹慎態度的白崇禧這時一百八十度大轉彎，對內線作戰顯得信心十足，特地拉著張發奎跑去荔浦、平樂間山地偵察預想戰場，並滔滔不絕地描述當年在此擊潰廣東軍隊的光榮戰績。

那麼張發奎的內線作戰究竟有幾成取勝把握呢？所謂內線作戰是指"對從週邊數個方向對我實施向心作戰之敵，我在內側保持後方交通線所進行的作戰。" 內線作戰的實質是集中全力對付各個分散的目標，也就是各個擊破橫廣縱深分散之敵。在內線作戰中，集中兵力與時間因素都具有最重要的意義。另外，諸如確定作戰方向，選定目標，掌握向其他目標轉移的時機以及迅速實施機動等，也都是決定內線作戰能否成功的重要因素。抗日戰爭中最成功的內線作戰發生在滇西戰場，不過不是中國軍隊所策劃，而是日軍第56師團的精彩演出。1944年5月中國遠征軍反攻滇西，第20集團軍全力佯攻高黎貢山，第11集團軍只以一小部渡江策應，結果給了日軍在內線作戰中使用機動兵力的有利條件，第56師團第113聯隊像"消防隊"一樣南北"救火"，來去自如。直到衛立煌改變戰術，第11集團軍重拳出擊，才砸了日軍機動兵力的"表演舞臺"。

內線作戰成功的重要條件初步歸納有三條：

首先，要有出色的指揮才能，特別是捕捉戰機的能力和果斷的決心。

其次，部隊要精幹，能充分發揮機動力，以便隨時轉用其他方向。

再次，要有各個擊破敵人的地域，即有與敵周旋的餘地。

我們暫且不評價張發奎的指揮才能，等打完桂柳會戰讀者心裡一定有數。與日軍周旋的餘地咱可不缺，桂北日軍從湖南下來，桂東日軍是從珠三角出發的，這餘地還不夠大嗎？關鍵是第四戰區的部隊精幹嗎？能像滇西日軍第56師團那樣不停轉變作戰方向嗎？答案恐怕不太樂觀。

5、 "五省聯軍" 大集結

第四戰區原本只有第16集團軍的第31軍和第46軍，第46軍主力北上湖南增援第九戰區後，就只剩下一個第31軍。白崇禧、張發奎從6月份開始就不停向蔣介石催要援兵，一直到9月26日，白還致電軍令部"惟柳邕梧方面，極感空虛，懇分由寶雞、重慶空運第9軍和第42師赴柳"。軍令部以第9軍、第42師兵力不足為由，婉言拒絕。截止到9月底10月初的時候，蔣介石先後給廣西調派了第64、第62、第79、第93、第20、第26、第37軍，就軍隊系統和人事背景而言，堪稱"五省聯軍"。

究竟是哪五省聯軍呢？

第一，桂系軍。

第16集團軍就是由桂系軍組成的一個作戰兵團。

第31軍轄第131師、第135師和第188師，第131師、第135師都是第一批北上抗日的桂系精銳，連續參加了徐州、武漢兩次大會戰。第188師成立稍晚，1938年6月隸屬第84軍投入華中，後在武漢會戰黃梅、廣濟戰役中受損嚴重。是年底，第131、第135師、第170師、第188師的全體軍官，按原系統回到廣西補充兵員，隨後以第131師、第135師、第188師重建第31軍。不知出於什麼原因，第31軍的整訓工作一直進展很慢，截止到1942年2月尚缺兵額將近8000人。第31軍軍長原為韋雲淞，1941年7月由副軍長賀維珍升任。賀維珍是江西永新人，因與白崇禧、黃紹竑、夏威同是保定軍校第三期同學，畢業後延攬到廣西發展，曾擔任中央軍校南寧分校步兵科長，白崇禧稱他"練兵、辦教育都很熱誠，是對廣西有貢獻的外省人。"賀維珍後來隱居於屏東，50年代擔任中學教師，曾經獲得優良國文教師評鑒第一名。

第46軍是1939年2月以夏威的第8軍團改編而成，第8軍團當時只轄一個新編第19師，長期擔任廣西守備任務。第46軍成立之後，第170師和第175師分別從第7軍、第48軍改隸過來。第46軍軍長原由夏威兼任，中間何宣、周祖晃都曾短暫執掌過，1942年12月周升任第16集團軍副總司令，黎行恕接任軍長。黎行恕

第四戰區作戰部隊區分
（1944年10月9日）

桂林方面軍 第四戰區副司令長官夏威
第16集團軍總司令夏威（兼）
第46軍（新19師 第170師 第175師）
第31軍（第131師 第188師）
第48師戰車營
砲兵第10團第7連
第93軍砲兵營一連
高射砲第5、第10連
第27集團軍副總司令兼第93軍軍長
甘麗初
第93軍（新8師 第10師）
第79軍（第98師 第194師）
工兵學校教導團
荔浦方面軍 第九戰區副司令長官楊森
第27集團軍總司令楊森（兼）
第20軍（第133師 第134師）
第26軍（第41師 第44師）
第37軍（第95師）
湘桂邊區總指揮部
桂（林）平（樂）師管區
砲兵第18團第1營
西江方面軍 第35集團軍總司令鄧龍光
第16集團軍副總司令周祖晃
第31軍第135師
第64軍第155師
桂綏第1縱隊（獨立第1、第4團）
桂綏第2縱隊（獨立第2、第3團）
砲兵第29團第3營第9連
砲兵第54團第1營
高雷守備區
雷州挺進支隊

沿海警備第3大隊
沿海警備第4大隊
沿海警備第5大隊
廣東保安第10團
直轄兵團
第62軍（第151師 第157師）
第64軍（第156師 第159師）
南寧指揮所（略）
靖西指揮所（略）
砲兵指揮部（略）

保定軍校第九期砲科出身，早年在湖南軍隊中服務，陸大十期深造後榮歸故里，很長時間內都是李宗仁身邊的重要幕僚，先後擔任過第4集團軍參謀長、第5路軍參謀處長、第五戰區副參謀長等職。1946年白崇禧任國防部長，黎行恕任部長辦公廳中將主任。據說黎平時酷愛讀書，對數學、哲學和文學都有興趣，尤其對《四書》頗有研究，有"四書軍長"之稱。白崇禧調長華中剿總，黎行恕告假回桂林休養，曾任私立西南商專國文教師，1949年8月病逝。

此外，廣西綏靖公署的4個獨立團亦是一支頗具戰力的桂系武裝。獨立團在桂林受過美軍聯絡組的嚴格訓練，裝備有美式60mm迫擊砲和勃朗寧機槍。9月下旬，為便於統一指揮，白崇禧報請重慶同意，將4個獨立團編成兩個縱隊，番號為桂綏第1縱隊和桂綏第2縱隊。第1縱隊司令姚槐原為綏署參謀處長，畢業於中央軍校南寧分校第一期。第2縱隊司令唐紀原為綏署副官處長，畢業於中央軍校南寧分校第六期。

第二，粵系軍。

第62軍和第64軍是粵系軍，第64軍我們前面已經說過，這裡就單說第62軍。 1944年9月下旬，第62軍抵達第四戰區，該軍可是余漢謀的王牌主力。軍長黃濤是廣東蕉嶺人，雲南講武堂第十五期砲科出身，與余漢謀有非常密切的關係，余在粵軍第1師當營長時，黃就是余的營副，余任旅長他任團長，余任總司令他任師長、軍長。1943年9月，蔣介石指定第七戰區以一個軍接受美械裝備，余漢謀以駐在粵北翁源、英德、青塘一帶整訓的第62軍準備換裝。為此，該軍副師長以上專門赴印度蘭姆迦，連以上到桂林東南幹訓團分別受訓，學習使用美械和各兵種聯合作戰指揮法。1944年6月，日軍進犯湘南，還沒來得及換上美式裝備的第62軍被蔣介石電令增援衡陽。第62軍轄第151、第157、第158師，因第158師

後調補充新兵，黃濤只率第151師和第157師應援，但該軍直屬部隊十分龐大，有特務營、搜索營、砲兵營、工兵營、通信營、輸送連、防毒排和輜重兵團、軍士大隊等，合計足有20000餘人。第62軍轉戰湘南，兩次挺進衡陽週邊，至9月初轉進武岡整理，累計傷亡官兵6000餘人。原先指揮該軍的是第27集團軍副總司令李玉堂，李的副總部只是臨時指揮機構，對補充事宜一籌莫展，黃濤聽聞李玉堂要抓部隊到貴陽，急忙率部由武岡經城步、龍勝、永福到柳州報到。張發奎雖然談不上是余漢謀的"哥們"，但畢竟同是廣東人，與沒有歷史淵源的李玉堂相比，親疏關係還是很明顯的。

第三、川系軍。

1944年10月5日，第九戰區副司令長官兼第27集團軍總司令楊森率第20軍、第26軍、第37軍到達桂東平樂。說起楊森，可是位風雲人物。楊森是四川廣安人，家庭"世代以耕讀相承，農暇習武"，楊森小學時代就能背誦《古文觀止》、《八家詩選》達八頁之多。在四川陸軍速成學堂和高等軍事講習所經過三年多

的學習和訓練後，楊森被分派到第65標任尉級軍官。孫中山反對袁世凱獨裁的"二次革命"失敗後，楊森改投滇軍蔡鍔，任護國軍第1軍參謀、獨立團團長。1920年4月脫離滇軍，投川軍劉湘部，先後擔任第2師第1混成旅旅長、第9師師長、第2軍軍長等要職。1926年8月，楊森在同鄉朱德勸說下，易幟為國民革命軍第20軍，番號在四川各軍之先（劉湘第21軍、劉文輝第24軍、鄧錫侯第28軍、田頌堯第29軍），為此楊森曾自豪地說："數其次第，可以概見。"

第20軍事實上是"楊家將"，第133師師長楊漢域、第134師師長楊漢忠和軍直屬手槍團團長楊漢印都是楊森的侄子。1937年9月，楊森率部東下京滬，成為川軍第一支參加抗戰的部隊。第20軍在淞滬會戰中共計傷亡團營長20多名，連排長200多名，士兵7000餘人，退到南京秣陵關整理時，楊森受到蔣介石禮見，慰勉有加，武器由軍政部全部換新，每營增加一個重機槍連，每團增加一個迫擊砲連。楊森當時效仿八路軍的"三大紀律，八項注意"，制定了"四大紀律，十四大注意"。幾次湘北大戰，第20軍都有建樹，尤其是第三次長沙會戰，第133師第397團第1營誓死固守新牆河南岸陣地，營長王超奎以下全部戰死沙場，宋美齡在《紐約時報》特別撰文指出："當他被敵軍重重包圍的時候，他與他的五百個部下，每一個人都戰至犧牲生命為止。這樣至最後一彈，最後一人，在中國士兵是極尋常的，算不得希罕的事情。"

楊森1938年剛升任第27集團軍總司令後的一段時間仍兼軍長，不久第20軍交由楊漢域執掌。民間傳說楊森"妻妾成連，兒女成營"，雖然不無誇張，但有名有姓的妻妾確有十二位之多。據說抗戰時期，蔣介石有一次在楊森家裡看見許多衣著華麗的女人穿梭般進進出出，便驚訝地問道："這些女人都是你妻子嗎？"你猜楊森怎麼回答？"報告委員長，屬下身體很好！"向來嚴謹的蔣介石都忍不住哈哈大笑。熱衷體育運動是楊森生平另一大愛好，網球、太極拳、舞劍、騎馬、游泳、打獵無多不能，舉凡民國時期四川甚至全國性的體育盛會往往會有楊森的身影出現，他經常對部下說："打牌、打麻將，壯人也會打死；打拳、打球，弱人則能打壯！"1949年，楊森追隨蔣介石撤退臺灣，1960年代任中華全國體育協進會理事長，對寶島體育事業貢獻良多。

　　蔣介石下令薛岳集中第20軍、第26軍、第44軍主力統歸楊森指揮，秘密轉移零陵、新田，準備參加湘桂路沿線作戰，各軍可酌留一部於原陣地，牽制當面日軍，掩護主力轉移。蔣介石的命令與第九戰區退守湘東的計畫相悖，薛岳極不情願楊森拉走這麼多部隊去靠近第四戰區。第44軍緣于川軍劉湘系統王纘緒部，薛岳留不住楊森，死活不肯放這個軍入桂。第44軍軍長王澤俊是王纘緒的兒子，王纘緒當時是不管事的第九戰區副司令長官，父子倆一合計決定聽薛岳留在第九戰區，但又不願開罪第四戰區，所以滑頭地對張發奎說什麼"全軍將士志切參加桂林會戰，以副委座殷望，但長官尚無命令，正催促第58軍接防。"薛岳則明確告訴楊森："第44軍仍應在茶陵、安仁服原任務，不能向西轉用。"

　　蔣介石又把第37軍劃歸楊森指揮，但該軍所屬的第60師和第140師一直由薛岳直接掌握，實際也就一個第95師。扣下一個第44軍和大半個

第27集團軍總司令楊森。

第37軍還不算，薛岳甚至不惜破壞建制，藉口整理補充，把第20軍新20師、第26軍第32師一併滯留在第九戰區，張發奎為此致電蔣介石表達強烈不滿："權衡兩戰區輕重緩急，明如觀火，為確保桂柳，挽回戰局計，經委座迭次命令，可能增加第四戰區之兵力，必須貫徹。擬請嚴限薛長官速飭第44軍及第20軍新20師、第26軍第32師、第37軍第60師分別歸建，以應戰機。"薛岳遠比余漢謀桀驁不訓，蔣介石再怎麼"嚴限"都無濟於事，擁有4個軍12個師的第27集團軍最終到達廣西的總共才5個

師。

第四，還真有和"五省聯軍"沾邊的。

第26軍軍長丁治磐是江蘇東海人，早年畢業於江蘇講武堂和江蘇軍官教育團，在北洋時代官至安國軍第7方面軍前敵總司令部中將參謀長，1933年10月入陸軍大學正則班第十二期深造，始有融入中央軍系統的響亮學歷。丁治磐幼讀經史，精通古文、詩賦和書法，據說還在當連長時，新年撰寫春聯於海門駐地，獲得南通聞人張謇讚賞，從此結為忘年交。何成濬評價丁治磐為人"沉毅敏捷，實屬不可多得之將領，惜無奧援，故久屈居人下。"何成濬是丁治磐所在的徐源泉部加入南京國民政府的牽線人，也就是說第26軍的歷史和張宗昌的直魯聯軍存在淵源關係。1928年6月，閻錫山進入北京，直魯聯軍徐源泉部接受第3集團軍第11軍團的番號暫時容身，後來通過何成濬介紹改投南京陣營，改番號為第1集團軍第6軍團，丁治磐當時是軍團參謀長。1929年12月，第6軍團改編為第10軍，軍長徐源泉兼第48師師長，這個第48師被視為張宗昌30多萬大軍最後僅剩的一點"碩果"。1931年5月，第10軍參加"圍剿"湘鄂西根據地中共紅軍，以第48師一部擴編為第41師，第41師有兩個旅長，一個是丁治磐，另一個就是黃百韜。武漢會戰後，徐源泉因擅自撤離大別山區被撤職查辦，第48師番號取消，所部併入丁治磐第41師，隨後隸屬第26軍建制。第26軍另轄第32師和第44師，前者緣自原西北軍系統，後者由方振武部演變而來，曾歸徐源泉節制一起參加過"湘鄂西圍剿"，彼此也算是老朋友。蕭之楚軍長在1942年1月被免職，遺缺由丁治磐升任。

沒和"五省聯軍"沾邊啊？有。且看丁治磐怎麼說："民國十五年革命軍北伐，孫傳芳無法抵擋，遂於11月18日北上過江，投歸奉系。張宗昌貪圖名義，竟接下孫的五省聯帥大印，派第6軍等到江蘇援助，後被革命軍打回江北，張宗昌、徐源泉部擔任後衛，抵擋革命軍，掩護孫傳芳部退到天津、山東等地整訓，還不惜把山東糧餉供應孫傳芳。"

第五，中央軍。

第37軍、第79軍和第93軍是

中央軍，其中第79軍、第93軍沒有用於西江方面，這裡單說第37軍。第37軍的情況和第26軍多少有些類似，所屬的3個師分別來自不同的軍事系統。第60師是從福建事變後的第19路軍改編而來，第140師前身系黔軍侯之擔部的教導師，進入廣西的第95師是1934年10月由河南地方部隊擴編而成，後來逐步中央嫡系化，各級幹部大多替換成第2師選調的軍官擔任。1937年第2師第6旅旅長羅奇升任第95師師長，羅是廣西容縣人，和軍長陳沛黃埔軍校第一期同學，抗戰初期先是率部警備鄭州，後又奉命進入新鄉、博愛一帶遲滯日軍西進。1938年參加徐州會戰、武漢會戰。1940年10月以後，第37軍長期直屬第九戰區，在第三次長沙會戰中，羅奇以副軍長身份兼任師長，與日軍激戰湘北大地，翌年4月因功升任軍長。羅奇執掌第95師長達6年之久，期間傾注了極大的心血，他不僅親自過問部隊官佐的調整配備和訓練計畫的制定，還對官兵進行嚴格管理，有錯必罰，有功必賞，故在軍中很有威信，人送外號"羅千歲"。

想要客觀評價張發奎的內線作戰乃至整個桂柳會戰的成敗得失，我們

徐源泉。

必須瞭解這些部隊的真實戰力。根據9月初的統計，各軍戰鬥兵力（不包括戰鬥人員）如下：

第20軍4567人。

第26軍4522人。

第37軍2056人。

第62軍6300人。

第31軍12990人。

第46軍20830人。

第64軍13227人。

可見從湖南戰場退下來的第20、第26、第37、第62軍，傷亡都比較嚴重，缺額很多。從北江、西江且戰且退的第64軍損失倒不大，主力尚存。第31軍這些年未經大仗，人數反比增援第九戰區的第46軍要

少，或許統計有誤。實際上

張發奎知道"師級單位上報長官部的兵力數字比實有人數要少"，因為大家都怕承擔艱難任務，尤其是參加長衡會戰後疲憊不堪的楊森、丁治磐、羅奇所部，隱瞞點兵力並不是很難理解，這也是國軍部隊的弊端。說到這裡，相信讀者對"第四戰區的部隊是否精幹"這一問題已有答案。

不禁又要問，難道張發奎高估了自己的實力，才會鐵了心要打一場內線反擊戰嗎？也不是。張發奎晚年坦言："我有信心奪回桂平，然而，我知道即使成功了，如果敵人反攻，我們仍會失敗。我希望贏得盡可能多的時間。我們明知最後會失敗還發動對桂平的攻勢，這是為了顯示我軍的威武不屈精神。"原來張發奎知道准輸，那就難怪鄧群、姚藍兩位先生在《湘桂戰役與桂林文化城的陷落》一書中提出這樣一個觀點：張發奎倉促調兵防禦南線日軍第23軍進攻招致失敗，破壞了桂林防守作戰計畫。

6、空地聯合挫敵鋒

桂平位於廣西東南部，直線測量距離柳州、梧州各是125公里左右，

因黔江、郁江和潯江在此合流，縣城地形北東南三面環水，西側群山綿延，形勢極為險要。桂平建置歷史距今已有2200多年，廣西的簡稱"桂"就是源自于桂平，秦漢時期的桂林郡所在地其實並不在桂林，而是在今天的桂平市一帶。在以水運為主要交通的年代，桂平曾是廣西東部僅次於梧州的商埠。不過桂平北面20公里處的金田村名氣更大，1851年1月11日，洪秀全向清王朝宣戰，前後持續14年的太平天國運動，一度縱橫清廷半壁江山。第155師退出桂平、蒙圩，奉命西移官橋圩南北之線整理，適逢斷後滯敵的第465團經由玉林、貴縣公路趕來歸建。張顯歧師長是張發奎的堂弟，自從集團軍總部在蒙江圩遇襲的消息傳開後，他就十分擔心，軍主力部隊第156師、第159師是否能沿著西江順利到達集結位置。

日軍獨立混成第23旅團輕易佔領桂平，旅團長下河邊憲二無意龜縮縣城，為了掩護第23軍主力向丹竹附近集結，他擺出了一個互為犄角的防禦陣型：第129大隊以蒙圩為中心，佔領嶺腳、新安山、馬鞍嶺、小東村一帶，面向西南設防；第128

大隊背靠桂平西北5.7公里處的長沖坑，面向西北設防；第130大隊佔領桂平縣城西郊山地，用鐵鎬鑿開岩石，疊成預備陣地。一切部署妥當，桂平縣城只留下少數兵力，下河邊把旅部推進到蒙墟以東4公里處的芹村，並派遣參謀薄井前往丹竹聯絡相關事項。碰巧田中久一的先遣參謀小林也到了丹竹，薄井對小林說："當前敵情，除了從桂平敗退的重慶軍一部外，並無特別可憂對象。"小林傳達田中久一指示："預定10月底前將第104師團和第22師團大致推進到桂平南北地區，11月初開始向柳州作戰。屆時，貴旅團應攻擊貴縣方向的重慶軍，掩護軍主力左側背。"

來看日軍的行進態勢：

獨立混成第23旅團主力前突桂平，蒙圩的第129大隊位置最為靠前。

第104師團第108聯隊和師團司令部都在丹竹附近；第137聯隊位於平南地區，距離金田村大約30公里；第161聯隊和工兵忙著修復梧州至丹竹之間的西江北岸公路。

第22師團司令部位於潯江南岸的武林，差不多和丹竹隔江相望；第84聯隊大致沿著潯江南岸向西推

第62軍第151師師長林偉儔。

進；單獨行動的第85聯隊正往六陳圩趕路，六陳圩距離桂平大約38公里；第86聯隊被調到潯江北岸修路，和第104師團比較靠近。

日軍截獲了第48師戰車營發給第5軍軍長邱清泉的電報，對第四戰區的兵力配置有大體上的瞭解，但對於張發奎的意圖缺乏正確判斷。"當時第23軍根據前段作戰的經過和第四戰區軍北上的情況，判斷重慶軍主力集中湘桂鐵路沿線方面，特別是在桂柳的正面，如果對我採取攻勢，估計可能在我軍主力通過大瑤山進入武宣之時。"

桂柳會戰第四戰區指揮系統表（1944年10月）

司令長官 張發奎
副司令長官 夏威
參謀長 吳石
第16集團軍 總司令 夏威（兼）
副總司令 周祖晃
第31軍 軍長 賀維珍
第131師 師長 闞維雍 第135師 師長 顏僧武 第188師 師長 海競強
第46軍 軍長 黎行恕
第170師 師長 許高揚 第175師師長 甘成城 新19師 師長 蔣雄
第93軍 軍長 陳牧農 胡棟成（代）甘麗初
第10師 師長 王聲溢 新8師 師長 馬叔明
第27集團軍 總司令 楊森
第20軍 軍長 楊漢域
第133師 師長 周翰熙 第134師 師長 伍重嚴
第26軍 軍長 丁治磐
第41師 師長 董繼陶 第44師 師長 蔣修仁
第37軍 軍長 羅奇
第95師 師長 段沄
第35集團軍 總司令 鄧龍光
第62軍 軍長 黃濤
第151師 師長 林偉儔 第157師 師長 李宏達
第64軍 軍長 張馳
第155師 師長 張顯歧 第156師 師長 鄧伯涵 第159師 師長 劉紹武
第79軍 軍長 方靖
第98師 師長 向敏思 第194師 師長 龔傳文
桂綏第1縱隊 司令 姚槐
桂綏第2縱隊 司令 唐紀

10月16日，張發奎與鄧龍光取得聯繫，得知第35集團軍總部和第64軍主力不日可以完成集結，於是下達第四戰區"第二號"作戰命令："戰區以確保桂柳及柳州空軍基地之目的，決以有力兵團拒止由龍虎關方面及湘桂路進攻之敵，以優勢兵力集結于武宣東南地區，先擊破由西江進犯之敵，俾利爾後之作戰。"鄧龍光的西江方面軍"以有力一部協力第37軍攻擊平南之敵，另一部在桂（平）貴（縣）公路石龍以東地區切實警戒鬱江西岸，並掩護主力集中，主力不待全部集中完畢，即逐次以一軍向石龍附近，另一軍向奇石鄉、通挽鄉地區躍進，於10月19日前完成攻擊準備，待機攻擊蒙圩、桂平之敵。"張發奎本人亦在貴縣以西50餘公里處的黎塘設置前進指揮所，親臨前線指導作戰。

下河邊憲二做夢也不會想到張發奎要幹掉他，為了獲得更好的防禦態勢，他命令第129大隊再向西一步，佔領地勢稍高的清泉、官橋、全塘一線。一路攻城拔寨的下河邊自信心極度膨脹，只要我兩門山砲一響，第155師還不是趕緊跑路。你說哪有老跌的股票，這回張顯歧偏要"觸底反彈"，堂兄已經發話，再退就別怪大哥不客氣。18日一大早，蒙圩日軍千餘人向西發起進攻，第155師一反西江作戰以來邊打邊撤的"疲軟狀態"，沉著應戰至午後，利用敵人進攻間隙，全線壓上轉移攻勢，迫使日軍撤回蒙圩。19日，鄧龍光和張弛率第64軍主力到達蒙圩以西20公里處的石龍附近，從梧州失守算起，這支廣東部隊沿著西江走了將近一個月。張發奎曾經和張顯歧一樣揪心，深怕鄧龍光有個三長兩短，隊伍在半途被日軍解決。如今第64軍有驚無險，照理應該休整幾日，可戰事緊急，也就顧不上這許多了。張發奎明確要求："第64軍要在20日早晨向蒙墟發動進攻，並派一部進出郁江右岸，截擊敵後；第16集團軍必須以桂綏一個縱隊向桂平日軍攻擊，一個縱隊在黔江以北協助第135師固守金田村南北之線，相機進攻平南。"

再來看國民政府軍的集結態勢：

第64軍軍部和第155、第156、第159師，加上桂綏第1縱隊，全部聚集在蒙圩以西、石龍以東一帶。石龍到桂平有兩條路可走：一條就是貴（縣）桂（平）公路，往東北偏北走30公里就到，但必須穿越蒙圩村

落；另一條小路崎嶇難走，要翻越桂平西側連綿群山，不適合大部隊展開。

第46軍軍部和第175師，加上第31軍第188師，集結貴縣附近，貴縣現在叫貴港市，地處石龍西南30公里，也就是說石龍剛好在貴縣、桂平中間。

第31軍第135師和桂綏第2縱隊控置在金田村一帶。

第37軍軍部和第95師位於水晏圩，往南35公里就是日軍第104師團第137聯隊佔領的平南縣城。

張發奎用第64軍和桂綏第1縱隊正面強攻獨立混成第23旅團，大概是15000人對3000人，只要第104師團和第22師團短時間內上不來，吃掉的可能性很大。第135師、桂綏第2縱隊和第95師主要用來對付鬱江北岸的第104師團，能攻下平南縣城固然最好，攻不下至少也能起到牽制作用，確保蒙圩正面"以大吃小"。應該說這兩方面的部署都極為妥當，問題是鬱江南岸的第22師團為什麼要第64軍分兵阻擊，這不是分散蒙圩正面的攻擊力量嗎？貴縣的第175師和第188師又為何沒有頂上去？

李漢沖為我們解開疑問："白崇

禧以保存桂系第46軍實力為要領，不按原來戰區將第46軍由貴縣渡過鬱江，與第64軍夾江並列，向丹竹、平南進出，遮斷桂平日軍後路，並策應第64軍右翼的攻擊計畫，藉口集中優勢兵力於主攻擊正面，將第46軍重疊配備於第64軍之後，使第46軍得以避免正面第一線攻擊之損失。當時我極力反對，張發奎雖識破白崇禧的用意，但又不敢堅持己見，仍對白唯唯諾諾，遵照白的指示，修正計畫傳令下去。"可能出於"面子"因素，張發奎本人並不承認受到白崇禧掣肘："我將兩個軍重疊使用，以第46軍作為戰術兼戰略的預備隊，如果第64軍攻擊得手時，我即使用第46軍于鬱江右岸向平南、藤縣間進擊，作深遠的超越追擊。但我的一部分幕僚，則以為我不將兩軍同時使用，以泰山壓頂之勢對敵發動攻擊為失當，致而遷延時日，不能得到預期的成果。這雖然不能以成敗作為定評，但見仁見智，在戰術上確有耐人尋味之處。"的確是耐人尋味，按照張發奎的思路，第64軍是用來攻堅的，第46軍是用來"錦上添花"的，非常迎合白崇禧的心意。

鄧龍光作為西江方面前敵總指揮，感覺這裡面大有文章，他在頒佈作戰命令時很謹慎，只向第46軍軍長黎行恕提出"除以一師於20日推進至奇石及其西南地區策應作戰外，軍部及一師在通挽附近集結待命。"重任落到了第64軍肩上，鄧龍光和張弛決心先拔掉以蒙墟為中心的日軍週邊陣地，然後再分兩期攻略桂平：第一期攻擊目標為新安山、烏楊村、藍山、猛風坳；第二期攻擊目標為桂平西山南北之線和桂平縣城。按照鄧龍光策定的進攻計畫，第159師居右，第155師配屬砲兵居中主攻，桂綏第1縱隊居左，第156師468團前出鬱江右岸策應，主力為軍預備隊。原定20日的攻擊因天氣不適合飛機出動而被取消，張發奎、鄧龍光可能要為這一天抱憾，日軍第129大隊利用這一天加強了蒙圩防禦工事，屋頂上、牆角下開挖出許多射擊口，狙擊手和機槍組已經嚴陣以待。

21日，美軍第14航空隊非常賣力，整日分批飛臨蒙圩上空轟炸日軍陣地。第159師攻佔馬鞍嶺、良秀村、小東村，掩護砲兵推進羅容山頂，猛烈向敵轟擊。第155師攻佔古旺村、新安山，一度迫進543.2高地。第23旅團第129大隊被打了個措手不及：＂突然遭受重慶軍在優勢空軍和砲火支援的攻擊。重慶軍的兵力最初估計為兩三個師，由西南方來攻蒙圩方面。蒙圩村莊立即為猛烈砲火硝煙所籠罩，一片農田瞬間化為黑色。＂原來張發奎投入了第46軍砲兵營和砲兵第29團第3營第9連，合計8門美式75mm山砲，難怪火力上足以壓倒才兩門山砲的日軍第23旅團。第129大隊退至嶺腳和543.2高地以南緩過勁來，大隊長野野木文雄立即組織反撲，下午又奪回了馬鞍山、新安山和小東村。傍晚，桂綏第1縱隊進抵左翼白鳩至社嶺塘一線，第155師適度南移，與第159師共同確保白天攻下的古城村、良秀村。

22日拂曉前，第155師、第159師、桂綏第1縱隊已分別進入攻擊準備位置，可惜雨一直下，空軍無法如期出動。8時許，張弛軍長叫通前線各部電話：＂不待空軍協力即開始向當面之敵攻擊＂，一時間槍砲聲夾雜著＂丟那媽＂響徹蒙圩大地。10時，第159師攻佔良秀村以北大片村落，第155師攻入林村、龍新、蘇村塘，當面日軍背靠東北側山地堅守蒙圩村落。面對田間小路和水溝管道間不時噴出的機槍火舌，第64軍邁

不開進攻步子，只好就佔領村落與敵對峙。中午，桂綏第1縱隊也露了一手，盡克沙洞、新寨村、新德村一線，日軍退守嶺腳村、趙李坳。

第129大隊各個中隊陷入各自為戰，下河邊旅團長聞訊連夜率領第130大隊第1、第3中隊前往增援。23日天亮時分，這股日軍到達蒙圩東北端，結果硬是被飛機炸的難以抬頭，只得選擇一處山腳先行隱蔽，乘著轟炸間隙，才派出步兵一個中隊進入543.2高地以南2.5公里處的閉鎖曲線高地，作為旅團新的左翼防禦據點。＂攻下蒙圩的重慶軍已逐次滲入陣內，多虧佔據543.2高地的第130大隊第1中隊奮戰，第129大隊才得以後退到蒙圩東北部的一些村莊，勉強維持戰線。＂鑒於事態嚴重，下河邊和第130大隊大隊長竹之內繁男同返芹村指揮所研究對策。第159師當日攻佔永和鄉、良秀村之間的大片村落，第155師一舉奪取新安山，但攻至嶺腳村時遭到日軍堅強反擊，進攻受阻。

午後，小東村第129大隊的掩蔽部被炸塌，日軍費了好大勁才從斷瓦殘壁

中挖出受傷的大隊長野野木，下

河邊示意可以撤到芹村包紮所醫治，野野木倒挺有骨氣，堅持不下火線，退至548高地東麓一個山洞，繼續指揮戰鬥，後於11月初傷重陣亡。桂綏第1縱隊攻入小東村，獨立第4團團長周競回憶當天戰況是這樣的：

"戰鬥至第三天拂曉，我空軍轟炸機6架和軍砲兵協同我團對敵陣地實行陸、砲、空聯合攻擊，首先由軍砲兵對敵陣地集中砲火，特別是對敵堅固據點，施行破壞和制壓射擊。同時，我空軍轟炸機對據守村莊敵陣堅固據點，不斷轟炸、掃射，以掩護我團第一線部隊攻擊前進。戰鬥極為激烈，敵人死傷慘重，陣地被我集中迫擊砲和火箭筒火力對之強行破壞制壓，敵遂不支，全線崩潰，經猛風坳向桂平退卻。此役敵死亡80餘人，我獲敵步槍50餘枝、輕機槍4挺、擲彈筒5個。"

日落黃昏，獨立第4團2營求功心切，借著夜色掩護往桂平西側山坳方向鑽隙潛進。廣西出了名多山，桂軍擅長走山路，要不是當晚忽然下起大雨，說不定真能襲取桂平縣城。雨越下越大，海戴清營長命令弟兄們在山腳下就地宿營，此處名為沙坪，距離桂平縣城只有4公里。差不多同一

時間，日軍第130大隊第2中隊趕到了沙坪山坳另一邊，中隊長諸石岩太郎決心很高，雨再大也要上山紮營，第129大隊正等著我們救援。日軍很快發現西側山腳聚集有四、五百名中國軍隊，於是悄然整備態勢，決定東方吐白時展開急襲。第2營疏於戰鬥準備，24日黎明頓時發生混亂，不得已沖出村莊向西撤退。周競團長急令第1營佔領猛風坳高地，收容潰退下來的第2營，收容後清點部隊，計陣亡連長1人、排長4人、士兵60餘人；損失輕機槍3挺、步槍40餘枝。

第130大隊主力向諸石中隊靠攏過來，周競團長有些招架不住，縱隊司令姚槐把獨1團推到獨4團右翼，佔領猛風坳以南一帶山地，阻止敵人前進。竹之內大隊長下令第1中隊轉向新安山，第155師一部堅守不退，另一部配合第159師攻佔羅陽村以南9個村落，並逐步擴大到烏揚村、新施村南端。張發奎企盼戰役勝利的心情已經躍然紙上："我很激動也很得意，這是我第一次向日寇發動大規模的進攻，也是我第一次指揮空地聯合作戰。美國低級軍官、士官、士兵加入了我們的前線部隊，他們配備了無線電臺，所以能引導第14航空隊的

戰機，美軍飛行員也很勇敢，他們低飛轟炸敵軍，在能發現敵軍時，戰果十分輝煌。"

10月25日，下河邊把剩下的山砲彈全部對準新安山傾斜，砲聲一停，竹之內親率第1中隊沖向山頭，第155師464團措手不及，敗下陣來。第1中隊屁股還未坐熱，就有幾架美機呼嘯而至，剛巧桂綏第1縱隊獨1團趕來增援新安山陣地，該團事先經過美軍訓練，官兵們興奮地一躍而起，向空中鋪設標示線。眼看日軍就要成靶子，竹之內急中生智，命令士兵朝中國軍隊陣地內發射煙霧彈。第14航空隊的小夥子有點犯暈，對著獨1團瘋狂掃射，周競團長想起這一幕十分懊惱："戰鬥至第四天上午九時許，由柳州飛來助戰的美國空軍的三架飛機，誤認獨1團為日軍，使用機關砲、燃燒彈對之反覆俯衝掃射，該團陣地多是枯草，以致引起遍地大火。後經我獨4團用無線電話通知上空的美軍飛行員，才停止射擊，但此時已有不少官兵被燒得焦頭爛額。"美軍飛行員大擺烏龍，日軍戰史得意地寫道："美機錯向重慶兵掃射約達20分鐘，於是出現了新安山西北高地山腰一片火海，重慶兵倉

惶逃遁的奇跡。"獨1團並不氣餒，當夜聯合第155師重整旗鼓展開"復仇之戰"，兩廣子弟兵在砲火掩護下奮勇仰攻新安山，日軍第130大隊第1中隊最後僅剩約20人逃脫，其餘自中隊長以下120多人全部戰死，竹之內腿腳還算利索，要是被獨1團逮住下場肯定很慘。

第159師476團、477團集中力量攻蒙圩，第129大隊據險力守，戰鬥呈膠著狀態。劉紹武師長的思緒飛到了1937年，那年他任第83軍參謀處長，南京保衛戰失利，部隊從太平門突圍，不久就在公路上被日軍沖散，他和軍長鄧龍光等人晝夜交叉行進，差點在蘇皖邊界被上海戰場退下來的桂軍"解決"，後來好不容易到達皖南，滿身污穢，蝨子亂跳，比叫花子還不如。轉眼七年了，劉紹武何曾一日不想雪恥，怎料7月中旬連江口一戰師部又遭日軍襲擊，面對舊仇新恨，他下令475團繞攻烏揚村，先截斷桂平與蒙圩之間的連絡，再慢慢幹掉蒙圩日軍。11時，第155師方面有些進展，463團和465團攻佔龍新東北高地一部，日軍往趙李坳方向退，475團趁勢攻佔烏揚村。

7、蒙圩頓兵

下河邊憲二這會急的直跺腳，只怪當初輕裝疾進搶頭功，武器彈藥接濟不上不說，旅團通信設施偏偏又被炸個稀巴爛，無法把激烈戰況及時報告給已經推進到丹竹附近的第23軍戰鬥指揮所。烏揚村被中國軍隊奪去，旅部和桂平的聯絡線很危險，下河邊死馬當活馬醫，把旅團司令部後撤到桂平西南偏南3公里的嶺頭，組織通信、衛生、行李這些非戰鬥人員拿起武器，警戒確保後方。

其實丹竹那邊也不平靜，"第37軍第95師的第285團於20日開來丹竹以北新圩附近，立即被我第108聯隊擊退，據俘虜稱，高良、官村朗那邊還有兩個團"。日軍確認第37軍出現是20日，實際上該軍16日就秘密南下抵達水晏圩、陳家塘一線，只是等待桂柳師管區陸超部和砲兵第29團3營8連的兩門美式山砲花去了兩天時間。羅奇當時判斷日軍"行戰略開進調整，並組織兵站線路，整頓作戰準備，有分進合擊桂柳之企圖。"18日傍晚，第95師將佔據官成鄉的100多日軍擊潰，此距平南縣城只有10公里。19日，第95師第

蒙圩之戰日軍獨立混成第23旅團戰鬥序列（1944年10月）

旅團長 下河邊憲二
獨立步兵第128大隊 穀村靜夫
獨立步兵第129大隊 野野木文雄
獨立步兵第130大隊 竹內繁男
砲兵隊
工兵隊
輜重隊

284團一部于大峽東北之山隘與日軍第104師團第137聯隊展開激戰，付出較大傷亡得以佔領山隘，但此後推進困難。第283團的一個營向平南縣城搜索前進，在縣城北面的小橋遭遇日軍強勁阻擊。21日，第95師便有些吃不消了，"當面之敵向我猛烈夜襲，敵以約一中隊為基幹之數個部隊，楔入我陣地間隙，各部憑村落據守，遂成犬牙交錯狀態。"羅奇不得不改攻為守，下令第95師一部固守既得陣地，第283團脫離當面之敵，第284團佔領十字郎，準備迎擊平南北上日軍。人員奇缺的第37軍確實沒有力量強攻平南，張發奎通過楊森電話轉達羅奇："萬不得已時，應確實掩護蒙山。"單薄的第95師還是起到了牽制日軍第104師團的作用，日軍戰史記載："我步兵第108、第

137聯隊22日果敢予以反擊,雖將重慶軍擊退,但敵之一部也曾進逼到武嶺的師團戰鬥司令所近旁。"

　　田中久一此時尚不知道獨立混成第23旅團正陷入張發奎精心策劃的反擊中,在22日召開的參謀長會議上,僅要求第22師團"應於10月底前主力集結于桂平、白沙圩、石龍圩之間,準備對柳州方面作戰,並為向貴縣方向作戰先派遣一支部隊納入駐桂平的獨立第23旅團指揮之下。"這一部署無意間將第22師團第85聯隊推向了鏖戰正酣的桂平。平田正判師團長當日下令第85聯隊先遣桂平,打頭的第3大隊以第9中隊先行偵察桂平附近郁江寬度流速等情況,為了避開飛機頻繁襲擊,該中隊選擇桂平西南20公里處的東姿口向鬱江西岸移動,恰巧與第23旅團第129大隊取得了聯繫。24日,第64軍攻勢如潮,下河邊從雷州半島一路帶了的兩門山砲發出無力的呻吟,瞬間被美式山砲的呼嘯聲覆蓋。第85聯隊第3大隊第9中隊在偵察水流時突然捲入戰鬥,很多東西都沒帶,只得用飯盒挖些簡單工事,勉強可以臥身。天空和地面的雙重火力壓的第9中隊抬不起頭,中隊長平野安已征得聯隊長同意,沿郁江往桂平方向後退。結果瞎折騰一場,下河邊聞訊後立即向聯隊長能勢潤三"交涉",第9中隊又冒著砲火原路返回蒙圩以東戰場。日軍戰史形容當時"敵我戰線交織,混淆不清,以至呈現無法交戰的奇怪現象"。

　　鄧龍光、張馳極盼擴張戰果,25日14時下達"桂字第三號命令":

　　一、第159師(附第46軍砲兵第1連)應就現態勢以主力攻略蒙圩而佔領之。

　　二、第155師(附砲兵第29團第3營營部及第9連)應以林村之一團向蒙圩攻擊,協力第159師之作戰,主力分別攻略佛子、荔波村、新施村、羅陽村,並確保新安山高地。

　　三、桂綏第1縱隊應就現態勢以主力攻略藍山,並佔領猛風坳掩護軍之左翼。

　　四、攻擊開始時間為26日,空軍攻擊準備轟炸之直後,但如受天氣影響延至上午7時30分仍未實施轟炸時,應立即開始實施。

　　26日,空軍因為下雨沒有出動,7時30分一到,各部按時繼續攻擊,晚秋時節的蒙圩村落頓時濃煙滾滾，青綠水的田園被砲彈濺起高高的水柱。竹之內派第2中隊接替傷亡慘重的第1中隊，勉力維持戰線。文文野下令水野孝之助第1中隊死守548高地山腰。下河邊怕右翼有閃失，桂平不保，不敢抽調第128大隊往前頂，只得以砲兵隊主力和擔任掩護砲兵的步兵一個小隊，由砲兵隊長岡木長之助統一指揮，增援蒙圩，反正那兩門山砲已經沒有砲彈了。混戰一日，雨水汗水交加，雙方都無大的進展，時任桂綏第1縱隊參謀長的張正明回憶："我獨立第4團之六公分迫擊砲及三聯式機關槍，發揮強大威力，使敵人受到一定損害。但敵人憑藉有利地形，利用山岩石隙作為掩蔽部，構成層層火網，做好標定射擊設施，居高臨下，易守難攻，我雖多次強攻和衝鋒，均被敵人密集火力阻止而無法進展。"

鄧龍光和張弛都很著急，蒙圩久攻不下，勢必打成頂牛，於是調整部署，下達"桂字第四號命令"：

一、第159師（附第46軍砲兵第1連）以主力向蒙圩東南兩方面攻擊，協力第156師奪取蒙圩，爾後進出全村、培新村之線，準備攻略桂平，其餘一部確保既得戰果。

二、第156師（欠第468團）應以全力由蒙圩之西向蒙圩之敵攻擊，一舉奪取蒙圩，肅清殘敵而確保之。

三、第155師（欠第464團缺一營）應主力攻擊羅揚村、新施村及其北端高地，一部由北向蒙圩攻擊，協助第156師進攻蒙圩，一部確保新安山高地，蒙圩攻佔後，即以全力推進蓮花村、荔枝洞互佛子之線，準備對桂平之攻略。

四、桂綏第1縱隊應就現態勢確保趙李坳及其北端高地各要點，並對猛風坳及黔江右岸嚴密警戒。

五、砲兵隊（第46軍砲兵營欠第1連及砲兵第29團3營9連歸軍部直轄，由第46軍砲兵營周營長指揮，務於本日晚推進鋪門村以東地區佔領陣地，明日7時前完成射擊準備，以主力支援第156師對蒙圩之攻略，一部制壓敵砲兵。

六、第464團（欠一營）為軍預備隊，位置于官橋東北地區，策應各方之作戰。

七、攻擊開始時間為明日晨空軍攻擊準備轟炸之直後，如因天候影響空軍不能如期到達轟炸時，應于上午7時30分開始攻擊。

八、軍指揮所明日7時前推進獅

頭附近。

鄧、張二人的用意很明顯，第156師和第159師從兩個方向猛攻蒙圩，第155師主力從旁策應，只控置傷亡較大的464團兩個營為軍預備隊，進行強力一搏。此外集中使用砲兵，試圖以火力彌補步兵技戰術方面的不足。鄧龍光還通過張發奎居中協調，獲得第46軍一定程度的配合支持，第188師奉調鎮隆附近，以一團推進流瀾、永和鄉間接替第156師467團，掩護第64軍右側；黎行恕率軍部和第175師從貴縣前出20公里到大墟，算是給張弛搖旗助威。

27日早晨，天空放晴，第14航空隊幾乎貼近地面配合中國軍隊進攻，日軍形容空襲時"竟能看到美國飛行員的身影"。第46軍新裝備的一個火箭筒班也趕到第一線助戰，美軍的"巴祖卡"火箭筒對街道巷戰摧毀堡壘據點極具威力，可惜第46軍僅有的兩具還處於訓練階段，不怎麼會玩，戰鬥中沒有發揮應有的作用。各部借砲空威力各以主力猛向蒙圩圍攻，日軍憑斷牆頹壁掙扎待援，戰鬥十分慘烈。第156師一部和第159師第477團好不容易突入蒙墟成富街口，遭到埋伏在屋頂和樹梢的日軍機槍掃射，又被迫退了回來。16時，稍事整理的第156師再興攻勢，與日軍展開逐屋爭奪。竹之內以身邊僅有的約兩個中隊的兵力，加上重返戰地的第85聯隊第3大隊第9中隊，由543.2高地北側進行夜襲，致使桂綏第1縱隊陷入混亂，後退到藍山才站穩腳跟。張正明回憶說："我獨立第4團第2營營長戴海清曾督勵該營官兵，並且身先士卒，一度沖入敵陣。卒因在山谷隘路中，作戰極感不便，且以後援部隊不能及時增援上來，兼受到埋伏在隘谷兩側斜坡上敵人密集射擊，遂不得不自行撤退出來。"

第155師前赴後繼，攻佔新施村以東兩處村落，第159師在小東村附近小有進展。日軍戰史這樣描述27日的戰鬥："蒙圩正面的重慶軍第一線兵力估計為2、3個師，大批重慶軍穿過新安山逐漸出現在中央的獨立步兵第130大隊正面，至少有一個半師的兵力，連同蒙圩正面合計約4、5個師。但右翼獨立步兵第128大隊的正前方，只有若干零星部隊，似無甚大部隊。旅團與各大隊的通訊均被切斷，只有依靠有限的目視和傳令，各方面都只能由隊長等人獨立奮戰。

重慶軍進而集中砲擊桂平城區，城內建築自不待言，架設在桂平東側的舟橋也被炸飛，其命中率堪稱優秀。"看來鄧龍光集中砲兵之舉，還是頗具成效的。

桂平地區的激烈戰事終於通過第22師團第85聯隊傳遞到了第23軍軍部，田中久一"為事態重大而震驚"，原先估計第四戰區可能在桂北組織反擊，如果是反擊第23軍的話，預料會在武宣附近，想不到張發奎會在桂平給出一記重拳。田中久一下令第23旅團就近納入第22師團指揮，以10月底為期限圍殲桂平西南的中國軍隊，並繼續準備攻佔貴縣。平田正判接到命令後，決定第85聯隊和第86聯隊分左右兩翼包抄鄧龍光所部，第23旅團務必固守待援。當晚，第85聯隊全部渡過郁江，主力在桂平西北完成集結，第3大隊直接奔赴蒙圩增援第129大隊。得知平田正判的兩個聯隊已經靠上來，下河邊憲二總算舒了口氣，官兵士氣也為之一振。桂平縣城的爆竹突然被搜集一空，第23旅團是要放鞭砲提前慶祝勝利嗎？不是，是用來以假亂真，晚上目標不明的時候，扔幾個鞭砲探探虛實。

28日中午，第159師477團經過慘烈肉搏後沖入蒙圩中心區域，第476團和第156師緊跟其後，戰至16時，已經控制蒙圩大半，日軍集中東北角一隅，拼死不退。原煜泰當時是第159師477團3營8連連長，這場戰鬥給他留下了不可磨滅的記憶："蒙圩周圍有很多天然石壁與縱橫交錯的水溝，狡猾的日寇從鎮內廢圩轉入這些溝渠，利用石洞作為機槍陣地。我步兵沖進街內，敵人便向我射擊。我軍聞其槍聲，但難判定其發射位置。數次攻入鎮內，仍被迫退出。"第155師的情況也是如此，羅陽村、新施村數得數失，最後形成敵我各據一半。桂綏第1縱隊在藍山咬住了日軍第85聯隊第3大隊第9中隊，別看日軍人數不多，起初還主動發起攻擊，後來才被壓迫到藍山的陡坡上"冒著不斷投下的手榴彈進行苦戰"。日軍戰史透露："該中隊不久放棄進攻而撤退，但以後沒有返回第129大隊陣營。"是不是被桂綏縱隊消滅了？日軍有些隱晦："可能被通過的第85聯隊的一個大隊所收容。"收容也就意味著沒剩幾個人了，只是桂綏縱隊的戰鬥記錄做的不好，湮沒了這一戰績。或許有讀者要問，吃掉鬼子一個中隊算啥？國軍部隊幹什麼吃的？這麼多師輪番上還吃不掉下河邊三個大隊？要知道美日所羅門群島血戰，把瓜達康納爾島打成「地獄島」，把薩沃島灣打成「鐵底灣」，日軍也不過一個多師團而已。

第104師團的西進逐步瓦解了張發奎的內線反擊。江口圩位於桂平東北40公里，是通往武宣、柳州的要衝，第104師團擊退羅奇對平南的牽制性攻擊，第137聯隊於25日突然調頭轉向西南，目標直指江口圩。防守江口圩的第135師因第405團團長曹震輕棄丹竹機場被槍斃，作戰一度十分積極。日軍佔領平南縣城後的日子並不好過，顏僧武師長不斷從江口圩派出以營為單位的部隊襲擾縣城，一方面為了遲滯日軍的下一步進攻，另一方面使新兵取得實戰經驗。張發奎策動桂平反擊，規定第16集團軍以桂綏一個縱隊向桂平日軍攻擊，一個縱隊在黔江以北協助第135師固守金田村南北之線，相機進攻平南。第16集團軍副總司令周祖晃命令顏僧武將主力轉移到洞心圩南端的崇山峻嶺，待日軍向金田村桂綏第2縱隊進攻時，從側面痛擊來犯之敵，地勢平坦的

江口圩只留下一個營擔任警戒。25日，江口圩失守，日軍第104師團進攻金田村桂綏第2縱隊，周祖晃改變部署，電話傳令顏僧武連夜兼程開到金田村後面的三江圩增援。從洞心圩到三江圩距離雖不遠，但沿途需通過複雜崎嶇的瑤山，顏僧武師長帶頭先行，在黑暗中摸索前進，先頭總算在規定的時間內趕到三江圩。經與撤出金田村的桂綏第2縱隊司令唐紀商定，三江圩到新圩大道以北歸第135師負責，以南歸桂綏第2縱隊防守。

日軍第104團不僅使武宣形勢危急，還極大威脅到第35集團軍的左翼，鄧龍光電請張發奎派兵增援，於是防守柳州的第62軍第157師星夜南下武宣東鄉。第157師走的這麼急，可千萬別以為是「救兵如救火」。黃濤守柳州心裡可是七上八下，總琢磨要把部隊弄出去，武宣一告急，第62軍參謀長許讓玄說通張發奎，第157師名正言順出城去「救火」。坐鎮武宣的周祖晃指示第157師佔領香信、界頂、雙吉山一線，防止日軍突破三江圩繼續西進。

28日，為減少損害並集結兵力

以便轉用計,張發奎下令第35集團軍停止進攻蒙圩,並飭電第46軍接替第64軍任務:"第64軍應於本日入夜調整部署,佔領流瀾下村、小東村、尋排南端高地、林村及其以北已佔有高地之線,確實掩護第46軍進入陣地。29日入夜桂綏第1縱隊佔領水旺、官橋、伯公坳,第64軍主力即開古銅村集結候命。第46軍應於29日入夜前確實佔領坊峒村、門塘村、良美村、長峒村,拒止日軍西侵。"

29日,大雨引發山洪爆發,蒙圩至石龍圩一帶成為一片汪洋,第64軍哪有心思等待第46軍接防,鄧龍光電令張弛取捷徑集中武宣待命。黎行恕也不打算認真接替第64軍,仿佛洪水來的正是時候,剛好藉口運動困難,只象徵性派出第188師564團2營往東移了移,反正大小都有"白健公"罩著。劉信當年是第564團的班長,他對此感到納悶:"桂平反擊戰,粵軍死了很多人,我團只派出一個營做火線,我們很想上去打,但上面沒有命令,都是中國人,為什麼不派我們上去?"劉信作為一名下級軍官當然無法體會到白崇禧保存桂系實力的"用心良苦"。

第四戰區黎塘前進指揮所悄然向柳州撤退。雨越下越大,透過吉普車的車窗,張發奎不時往東發愣,一股濃烈的失落感密佈在他的心頭。此時的桂林早已砲火連天,第四戰區的內線作戰徹底失敗,張發奎總結經驗教訓,將失敗歸咎於幾個"不好":第46軍與第64軍之間配合得不好;步兵與砲兵、空軍配合得不好;天氣與空軍配合得不好,雨霧天氣削減了第14航空隊的出動次數,以至放慢了進攻的腳步。張發奎的總結雖然有些道理,但筆者以為一系列的"不好"只能算是次要原因,最主要的因素恐怕還是派系問題根深蒂固,關鍵時刻擰不成一根繩,還奢談什麼配合。據李漢沖回憶,1945年廣州受降時田中久一對他說,由於華軍沒有在郁江右岸的側翼行動,日軍左側背不受威脅,得以縮小防禦正面,集中力量來應付蒙圩正面之攻擊,因而能支持較長時間的防禦。如果華軍在攻擊開始時,能有相當兵力在郁江右岸,或者繼續攻擊二日,則桂平守軍將被全部殲滅。瞧瞧,白崇禧要捨得把第46軍推到郁江右岸,問題不就解決了。

第五章
八桂風雨來

1、湘桂路滯敵

1944年9月15日，怒氣衝天的張發奎電示第93軍："該軍須沿鐵路線逐次極力拒止敵人，以全縣、興安、大溶江各附近地區為第一、第二、第三抵抗線，非有本部命令不得撤退，並限9月27日前不得使敵突破大溶江抵抗線。"16日，赤鹿理命令第65聯隊主力和第104聯隊集結全縣南方，第65聯隊一部修整全縣機場，第116聯隊配屬工兵擔任黃沙河至零陵之間的修路作業。黃昏過後，第65聯隊第2大隊開始進攻新板山警戒陣地，次日拂曉，第3大隊一併加入。第93軍代軍長胡棟成向全軍傳達了陳牧農被戰區司令長官部請去"喝茶"的消息，第10師不敢再退，國防部的《抗日戰史》聲稱："經守軍堅強抵抗，斃敵大隊長以下300餘人後，嗣向主陣地撤退，敵乃於18日進佔新板山。"日軍戰史只說"17日突破八百嶺（全縣東南偏南13公里）險阻山地，18日2時許大致抵達指定線。"第65聯隊第3大隊之前的確有過陣亡大隊長的記錄，發生在8月下旬和9月初，一位是永井博大尉，另一位是繼任的日置長一少

佐，目前大隊長一職暫由師團副官田村大尉代理。日軍戰史還說："10月4日，柳本清次大尉到任替補先前戰死的日置少佐遺缺。"對田村大尉的去向未作任何交代，看來田村是有可能陣亡了，要真是這樣，第3大隊堪稱"死亡大隊"。

20日，胡棟成以新8師第24團一個營進佔上下孚村附近，但即便這樣部署，第10師現陣地側面仍過多暴露於湘江右岸，無法應付鐵路正面與芝麻渡兩面夾擊之敵。胡棟成請准變更陣地，得到戰區許可。23日，第10師除留一部在原陣地與敵保持接觸外，主力乘天黑轉移到興安、畔塘、雞霸山之線，並將第24團控置在福莊村為軍預備隊，以軍搜索營前出到警戒陣地。26日，白崇禧偕同夏威視察興安陣地，胡棟成提出第10師正面過廣，兵力有些不敷分配。白崇禧同意將主陣地右翼稍向後移，以興安城為搜索警戒據點，正面陣地縮小後抽調一個團先到老堡村南北之線構築預備陣地。

日軍也有調整，岡村寧次走馬上任第6方面軍司令官，參謀長宮崎週一出面叫停橫山勇，第11軍要在全縣、道縣一線休整，等準備就緒再

向桂林進發。這次會面，橫山勇和宮崎週一都感到不愉快，具體經過前文已述，此處不在重複。不愉快歸不愉快，岡村寧次也是厲害角色，橫山勇不得不有所忌憚，再說部隊也確實需要休整補充。考慮到全縣距離桂林尚有100多公里，橫山勇提出"為瞭解桂林方面各種情況，必須以武力推進搜索據點"。岡村寧次根據第11軍請求，同意派一部兵力進行偵察。打個比方就是"大動作你要聽我的，小動作我儘量不干預"。於是，第11軍位於湘桂邊區的各個師團，分別向前方展開"小踏步"前進。我們先說大路——湘桂路正面。

23日，第13師團奉命將搜索據點推進到灌陽，湘桂路方面改由第58師團接替。沒有趕上全縣戰鬥的第58師團師團長毛利末廣早已躍躍欲試，27日傍晚即已獨立第92大隊和獨立第106大隊猛攻五旗嶺、大雨塘、江南村等地，第10師留置在該線的部隊並不多，堅持到晚上，大部退守主陣地右翼。28日，日軍一部與搜索營激戰竟夜，無法取得任何進展。29日晨，搜索營在傷亡較大的情況下西移，日軍借機增加兵力，部分向第29團陣地進攻。13時，日軍繼續投入兵力，分幾個方向圍攻第29團，團長張用斌連連叫苦。王聲溢和胡棟成商議決定，為防止日軍由右側背突入，進一步將主陣地向右翼後移，調新8師第24團進入王家塘南側高地，第29團佔領黃金村以北迄興安城之線。30日，日軍大舉壓上，王聲溢漸漸支撐不住，胡棟成令搜索營掩護第10師轉移到興安西南新陣地。日軍一部500餘人分三路跟蹤追擊，乘第10師立足未穩，轉隙進入興安南面的福莊村西側南北之線，兩軍幾乎整整混戰一晚。日軍戰史承認雖然奪取了興安，但在興安西南方向一度險情頻頻。

10月1日晨，第28團1營傷亡慘重，僅餘10數人撤出，接著第30團2營受到日軍瞰制，不少弟兄倒下後再也沒有爬起。天色漸暗，第10師右翼馬鞍山、南里坪附近陣地被敵截成三段，第29團好不容易鏖戰至深夜才突出重圍。日軍來勢兇猛，夏威批准第93軍退守嚴關鄉，胡棟成以第10師主力佔領鼓鑼洞、寶塔嶺、老堡村、杏花嶺之線既設陣地，第28團3營和新8師24團1營佔領聯木橋、趙家巖及嚴關鄉以北各線掩護陣地。2日，日軍沿湘桂鐵路、公路和南側山地尾追，輕易突破第10師、新8師的掩護陣地，接著分成兩股進攻寶塔嶺、老堡村主陣地。每股以百餘人疊成三、四線作波浪式攻擊，第10師深知主陣地不能輕棄，拼命阻擊敵人，輕重武器構成嚴密火網，日軍難越雷池一步。

3日，第58師團在飛機掩護下增加進攻兵力，第10師主陣地被突破多處。王聲溢師長不想成為陳牧農第二，親赴各團及砲兵連陣地督戰反擊，有些地方敵我反復爭奪達六、七次之多，各連傷亡均超過三分之二，寶塔嶺、老堡村相繼不守。胡棟成嚴令王聲溢組織非戰鬥兵參加戰鬥，總算勉力保有鼓鑼洞和老堡村至大邊嶺西側之線。當晚，夏威允許第10師後撤整理，胡棟成遂令王聲溢利用夜暗至靈川東北一帶整理備戰，令新8師進入大、小溶江陣地準備迎擊日軍下一撥攻勢。4日，胡棟成致電軍委會："第10師在黃沙河、全縣、興安、老堡村各役，傷亡官長七十八員，士兵千餘，失蹤官兵四百餘。原有戰鬥兵三千餘，僅餘半數。"第10師傷亡固然慘重，第58師團死傷亦不在少數，日軍戰史寫道："老茶亭的重慶軍死守不退，因而難以佔領

搜索據點，但於當天午夜終於攻下了老茶亭，第一線方告穩定。結果雖受到相當損失，總算完成了佔領據點的態勢。"第58師團佔領興安、嚴關鄉後，忙於更換冬裝和進行整頓，停止了進攻步伐。第93軍終於能夠喘口氣，調整態勢並加強大、小溶江防禦工事。

7日，橫山勇電令第58師團，以一部兵力由興安繼續向靈川附近推進，師團長毛利末廣決定第52旅團執行任務。14日，日軍300餘人沿湘桂公路向大溶江前沿陣地進攻，防守渡口的只有新8師第22團的一個班。乘敵人半渡，貴州籍的班長一聲令下，當場斃傷日軍數十人，日軍反映超快，馬上分散幾處強渡，該班士兵全部犧牲。第22團1連無法阻止日軍上陸，大溶江陣地失守。唐嘉蔚團長急調1營3連、3營8連各一部增援反擊，在兩門山砲掩護下一度收復失地，但入夜又被日軍奪去。15日，第58師團獨立第108大隊擊退新8師第24團1營，佔領明塘口、松江口一線，先頭百餘人滲入小溶江。夏威決定利用日軍在隘路中一時難以展開之際，集中優勢兵力殲滅來犯之敵。夏總司令的信心一半來自大、小溶江四

面環山，中間平川的有利地形，另一半來自第79軍第194師的部分到達。

第79軍轄第98師、第194師、暫編第6師，抗戰中期一直駐紮在湖北公安、藕池口一帶，第六戰區成立以前歸江防軍作戰序列。1944年8月，王甲本率領第98師和第194師馳援衡陽，一度攻到衡陽西北附近，但因日軍兵力強大，無法擴大戰果。9月，該軍轉移至湖南紅爐寺東安間之山口村，王甲本和警衛營走在大部隊前面，未料與日軍遭遇，身高體大的王甲本不及轉移，被日軍刺刀刺死。該軍隨後由副軍長甘登俊等人帶到武崗整訓，第66軍軍長方靖奉到調任第79軍軍長的命令，隨即移交職務，由湖北松滋奔赴廣西前線。10月初，第79軍奉命經廣西龍勝到桂林東北高尚田地區歸夏威指揮，由於長衡會戰傷亡損耗未及補充，該軍實有人數6000人左右。代軍長甘登俊深怕擔負攻堅和守城任務，對第四戰區調查實力時僅報官兵合計3476人。即便如此，張發奎、夏威還是對第79軍的到來歡欣鼓舞，畢竟該軍的第98師亦是中央軍陳誠系的一支勁旅。第98師參加過淞滬會戰、南昌會戰、第一次長沙會戰、1939年冬

季攻勢、第二次長沙會戰、第三次長沙會戰、浙贛會戰、鄂西會戰、常德會戰，可以說第六戰區和第九戰區境內的戰事幾乎無役

第79軍軍長王甲本。

不從。相比之下，1938年2月組建並長期擔任浙江沿海守備的第194師遜色不少，首任師長陳德法因1941年4月失守寧波遭到撤職，該師是在浙贛會戰後才劃入第79軍建制的。

夏威命令休整後的第10師主力速向松江口前進，新8師一部協力第10師攻擊，第194師一個團推進到蘇村附近。胡棟成留下第10師第29團3營為軍預備隊，繼續在靈川構築工事，其餘全部向松江口進發。日落時分，日軍突破新8師第24團1營防線，與剛到大青山的第10師第30團激戰整夜。17日，新8師第22團利用空軍和砲兵火力掩護，奮勇攻擊，于11時30分攻克大溶江，將日軍驅逐到江邊，形成對峙狀態。同日，第98師第582團到達雞籠嶺向王聲溢師長報到，王師長除以一部確保和尚嶺、大青山之線外，主力指向松江

口，旋又改向豆塘坪西南方向，日軍憑藉隘路口408.1高地拼死力戰，第52旅團旅團長古賀龍太郎驚呼："重慶軍抵抗意外頑強，其兵力亦有逐次增加之勢，戰況進展很不如意。"18日，王聲溢殲滅當面日軍的信心增強，令第10師第28團、第30團和第194師第582團的兩個連猛攻408.1高地，第582團主力攻擊豆塘坪，山砲連集中火力轟擊隘路口兩側日軍。第194師師長龔傳文對配合第10師作戰十分積極，準備由第581團進出塔邊屯，策應松江口方面作戰，但日軍已先一步佔領了塔邊屯。

19日，尚在赴任路上的方靖通過電話瞭解前方戰況，指示龔傳文："第581團黃昏前攻佔塔邊屯後，以一部固守，主力續向田頭口攻擊前進，副師長徐會春須至該團坐鎮指揮。"19時，第581團從塔邊屯左右兩邊開始進攻，經兩小時奮戰，日軍不支向大灣田撤退。徐會春副師長揮師追擊，23時攻克大灣田，翌日7時又克復田頭口。日軍急忙抽調200餘人增援，結果敵我對峙互無進展，日本防衛廳戰史對第52旅團的戰鬥這樣寫道："20日，古賀旅團正面戰況無大進展，21日，戰鬥勉強告一段落。"

22日11時，第10師冒著傾盆大雨進攻408.1高地，受天氣影響，攻擊仍不湊效。這時第93軍有一項重大人事調整，粵桂湘邊區總指揮甘麗

第16集團軍副總司令第93軍軍長甘麗初。

初調任第16集團軍副總司令兼第93軍軍長。甘麗初是廣西容縣人，與夏威同鄉，與胡棟成同是黃埔軍校第一期生，重慶的這項人事安排可謂用心良苦。甘麗初到任後的第一道命令基本精神就是穩紮穩打，第194師先以有力一部構築據點工事，阻敵西犯，再以主力從田頭口向松江口531高地攻擊前進，壓迫日軍右側背。龔傳文奉命照辦，將師部推進到塔邊屯，24日拂曉再度督師冒雨出擊，8時攻克土地坳，9時續克楊梅塘，12時佔領531高地。與此同時，新8師第24團勇猛突入當面日軍陣地，完全攻佔松江口。根據"國防部"《抗日戰史》記載，第10師掃蕩松江口殘敵，"斃敵第58師團第106大隊長今掘少佐以下四百餘名，俘虜甚多。"

湘桂路烽火連天，日軍第23軍

各部逼近桂東，第四戰區調整部署，令第93軍向龍勝、義寧間集結，第79軍撤至桂林以西四合村附近佔領陣地，準備參加桂林核心戰鬥。對於湘桂路各部轉進，夏威的參謀長韓練成向方靖透露：「此次第一線部隊後撤，張長官是不同意的，其責任已完全由夏副長官擔當起來了。因為你們各軍傷亡甚大，又無預備隊增援，所以決心後撤，固守桂林城，尚希各軍長勉勵所部，再接再厲，堅持奮戰，以竟全功。」

第93軍這一撤竟然撤出了大事情，或許是陳牧農伏法的消息傳遍，官兵有些抱不平，也有可能是王聲溢、馬叔明等湖南籍將領對甘麗初的到來十分抵制，該軍竟在後撤途中潰散。胡棟成、王聲溢、馬叔明等紛紛藉故離去，散兵游勇沿黔桂路一直走到貴州龍裡縣，一路上軍紀蕩然，老百姓家中飼養的家禽全部被殺光，造成本就貧窮的貴州地方滿目瘡痍。眼看年關將近，第93軍潰兵要求龍裡縣長范子文接濟20萬斤糧食，范縣長向黔東南戰地收容副司令張法乾求救，張好不容易找到第93軍的一個「大官」──軍務處長胡大章，得知該軍現在散居龍裡各鄉。坐鎮貴陽的

何應欽決定把第93軍繳械，張法乾接過任務，先撥了5萬多斤糧，承諾只要胡大章把部隊帶到貴陽一定補足餘數，其實早已令憲兵在半路上的七里沖布下口袋。胡大章有所警戒，藉口沿途食宿困難，先開第10師，新8師要看情況再走。張法乾也有辦法，新8師可以晚走，但必須集中在師範學校操場點驗一下人數。胡大章只好答應，結果第10師一到七里沖，就被埋伏在四處的憲兵武裝繳械，集中到操場的新8師幾乎同一時間乖乖放下武器。張法乾1945年夏應牟庭芳軍長邀請，出任第94軍參謀長，參與了反攻桂林之戰。

第93軍千里迢迢參加桂柳會戰，先是輕棄全縣，軍長被槍斃，後來逐次抵抗表現尚可，最後竟落得被繳械的下場。當年山西抗日戰場上的能征慣戰之師，何以墮落到如此地步，的確發人深思。而胡棟成、王聲溢、馬叔明等高級將領後來無一人因丟下部隊遭到處罰，只能說國民黨已經病入膏肓，無可救藥。胡棟成1945年4月調任第46軍副軍長，1947年任第8綏靖區中將參謀長，1949年6月任黔桂邊區綏靖司令部副司令官。1950年1月，司令官張

光瑋前往舊州與解放軍商談和平改編時，胡棟成帶走百餘人槍上山打遊擊，後在與解放軍的交戰中殞命。王聲溢1946年3月於中央訓練團將官班結業，任湖南湘北師管區司令，1947年4月奉派入軍官訓練團第三期受訓，並任第四中隊中隊長，1948年9月任陸軍少將，後事不詳。馬叔明1945年11月從陸軍大學將官班甲級第三期畢業，只掛名國防部少將部附，本來1947年已經退役，1948年李默庵又重新起用他為第十七綏靖區沅陵指揮所主任，但其後未出現在湖南長沙起義的軍官名單中。

2、灌陽自衛隊的抵抗

中國派遣軍要求"第11軍在衡陽附近停止下來，除了恢復第一線兵團戰鬥力外，當務之急是整備軍後方和推進補給線"，畑俊六最擔心的是"貿然推進全縣會重蹈衡陽的覆轍，第二期作戰如果發生類似衡陽的情況，由於兵站補給困難，湘桂作戰必將失敗"。橫山勇可不這麼想，縮短對桂林等地的作戰時間，才是最重要的作戰準備，哪怕是多追一步。按照日軍的話來說，"第11軍根據當面的敵情變化，較早地由衡陽產生的失敗情緒中逐漸解脫出來"。橫山勇和他的參謀多次探討分析，一致判斷"衡陽攻堅戰很可能是湘桂作戰的頂峰"。事實證明第11軍的判斷是對的，陳牧農輕棄全縣，更加堅定了橫山勇的這一判斷。全縣失守也意味著桂北門戶已開，第93軍面對責難和壓力，沿湘桂路逐次抵抗，總算有效遲滯了日軍第58師團的南下步伐。

岡村寧次上任第6方面軍司令官，橫山勇順水推舟，答應不再大舉進攻，穩步推進後方和休整補充。岡村寧次也不想上下級關係搞得很緊張，在此基礎上同意第11軍可以"推進搜索據點"。日軍高層的矛盾暫時得到了緩解。9月19日，第13師團以步兵第104聯隊第3大隊、山砲一個中隊為基幹，組成"灌陽支隊"，隊長人見永壽少佐，南下灌陽"調查重慶軍的主防線，宜於作戰的路線，特別是抄近的路線"。

灌陽位於全縣以南40餘公里，是湘南進入桂北的另一條重要通道。李漢沖認為"全縣、灌陽和龍虎關之線，是戰區的門戶，也是以桂林為中心內線作戰之利害轉變線"，白崇禧、張發奎均表認同，問題是"巧婦難為無米之炊"，兵力無多的第四戰區竟無力顧及這一險要之處。唐資生當時系灌陽縣縣長，他說："灌陽在整個抗日戰爭期間從未見過國軍的影子。"不起眼的桂北小城如果佈置得當，估計日軍多少要吃些苦頭。1934年10月，中共紅軍突破重重封鎖，沿湘粵邊區向西轉進，桂軍在興安、全縣、灌縣一帶佈防，白崇禧調集15萬人構築碉堡，每一碉堡由民團一班守備，各碉堡間相距300至500米，互相側防。紅軍過境廣西，原本沒打算深入，這些碉堡也就沒派上用場。如今抗日，想來總能"發揮餘熱"，結果還是沒用上。日軍第13師團第104聯隊第3大隊從全縣進入灌陽境內的文市時，唐縣長僅掌握自衛大隊的一個中隊和一個分隊、外加一個縣員警隊，總共不到200人。

新桂系銳意經營廣西，制訂"三自"（自衛、自治、自給）、"三寓"（寓兵於團、寓將於學、寓征於募）政策，大辦民團是李宗仁、白崇禧等人的得意之作。

灌陽在歷次民團組織變更調整中，都是四等縣，平時僅設二名辦事員處理庶務，水準較低。當日軍圍攻衡陽的時候，廣西省政府把桂北十縣

中國派遣軍總司令畑俊六。

（全縣、灌陽、資源、興安、靈川、臨桂、陽朔、永福、義甯、龍勝）劃為第八行政區，以陳恩元為行政督察專員。同時命令各縣將原來的國民兵團部改組民團司令部，以縣長兼司令，立即抽調壯丁成立抗日自衛隊。按規定，灌陽縣成立一個自衛大隊，由廣西綏靖公署撥發步槍100枝，輕機槍4挺。照編制，一個大隊轄三個中隊，一個中隊轄三個分隊，一個分隊三個班，總計應有戰鬥兵270人。不足的步槍由民槍補足，可灌陽各鄉村民槍很少，都不願意拿出來徵用。

7月中旬，綏靖公署那100枝步槍倒是很快到位了，但只夠成立一個大隊部（直轄一個分隊）和一個中隊。唐資生深感力量太小，幾次電報綏署增撥武器，每次都是石沉大海。進入8月，綏署中將高參黃固和第八區專員陳恩元先後到灌陽檢閱自衛隊，唐資生忙前忙後沒少招待，請求他們代為反映縣裡的實際困難。遲至8月底，綏署回電報了，增撥步槍500枝，輕機槍12挺，派員赴河池軍械庫具領。到底還是酒桌上好說話啊。

唐資生當即派副司令唐濟霖連夜起程赴河池，一面又急令各鄉加快徵集壯丁，限9月11日送到縣城集中。唐濟霖急奔河池，軍械庫主任很爽快，槍支、彈藥照數發給。"還有槍皮帶和子彈帶呢？"唐濟霖問。對方回答："電文上只說發槍和子彈，沒讓發槍皮帶和子彈帶。"這是啥意思？好比時下買車，提車時卻被告之"你買的車不包括備用輪胎"。換成脾氣躁的還不當場拍桌子，唐濟霖為人機靈，知道此時吹鬍子瞪眼沒用，笑嘻嘻從懷中摸出一疊鈔票。軍械庫主任頓時笑顏逐開，唐司令真懂規矩，槍帶、彈帶一份不少，還另外加送了四箱木柄手榴彈。15日，槍械

運抵興安車站，全縣已經失守，火車無法北駛，唐濟霖叫通

灌陽電話，唐資生派出兩個中隊日夜行軍，終於在17日上午把槍械搶運到黃牛市。

由於日軍先頭部隊已侵入灌陽縣境，北部的幾個鄉公所忙於疏散，自衛隊只徵集到縣城以南五個鄉的全部和平板鄉、東升鄉的一部，總共不到400人。唐資生只好分編為六個中隊，除了第1大隊轄三個中隊，第2、第3大隊都只有兩個中隊。不想在黃牛市分發槍械時引起了糾紛，原來領回的步槍型號不一，去興安搶運的兩個中隊先下手為強，把較好的全挑走了，其他幾個中隊都不肯吃虧，事情鬧成僵局。唐資生親自前往黃牛市協調，重新分配槍械，各隊才無異議，當晚按部署各自開赴指定地點，一邊開始射擊訓練，一邊警戒日軍。

20日零時，第104聯隊第3大隊奔襲灌陽縣城，進攻時"受到配有輕機槍的自衛團約300人的抵抗，稍經戰鬥，將敵擊退"。唐資生回憶當年的情況很是無奈："這時我們已有三個大隊七個中隊，連同原來的縣員警隊合計600人，但有六個中隊成立還不到一星期，而且剛領到槍支，絕大

部分的隊兵還不懂得使用，只是聲勢壯大了許多。敵人長驅直入，除在新圩附近受到我自衛隊的伏擊略有死傷，其餘各地我方幾乎沒有與敵人發生接觸。當天下午4時左右縣城即告淪陷。」

日軍「灌陽支隊」繼續南進，擔任牛黃口防守的只有第1大隊和員警隊，第2大隊被阻隔在灌江東岸，第3大隊則位於20公里以外的沙樂源口。人見永壽比較謹慎，他似乎不太相信灌陽境內沒有中國正規軍，進攻忽此忽彼，先搜索和偵察一下再說。

戰鬥遠談不上激烈，可一天下來自衛隊跑了50多人，縣府文職人員更是嚇破了膽，逃得只剩8人，民團司令部從團附到司書，全部留之大吉，唐濟霖身邊僅剩兩個勤務兵。唐資生連夜召開緊急會議，自衛隊逃亡士兵必須兩日內歸隊，過期不回和以後再有臨陣逃亡者，一律槍斃；縣府和民團司令部逃跑人員，全部開除，永不錄用。兵慌馬亂的年代，丟掉縣城的「流亡」縣政府並無多少威信，管你槍不槍斃，就是沒有一個逃兵歸隊，每天還會出現兩三個逃兵，都是派出去偵察敵情一去不回的。

9月底，轉戰湖南的第20軍、第26軍、第37軍從道縣附近取道灌陽，增援廣西戰場。第13師團獲得情報之後，第104聯隊主力全部開赴灌陽，赤鹿理提出「由於重慶軍在桂林、道縣方面活動頻繁，師團恐其發起攻勢，擬予擊潰」。橫山勇回覆：「軍意不予各個擊破，以期充分積聚戰鬥力，一舉完成遠途作戰。」言下之意就是現在不要管他，等以後到桂林一起解決。赤鹿理有點怏怏不樂，但還是決定「避免超越軍方意圖的積極行動」，先把當面的地方武裝驅逐掉再說。

經過連續數日試探性進攻，自衛隊的情況被日軍摸得差不多了，10月4日晚上，人見永壽把部隊預先埋伏到牛黃口兩邊山上，只等天明總攻。唐資生在他的回憶錄中，這樣描述翌日發生的戰鬥經過：「剛一拂曉，日軍便同時向我正面和左右兩翼全線進攻。在過去幾天的戰鬥中，敵人使用的只是步槍和機槍，而這天是擲彈筒、迫擊砲都一齊用上。戰至中午，我正面的輕機槍陣地被擊毀兩處，一個班長、一個副班長和三名隊兵同時陣亡。到下午力不能支，便全線撤退下來。」

日軍佔領牛黃口，接著又連下鹽

田源、李家橋，以後就沒再進一步，只留少數兵力分駐縣城、望月嶺、磨盤山等幾個據點，主力悉數向桂林、平樂而去。

唐資生松了一口氣，但很快又有新的問題出現。灌陽縣自衛隊倉促成立，人員難免魚龍混雜，一旦派散各地遊擊，脫離民團司令部的直接掌握，有些部隊不是一遇到敵人一哄而散，就是幹起趁火打劫的勾當。第1大隊黃正修中隊駐在沙樂源口外，仗著有幾條破槍，竟然處理起民間訴訟，借此向被告家裡檢查藏物，伺機侵吞。唐資生知情後當即佈告居民並通令自衛隊，凡一切民間糾紛，統由縣政府處理，所有自衛隊都不准擅自接受。黃正修中隊調回，以新成立的獨立中隊接替，亂象終於制止下來。第2大隊的情況更加惡劣，陳傑中隊在東升鄉撤退時與日軍遭遇，大部潰散，剩下幾十個人跑至灌陽縣與永明縣交界處躲避。適逢日軍搜山，縣城開藥鋪的陳永泰一家剛巧和陳傑等人一處避難，陳氏原籍江西，頗有錢財。日軍搜山后的一個夜晚，陳傑假借漢奸的罪名把陳永泰的兒子、媳婦和三個未成年的孫子一併殺害，所有財物洗劫一空。陳氏老夫妻隨即也

在東升鄉被地方遊雜部隊所害。陳傑等人一口咬定陳永泰父子加入漢奸組織，給日軍帶路搜山。

灌陽縣政府聞訊展開調查，陳傑偽造了陳永泰父子的通敵信件，唐資生雖然看出許多破綻，終究怕投鼠忌器，沒敢嚴辦。陳傑是陳恩元親自推薦的人，總不能就地陣法，看管起來萬一脫逃，事情又難以收拾。權衡利弊，唐資生決定整編第2大隊，把陳傑調為總部參謀，以後尋機會再辦。誰知時間一久，唐資生喪失了原則立場："由於接觸日多，他又很善於巴結奉承，竟使我在感情上越來越覺得難對他下手，因而一拖再拖，一直拖到日本投降後，我政治上的對頭向省府告我一狀，說是我殺了陳永泰一家，於是我才不得不把陳傑逮捕，送由縣司法處審辦。當時縣自衛隊之所以敢於任意殺擄，目無法紀，首先是我的縱容和包庇所致"

說過自衛隊的陰暗腐朽，也該說說他們英勇抵抗的一面，否則不太公平。

1944年12月下旬，一度深入貴州都勻、獨山的第13師團已經回撤廣西，駐留灌陽的少數日軍沒趕上大仗，盤算著對自衛隊展開一次打擊。

31日那天，日軍偵悉上雷村駐有自衛隊一個分隊，當晚由漢奸帶路，悄悄埋伏到村莊週邊，準備拂曉時突然發起襲擊。上雷村只有七八戶人家，也許元旦將至，自衛隊想圖個熱鬧，30日晚上臨時移駐到了下雷村。日軍沒有掌握這一新的動向，撲了一個空，垂頭喪氣地掉頭返回縣城。聽到零星槍聲，下雷附近的自衛隊很快集結到一個中隊，他們立刻分頭向上雷搜索，與日軍在一處樹林地帶發生遭遇戰。駐守水裡沖的自衛隊獨立中隊和沙樂源口的另一個中隊聞訊後相繼出動，機關算盡的日軍反而落到自衛隊的包圍之中。唐資生後來回憶說："激戰結果，敵人在與我最初遭遇的樹林裡遺屍三具，在水裡沖至縣城的松林裡遺屍九具，此外還搶救抬回三個受傷的。事後我們偵知，敗回縣城的幾十個日軍狼狽不堪，個個滿身泥漿。這一役可說是灌陽整個淪陷期間我們對敵人最痛快的一次回擊。我方陣亡了一個班長和四個隊兵，可惜當天大霧迷漫，否則敵人所受的損失一定會更慘。"

經過這一打擊，灌陽日軍變得比較"老實"，盤踞在縣城再不敢輕易出動。

日軍戰史這樣寫道："在第13師團警備地區內，還有不少因武裝土匪襲擊而犧牲者，電話線屢遭破壞。步兵第116聯隊本部和第2大隊本部亦時常遭到襲擊，並出現過失蹤者。每當發生情況，師團即命各隊進行掃蕩。"灌陽地方武裝良莠不齊，日軍有時也分不清是自衛隊還是土匪，反正比較頭痛。第13師團作戰主任參謀野野山秀美卻在日記中敘述："作戰疲勞漸消，心緒又復活躍，秋高氣爽，蒙家嶺山谷景物宜人。"他倒真是個樂天派，渾然不覺日本投降之日正在以月開始倒計。

3、戰鬥在龍虎關上

全縣、灌陽、龍虎關是桂北的三大通道口。然而，中日雙方官修戰史都對龍虎關戰鬥一筆帶過，語焉不詳。日本防衛廳的《廣西會戰》提到："9月24日，第3師團並向龍虎關派遣部隊，以加強永明西南方的搜索據點"；"9月25日至27日，第3師團各部一面擊破當面重慶軍和自衛團在各地的抵抗，一面分別開進並確保大路鋪、小溪及龍虎關，偵察了敵情、地形"；"第37師團主力沿灌水西岸地區逐次南進，沿途因敵軍阻截，地形險峻，瘟疫流行等，以致行動遲緩，其先頭到10月底才勉強到達龍虎關」。國防部的《抗日戰史》只說日軍第3師團「由道縣、永明攻陷龍虎關」，連日期都未提。廣西社科院的沈弈巨先生在《廣西抗日戰爭史稿》一書中略有描敘：「9月25日，敵第3師團赤池大隊從湖南永明出動，進攻龍虎關。該地沒有正規軍，由甘麗初率領中央軍校第六分校四個學員隊和練習營防守，約700多人，這些青年學員築工事、發動群眾、鋤奸都很積極，但缺乏實戰經驗，他們利用龍虎河阻擊，雙方傷亡數十人。27日甘麗初把隊伍拉走，武器留給當地自衛團。全縣、灌陽、龍虎關三個重地至此全部輕易落入敵手。」

五嶺山脈的都龐嶺逶迤南來，形成一道天然屏障，將廣西東北部與湘南隔開，但在恭城縣和江永縣之間有一個孔道連接兩省，這便是聞名遐邇的龍虎關。龍虎關原名鎮峽關，關南的龍頭嶺屬廣西恭城，關北的虎頭嶺屬湖南江永，龍虎二嶺南北對峙，形同龍爭虎鬥，後在崇禎末年改名叫龍虎關。龍虎關自古以來就是兵家必爭之地，遠的不說，只說近的。1859年8月，太平天國翼王石達開率軍從湖南寶慶回師廣西。清軍在黃沙河一線佈防，又從湖南調軍增援，形成夾擊之勢。石達開派精銳部隊攻佔龍虎關，控制要塞地帶，使大軍經恭城北上灌陽、興安，擺脫清軍前堵後追，最後安全抵達慶遠。

1934年10月，中共紅軍從江西轉戰至湘桂邊界，蔣介石令薛岳率領中央軍緊跟其後追擊，同時要桂軍在湘江一線堵擊，意圖殲滅紅軍於湘江兩岸。白崇禧非常忐忑，既怕紅軍進入廣西在他的地盤建立根據地，又怕與紅軍拼得魚死網破，蔣介石「漁翁得利」。適逢舊部劉斐從日本陸軍大學畢業歸來，擔任第四集團軍總部高參，白崇禧拉他一塊到桂北視察地形。劉斐建議「關門拒客」，把桂軍主力控置龍虎關，開放一條讓紅軍西去的道路，採取「不攔頭，不斬腰，只擊尾」的作戰方針，敷衍一下蔣介石。白崇禧聽完大喜：「很對！很對！文章就這樣做！」紅軍借道桂北，原本志不在廣西，後來在龍虎關下虛晃一槍，即強力突破湘江西去。白崇禧懸著的心終於可以放下。

劉斐後來憶及龍虎關的險要，這

樣寫道："這裡是五嶺山脈都龐嶺的南部，再往南便是萌渚嶺。從龍虎關往北循都龐嶺主脈綿亙經永安關、清水關，至黃沙河以北的湘江地障，隔江與越城嶺相對。這些都是湘桂邊境線所在，沒有一處不是崇山峻嶺，峰巒重疊；北面的永安、清水兩關較易通過，龍虎關僅有隘路一條，有'一夫當關，萬夫莫敵'之勢。"

十年後的1944年仲夏，異族鐵騎肆虐三湘，未雨綢繆的第四戰區面對如此雄關隘道，竟然陷入無兵可調的尷尬境地。白崇禧、張發奎左思右想，決定"中央軍校第六分校主任甘麗初率該校學生及荔浦地方團隊，進出龍虎關附近，擇要佔領陣地，對敵警戒。"六分校設在桂林李家村，7月5日這天烈日當空照，甘麗初集合全校師生作戰備動員報告，陳詞慷慨激昂。兩年前因入緬遠征失利，甘麗初從第6軍軍長退居"二線"辦教育，對於一名黃埔軍校第一期畢業的帶兵官來說，心裡別提有多鬱悶。龍虎關此刻還不能算作前線，然而在甘麗初眼裡分明是久違的戰場。

六分校動員的是即將畢業的第19期第11總隊第7、第8、第9、第10中隊和練習營。甘麗初兼任湘桂邊區總指揮部總指揮，六分校教育處長張廣君兼任參謀長，教育處的教官大都安排為作戰參謀、聯絡參謀，學校軍醫處亦改作野戰醫院，總指揮部設在距離龍虎關30公里的恭城縣。13日，學生軍和練習營順利開抵龍虎關，甘麗初命令他們必須在一個星期內構築一個師的防禦工事。馬祝忠、馬俊文當年都是第9中隊的回族學員，他們回憶說："為了如期完成任務，我們頂烈日、冒饑渴，登上山頂查看地形，緊接著開始構築指揮所、掩體、交通壕，同學們個個揮汗如雨，精疲力盡，雙手磨起血泡，但想到為了抗日救亡、保衛祖國，大家都沒有半點怨言。"耿道庸1944年3月投考六分校，儘管文化考試第一名，但因身高不夠未能報上名，學校惜才，先把他安置到練習營當兵，幾個月後入軍預班入伍生訓練。小個子的耿道庸和學員們天天挖山不止，"換班時，常常累得倒在地上就爬不起來"。

完成防禦工事，有些學員轉入抗日宣傳和動員群眾的戰備工作，有些學員和民團一起破壞龍虎關周圍的公路橋樑，並在主要路口設置路障，埋設地雷。不知不覺進入9月中旬，日軍第3師團占領道縣、江華、永明等地後進入休整，第11軍通報稱：「在道縣附近準備作戰，約以一個月為期。」道縣距離龍虎關尚有70餘公里，日軍勢必要對龍虎關一線詳加偵察。學生軍雖然初出茅廬，但警惕性很高，增設哨所加強防禦，日夜派出巡邏隊四處巡查。在一次執行任務中，學生軍遇到幾個背著畫板寫生的人，心想眼下兵荒馬亂，誰還有閒情逸致來這畫畫，當即上前盤問，對方態度卻十分傲慢：「管你們什麼事！我們哪個單位的就不告訴你！」終於還是學生軍人多，強扭著推推拉拉到了總隊長周亦𡈽那裡，經周親自審訊，才知道對方是軍統的特工小組，並非寫生而是繪製軍事地圖。慶倖整個過程沒有擦槍走火，一場誤會消除。

學生軍並未就此放鬆警惕，一天晚飯後，馬祝忠他們還真的抓到一名日軍特工：「我班七、八個同學在樹蔭下乘涼，發現有一個人神情慌張、躡手躡腳，形跡可疑，便上前喝令盤查，此人立即將籮筐扁擔甩下，手伸向腰間。我當時情急生智，一個箭步跳到他身後，將他緊緊抱住，其他同學也一擁而上，解下綁腿將他捆住，在他身上繳獲日式左輪手槍一支，籮筐中還有一台小型發報機。」經過審訊，這名日特叫金謀輝，東北人，自稱是土肥原的得意門生，直接歸岡村寧次指揮。當時還搜出一封尚未發出的電報：「龍虎關地區約一個師的防禦工事，無砲兵，有青年軍防守，活動很困難。」

9月24日，日軍第3師團第34聯隊第3大隊向龍虎關搜索前進。甘麗初下令第8、第10中隊進入龍頭嶺，第7、第9中隊進入虎頭嶺，練習營負責關口正面兩側的主峰陣地，各自派出部分兵力延伸到關前大路兩側，利用樹林和暗堡伏擊敵人。25日拂曉，馬祝忠所在的班剛剛進入陣地不久，就看到前方大路上揚起彌漫塵土，同學們的心都提到了嗓子眼。馬祝忠在《憶龍虎關戰鬥》一文中詳細描述了他生平第一場實戰：「日軍一支騎兵隊逐漸逼近我方前沿陣地。同學們屏住呼吸，全神貫注地盯住敵人的動向，待敵人進入有效火力範圍時，區隊長一聲令下，暗堡裡的機槍、步槍一起怒吼起來，子彈像雨點般射向敵騎。在那間，敵人被打得人仰馬翻。敵指揮官仍在揮動著指揮刀，哇哇亂叫。我們本著『擒賊先擒王』的戰術原則，集中火力將其指揮官連人帶馬打翻在地。剩下的鬼子騎兵惶惶無主，只好調轉馬頭邊打邊逃。"

學生軍頭一仗以大吃小，看似占了些便宜，熟不知日軍已用極小代價摸清了龍虎關週邊火力點。26日清晨6點左右，日軍約一個大隊集中輕重武器砸向龍虎關外兩側陣地，半晌不見任何動靜。原來甘麗初料到敵人要實施報復，早已命令前出部隊撤回主陣地。日軍隨後兵分三路迫近龍虎關，其中有一路分乘30多隻橡皮艇強攻龍虎河灘頭陣地。練習營事先埋設的水雷發揮威力，不少橡皮艇當場被炸翻，僥倖上岸的少數日軍無法立足，入暮時紛紛退去。防守虎頭嶺的第9中隊松了一口氣，這時大夥才感到饑腸轆轆，怎麼炊事班還不把飯送來？中隊長派人去查探情況，走到半山腰，只見幾名炊事員橫七豎八倒在血泊之中，顯然是送飯途中暴露了目標，遭到敵人機槍掃射而全部犧牲。

日軍白天受挫，連夜將附近的民房全部拆光，利用拆下來的木材紮起木排。天明後，馬祝忠在虎頭嶺上看的真切，木排足有100多隻，有些架機槍，有些架迫擊砲。他回憶說："27日是龍虎關戰鬥最激烈的

一天，日軍在強大火力掩護之下，再度向我灘頭陣地發起進攻。我們進行反擊，鬼子有的被打翻在木排上，有的葬身魚腹，但敵人的後續部隊源源不斷投入戰鬥，灘頭陣地還是被敵人佔領。"練習營打過仗的老兵極少，絕大部分和耿道庸一樣，缺乏戰鬥經驗，日軍登上灘頭占穩腳跟，弟兄們只得且戰且退。中午，日軍進攻龍頭嶺、虎頭嶺，雙方展開肉搏戰，學生軍拼刺刀遠遜于對手，馬俊文大腿內側被流彈擊中，左手食指被刺刀削斷，形勢岌岌可危。關鍵時刻，美軍第14航空隊9架戰機臨空助戰，有效遏制了日軍的進攻勢頭，入夜後雙方形成對峙狀態。

軍校學生上前線本屬無奈之舉，全縣、灌陽不保，龍虎關一地勢難持久，白崇禧、張發奎當然無意把這些"苗子"埋葬在桂北的青山綠水之間。甘麗初于28日凌晨下達撤退令，只留下練習營部分官兵配合當地民團打遊擊，其餘沿恭城、蓮花、二塘，向平樂方向轉移。此時的六分校已經撤至宜山縣懷遠鎮，正在伺機西遷最終目的地是百色。陳牧農輕棄全縣被槍斃，甘麗初調任第93軍軍長，重回帶兵官行列，他有些迫不及

待，在平樂與新任六分校教育主任馮璜匆匆辦理交接，便帶著練習營前往靈川到任。世事難料，甘麗初屁股還沒坐熱，第93軍就潰不成軍，好不容易重新當上軍長，沒想到如此"短命"。1945年初，甘麗初調任第二方面軍參謀長，此後又歷任國民政府軍事委員會廣州行營參謀長、廣州綏靖公署參謀長、桂林綏靖公署副主任兼桂東軍政長官等職，國共內戰那幾年，他與帶兵官無緣。世事真的難料，1949年8月，甘麗初被起用為反共救國軍第10軍軍長，率殘破之師與解放軍周旋一年多，直到1950年冬在大瑤山陣亡。

再來關注一下龍虎關戰鬥中的幾個小人物。六分校抗戰勝利後裁撤，在校的第19期、第20期學生分別合併到昆明五分校和成都本校。馬俊文因養傷耽誤了課程，留在成都本校補習了一年，後以第20期步兵科畢業。1946年他被分配到東北戰場，成為第52軍的一名少尉排長。遼瀋戰役國民政府軍慘敗，第52軍從營口撤退時，他已升任重機槍連代理連長。脫離部隊回到雲南老家，馬俊文又加入盧漢的滇軍，昆明起義後不久被遣返回鄉，由此結束了他歷時七年

的戎馬生涯。馬祝忠在六分校途徑雲南沾益時回到老家玉溪，後來沒去學校報到，耄耋之年他提筆寫下《憶龍虎關戰鬥》一文，寫下了黃埔學生抗戰史上的光輝一頁。

練習營的耿道庸沒有留下打遊擊，也沒有跟著甘麗初去第93軍，他所在的中隊奉命押送學校的軍需物資轉移後方，那時鐵路上已很亂，從桂林到柳州整整走了半個多月。完成押送任務，一行人抵達河池長老山村時，被日軍先頭搜索隊追上，耿道庸難忘他抗戰中的第二次戰鬥："在隊長的指揮下，我們第一時間搶佔有利位置，居高臨下，先敵開火。那一刻，步槍、機槍亂彈齊發，手榴彈爆炸聲聲，打得敵人暈頭轉向，還以為碰上了我軍的主力部隊。三個多小時之後，受挫的敵人逃之夭夭，我隊清點人數，竟毫髮無損。"耿道庸1946年初考入成都本校第21期，他為人樂觀，晚年擔任重慶黃埔軍校同學會北碚聯絡組組長，2006年9月還被評為全國黃埔軍校同學會先進會員。

4、南嶽陰雨

1944年9月，第11軍相繼攻佔全

縣、灌陽、龍虎關，一隻腳已經踏入廣西。橫山勇桀驁不遜，戰績卻總使人無話可說。關於進攻桂林、柳州的時間問題，畑俊六比較擔憂第11軍的後方情況，他曾經判斷岳陽至長沙間的載重列車最快要到10月底才能通車，後來經過工兵和架橋部隊的日夜搶修，又將蘇州至嘉興的蘇嘉鐵路和淮南煤礦區經合肥、巢縣至裕溪口的淮南鐵路拆去一部，運至湖南進行鋪設，使得時間大為提前，不僅10月底前大致可以儲存必要的軍需品，而且11月初開始作戰以後的補給也不會中斷。第6方面軍要求增加一個軍司令部於衡陽，擔負汨羅江以南湖南廣大地區的警備、治安和兵站運輸等工作，畑俊六亦有同感。9月28日，日軍大本營下令調駐牡丹江以北雞西市的第20軍司令部至衡陽，該軍司令官阪西一良畢業于日本陸軍士官學校第23期，和橫山勇有著共同的特點，就是愛挑剔上級和上級機關的毛病，有時也毫無顧忌的破口大罵。阪西一良的到來是畑俊六、岡村寧次始料未及的，好在第20軍是用於後方防守，在進攻廣西的問題上沒有發言權。29日，畑俊六向岡村寧次下達了進攻桂林、柳州的作戰指導

要領：

一、第23軍攻佔平南附近後，歸第6方面軍指揮。

二、第6方面軍應命令第11、第23兩軍在全縣及平南附近要域作好今後對桂柳方面作戰的準備，尤須儘快積存最低限度的急需軍需品。

三、第6方面軍應命令第11軍（以第3、第13、第37、第40、第58各師團為進攻兵團，第34師團確保全縣附近）及第23軍（第22、第104兩師團和獨立第23旅團）大致於11月初發動攻勢，命令第11軍于攻佔桂林後，兩軍相互策應，將重慶野戰軍圍殲於柳州西部地域，同時命令第23軍適時攻佔柳州。攻佔柳州預定在11月底左右。

四、第6方面軍爾後應命令第11軍大致以宜山（柳州西80公里）、賓陽（柳州西南偏南110公里）附近為對敵第一線，確保廣西境內的湘桂鐵路沿線及西江沿線要地，隨時粉碎敵之反攻，並準備對南寧、法屬印度支那方面的後段作戰。再命令第23軍將必要的兵力納入第11軍指揮，然後儘快返回廣州方面準備第三期作戰（打通粵漢鐵路南段作戰），並加強沿海對美戰備。

第11軍希望獲得一萬噸的補給物資，第6方面軍認為制空權在中美空軍掌握的情況下，後勤部門很難達成，充其量只能確保六千噸左右。為了便於協調指揮第11軍和第23軍，岡村寧次決定前往衡陽，在南嶽設立第6方面軍前進指揮所。

10月8日上午，低雲細雨，一架日軍偵察機從漢口緩緩起飛，飛過八百里洞庭湖，然後沿著湘江保持一百米高度繼續往南。說來難以置信，這架偵察機上除了一名飛行員外，還有一名乘員就是岡村寧次。用岡村自己的話說：「我由漢口飛往湖南省南嶽方面軍戰鬥指揮所，因乘偵察機，只能攜帶一小公事皮包，其他盛放隨身用具的小行李，在我離開漢口以前即已由陸路運走，直到11月16日才運抵南嶽，耗費時日達52天。」岡村寧次「空中搬家」原本計畫六架戰鬥機護航，因陰雨連綿，能見度只有500米而作罷。上將司令官堅持起飛，在沒有護航的情況下安抵衡陽，令在機場等候的包括橫山勇在內的每一個人無不感到肅然起敬。方面軍司令官與軍司令官的首次會面就在機場角落一個窯洞式防空壕內，岡村寧次的開場白很客套：「一直沒有

機會親自訪問第11軍司令部，對此深表遺憾。」橫山勇簡單彙報情況後，讓一旁的作戰主任井本熊男向岡村寧次詳細說明「第11軍作戰設想大要」：

一、方針

軍按照戰備進展情況，儘早開始進攻，先以速戰攻下桂林，再向柳州方面挺進，與第23軍策應，圍殲敵軍於柳州附近。作戰開始時間預定為11月初。

二、指導要領

（一）軍按照戰備進展情況，於11月初開始進攻，以主力迅速包圍桂林，一旦準備完畢，即結合火力，由四周突破堅壘、沖入城內，將其攻佔。

（二）軍主力進發前，務使第3師團先期到達平樂方面，將當面之敵壓向西南方，使桂林陷於孤立，同時威脅敵軍退路，便於軍主力作戰。爾後第3師團可根據進攻桂林戰況，調至桂林方面，進逼當面之敵，確保全軍有利的戰略形勢，造成及時向柳州方面推進的態勢，以使本軍下一步作戰及第23軍的作戰易於進行。

（三）命第37師團在軍主力進發前，儘快開始行動，由龍虎關方面進入桂林南方地區，直接參加攻打桂林和切斷敵軍退路，並予以圍殲。根據情況，在桂林南方切斷桂柳公路，以利軍下一步對柳州方面的作戰。

（四）攻佔桂林後，以一部守備該地及附近地區，主力迅速由桂柳公路及其西部地區向柳州方面挺進，與第23軍相策應，在柳州附近圍殲敵軍。

三、兵力部署

（一）攻佔桂林的部署

第58師團 沿興安──靈川──桂林一線前進，從桂林北側及西側採取圍攻態勢，準備進攻，發動攻擊後攻佔桂林北部。

針支隊（第34師團一部） 沿第58師團右翼向桂林西南地區前進，主要面對義寧方面之敵，掩護主攻桂林兵團的右翼。

第40師團 由興安──高田圩（桂林東北偏東37公里）沿線進入桂林東部地區，採取圍攻態勢準備進攻，發動攻擊後攻佔桂林市中心。

第13師團 由灌陽（桂林東北偏東82公里）──茅竹（桂林東52公里）──大圩（桂林東南17公里）大道沿線進入桂林南部地區，準備朝北進攻，發動攻擊後佔領桂林南部，斷敵退路予以圍殲。

（二）第3師團、第37師團依照指導要領所述部署。

（三）攻佔桂林後，為轉向柳州方面作戰，兵力部署視當時情況概定如下：

一個師團 沿桂柳公路地域；

一個師團 沿古化（桂林西42公里）──柳城（柳州西北17公里）大道地域；

第3師團 沿平樂（柳州東北偏東14公里）──荔浦（柳州東95公里）──修仁（柳州東68公里）──鹿寨圩（柳州東北37公里）──柳州大道地域；

一個師團 根據當時情況決定使用方向；

一個師團 守備桂林及其周圍地域，以確保軍主力背後安全。

四、柳州附近會戰後的追擊，視當時情況而定。

五、作戰告一段落後，其態勢大概以宜山（柳州西北偏北87公里）、來賓（柳州西南偏南70公里）附近為第一線，以確保廣西省重要地域之安定。

岡村寧次在聽取說明快要結束時突然插言道：“對前段攻佔桂林無異議，但不同意攻佔柳州的部署，希望予以修改。”氣氛頓時有些尷尬，岡村寧次接著闡述了方面軍的三點立場：“第一，方面軍於11月上旬以第11軍、第23軍轉入進攻，兩軍相互策應，殲滅柳州以西地區重慶軍主力。第二，第11軍於11月上旬由湖南、廣西省境開始進攻，主力沿湘桂路，一部在其以南地區，協同攻佔桂林。為策應第23軍進攻柳州，在柳州以北遮斷重慶軍退路，於柳州以西地區將其殲滅，如果重慶軍撤退，要向貴州省境方向追擊。第三，第23軍於11月上旬由平南地區開始進攻，於柳州西北地方擊潰重慶軍主力同時攻佔柳州。”參謀長宮崎週一後來回憶說：“岡村大將的統帥風度和對日前批准要點掌握之準確，實在令人欽佩。發生這種事態是我等司令部幕僚的疏忽所致，對兩位將軍實感抱歉。總之，方面軍作戰計畫大缸，特別是以“第23軍擔任攻佔柳州”這一點，儘管已一再向第11軍司令部作了傳達，但仍不徹底，並且發現方面軍作戰計畫檔的傳遞有所延誤，這是幕僚的失職。”

在雙方參謀人員打圓場之下，岡村寧次與橫山勇的第一次例會就此結束。當晚，第6方面軍一行人乘船渡過湘江，宿於衡陽南郊的第68師團司令部，宮崎週一形容“中途道路泥濘，一片漆黑”，岡村寧次也感歎：“在中國，一般華北雨量少，華中尤其腹地則多雨。據書載，四川、陝西有被稱作‘四十日雨’的連雨天。此次於湖南、廣西作戰中即飽受‘四十日雨’的折磨，兵站部隊異常艱苦。”雨夜，衡陽下牌沖的第11軍前進指揮所依然忙碌，送走岡村寧次等人，橫山勇責令井本熊男等幕僚通宵修改作戰計畫。9日一大早，修改後的作戰計畫又送到了岡村寧次手中，可見第11軍參謀作業的高效運轉。傍晚，岡村寧次離開第68師團司令部，載重汽車顛簸著駛向衡山東麓。關於修改內容，日本防衛廳戰後編撰戰史都未能找到原始材料，估計已在戰亂中遺失。但從第13師團作戰主任參謀野野山秀美的日記中仍可窺探一斑。

10月10日是岡村寧次到衡陽的第三天，橫山勇正式撤銷下牌沖前進指揮所，冒雨前往全縣南三村。南三村位於全縣西郊，雖說房屋陳舊各項設備簡陋，作為前進指揮所不夠理想，但周圍樹林環抱，把司令部作戰室、司令官宿舍、參謀宿舍等部門分散配置，倒不失有效防備空襲。橫山勇極不願意和岡村寧次在衡陽近處，他授意先遣到達南三村的輔佐參謀益田兼利，就近召集第13、第40、第58師團作戰主任參謀開會，秘密傳達下期作戰設想，以便進行必要的研究。11日下午，這三個師團的作戰主任參謀紛紛趕到南三村前進指揮所，據野野山秀美日記所記，"第11軍下期作戰設想大要"如下：

一、務須一舉強行拿下桂林，與第23軍共同協力在柳州附近進行決戰。因在桂林附近消耗戰鬥力不可指望再予補充，如果重慶軍死守桂林，即投入坦克、重砲，飛機也予重點配合，千方百計避免重蹈衡陽覆轍。

二、為此，須縮短與前方的距離，一旦發起攻勢，即行一舉粉碎重慶軍。攻勢發起，定於11月3日。第3師團首先進入平樂，控制柳州、桂林兩方面，以威脅、動搖集中桂林之重慶軍。第13、第40、第58師團要一舉壓倒桂林守軍。第37師團跟隨第3師團之後，視桂林方面戰況直

逼桂林，或一直向西切斷重慶軍的退路。全縣附近由第34師團警備，並計畫以針支隊的一部有於第58師團的右翼。

三、繼桂林作戰，將第3師團由平樂──柳州路線，第37師團由桂林──柳州路線，主攻桂林師團中的一個師團由第37師團的西側，以及另外一個師團視柳州方面戰況，或遠或近在西方使用。令戰鬥力消耗最大的師團守備桂林附近。

四、柳州預定由南方來的第23軍主力予以佔領。

沒等岡村寧次回覆，橫山勇已經離開衡陽，看過井本熊男修改後的計畫，直到桂林、柳州作戰開始，第6方面軍未再進一步提出修改意見。橫山勇把"柳州預定由南方來的第23軍主力予以佔領"正式寫入檔，明顯是對岡村寧次有所讓步，這也是第11軍與第6方面軍之間的平衡點。可想而知，橫山勇內心萬般不情願，他的準則是"誰有實力誰取柳州"。岡村寧次作為方面軍司令官，想法不一樣，第23軍從西江千里迢迢攻向廣西，總得給他們留一些"戰果"。或許井本雄男對修改部分的解釋頗能代表橫山勇的心境："在某種程度

日軍150mm加農砲。

上，雖然可以認為好象是有以柳州會戰為目標一舉予以攻佔的思想，但那樣認為是不對的，實際是分兩段攻擊的思想，即首先完成桂林附近會戰，進行必要部署後，再行處理柳州附近會戰。"顯然，第11軍念念不忘柳州，以橫山勇的性格和處事方式，一紙書面計畫並不具備多少約束力。

幾十年後，日本防衛廳編寫戰史，編撰人員對於第6方面軍和第11軍的種種不和諧，感到難以"站隊"，下筆時充滿疑惑："從今日戰史的角度考察，在第6方面軍的統帥，特別是與第11軍的關係上，實有令人擔憂的情況。將統帥權由中國派遣軍移交給第6方面軍，而行使統帥權則特別需要充分考慮中國派遣軍和第11軍之間已經發生的不愉快。

為此，特地把熟悉這些問題原委的中國派遣軍和第11軍的幕僚調入第6方面軍，但究竟效果如何，使人擔心。儘管如此，戰局是變化多端的，肩負作戰任務的第一線軍隊應不斷分析情況，採取切合時機的行動，不一定唯方面軍的馬首是瞻。總之，設置方面軍在當時雖然認為是最適當的措施，但和第一線軍之間卻蘊藏著很多問題。"

進入10月中旬，第11軍作戰準備緊鑼密鼓。19日，第11軍舉行了簡單的慰靈儀式。20日，橫山勇召開兵團長會議，正式向各師團傳達下期作戰預定指導大要，同時下達展開命令。24日，召開軍直轄部隊長會議，貫徹下期作戰時軍直屬砲兵、坦克的使用方法，參謀長中山貞武特別強調砲兵參加進攻桂林的必要性和重要性，明確指示"以發揮100mm和150mm加農砲及150mm榴彈砲的火力作用，作為攻擊的原則"。井本雄男對砲兵、坦克配合第58師團從湘桂路進攻的使用方法做了補充說明，要求"軍砲兵應在工兵部隊配合下全力追隨第一線前進"。

5、強敵大舉壓境

關於桂柳會戰日軍戰鬥序列的問題，大陸的《中國抗日戰爭正面戰場作戰記》和國防部的《抗日戰史》說法不一，主要集中在第11軍方面。前者認為日軍第11軍投入第3、第13、第34、第37、第58、第116師團。後者統計日軍第11軍投入第3、第13、第37、第40、第58、第116師團。筆者結合日本防衛廳的戰史資料，覺得上述兩種著作不同程度存在錯誤。

第一、《中國抗日戰爭正面戰場作戰記》明顯少了第6方面軍直轄的第40師團，或許這是排版印刷層面的失誤。第二、第34師團參戰的只是一個加強聯隊，全部統計或完全不算都不正確。第三、第116師團

在9月下旬協助第37師團攻佔寶慶之前，位於衡寶公路金蘭寺兩側，以後擔負寶慶守備任務，根本沒有進入廣西境內。

兩岸抗日戰史都把第116師團列入統計範圍，實際上還涉及到長衡會戰何時結束的問題。《中國抗日戰爭正面戰場作戰記》把日軍攻佔全縣的9月14日作為長衡會戰的結束點。國防部的《抗日戰史》將9月8日，也就是零陵失守作為長衡會戰的結束時間。第116師團參加攻佔寶慶的戰鬥從時間上講，自然已經不屬於長衡會戰，但從地點來說，將發生在湖南境內的戰事劃入桂柳會戰，同樣值得商榷。筆者認為第104師團在寶慶等地的軍事行動屬於長衡會戰的尾聲，因此不同意將該師團計算到桂柳會戰中去。第34師團主力留守全縣，南下的只有一個加強聯隊，如果把整個師團列入進攻序列，那麼同樣擔任後方留守任務的第20軍是否也要整體列入？

日軍第11軍實際投入桂柳作戰的部隊有第3師團、第13師團、第34師團"針支隊"、第37師團、第40師團、第58師團和戰車第3聯隊、獨立野砲第2聯隊、獨立山砲第2、第5

聯隊、野戰重砲第14、第15聯隊等部。第四戰區和戰事頻繁的華中地區中間隔著第九戰區，難免對日軍第11軍有所陌生，其實都是些老對手，張發奎的廣東兄弟薛岳就對這些敵人非常熟悉。釐清了戰鬥序列，接下來有必要對第11軍具體參戰部隊和兵力進行一番述考。需要說明的是，太平洋戰爭爆發後，日軍窮於應付，在不同的戰場採用不同的師團編制，又不斷調動，致使各師團人數很不穩定，要精確統計比較困難，還請方家指正。

第3師團和第13師團可以列為第11軍最精銳的兩個師團。岡村寧次曾經評價說："前線兵團中最精銳部隊當屬第一線第11軍的第3師團及第13師團，重要戰鬥常以該兩師團為骨幹擔任主攻，可謂名副其實的王牌軍。"

第3師團是1888年5月將名古屋鎮台改編而來，可謂歷史悠久，是日軍常設四單位制挽馬師團。該師團"八一三"事變後登陸上海吳淞，與中國軍隊大戰蘊藻浜、廟行、大場等地。徐州會戰後期由鎮江沿蚌埠鐵路北進，攻佔宿縣。武漢會戰沿大別山向西推進，切斷平漢鐵路交通大動脈，協同第10師團攻佔信陽。此後長時間隸屬第11軍，接連參加壓制第五戰區的隨棗、棗宜、豫南會戰，以及針對第九戰區的兩次長沙會戰。1942年7月，該師團改編為三聯隊制，次年又參加了鄂西會戰和常德會戰。1944年5月，該師團向長沙東北地區進攻，沿瀏陽、醴陵、萍鄉突進，至7月中旬先後攻佔攸縣、安仁等地。第3師團在抗戰後期屬於甲種師團，編制人數約20000人，長衡會戰傷亡減員3400餘人，進攻桂林前即便一兵不補尚有16000多人。1945年4月，該師團奉命退出廣西經湖南北調，轉隸中國派遣軍直轄，日本宣佈戰敗時位於岳陽東北，後轉至鎮江向中國軍隊繳械投降。

第13師團最早組建於日俄戰爭末期，1925年5月撤銷。1937年9月在仙台重建，登陸上海吳淞口激戰蘊藻浜、大場一線，後留守蘇州河北岸。12月參加南京戰役，並沿津浦路北上，攻佔皖北滁縣、來安、明光、鳳陽、蚌埠多地，強度淮河時遭到中國軍隊頑強阻擊，退守南岸。1938年5月，該師團配合日軍華北方面軍合圍徐州，7月又歸華中派遣軍第2軍建制，參加武漢會戰，主要在大別山麓與中國軍隊孫連仲兵團交戰。武漢會戰後調歸第11軍,其後作戰經歷與第3師團相似,隨棗、長沙、棗宜、鄂西、常德、長衡會戰無役不從。第13師團是1942年底改三聯隊制的,同樣屬於甲種師團,編制人數比第3師團略少,約18000人。衡陽之役,第13師團在湘江右岸攻擊,減去累計傷亡加病號2600人,至少還有15000餘人進入廣西。1945年6月,該師團奉命從廣西宜山開往華東,8月中旬抵達湖南衡陽、零陵一線,隨後至江西湖口放下武器。

第34師團參加桂柳會戰的是一個支隊,大概5000餘人。既以步兵第218聯隊為基幹,加上步兵第216聯隊第2大隊,山砲一個中隊,工兵一個中隊等編成,因第218聯隊聯隊長名字叫針谷逸郎,按照習慣稱之為"針支隊"。

第37師團是1939年2月在久留米編成的,先是納入華北方面軍第1軍,駐晉西南運城地區,交戰對手主要是活躍在山西的中共第18集團軍及其領導下的龐大人民武裝。1941年5月,參加晉南會戰,將第一戰區衛立煌部驅逐至黃河以南。該師團在華北屬於警備專用的三聯隊制師團,編制定員13952人,1944年2月以後增加至14205人。6月,奉命參加"京漢作戰",首先由中牟突破黃泛區,與湯恩伯部激戰密縣、嵩縣等地,隨即組織挺進隊,西犯豫西盧氏。挺進隊窮凶極惡,僅在盧氏南河灘一地就殘殺群眾達400餘人,另有大批逃難的女學生被強姦,時稱"盧氏慘案"。河南作戰結束之後,南調湖南臨湘、蒲圻一線,歸第11軍指揮。1944年底,日軍打通大陸交通線,該師團調越南,編入第38軍序列,旋又調至泰國曼谷構築防禦工事。1945年8月,在調往馬來亞途中迎來戰敗那一天,後來返回曼谷向英國軍隊繳械投降。

第40師團1939年6月在日本善通寺編成,10月編入第11軍戰鬥序列,駐湖北咸寧及漢口至廣濟長江沿岸。1940年至1941年間,前後參加了棗宜和第一、第二次長沙會戰。1942年5月,第11軍策應第13軍打通浙贛鐵路,該師團一部以調配友軍的方式參與其中。1943年5月前後,師團所屬的砲兵第40聯隊被調往太平洋戰場,工兵、騎兵、輜重聯隊均有所減少,縮編後約有14000人。在進攻長沙、衡陽的戰役中擔任助攻,因此傷亡不算太大,經過補充後基本全員投入了桂柳會戰。1945年6月,該師團調歸中國派遣軍直轄,8月中旬由贛州到達南昌時,剛好日本宣佈無條件投降。

第58師團編制比較特殊,1942年2月由獨立第18旅團與後備步兵三個大隊擴編而成,下轄2個旅團8個步兵大隊,中間沒有聯隊一級的建制,外加工兵隊、通信隊、輜重隊等,常態人數為11980人。第58師團最初駐湖北應城地區擔任警備任務,在1943年的常德會戰中,該師團抽調第52旅團的4個大隊配屬友軍作戰。1944年6月,協同第34師團等部進攻湘北,連陷瀏陽、長沙等地,有一定的陣亡及傷病減員,但桂柳會戰前基本上補充到位。說到這裡,或許有讀者提出疑問,你憑什麼判斷這些個日軍師團的戰損都獲得了補充?我舉一個例子,第68師和第58師團編制相同,衡陽戰役後擔負衡山、衡陽、茶陵等地的警備任務,師團長堤三樹男曾經對宮崎週一交底:「軍官缺額40%強,准士官以下缺額約30%。」也就是3000多人。堤三樹男同時還說:「預定10月底到達軍官95名、准士官及士兵2000餘人。」

按照常理推斷,用於進攻的第3、第13、第37、第40、第58師團,完全有理由獲得更多的補充。

第11軍直屬部隊具體人數難以統計,我們單只計算較大的單位。

戰車第3聯隊1070人左右,裝備九七式中戰車改36輛、九五式輕戰車18輛、一式砲戰車22輛。

獨立野砲第2聯隊2300人左右,裝備36門120mm榴彈砲。

獨立山砲第5聯隊3400人左右,裝備36門75mm山砲。

獨立野戰重砲第14聯隊 裝備18門150mm榴彈砲

獨立野戰重砲第15聯隊 裝備12門105mm加農砲、6門150mm榴彈砲

工兵第39、第41聯隊合計約2000人。

不算數量眾多的汽車、通信、輜重部隊,保守統計第11軍總投入兵力為10萬人。

1944年10月下旬,離日軍投降還有10個月的時間。如果這時能夠用衛星對湘南、桂北地區進行掃描,就會發現日軍十分忙碌。

靈川——胡棟成的第93軍已經奉命撤退,10月26日上午,日軍第

58師團師團長毛利末廣把前進指揮所推進到靈川西北1.5公里的江西圩，參謀長有馬純雄則來到第一線的獨立步兵第92大隊、獨立步兵第106大隊等部，聽取敵情和地形的報告。27日上午10時，毛利召開會議，宣佈了進攻計畫，步兵第51旅團攻擊桂林北門，步兵第52旅團攻擊桂林西北部。第58師團沿湘桂大道，一路進攻興安、大小榕江、靈川而來，此時先頭距離桂林只有10餘公里，是第11軍攻擊兵團中最靠前的部隊。

甘棠渡（桂林東北12公里）——灕江上源最大的支流甘棠江自北往南流經這裡，歷史上先民們曾經在甘棠江上架築過石橋、木橋，但均毀於洪水。10月29日下午，第11軍砲兵指揮官山崎清次下令稱："第58師團正面的靈川北面之敵已退卻，第一線已開始追擊。山崎部隊應極力設法推進野戰重砲兵部隊，立即進入靈川以北地區，準備參加攻擊桂林；坦克部隊也應如此。"然後連續幾天普降大雨，甘棠江江水暴漲，這些重裝備在渡河點上排起長隊，只能一輛接一輛過。等到晴空萬里，中美空軍又頻繁進行空襲，車輛不得不

進行疏散，渡河速度仍然很慢。

寨圩（全縣西北偏西11公里）——日軍針支隊10月中旬由衡陽進抵全縣，接受補給後一頭鑽入了越城嶺。針支隊位置處於第11軍整個進攻兵團的最右翼，要沿寨圩、油榨坪、雷霹洲、中洞、公平圩穿插到桂林西南郊之五裡街。但凡迂迴多是避開大路，針支隊編制較小，相對靈活，崎嶇山路就由他們來走。

高田圩（桂林東北35公里）——10月25日，日軍第40師團在高田圩附近完成集結，師團長宮川清三顯得躊躇滿志："衡陽之所以陷入苦戰，在於第一次打擊未能奏效，此次奉命參加桂林作戰，為避免重蹈覆轍，無論是與敵接觸，或是陣地作戰，都要迅速而且出敵不意。"按照預定計劃，師團主力沿高田圩、桃子隘、靈田圩，向桂林東側的七星岩高地挺進，另以第236聯隊為基幹，從高田圩越過山地，沿桂江左岸向七星岩北部挺進。

灌陽——日軍第13師團位於灌陽境內，參謀長依知庸治和作戰主任參謀野野山秀美研究部署，認為第13師團擅長運動戰，行進到桂林南方，專門捕捉桂林湧出的中國軍隊，

比直接參加攻城更能發揮作用。橫山勇和赤鹿理私交甚好，當然不會否定這一建議，他同意第13師團第116聯隊由長州經高田圩南側，沿海洋圩、大圩前進；第104聯隊居中從灌陽、茅竹市、神產、大圩南側一線，向桂林南方前進；第65聯隊獨立行動，大致在第104聯隊以南，從雙全、羊皮渡過桂江，向永福方向挺進，切斷湘桂公路。

道縣——日軍第3師團師團長山本三男接到第11軍"旭作命第257號"命令："必須於10月28日前大致進入江華、大路鋪、富川、小溪之間，準備由富川向平樂附近作戰。"23日傍晚，第3師團開始行動，三天后山本三男到達永明西南13公里的常山廟，第11軍命令："盡速佔領荔浦和陽朔一帶的戰略要衝，以有利於主力在桂林和柳州方面的作戰"。27日淩晨3時，第11軍"旭參電第249號"命令驚醒了熟睡中的山本三男："山部隊（第3師團）應於10月28日後儘快發起攻勢，與光部隊（第37師團），擊潰當面之敵，沿富川——鐘山——同安地區前進，佔領平樂及荔浦；然後可根據柳州方面情況，準備向桂林方面

作戰。"武宣經荔浦至桂林一線是第四戰區戰略上的利害轉換線，橫山勇的意圖很明顯，在進攻一開始，就要搶先佔領控制桂柳的重要據點。

永明——10月中旬，日軍第37師團集結在祁陽、零陵之間，20日那天師團長長野佑一郎參加了在全縣召開的兵團長會議，根據"應於10月29日前進入道縣——永明之間地區，準備由龍虎關——恭城方面向桂林附近作戰"的命令，長野立即率師團主力踏上征塵。長野此人辦過教育（步兵學校教官）、搞過軍工（兵器廠規劃部部長），1941年3月任獨立混成第3旅旅長，同年10月調升第37師團師團長，帶兵時間不算久，活動能力卻很強，1945年4月升任第16軍司令官，可惜好景不長，日本便宣佈無條件投降。27日，長野剛剛趕到永明，第11軍的最新指示也來了："光部隊（第37師團）應於10月29日後儘快發起攻勢，與山部隊（第3師團）相策應，擊潰當面之敵，沿龍虎關——恭城——陽朔地區前進，佔領恭城及陽朔，然後可準備向桂林南部地區挺進。"第37師團處於第11軍攻擊兵團的最左翼，負責切斷桂柳交通，實行大包抄。

桂柳會戰日軍第11軍進攻部隊指揮系統表（1944年10月）

司令官 橫山勇
參謀長 中山貞武

第3師團 師團長 山本三男 參謀
長 福山寬邦
步兵團 領喜
步兵第6聯隊 松山良政
步兵第34聯隊 二神力
步兵第68聯隊 橋本熊吉
騎兵第3聯隊 宮崎次彥
野砲兵第3聯隊 中村從吉
工兵第3聯隊 田中益太郎
輜重兵第3聯隊 杉本佑一

第13師團 師團長 赤鹿理 參謀
長 依知川庸治
步兵團 多田保
步兵第65聯隊 伊藤義彥
步兵第104聯隊 海福三千雄
步兵第116聯隊 大坪進
山砲兵第19聯隊 石濱勳
工兵第13聯隊 石川省三
輜重兵第13聯隊 田原親雄

第34師團 師團長 伴健雄
針支隊 支隊長 針谷逸郎
步兵第216聯隊 石川明
步兵第218聯隊第2大隊
山砲兵、工兵各一個中隊

第37師團 師團長 長野佑一郎
參謀長 恒吉繁治

步兵團 中島吉三郎
步兵第225聯隊 鎮目武治
步兵第226聯隊 岡村文人
步兵第227聯隊 皆藤喜代志
山砲兵第37聯隊 入村松一
工兵第37聯隊 遠藤秀人
輜重兵第37聯隊 米岡三郎

第40師團 師團長 宮川清三
參謀長 佐方繁木
步兵團 河野毅
步兵第234聯隊 戶田義直
步兵第235聯隊 堀內勝身
步兵第236聯隊 小柴俊男
山砲兵第40聯隊 白石欠康
工兵第40聯隊 五十嵐莊七
輜重第40聯隊 川崎吉次

第58師團 師團長 毛利末廣
參謀長 有馬純雄
第51旅團 旅團長 野溝二彥
獨立步兵第92大隊 橫井利秋
獨立步兵第93大隊 內田實
獨立步兵第94大隊 前崎正雄
獨立步兵第95大隊 稻垣陽
第52旅團 旅團長 古賀龍太朗
獨立步兵第96大隊 中西福松
獨立步兵第106大隊 今掘元貞
獨立步兵第107大隊 築島長作
獨立步兵第108大隊 廣瀨戶夫

坦克、砲兵、工兵等部隊（略）

第六章
桂林保衛戰

1、漓水哀歌為誰泣

桂林地處南嶺山系的西南部，湘桂走廊的南端，平均海拔150米，是典型的岩溶地貌。所謂"桂林山水甲天下，陽朔山水甲桂林"，就是形容岩溶作用形成的天然風光，奪人眼目。桂林的名稱最早起源於西元前214年，秦始皇平定南越後在廣西設立桂林郡、象郡，不過那時桂林郡的郡治並不在今天的桂林市，而是在一個叫布山的地方，位於如今的桂平市西南。在宋、明、清三朝，桂林一直都是廣西的政治中心，1912年廣西都督陸榮庭把省府遷移南寧，說是桂林偏處桂北一隅，內外交通不便。1925年，以李宗仁、白崇禧為核心的新桂系集團取代舊桂系，李、白二人均是臨桂人，自然對桂林情有獨鍾，於是桂林至柳州、全縣、荔浦的公路相繼建成。1934年3月，新桂系以"黨政軍聯繫會議"的名義頒佈《廣西建設綱領》，決定在全省範圍內開展大規模的經濟建設，桂林成為當時的建設重點地區。抗戰爆發前，桂林的現代工業有所發展，公營的電力廠、修械廠和私營的廣宜安機米廠、民生木機紡織廠具有一定規模。

1936年秋，李宗仁執意把廣西省會從南寧遷回桂林。據李宗仁回憶："為應付即將爆發的抗戰，我們深覺南寧距離海口太近，極易受敵人威脅。"六一抗日運動"事件結束後，我乃於廣西全省黨政軍聯席會議中陳述，為應付將來抗戰軍事上的需要，省會應自南寧遷返桂林。一則可避敵人自海上登陸的威脅，再則可與中央取得更密切的聯繫。加以桂林多山洞，是最好的天然防空設備。一省省會的遷移，往往引起人民不絕的爭執，且茲事體大，最難作出決定。但此次經我解釋後，大家一致通過，殊出人意料之外。廣西省會遷治後，果然不到半年，抗戰便爆發了。"

武漢會戰後，長江中下游地區大部淪喪，沿海工礦企業紛紛內遷，桂林成為大後方的主要生產基地。據廣西省政府統計處的統計，抗戰時期由中央和廣西開辦的公營工廠有24家，較大型的有廣西企業公司士敏土（水泥）廠、中央造幣廠桂林分廠、中央無線電器材廠、中央電工器材廠第二分廠等，其中廣西企業公司士敏土廠為當時全國六大廠之一。至於民營工業，在1939年至1940年這三年中，就有超過80家的新工廠設立，可以說是景象蓬勃。隨著工礦企業的遷入，桂林的人口也從戰前的8萬激增到20萬，到1944年更是膨脹到50多萬，為了適應戰時城區擴大和人口增長的需要，市區開行了兩路公共汽車，一路從火車南站到火車北站，一路從陽橋起經過定桂門轉桂東路、桂西路、環湖路再回到陽橋。後者有點像現代社會的觀光公交，新桂系集團1939

桂林被轟炸後的景象。

年後對桂林城市建設可是重點打造，桂林市區各馬路兩旁的人行道就是從桂東路、桂西路開始修築的。臨湖路則穿越風光照媚的榕湖、杉湖，沿湖有唐代古南門，北宋詩人黃庭堅系舟處，清末詞人王半塘故居，清代桂林畫家的芙蓉詞館等等，儼然是李、白展示桂林城市建設成就的視窗。全面抗戰爆發後不久的1937年10月15日，日軍飛機首次空襲桂林，在城郊投彈40餘枚，城內落8彈，炸毀民房39所，市民死53人，受傷200人；城郊被炸鄉村9處，民居被毀50多所，死傷農民300多人。此後直到桂林淪陷，日機對美麗桂林的空襲從未停止過。

1938年12月到1940年4月，白崇禧以桂林行營主任的身份坐鎮桂林，標榜豁達開明，不僅同意中共在桂林成立"八路軍辦事處"，還允許抗戰團體和愛國人士在桂林進行抗日文化活動。另一方面，白崇禧放話"軍統組織不能進入廣西"，桂林的政治環境相對比較寬鬆，成為中共在國統區的一處重要宣傳陣地。活躍在桂林的各種文化人士一度達到1000

餘人,聞名全國的就有200多人,比如巴金、茅盾、夏衍、梁漱溟、蔡楚生、田漢等,其中有不少被稱之為"左翼文化人士"。進步文化救亡團體在一個時期則多達近百個,由此帶來桂林文化出版事業空前繁榮。據不完全統計,最多的時候桂林共有各類書店、出版社179家,印刷廠109家,出版大小日報、晚報10種,各類雜誌近200種,書籍僅文藝專著就達1000多種。桂林成為抗戰時期名副其實的"文化城"。白崇禧曾對周恩來表示:"你們共產黨沒有在廣西發展組織,我對此很感激。"周恩來則回答說:"你們廣西政治修明,組織嚴密,工作幹部富有苦幹窮幹的精神,這都是我們同意的,我們用不著進去。"不過桂林行營一撤銷,形勢就立刻有了變化,中共南方局在1940年6月恢復中共廣西省工委,軍統、中統也迫不及待向廣西開展工作。皖南事變後,中共在桂林的"八路軍辦事處"被迫撤離。

1944年夏,長沙失守,衡陽被圍,戰火一步步逼近廣西,當局於6月27日發佈第一次疏散令,諭告桂林民眾及早疏散。張發奎回憶說:"我們決定疏散桂林,同軍事行動有

牽連的某些人,例如電臺工作人員被迫留在桂林城。省政府機關當然奉命撤離,但某些組織,例如衛生、公共事業有關的部門必須留下一部份人。"一個月後衡陽仍在第10軍手中,不少已經疏散到外鄉的人又回到桂林謀生,不過廣西省政府等機關倒是已經疏散宜山,看情況還要向桂西轉移。暫時留在桂林的廣西省政府主席黃旭初頭腦很清醒,認為"軍事當局絲毫不能指望敵不來犯,只有積極進行備戰"。8月8日衡陽失守,桂林城防司令部發佈緊急疏散令,這次還專門成立了疏散委員會管制交通,時任桂林防守司令部副參謀長的覃戈鳴晚年著文披露:"當時桂林的情況非常複雜,要疏散的人口和物資很多,交通運輸工具除了火車由戰區司令及其所屬的機構掌握安排,遇到請求疏散的機關認為安排不當由防守司令解決外,防守司令部曾下令並派部隊去控制汽車和船隻。在桂林的許許多多機關的汽車是不接受控制的,只能強制控制一部分的商車,但開出去後就不再回來。"防守司令部為此派人組織管理處辦理調控汽車和船舶,疏散人口物資的業務,然而這些部門成了營私舞弊、敲詐勒索的肥缺。防

守司令部秘書龍賢關負責調配船舶，大肆收受賄賂，有權有勢的優先配給船位，乘機大發"國難財"，後來挾鉅款跑路。第二次疏散令頒佈之後，市民普遍思想麻痺，不願遠走他鄉，桂林人口反而增加，主要是大量難民從湘南擁入。

9月11日，黃沙河不守，戰火終於燒到了廣西，防守司令部採取強制措施，發佈強迫疏散令，限三天內居民全部離城，過期一律作漢奸論處。事後又補充規定，每戶可以留壯丁一人看家，並編成壯丁隊，歸警察局指揮，維持城內治安，協助守軍作戰。但桂林市長蘇新民、警察局長謝鳳年不願挑這付擔，千方百計向層峰要求一塊疏散，自顧不暇的省政府點頭應允，桂林的員警和壯丁大部選擇出城，留下來的"義勇員警大隊"人數寥寥。這下可好，幾十萬人口的桂林成了逃難的海洋，人們紛紛倉惶出奔，一時間交通失控，秩序一片大亂。開明書店經理陸聯棠不禁痛責當局："讓人民冤枉地死到流離中去；也是一樁奇跡，要四十多萬人口和物資，在三天中間走光！慢說交通工具不足，裝不完那麼多的物資，即使光光是疏散人，也是不可能的。"

有錢人總有辦法來獲取特權，包車封船不在話下，但大多數平頭老百姓就慘了，一日數漲的車票船票不敢問津，只能靠兩條腿走路或者去擠火車。可別以為火車速度快，運量大，擁擠程度絕對超過今日"春運"，道理很簡單，那時的火車不僅班次少，而且慢如蝸牛。車頂、車架、車尾、煤車，凡是能容身之處都是人。甚至車底兩輪間的鋼條上搭塊木板，都有人躺臥在那裡等火車開動，儘管稍有不慎就有可能跌下來被輾死。陸聯棠是9月13日午後挑了行李從桂林南站上車的，直到26日早晨才到鹿寨，桂林與鹿寨之間只有短短130公里，火車竟然停停走走了將近半個月。能上這趟"超級慢車"還挺不容易，陸聯棠等三人好說歹說花了24000元買通路警，才得以從司機工作間鑽進煤車的，當然司機也從路警手中拿到了分成。然而能逃出的人終究還屬幸運，最慘的莫過於在逃難中丟掉性命。吳志雄當年是第16集團軍總部的參謀，9月中旬的一天隨同參謀長韓練成等人前往永福車站北側視察地形，就目睹了一幕"人間慘劇"。在車站北面約2華里處，有一位中年婦女從車頂跌下，大腿被車輪軋斷一大截，滿身血污，她的丈夫從車頂跳下想要救護，妻子因失血過多，雖未斷氣，但已漸漸不行。這時火車開通，丈夫猛然想起車頂上還有兩個未滿四歲的孩子，不知所措的丈夫嚎啕大哭，終於不得不放下將死的妻子，去追趕車頂上的孩子。

疏散期限一過，城防司令部派兵挨家挨戶檢查，只搜出10多個行動不便的孤寡老人，馬上就專人送到兩江圩安置。當局顯然對"疏散成績"感到滿意，宣傳隊的標語貼的觸目皆是："親愛的市民，你們放心去吧，這裡有英勇的將士們守著！"偌大的桂林變成一座只有軍隊的"兵城"，少不了發生一些敗壞軍紀的事。有一部分守城部隊看到居民有一些沒有拿走的舊衣服、鞋子、被子之類的，就破門而入據為己有，並利用到市外集鎮採購副食品的機會拿到集市上去擺地攤出賣。清城之後，為了加強對桂林的防衛，桂林守軍又準備把陣地前影響射線的房屋拆掉或燒毀。"掃清射界"的問題其實早在8月初就有人提出來，但問題是有許多豪華住宅涉及到李宗仁、白崇禧、黃旭初、李品仙、夏威這些個達官貴人或者他們的親戚，哪個敢動手？後來白崇禧

指示："陣地前妨礙射擊的房屋可以破壞，必要時可以放火燒，"同時要守城軍、師、團長具體偵察預先計畫好"掃清射界"的計畫。副參謀長覃戈鳴草擬桂林防守計畫時在"指導要領"上特意寫上白崇禧的這一指示，並規定"候令實施"。

在桂林防守計畫還沒有最後確定之前，團長以上軍官對"掃清射界"早已有了腹案，那裡的房子能燒不能燒都預先向桂林防守司令韋雲淞有過請示。有部隊要求放火燒德智中學，雖有白崇禧指示在前，韋雲淞還是予以否定："德智中學是李夫人郭德潔的，不能燒，不能破壞！"請求的團長說："如果鬼子佔領了德智中學很不好對付啊。"覃戈鳴建議："到那時再集中砲火打！"韋雲淞表示贊同："敵人佔領後再砲擊，李夫人就怪不得我們了。"砲兵要求破壞風洞山與伏波山之間的李品仙公館，理由是樓高妨礙砲兵對灕江東岸砲擊，韋雲淞同意可以爆破一部分，但不能放火。

9月17日，難民前腳剛跨出，桂林城便四處起火，黑煙彌漫。親自定下"候令實施"的覃戈鳴頗感奇怪，這也太快了吧？防守司令部不是還沒

下命令啊！怎麼又弄成一個"長沙文夕大火"？韋雲淞解釋說："是夏威總司令召集團長以上部隊長到他的公館裡下口頭命令的。"那麼夏威為什麼要繞過城防司令部下令"掃清射界"呢？覃戈鳴給出的答案是龍虎關出現了敵情，夏威除了命令從衡陽週邊撤回來的新19師對龍虎關搜索警戒外，就匆忙下令桂林守城部隊放火。覃戈鳴認為夏威明顯是錯判敵情，犯起了"恐日病"。日軍若要大舉進攻桂林，勢必使用火砲、坦克之類的重武器，龍虎關到桂林之間的古道畢竟不能滿足大軍補給需求，那裡出現敵情並不意味日軍已經兵臨城下。

城外的火勢迅速蔓延，城郊陣地原本打算利用的街道房屋也很快被火苗吞沒，火勢失控了。按照計畫第一步放火是不允許燒到城內的，可城內轉眼間也冒起了滾滾濃煙，防守司令部所在區域鸚鵡山附近，第31軍軍部鐵佛寺周圍，環湖路上的第16兵站分監部，都同時出現了火頭。分監部砲彈倉庫火情最為嚴重，不得不把砲彈投入湖中，以免引起大爆炸。留守的"義勇員警大隊"倒是非常勇敢，拼命爬上屋頂試圖斷開火路，有

的隊員從屋頂跌下殉職。韋雲淞急得亂蹦亂罵："怎麼給燒進城來！為什麼不堵住？"防守司令部起初懷疑大火是從城外吹進來的，覃戈鳴當場質疑："環湖路離城外火燒的區域這樣遠，最近的灕江東岸七星岩附近，也有三裡路以上，燃燒的木頭能吹得這樣遠嗎？"於是有人想到了漢奸搞破壞，每次敵機空襲，城內外總有漢奸發射信號彈或者用小鏡子反射陽光，以前還逮到過兩個人。韋雲淞亡羊補牢，嚴令守城各部就自己的防區展開嚴密搜索，還真搜出四個人，其中有一個身上還帶有日本造的嗎啡針數支，城防司令部軍法官陳芹聲認定這四人是漢奸，當即下令執行槍決。

第31軍輜重團搜查房屋時發現一支奇怪的香柱，這根香柱的末端綁有一條有手指粗細長約十公分包著透明紙的灰色物，上面印有"東京××火具株式會社"字樣。副團長蔣道寬不敢大意，親自報送軍長賀維珍識別此物，經過眾人鑒別，發現這是一種強烈的凝固化學燃燒劑。賀軍長當即命人在軍部附近空曠地試驗，蔣道寬親眼目睹了東洋火具的威力："把這種燃燒劑割下約花生米大的一小塊，綁在一支點燃的香柱上，香柱剛剛燃

燒接觸到這塊燃燒劑，立即引起燃燒，發出一大團耀眼的白熾火焰，向四周噴射，事先放置在燃燒劑相距約三米左右的木柴就全部燃燒起來。」真是鬼子可恨，漢奸可惡！這一把大火，把城外大部分房屋燒了個精光，江東岸和北門外一眼望去盡成「焦土」，城內總算搶救及時，許多房屋倖免於難。仗還沒打，桂林就連續遭遇疏散和大火兩次悲慘浩劫，南寧教導總隊總隊長巢威10月初調任第170師副師長，當他趕赴桂林報到時，不禁被眼前這一幕驚呆了：「西門外五裡街一帶民房，家家戶戶大門開著，物品亂丟，屋裡門外隨處都有爛櫃破箱，有的家裡還躺著完整全副的骷髏。城內房屋燒成一片瓦礫，倒牆斷壁十分淒涼，桂林在敵人未到來以前，已受到空前未有之浩劫，更勝於長沙大火。」面對巢威的疑問，韋雲淞如此回答：「燒已燒了，是沒有辦法補救的，只要我們達成任務，守住了桂林，什麼都不成問題，如果守不住桂林，城破人亡，天大的事也就一筆勾銷了。」

軍委會政治部主辦的《掃蕩報》對廣西當局的做法強烈不滿，記者南宮博用近乎憤怒的筆調描述道：「美麗、繁華的戰時大城，竟變成一個慘遭破壞的城市。從危險的前方歸來，本想桂林是安全的後方，不料市內卻處於火災、搶掠之中。我軍縱然棄守全縣，尚有興安、靈川二城，確信仍可一戰。然而城內大街兩側房屋顯然已遭搶劫，大門敞開，屋內竟無一人。軍用汽車在大街上飛馳，相當多的隊伍一隊又一隊通過。我們的軍隊遇敵不戰自潰，但對手無寸鐵的同胞卻顯示出無比英雄的威風和強暴。」

2、"小諸葛"臨戰變陣

1944年6月，白崇禧內定第16集團軍副總司令韋雲淞為桂林防守司令部司令。夏威作為第四戰區副司令長官兼第16集團軍總司令，全面負責桂北軍事，集團軍總部在永福縣城，設前進指揮所于桂林城內。

韋雲淞1889年出生于廣西容縣，17歲那年，他步行來到桂林，考入學兵營工兵隊當學兵。辛亥革命前夕，廣西成立混成協，以學兵營訓練期滿的學兵和幹部學堂的畢業生為骨幹，韋雲淞充當該協初級幹部。1920年元月，陸榮廷在南寧開辦廣西陸軍講武堂，韋雲淞帶薪入學，編在工兵科。次年夏天，孫中山派粵軍入桂討陸，韋雲淞率殘部百餘人前往百色投靠田南警備司令馬曉軍，被委任為工兵營營長。同僚中有白崇禧、黃紹竑、夏威等人。李宗仁統一廣西，韋雲淞升任團長、旅長。1926年6月，國民革命軍興師北伐，桂系第7軍主力盡出，韋雲淞負責留守後方。

韋雲淞出名是在1930年，當時桂軍傾巢入湘，回應馮玉祥、閻錫山反蔣，蔣介石策動滇軍龍雲東進廣西，圍攻省會南寧。李宗仁命令第43師師長韋雲淞為南寧守備司令，固守待援。韋雲淞不負厚望，面對人數多出幾倍的滇軍，竟然堅守南寧長達三個月，存糧吃光後他以黑豆充饑，終於贏得白崇禧回師，裡應外合擊退來敵。經此一戰，韋雲淞人送雅號“黑豆將軍”，李宗仁極為嘉獎。

如今又逢大敵當前，白崇禧認為可以把當年打內戰的經驗作為基礎，在桂林重演一次“固守待援”、“裡外夾擊”的戰術。韋雲淞有些犯難，事過境遷啊，他對白崇禧說：“健公即便給我五萬人，我也只能守一個月。按照日俄戰爭的經驗，一天預計損失1500人，30天損失45000人，

還剩5000人留著突圍。”白崇禧默不答話，他視韋雲淞為桂系中唯一“能守”的“愛將”，非要把固守的任務交給他不可。

8月初，第四戰區正式下令組織成立桂林防守司令部，11日，韋雲淞大致按照軍委會規定的編制“搭台唱戲”。防守司令部最主要的單位是參謀處，參謀處處長覃戈鳴畢業于中央軍校南寧分校第四期，原是第175師第524團團長，因扣押第525團團長黃法睿派出去販賣鴉片的衛士，勒索黃法睿交出鴉片或煙款，被認為“違反桂系內部團結原則”，免去團長職務賦閑桂林。本來覃戈鳴準備到“陸大西南參謀班”去當教官，臨走見到老長官韋雲淞招兵買馬，便又決心放下行囊繼續報效“桂系”。還在韋雲淞當第31軍軍長的時候，覃戈鳴就當過他的作戰科長、參謀處長，後來又經過韋的提拔當上第175師參謀長。韋雲淞要覃戈鳴以參謀處長的職位代理防守司令部參謀長，原因是參謀長實在不好找，桂林保衛戰事先就不被看好，一般人唯恐避之而不及。覃戈鳴代理參謀長很賣力，但也很吃力，城防司令部下轄的第31軍和第46軍，兩個軍長都是中將級，

兩個參謀長和四個師長都是少將級，覃僅是上校，在溝通協調方面有時候並不順暢。

直到8月底，終於有一位勇將自告奮勇前來"應聘"參謀長，此人就是陳濟恒。陳濟恒早年報考桂林學兵營當學兵，在舊桂系時代累官至營長。1924年，李宗仁等部改稱"定桂討賊聯軍"，李為總指揮，黃紹竑為副總指揮，白崇禧為參謀長，陳濟恒因招收土匪民團數百人槍，被委為相當於團級的支隊司令。1930年滇軍犯桂，第43師師長韋雲淞擔任南寧防守司令，下屬的第132團團長陳濟恒是副司令，後來陳在一次參觀軍事演習時墜馬傷足，裝上義肢成了一瘸一拐的跛子。1936年"兩廣事變"，李宗仁提升陳濟恒為中將參軍，事變和平解決後，南京並不承認陳的"中將"軍銜，因此陳濟恒成了廣西綏靖公署的"黑官"中將。其實傷足後的陳濟恒已差不多處於"半退役"狀態，李宗仁提升他多半帶有照顧性質，畢竟是當年一起"討賊"的老兄弟。抗戰爆發，陳濟恒在李宗仁的照顧下出任第二金礦主任，工作體面又安逸，身懷六甲的妻子當然不希望他去做什麼參謀長。陳濟恒慷慨的

說："全國抗戰，地不分東西南北，人不分男女老幼，大多做到有錢出錢，有力出力，以盡國民天職，我份屬軍人，報國之心，義無反顧，日寇侵華逼近家鄉，我決心輔助韋司令防守桂林。"韋雲淞很高興，可問題是陳濟恒的中將銜在軍委會無名，"半退役"的資歷也不夠服眾，再說參謀長一職總要有一點像樣的學歷。陳濟恒除了勇氣，以上三點都不具備，只好由防守司令部發表他為"中將參謀長"，不上報軍委會，改派覃戈鳴為副參謀長，按覃自己的話說："桂林防守司令部編制上並沒有副參謀長，但我代參謀長軍委會有案。"

桂林防守計畫最初擬定第31軍、第46軍為守城部隊，利用石山岩洞構築堅固的防禦工事。防守陣地的選定工作由白崇禧親自帶頭現場勘察。第175師副師長黃炳鈿清晰記得，那是6月上旬的一天，第46軍剛在桂林完成集結，第175師駐在南門和五裡街一帶，黎行恕就率領團長以上軍官，隨同白崇禧和韋雲淞，前往桂林南端將軍橋偵察地形。"我們登上石山一個大岩洞，白崇禧即面示城南防線，由象鼻山沿灕江左岸一個石山而至將軍橋之線，以將軍橋

至兩路口，為第一道防線，利用天然岩洞，構築掩體，並說我們所站的岩洞，形勢很好，必須派一個得力副師長駐洞指揮，岩洞接近將軍橋，可定名為將軍岩。」後來軍長、師長、團長、營長們又好幾次偵察研究，決定桂林防禦工事劃分為四個地區：河東地區（灕江以東）以二江口、觀音山、六合路口、普陀山、七星山、馬坪街口、月牙山、龍隱山之線為主陣地，以屏風山、貓兒山、筆架山、穿山為前進據點，構築一個師的防禦工事。城南地區以將軍山、將軍橋亙猴子山、石灰山、餘家村、廣佛王廟之線為主陣地，以平山、兩路口為前進陣地，也構築一個師的防禦工事。城西地區由甲山、甲山口亙雷公山、牙山、猴山、馬頭山、徐家村、德智中學，同樣構築一個師的防禦工事。以老人山、伏波山、疊彩山、象鼻山、忠烈祠、清真寺為桂林核心陣地，構築二個師的防禦工事，另以桂林北站西北高地為前進陣地，構築一個步兵團獨立作戰防禦工事。

白崇禧對桂林岩洞的防禦價值期望很高，特別組織「桂林城防工事委員會」，由黎行恕任戰術組長，覃戈鳴任總務組長，工兵監林柏生任技術指導，成員有第31軍副軍長馮璜、第131師參謀長郭炳祺等。覃戈鳴認為「岩洞防空的效果很好，但作為防禦陣地就很不好辦」，首先是岩洞死角大，上下左右交通不便，比如貓兒山、屏風山、普陀山都不能以輕重機槍的火力互相支援。岩洞石質堅硬挖掘困難，構築掩體和交通壕很成問題，岩洞洞口的方向、大小又不一定合乎掩體要求，沒有兩個洞口的岩洞用來作掩蔽部已經不得不有所顧慮，用來作火力掩體擺死在那裡無法變換陣地，更成問題。再說石山的堅固程度註定存在跳彈現象，到時候跳彈和碎石亂飛，還不是徒增傷亡。本來說好有一部開山機調來桂林使用，結果不僅機器沒來，連中央的工兵部隊都先後離去。比缺乏工兵器材更離譜的是，請領的鋼筋水泥遲遲不到位，防守司令部只得指示部隊購買鐵釺、鐵錘打眼，再用黑色炸藥爆破，利用石塊、木料砌成掩體，用石灰代替水泥。比較重要的陣地週邊構築鐵絲網、鹿砦、木柵等坦克容易接近的地方挖上一條防坦克壕，有些地方還重點埋設觸發地雷。

不少守城官兵對桂林的防禦工事倒是信心十足，第131師師長闞維雍在家書中這樣寫道："桂林天險，加以工事完成，真所謂金城湯池，不獨不怕敵人來攻，正恐其不來攻。誠如本師某士兵對答夏總座（夏威）之詢問稱，當然可以守三個月，若敵人不來，則費如許心機構築這樣強固工事，真系陰功（吃虧）了。"象鼻山守軍在回答外界疑問時說："只要糧食接濟不斷，我們可以守到頭髮白。"

9月13日，白崇禧臨陣變卦了。在桂林作戰會議上，覃戈鳴報告防守桂林的作戰計畫草案，他回憶說："在我作報告的時候，除了第16集團軍參謀長韓練成和白的少將高參孫國銓外，所有參加會議的部隊長和幕僚都不知道原來用兩個軍四個師守城的計畫將要變更。"白崇禧先是沉默不語，靜聽草案引起的兩點爭論：第一點爭論是關於第31軍和第46軍的作戰地境線問題，覃戈鳴把桂林城一分為二，東半部歸第31軍，西半部歸第46軍，黎行恕不同意，提出第46軍只負責城西，城內全部歸第31軍。黎行恕的理由很充足，第31軍的兩個師都是作戰師，而第46軍的第170師是後調師。覃戈鳴揣度黎行恕，無非想要第31軍在北面和東

第31軍第131師師長闞維雍。

面抵擋日軍主力，自己向西突圍容易些，當即反駁說："這樣第31軍被迫退守城內時，由於城郊主陣地戰鬥損耗，兵力就不夠，無法守下去。"第二點爭論是關於灕江東岸的守備兵力和防守司令部總預備隊兵力的問題，草案主張江東放一個團，總預備隊控置兩個團，賀維珍認為"江東岸的普陀、月牙山瞰制城內，地形重要，必須配備兩個團"。

基於各自的立場和利害關係，會場爭論不休，一時半會也爭不出什麼解決方案。韓練成在白崇禧示意下開腔："守城必須有城外機動部隊策應，擺兩個軍在桂林防守是下策，

只用一個團的兵力守核心陣地，把主力調出去機動攻擊敵人的側背才是上策，但為命令所限，不能這樣做，可以採取中策，即把若干兵力調出去機動策應桂林的防守。」韓練成說完，白崇禧接著說：「守城必須有城外支援，本來兩個軍守城吸引消耗敵人的兵力，再以機動的主力軍從外邊反包圍，在桂林打一個會戰是可以的，大家有信心，很好！可惜中央在貴州的主力軍不來了，因此抽出若干兵力到外面去是必要的。」這下輪到與會的部隊長、幕僚長沉默了，覃戈鳴和黎行恕、賀維珍你看看我，我看看你，敢情我們都是白爭。

10月初調到桂林任副師長的巢威後來分析，白崇禧改變桂林防守計畫原因有二：一為吸取衡陽保衛戰失敗的經驗教訓，方先覺第10軍以四個師守備衡陽，週邊有兩個軍協同作戰，尚不能守住衡陽，桂林如以兩個軍守城，外無協助作戰的部隊，勢必難達成固守桂林的任務。二為保存「桂系」實力，兩個軍守在桂林，萬一拼光了豈不賠了老本，但又不能不守，畢竟日本人打到桂林老家來，放兩個師打一陣剛好。白崇禧變更四個師守城為兩個師守城，接下來就要考慮誰走誰留？也就是保存哪兩個師？覃戈鳴回憶說：「這是個秘密會議，不僅我沒有參加，韋雲淞、賀維珍也沒有參加，因為我們是被指定留在城內『死守』的。」白崇禧的決定似乎並不痛苦兩難，第46軍軍部、第46軍第175師、第31軍第188師調出去，桂林防守司令部、第31軍軍部、第31軍第131師、第46軍第170師留下來。

這種破壞建制的抽調法引起軒然大波，輿論普遍認為之所以調走第175師和第188師，完全是私心作祟，第175師師長甘成城是夏威的外甥，第188師師長海競強是白崇禧的外甥，舅舅當然不願意「外甥部隊」在城內死守犧牲。另一方面，不說「舅舅外甥」，第175師和第188師的實力要比第131師、第170師強，如果留在桂林的部隊全部犧牲，由這兩個師重新擴編起來相對容易許多。至於為什麼留賀維珍而去黎行恕，覃戈鳴一針見血地指出：「黎行恕在李宗仁、白崇禧身邊當高級幕僚的時間很長，又是桂北陽溯人，而賀維珍是江西人，在政治上雖然屬於桂系，但歷史淵源不深，親疏關係還是顯而易見的。」

白崇禧另外還調走了第31軍副軍長馮璜，馮的新職務是中央軍校第六分校主任。據馮璜回憶，韋雲淞當時就當著賀維珍的面鄒著眉頭對夏威說：「第46軍調出去了，第188師也調出去了，只剩下第131師和第170師兩個師，一個軍的兵力都不夠，我看防守司令的職務由賀軍長擔任就夠了，不必要我來負責吧！」賀維珍唯恐夏威批准韋的請求，急忙搶著說：「防守司令還是由副總司令擔任為宜，因第31軍只有一個師，第170師是第46軍的，其他部隊是中央配屬的，只有副總司令才好指揮。」夏威聽了韋、賀二人互相推卸的話後開口道：「上級已經指定世棟（韋雲淞）擔任司令，不好變更，希望宣廷（賀維珍）好好輔佐，共同擔任這個重擔，完成任務，才不辜負德、健兩公的委託和期望。」美國人可不會說中國式的「官話」，陸空聯絡組在撤離桂林時坦率地說：「死守在城裡等敵人圍攻，我們美國沒有這種戰術。」

張發奎本人則對白崇禧的臨陣變卦不願多談，他在回憶錄中含蓄地寫道：「桂林孤立的戰鬥，雖然限於最高統帥部嚴格的命令和白將軍親自的指揮，但我身為戰區司令長官，眼見這個防禦不會得到成果，而白白地將數萬守軍拖入死亡的墳墓，在戰術上與人道上都令我感覺難忘的痛苦。」瞭解內幕的巢威把話說的非常直白：「張發奎認為白崇禧為了保存桂系的實力，過分干涉長官部的指揮權，表示不滿，因此，張、白髮生意見，張發奎將桂北軍事指揮權，交給副長官兼第16集團軍總司令夏威負責，張對桂林作戰指揮事宜，置諸不問。」李漢沖曾對張發奎說：「你是戰區司令長官，負有整個會戰勝敗的責任，桂林得失，關係重大，為什麼不堅持你的意見？將來桂林不保，你亦將成為十手所指，難逃罪咎。」張發奎喟然曰：「反正是廣西的事，廣西的人，我何必得罪他們，即令桂林失守，究竟誰負責任，自有公論。」

守城兵力減少一半，覃戈鳴只能重新規劃縮小防守陣地，可桂林東、南、北三面陣地都不好割捨，權衡利弊只能把相對次要的西面主陣地縮到甲山南北之線，德智中學、侯山腳、侯山隘等西郊主陣地改為前進陣地或警戒陣地，一些兵力不及的工事只好忍痛破壞。但即便如此，陣地也只是縮小了約四分之一，防守司令部和第31軍軍部各只控置一個營擔任警衛兼預備隊，兵力實在是抓襟見肘。韋雲淞按耐不住，不禁對白崇禧說："吃黑豆精神固然要發揚，但桂林城區這樣大，兵力這樣少，其中一師多是新兵，叫我如何去守桂林？請再增加一個師。"韋雲淞的要求很強硬，白崇禧只好抽調第175師第523團第1營和第188師第563團第1營參加守城，除此再不願多留部隊。韋心淞心灰意冷，私底下和覃戈鳴談起將來如何辦的問題，彼此均毫無信心"死守三個月"，都把希望寄託於"打到一定程度向白崇禧和夏威請求准予突圍，他們一定可以向蔣介石力爭批准突圍的"。

3、危城前夜

桂林守城部隊從四個師變成兩個師，原先準備留下支援火力的中央軍第48師戰車連也悄然撤離。韋心淞哪還有什麼心思發揮"黑豆精神"，覃戈鳴未雨綢繆，制定出"突圍"三案：第一案，向西面突圍後轉向西北方向，向龍勝、融縣、三江山區逃逸。第二案，先向南面突圍，再轉向西北方向，南面是日軍南進的基本方向，肯定要避開。第三案，向東

面開溜，先到灌陽山區躲一躲，再伺機逃亡。韋雲淞挺來勁，為此特別安排親信葉振文去當臨桂縣的縣長，尋找桂林附近熟悉大小道路的本地人，以便突圍時好從小路逃命。韋雲淞想的周到，還向美國人索要了一隻橡皮艇，預備在混亂時偷渡灕江劃向臨桂東鄉。第48師戰車連撤退時留下一輛破爛坦克，韋雲淞幾次想要找人修理，以備突圍時使用，怎奈缺少零件而作罷。

覃戈鳴同樣有準備，不知從哪裡找到一件皮袍，打算突圍前化裝成老百姓，逃命路上也好當被子蓋。他還請了幾天假到桂東鄉丈母娘家轉了轉，目的是熟悉地形，避免慌不擇路，萬一跑不出去也好先躲躲風頭。和韋雲淞、覃戈鳴的突圍"小算盤"相反，參謀長陳濟恒沒打算要走，他的想法就是"死守待援"，複製一場類似當年南寧守城一樣的保衛戰。別看陳濟恒腿腳不利索，視察督導構築工事可是十分勤快，韋、覃原計劃留作突圍時利用的德智橋，一不留神就被陳濟恒命令部隊把橋面木板給燒掉了。"跛腳將軍"的"黑豆精神"令韋、覃感到汗顏，這橋面自然不好意思再叫人去修復。

韋雲淞在張發奎面前可是判若兩人，他一再表示完全有信心有能力守住桂林。張發奎回憶說：「考慮到守城要挨過很長的日子，韋部軍官要求准許留一些婦女充當軍妓。也許有一些壞女人願意留下，但我沒有批准這一要求。我們中國人不允許這類陋規。此外，我告訴他們，一旦桂林失守不能讓這些婦女遭受浩劫。」

10月10日，桂林防守司令部策定作戰計畫如下：

第一 方針

防守軍以確保桂林之目的，以主力固守城北要點及杉湖、榕湖以北城區為核心陣地；以一部固守近郊各要點，掩護核心，採取持久防禦，吸引膠著敵人于桂林近郊，俾與我外線兵團協力合計敵人而殲滅之。

第二 指導要領

一、作戰初期，於鐵坑、海洋墟、高上田及甘棠渡分別派出前進部隊，遲滯敵之前進，並嚴密搜索警戒。

二、敵無論從任何間隙部分突入，皆應以逆襲手段消滅敵人於陣地之內，非至萬不得已決不使敵達成縮小包圍之目的。

三、戰況縱使慘烈至最高度，非但核心陣地內各要點必須絕對固守，即近郊具有獨立戰鬥能力之支撐點，亦必以小部隊固守不棄。

四、於敵攻擊準備或對峙期間，應相機派小部隊出擊敵人，以消耗之兵力，妨害敵準備，爭取主動，但須講求減少損害之法，勿使本身兵力作無益之損耗，期能持久。

五、若我外線兵團攻擊得手，除核心各要點留置必要之部隊外，應以主力夾擊敵人，以達成殲滅敵人確保桂林之目的。

第三 兵力部署

一、軍隊區分

桂東前進部隊

第170師副師長巢威

第175師第523團第1營

第188師第563團第1營

第131師搜索連

第31軍通信營有線電及搜索營無線電各一班

桂北前進部隊

第31軍搜索營營長譚鎮奎

第31軍搜索營

江東獨立守備部隊

第131師第391團團長覃澤文

第131師第391團

第31軍山砲營第2連之一排

第31軍工兵營第1連之一排

第131師防毒連之一排

第131師無線電手搖機無線電報話兩用機各一部

第31軍第3野戰醫院（欠二分之一）

北地區隊

第131師師長闞維雍

第131師（缺第391團及防毒連之一排）

南地區隊

第170師師長許高陽

第170師（缺第510團）

第31軍山砲營第2連（欠一排）

砲兵隊

砲兵第29團團長王作賓

第31軍山砲營（缺一連）

砲兵第29團山砲一連

砲兵第10團榴彈砲一連

第93軍野砲一連

第31軍工兵營第1連（欠一排）

工兵隊

第31軍工兵營營長彭伯鴻

第31軍工兵營（缺第1連）

高射砲隊

砲兵第47團第4營營長劉慧生

城防高射砲營（2公分及3.7公分高射砲各四門）

預備隊

新19師第57團第2營

（第175師第523團第1營、第188師第563團第1營爾後均列為預備隊）

二、桂東前進部隊，應以海洋圩為中心分派部隊于潮田圩、鐵坑、高上田各附近選擇要隘佔領陣地，以遲滯敵之前進，並向龍虎關、灌陽、興安各方面之敵嚴密搜索警戒，候命逐次向桂林撤退。

三、桂北前進部隊，應在甘棠渡及大面圩各附近逐次抵抗遲滯敵之前進，並與第93軍保持聯絡，對湘桂路正面之敵嚴密搜索警戒，候命向桂林撤退。

四、江東獨立守備隊，應以主力固守灘江（桂江）東岸之月牙山、會仙山、七星岩、屏風山等要點，以一部機動妨害敵之渡河攻擊。筆架山、矮子山、貓兒山等陣地前要點應派小部隊佔領。

五、北地區隊，應以主力始終固守伏波山、紫金山、皇城、驪馬山、桂北山、孔明台、老人山、犁頭山、風洞山、鸚鵡山、清塘山、馬鞍山、龍山、觀音山、虞山、呂祖山等要點為核心陣地，以一部固守清潭山、大頭山、飛鳳山、芙蓉山、扁崖山、鳳凰山、平頭山間地區各要點，確實掩護核心陣地之西北面，以堅韌持久之戰鬥逐次消耗敵兵力，待至有利時機與外線友軍協力殲滅敵人于桂林近郊。

六、南地區隊，應於杉湖、榕湖南北及兩側地區編成最強固之陣地拒止敵人突入，並固守將軍山、鬥雞山至善巖、象鼻山、護城河、牯牛山、白崖山、老君洞、雷劈山、奈子山間地區的石山陣地，掩護桂林城的西南面，以堅韌持久之戰鬥逐次消耗敵兵力，待至有利時機與外線友軍協力殲滅敵人于桂林近郊。

七、戰鬥地境（略）

八、砲兵隊應將陣地分散配置於伏波山、水東門間體育場內，及騮馬山、護城河左岸李子園附近，並在皇城內桂林中學、高等法院等處選擇預備陣地，應能隨敵主攻方面之變換，以火力支援北地區隊或南地區隊之戰鬥；以一部火力支援江東獨立守備隊之戰鬥，必要時以一部火力制壓敵砲兵。

九、工兵隊以擔任阻絕及破壞作業為主：

（一）陣地前或陣地內可資敵用或妨害我射擊之建築物，經核准者應即爆破。

（二）桂林附近各橋樑應即準備破壞，候命實施（中正橋及文昌門橋另令處置）。

（三）各地區隊與守備隊，關於地雷及手榴彈的埋設及街市阻塞等作業，均由工兵隊統一計畫指導實施，但我方須利用的通路候命再行阻絕。

十、高射砲隊應于騮馬山南端、高等法院附近、第一監獄及中山公園等處佔領陣地，以掩護砲兵主力及牯牛山、象鼻山、七星岩、屏風山、虞山、呂祖山等重要據點為主。

十一、預備隊位置於鸚鵡山附近。

十二、防守司令部在鸚鵡山中國銀行，並在孔明台設置指揮所，以第31軍軍部所要人員編成。

第四 情報（略）
第五 通信（略）
第六 補給（略）
第七 衛生（略）

桂林防守司令部的作戰計畫洋洋灑灑，代參謀長覃戈鳴想必花了不少功夫。然而，稍具軍事知識的人都會質疑，偌大的桂林區區兩個多師，能"堅韌持久逐次消耗敵兵力"嗎？何況還要"待至有利時機與外線友軍協力殲滅敵人于桂林近郊"。防守計畫做的再好，沒有力量去實施，到頭來終究還是白搭。張發奎在他的口述回憶中，這樣描述當時的情形："留下守備桂林的第131師與第170師，前者戰鬥力最差，後者系全部新兵的後備師。計畫改變後，守城官兵都認為無異把他們送葬于桂林，憤憤不平，因此軍心渙散、士氣低落、紀律廢弛、逃亡日增。白崇禧命令柳慶師管區徵集新兵補充桂林守城部隊，將未經訓練的補充兵送上陣地。他下令囤積三個月糧彈，實際上不足一個月之用。而當桂北軍事緊張時，他已回重慶去了。"

第170師副師長巢威1962年10月寫了一篇《桂林防守戰之回憶》的文史資料，披露了當時的糟糕情況："留在桂林的官兵，在部隊調動時，紛紛議論，白崇禧這次改變計畫的目的，是為自己打算不顧民族利益，原計劃以二個軍守桂林，尚恐兵力不足，現以兩個師守桂林，又要死守三個月，這不是把二

萬多人的生命葬送于桂林嗎？人心惶惶不安，人人心懷鬼胎，個個打算自己的出路。韋雲淞、賀維珍、闞維雍、許高陽等高級將領，都認為上了當，受了欺騙。軍人以服從為天職，敢怒不敢言，明知以兩個師守備桂林是白崇禧拿來做幌子的，失敗命運是決定了，個人生死存亡付諸天。韋雲淞把城防工事費三千萬元，大部分收入他的私囊，賀維珍等領取全部官兵三個月薪餉和主副食費代金及一切費用，僅攜帶20％現金入城，絕大部分經費，交給他們的夫人向大後方疏散去了。中下級軍官的思想更加紊亂，有的認為這次守城，是凶多吉少，將自己的財富派人送回老家去，有寫遺囑的，有托妻寄子的。下級軍官也有逃跑的，士兵逃的更多，有如楚霸王八千子弟兵在九裡山四面楚歌一樣。"

白崇禧本人同樣寄妻托子，他把老母、兄嫂、妻兒安頓到榮譽軍人生產事務處處長莫樹傑的六寨老家中。據莫樹傑回憶，因彼此關係很深，白崇禧對他談盡肺腑之言，白說"廣西頂不住這場戰事，桂林是守不住的，就算日本打通大陸走廊，在盟軍的強

大攻勢之下，其失敗的命運已成定數，所以現在蔣介石正保存實力，運籌勝利後的國內局勢。廣西前途實在可慮」。當時李宗仁夫人郭德潔、夏威夫人陳明厚等都停留莫家轉赴重慶。可能是事情比較多，白崇禧來接老婆已是10月末，馬佩璋十分生氣，粉拳打在白的脖子上：「人家郭德潔早就走了，你到現在才來？」莫樹傑奚落白崇禧，「小諸葛」可以指揮千軍萬馬打仗，老婆卻奈何不得。

10月上旬，日軍第58師團主力沿湘桂路推進，第93軍在興安、榕江等地節節抵抗。夏威下令巢威率桂東前進部隊進出高上田附近，掩護第93軍右翼。起初戰鬥並不激烈，日軍僅以便衣進行威力偵察，直到23日，張家坪、高上田、觀音頂各線均遭到猛烈攻擊。26日下午，第79軍第98師293團防線不守，日軍雨夜突襲張家坪以西和高上田西南兩處陣地，桂東前進部隊防備鬆懈，部分陣地旋即失守。巢威組織力量冒雨反攻，混亂中奪回一部，但天亮時又被日軍奪去。如此反復爭奪到27日傍晚，桂東前進部隊陣腳大亂，眼看部隊傷亡慘重，預備隊又已全部用完，巢威急得差點要拔槍自盡。就在戰局

頻危之際，夏威通過電話下達命令：「黃昏後實行總退卻，晚上9時全線同時撤退，11時脫離戰場，向桂林轉進。」

巢威收容殘部撤到靈田圩時，夏威改變命令，要他星夜構築工事，掩護第93軍、第79軍從湘桂路兩側退下來。當時情況比較混亂，第79軍軍長方靖剛剛到任才幾天，他回憶說：「10月29日，我軍後撤到桂林以西四合村附近拒止敵人。下午，又奉夏威命令，指定我軍第98師編足一個加強團待命，其餘部隊開至貴州整補。於是，我們立即加強該師第294團（全師各團挑選精壯官兵共有二千多人，八二迫擊砲、六〇迫擊砲、機槍齊全）。30日，由王卓如團長率領進入桂林城向韋雲淞報到。」29日下午，日軍步步進逼，桂東前進部隊處境困難，巢威把危急情形分別報告桂林、永福，夏威很快打來電話：「黃昏後向大圩撤退。」大圩位於桂林東南方向15公里，30日晨，桂東前進部隊如數到達，又奉到夏威筆記命令：「巢威將第131師搜索連等配屬單位歸還建制，率第175師523團1營、第188師563團1營向永

福轉進。"

這兩個營是韋雲淞強烈要求之下抽調參加守城的,防守計畫寫得很清楚,"爾後均列為預備隊",夏威真會替白崇禧"當家",分明想要"金蟬脫殼"。韋雲淞聞訊急忙派遣參謀人員持令前往制止:"著巢威將配屬部隊歸還建制後,迅即開回桂林城。"面對兩道不同命令,巢威還是有良心的,他認為自己的部隊是從守城部隊中抽調的,是守城部隊中的一員,應以守城為重,遂決定遵照韋雲淞之令入城。巢威要貪生怕死,大可拿著夏副司令長官的手令走人,他沒有這麼做,選擇入城也就是選擇"九死一生"。夏威不好強求,但還是替白崇禧省下一份"家當",新19師57團2營不再擔任預備隊。要回兩個營(實際人數已不足),走掉一個營,韋雲淞無可奈何,現在不是打筆墨官司的時候。

守城部隊出現變化,戰鬥地境相應調整。防守司令部將桂林劃分為東北和西南兩個地區及一個獨立守備隊,以第131師為東北地區守備隊,以第170師為西南地區守備隊,以第79軍第98師294團為獨立守備隊。韋雲淞、覃戈鳴具體部署如下:

一、第131師第391團(欠1營)為河東岸守備隊,該團以主力守備二江口、六合路口亙觀音山、菩陀山、七星岩、馬坪街口、月牙山、龍隱岩之主陣地;以一部分守屏風山、貓兒山、筆架山、穿山各前進據點。該團與師部通訊聯絡,利用現設的有線電話,在有線電話中斷時,可用無線電報話兩用機通訊。以第393團為師右翼隊,守備中正橋以北(含中正橋)鹽街沿河岸亙行春門、伏波門至北門城以東之線陣地。以第392團為師左翼隊,守備北門口(含城門)老人山、甲山、甲山口之線陣地,派一小部守備北站前進陣地。師預備隊第391團第1營位置於行春門城內。

二、第170師第508團(欠2營)守備象鼻山、忠烈祠、將軍山、將軍橋、石灰山之各獨立據點。以第510團為師左翼隊,守備中正橋以南沿河亙定桂門、南門、西門之線陣地,並以一個加強連守備清真寺獨立據點,以一連守備廣佛王廟附近之警戒陣地。以第509團為師右翼隊,守備西門以西亙牯牛山,至甲山口沿河之線陣地,並以一加強連守備牯牛山以西徐家村獨立據點。師預備隊第508團第2營位置於麗澤門附近。

三、第79軍第98師第294團守備德智中學及其以西侯山、雷公山陣地。

四、第175師第523團第1營、第188師第563團第1營為防守司令部總預備隊，控置在鸚鵡山、孔明台之間。城防司令部在鸚鵡山岩洞內。第31軍軍部在孔明台岩洞內。第131師師部在東鎮路貓兒山岩洞內。第170師師部在麗澤門外老君洞附近。

防守部隊總兵力約25000人，輕武器配備尚充足，第131師、第170師的每個連都組建了60迫擊砲排和裝備火箭筒的戰車防禦排，每連人數增加到205人。但新兵占了將近四分之一的比例，這些農家子弟未受過系統訓練，僅入伍後短期教育一個多月，對武器的使用根本談不上嫻熟。30日下午，防守司令部下達破壞桂林附近通訊電線和橋樑的命令，同時通知秧塘機場地勤人員實施破壞後迅速撤離。31日，桂林周圍爆破聲此起彼伏，日軍各部按規定路線推進，沿途沒有遇到大的抵抗。11月2日，橫山勇改變進攻部署，以第37、第40、第58師團和針支隊攻城，第3、第13師團繞過桂林南下奔襲柳州。

桂林防守司令部指揮系統表（1944年10月）

司令 韋雲淞
參謀長 陳濟恒
副參謀長 覃戈鳴（代）

第31軍
軍長 賀維珍
參謀長 呂旃蒙

第131師
師長 闕維雍
副師長 郭少文
參謀長 郭炳琪

第391團 團長 覃澤文
第392團 團長 吳展
第393團 團長 陳村

第170師
師長 許高陽
副師長 巢威 胡厚基

第508團 團長 高中學
第509團 團長 馮丕臨
第510團 團長 郭鑒維

第79軍
第98師
第294團 團長 王卓如
第175師
第523團第1營
第188師
第563團第1營

4、江東地區戰鬥

桂林城北、西、南三面石山林立，東面有灕江作為天然屏障，從地形上看，確實易守難攻。灕江以東稱之為江東地區，江東防禦工事南北長約5.6公里，自北往南依次是貓兒山、屏風山、七星山和穿山。七星山又分為普陀山和月牙山，東西長約1500米，南北寬約750米，是江東核心陣地所在。普陀山上有天璇峰、天璣峰、天樞峰、天權峰，月牙山上有玉衡峰、開陽峰、瑤光峰，七個山頭猶如北斗七星，故名七星山。七星山佈滿岩洞，其中以天璣峰下的七星岩最有名。七星岩早在五六世紀就有了文字記載，古時候曾叫棲霞洞、仙李洞、碧虛岩。它原是一段地下河道，後來地殼變動，地下河下降，露出地面成為現在的岩洞，至今已有一百萬年以上的歷史。

韋雲淞和賀維珍當初就江東防守兵力有過激烈爭執，前者主張放一個團，後者要求兩個團，理由是"江東岸的普陀山、月牙山瞰制城內，地形重要"。白崇禧後來臨戰變陣，防守江東地區的只剩第131師391團的兩個營，外加軍部砲兵營的兩門75mm山砲，總共2000人左右。391團團長蔣晃戰前被調走，繼任團長覃澤文原為第131師副參謀長，9月下旬，副軍長馮璜這樣對他說："你就要去接391團團長，擔任守備江東地區。第93軍軍長陳牧農失守全縣，已經陣法，失守平南丹竹機場的第135師團長曹震，也已經就地槍斃。"覃澤文聽得明白，副軍長是在有意提醒他，向他敲警鐘。

軍部的派令下達後，賀維珍催促覃澤文第二天就去到任。擱在和平時期，師長勢必要擺上幾桌，為副參謀長餞行，如今戰事緊急，覃澤文只帶上一個通信員，匆匆扎起行李過江到差。師部沒有派人舉行布達式，團部也沒有人組織列隊歡迎，只是臨時多加幾個菜，三個營長和直屬連隊長都到團部來聚餐而已。覃澤文後來回憶說："他們都認識我，我卻不很認識他們，但他們盼望我來的心情，在每個人的臉上已充分流露出來，在這樣簡單肅穆冷靜的氣氛中，充分顯示著一場殘酷的大戰即將來臨。"

進入高田圩附近的日軍第40師團於10月28日開始向桂林江東地區行動。29日晨，天氣陰沉，第391團防線以東3.5公里處的堯山一帶白霧彌漫，一陣陣北風吹來，灘江和石山漸漸都被濃霧籠罩，遠處響起稀疏的槍聲，老兵能聽出那是"三八大蓋"發出的聲音。覃澤文吩咐中尉副官甯德星電話通知各部嚴密警戒，並派團部特務班沿六合路向堯山方向搜索。10時許，特務班在冷水塘附近遭遇敵人，日軍先遣隊居高臨下，班長老許左小腿掛彩，急忙返回師部報告敵情。當夜，貓兒山、屏風山、普陀山各線均有零碎槍響，明顯是日軍利用夜色試探守軍的火力配備。30日中午，各個山頭陣地前都抓獲了一些老百姓打扮的人，團部一審問，差不多全是日軍強迫來踩踏地雷和試探機槍位置的。接近午夜，貓兒山突出據點打來電話，與敵人發生接觸。貓兒山地處整個江東防線的最北端，相對高度74米，東西長400米，南北寬250米，由五個小山頭組成，北面懸崖峭壁，有利於防守，南面則坡度較緩。貓兒山四周地形開闊，距離灘江最近處約400米，往南1300米是屏風山陣地，別看現在西南面別墅林立，那時全是農田和甘蔗地。貓兒山山間多有岩洞，足可隱蔽一個營的兵力，可惜391團兵力不夠，只有3營的兩個排防守。一小隊日軍突然從甘蔗地冒

出，向貓兒山陣地威力搜索，經三小時戰鬥，被守軍擊退。

31日，日軍第40師團全部到達七星岩東側及北側地區。傾盆大雨中第235聯隊偵察兵一度突入貓兒山一角，3營及時派隊逆襲，才把敵人壓下去。與此同時，日軍趕來十餘頭耕牛到普馱山後面踩踏地雷，可能是牛聽不懂東洋話，到了外壕邊就停下腳步吃起草來，日軍也不敢靠上前驅趕。中午雨止，三架盟機穿出雲層，甯德星拿起望遠鏡直往普陀山頂跑，他在日記中寫道："飛機飛得比堯山低，側著翼，似乎在搜索地上的目標，我從望遠鏡裡望見幾個不沉著的敵兵在跑動，這是我第一次看見盟機在我們陣前活動，也是第一次看見進攻廣西的敵兵。炸彈投擲下去，一團一團的濃煙從山腰、山腳冒起來，可惜看不出裡面是否夾有敵人的血和肉。"晚上，一頭耕牛踩中地雷，第二天成了守軍的豐富菜肴。日軍乘著夜雨漆黑，故意發出用各種離奇古怪的聲調，試圖擾亂視聽，摸清陣地情況。確有少數新兵耐不住氣，蹲伏在冷雨中，不管射擊是否有效，扣動了機槍扳機。

第40師團師團長宮川清三為了

進一步偵察桂林地形和守軍狀況，命令第234、第236聯隊繞過江東陣地，分別從南北兩端偷渡灕江，接近桂林城區。11月1日，兩個聯隊的先頭人員都發回了偵察報告："桂林市區未發現強大兵力，估計最多不過兩個師。市區北側地形險要，防守堅固，重慶軍抵抗亦很頑強，小部隊根本無法靠近，即便使用坦克也很困難。市區南側雖也有部分險要地帶，但比較容易進攻。"宮川清三向上級提出建議："為一舉擊破敵軍，師團需將主力向桂林南側地區移動，當敵退卻時立即予以圍殲。"橫山勇回電同意。然而正當第234聯隊和獨立山砲第2聯隊完成南移時，橫山勇改變主意了，他下令已轉移到灕江西岸的兵力重新撤回東面，第40師團仍按原定計劃由桂林東側進行攻擊。這一突然變動主要是因為第40師團南面的第13師團改攻柳州所至。

宮川只得把渡過灕江，逼近桂林北門的第236聯隊調回東岸，他重新擬訂了進攻方案："第235聯隊攻擊灕江東岸七星岩附近的重慶軍陣地；第236聯隊從七星岩西北一帶渡江，攻擊對岸之敵；第234聯隊作為預備隊部署在七星岩南側；山砲兵聯隊全力配合攻擊七星岩及其以北灕江東岸重慶軍前進陣地；工兵一部配屬進攻七星岩的部隊，主力準備支援渡江部隊。"此時，第235聯隊通過各種手段，已經大致掌握了江東地區的防禦情況："七星岩附近的山與當地其他各山相同，幾乎都是石山，處處都有洞穴，估計無論如何轟擊都難奏效。七星岩一帶東正面為防禦主體，東端有營房，周圍設有圍繞鐵絲網的陣地。灕江東岸的村莊全部燒光，清除了射界。桂林附近的灕江不能涉渡，江面較東京的隅田川稍窄，中正橋依然存在，未遭破壞。"

顯而易見，即便是235聯隊單挑391團的話，江東防禦陣地無論是火力還是人數都居於劣勢，更何況宮川清三還有234、236聯隊。

11月1日，日軍先拿穿山"開刀"。穿山地處江東防線最南端，山高148米，上有五個小山頭，山南陡峭，西北面稍緩，距離月牙山2.4公里。現在的穿山和月牙山之間是桂林市七星區的繁華地段，桂林國際會展中心、甲天下廣場、桂星大酒店矗立其中，完全想像不出當年全是農田和村莊的模樣。守穿山的只有391團2營6連一個排，排長楊建未組織抵抗即帶領全排撤到了月牙山。他向覃澤文報稱：「昨晚敵人猛攻我排，戰鬥非常激烈，我排支持不住，於是全排退下。」覃澤文問：「傷亡多少人？整排全部退下否？」楊建答道：「沒有死傷，全排退下，一個沒有失落。」覃澤文聽了異常惱火：「既然戰鬥非常激烈，為何一個沒有死傷？既然沒有死傷一人，何來支持不住？未有命令擅自撤退，放棄陣地，這是軍紀所不能容忍的。」

覃澤文隨即把情況電話報告賀維珍，賀指示嚴肅處理，立即執行，以肅軍紀。翌日風雨大作，覃澤文指定寧德星率特務排武裝兵一班執行槍決任務：「第6連中尉排長楊建臨陣退縮，擅自放棄穿山陣地，著甯副官率兵前往拘扣，就地執行槍決具報，仰即遵照，此令！」寧德星有些犯難，他和楊建是多年的同學、同事，而且是要好的朋友，穿山那麼大，兵力只有一個步兵排，誰去當排長也沒辦法。也許是看出寧德星的猶豫，覃澤文補充說：「要快！走脫了你要負責！」楊健排長伏法一事很快傳開，391團從此軍威大振，官兵執行任務，再不敢苟且馬虎。

4日晚上，日軍對江東陣地展開大規模攻勢，第234聯隊第1大隊目標普陀山。大隊長鈴木竹夫以第1中隊及工兵一個小隊為敢死隊，攜帶梯子、大鐵剪、爆破筒、炸藥包、火焰噴射器等裝備，試圖從普陀山東端的星子崖殺開一條血路。出發之前，鈴木特地舉行了誓師儀式，發給每人一支所謂的天皇御賜香煙。日軍敢死隊在夜雨中匍匐前進，竟鬼使神差般繞過了地雷區，當他們爬到防坦克壕時，即在壕邊向下挖土，形成一些可以過人的滑坡。一切仿佛都很順利，工兵開始鐵絲網破壞作業，步兵則在後邊焦急的等待。星子崖守軍是391團1營3連，該連的山下隱蔽哨發現日軍來襲，立刻電話報告黃英毅連長。隨著山上一陣短促的火光亂閃，迫擊砲呼嘯著準確落到防坦克壕和鐵絲網之間，日軍第1中隊中隊長柴田當場被炸死，原來守軍在戰前早已測量好重要地方的射擊諸元。照明彈緊接著把陣地照得猶如白晝，日軍奇襲失敗，改用強攻，用爆破筒將鐵絲網炸開一處缺口，第1中隊和工兵小隊冒死沖向星子崖。

黃英毅連長帶領200多個弟兄，一次次打退日軍衝鋒，在我濃密火網面前，敵人伏屍累累。工兵小隊長真砂都留夫急令火焰噴射器噴火，守軍預防不及，幾處機槍陣地煞時被高溫火苗淹沒。面對潮水般擁上來的日軍，黃英毅連長挺身與敵格鬥，午夜時不幸中彈陣亡。星子崖大半陷入敵手，殘餘官兵且戰且退，不少日軍滲透到普陀山頂。3連一個炊事員跑回來報告戰況，覃澤文指示1營派兵逆襲，寧德星的日記這樣描述當時的情形："黎明，雨還是在下著，比午夜更冷，我們的逆襲部隊——第1連——已開始和敵軍激戰，因為兵力過少，而且山的周圍地形開闊，攻擊時死傷甚大，逆襲無法奏功，團長看見情形如此，只好下令暫時停止攻擊，在原地監視敵人行動。"

覃澤文連夜召開緊急會議，星子崖失守和普陀山頂滲入日軍，無疑是江東防禦陣地心腹大患。研究決定繼續組織兵力反攻星子崖，同時派出精幹力量搜索普陀山頂。逆襲兵分兩路：1營1連加強2個重機槍排、3個60mm迫擊砲班，沿普陀山南端向星子崖西端攻擊；2營4連、6連和3營9連各抽一排組成一連，加強22個重機槍排、3個60mm迫擊砲班，沿普陀山北端向星子崖西北端攻擊。搜山部隊：灕江西岸趕來增援的師搜索連和2營5連，加強1個火箭筒排、1個82mm迫擊砲排，由霸王坪逐步向東搜索。

一切準備就緒，各部隊依照計畫冒雨行動。天色微明，逆襲隊一度沖上星子崖，奪回掩體數個，日軍拼死相抗，1連連長負傷，9連排長陣亡，士兵死傷120餘人。鑒於傷亡太大，覃澤文指示督戰的副團長吳伯衡，留下1連一排及重機槍一排固守普陀山東端，監視星子崖日軍，其餘歸還建制。掛斷電話，覃澤文把注意力轉移到搜山隊。盤踞山頂的日軍大約六七十名，隨身攜帶大量擲彈筒和手榴彈，且都經過山地戰訓練。天機峰傾斜急峻，石牙突銳，搜山隊仰攻極為困難，難以接近山頂。覃澤文心急如焚，帶著寧德星及幾個衛士，親往山頂觀察，他下令用火箭筒制壓日軍火力。寧德星日記記載："曾副官把團長的命令轉知宋連長後，火箭筒即開始猛烈射擊，一團團的火石滾下岩來，一群群的小石，在空中飛舞。步兵在火箭筒強烈的火力掩護之下發起了衝鋒，士卒因見團長親自督戰，尤為奮勇，蜂擁一般地沖上山去。"到了半山，火箭筒已無法射擊，日軍躲在石隙裡不停地往外投擲手榴彈，覃澤文親眼看到弟兄們一批批倒下，最後的20米距離始終難以登頂，不禁泫泫墮淚。地形註定只有徒遭損害，覃澤文決心不再強攻，他只要2營5連確實佔領有利陣地，嚴密監視敵人行動，不讓敵人輕易下山峰。

貓兒山戰鬥同樣激烈。5日晚上，日軍第236聯隊一部連續發起波浪式衝鋒，守軍最後只剩下兩個排長和寥寥幾個弟兄。其中有個士兵叫甯快然，僥倖突圍跑回團部，他向覃澤文詳細報告了經過："我們幾個人一同下山後，王排長和三個弟兄不見了，只剩我們四個人一起走，又給敵人追進河裡，他們不大會游泳，都溺斃在河裡，我一個人遊過對河，從中正橋回來的。"貓兒山易手，南面1.6公里處的屏風山完全暴露，日軍平射砲猛轟守軍工事，另一部配備火焰噴射器，從山腳慢慢向上接近，守軍一個連堅持到6日天明，全部犧牲。覃澤文明知屏風山危急，卻苦於無兵增援，幾次派人前去聯絡，全都一去不回。午夜，團指揮所附近突然槍聲大作，滂沱大雨中也分不清日軍上來多少人。幸好覃澤文身邊的特務排裝備精良，美造三〇三機槍大顯神威，日軍知難而退。

貓兒山、屏風山相繼失守，月牙山又正被日軍第235聯隊第2大隊圍攻之中，位於七星岩口八角樓的391團團部，不僅直接受到日軍砲火威脅，還面臨滲入之敵襲擊。7日黃昏，覃澤文把指揮所遷移到七星岩內，他通過無線電向賀維珍報告戰況："目下各營聯絡已斷，但憑軍人報國的滿腔忠心，保證有一個掩體打一個掩體，有一個人打一個人……"話沒說上幾句，信號中斷，任憑通信兵如何擺弄再也叫不出來。日本防衛廳戰史《廣西會戰》對江東地區戰鬥著墨不多，只是簡單寫道："第40師團攻擊灕江東岸地區，特別是以七星岩為中心的重慶軍陣地是11月4日以夜襲開始的。第234聯隊第1大隊7日晨攻佔七星岩頂端，隨後封鎖洞窟入口繼續攻擊，7日傍晚終於完全奪取了七星岩高地。第1大隊連續四天的攻擊非常猛烈。"

失去聯絡的月牙山守軍還在抵抗日軍第235聯隊的進攻，直到8日晚上，第234聯隊從普陀山趕來支援，喊殺聲才漸漸平息下來。江東防禦陣地最後只剩下七星岩。說來奇怪，七星岩內聽不到外面的槍砲聲，若不是傷患發出痛苦的呻吟，似乎感覺不到戰爭氣氛。據覃澤文回憶，當時岩內估計不下千人，主要是非戰鬥人員和傷病員，還有少數零星退卻進來的官兵。原391團輸送連排長黃海潮記憶中似乎沒有那麼多人，他說：「當時的戰鬥人員不多，只有機槍連，我離開七星岩時，那些活著的還能夠打仗的人，以及擔架排的人、醫護人員、飲事班的人等等，能打能走動的人總共加起來不到300人。」不過黃海潮具體不清楚傷病員的數目，他只負責那些「能打能走動」的人的給養。

日軍不知岩內虛實，不敢貿然進入，先用燒夷彈砲擊七星岩最大的入口前岩，利用北風使勁把煙霧往岩內吹灌。其他幾個諸如朝天岩、豆芽岩的岩口，全部用機槍火力封鎖，目的就是要把守軍熏死、困死在七星岩內。覃澤文派團附從後岩出去打探情況，久久不見回報，副團長吳伯衡自告奮勇，願意出岩探個明白，許久亦無回報。9日晚上，防毒排在前岩附近發出毒氣警報，岩洞內頓時秩序混亂，凡是能跑動的人全部擁向還比較通氣的後岩。覃澤文回憶說：「當時我非常苦悶而焦急，思緒萬千，自盡嗎？坐以待斃嗎？還是突圍一拼呢？」寧德星的一句話促使覃澤文決心突圍：「報告團長！副團長、團附和曾副官他們都突圍走了，我看團長

也可以走了。」覃澤文後來承認：「是寧德星的提醒，把我發呆絕望的思想，拉到了另一個方向，我想副團長、團附都借機出走，我突圍諒無殺頭之罪，而且突圍一拼，死則搏敵成仁，生則重振旗鼓以報仇，仍不愧對國人。」

臨近10日淩晨，覃澤文、寧德星帶著特務排10余個人，利用日軍機槍間隙，從後岩躍過火力封鎖地帶，幾經周折通過鐵絲網，找到通向大圩的公路。檢查人數，才發現只剩下三個人，覃澤文一行日宿夜行，最終成功突出。寧德星一夥人倒是命大，他們混亂中向月牙山沖去，發現敵人後掉頭往大圩方向狂奔，竟也逃出生天。然而大部分官兵遠沒有這樣幸運，尤其是那些行動不便的傷病員，黃海潮堅信他是最後一個逃離七星岩的倖存者：「走到後岩，我發現有人在爬沙包，沙包堆得很高，也很滑，我爬了幾次都沒有成功。這時，溫排副來了，我就說：『你推我上去，等下我再拉你上來。』溫排副二話未說，蹲了下去，我坐到了他的肩膀上。正往上爬時，突然聽到洞裡響了三聲，我以為是日本兵投進的手榴彈，趕緊往上爬。我的大半個身子剛

爬出槍眼，就聽溫排副說，'排長你快走吧，我可能不行了'。接著是一片痛苦的慘叫聲。我不知洞裡發生了什麼情況，拼命鑽出了槍眼，跌到了洞外面。"黃海潮說，他後來才知道那三聲像手榴彈一樣的響音，其實就是毒氣彈。

抗戰勝利後，廣西省會警察局牽頭組織清潔隊搜岩撿骨。據《廣西日報》1945年11月20日載："七星岩內搜尋結果，岩內尚餘忠骸八百餘具，盡屬廣西子弟。計有303輕機槍連，該連長死時尚作緊握馬韁姿勢，忠馬亦死其旁，想為作戰中毒而死。此外有防毒排、迫擊砲排、第一連、團部官佐、衛生隊、野戰醫院及三百余傷兵。槍支多棄擲岩內深潭中……岩內忠骸死狀極慘，蓋於敵人用毒氣後，複用火攻，以是死者有頭伸入石鐘乳之內，而身在外以避毒氣者；有仰臥者；有尚作射擊姿態者，而今英姿宛在……"

這些烈士遺骨後來合葬於普陀山霸王坪，碑銘"八百壯士之墓"。

5、脆弱的 江防線

灘江發源于桂北興安縣貓兒山，上游主流稱六峒河，從桂林到陽朔約83公里的水程，稱之為灘江。江東陣地全部陷落後，200米寬的灘江成為桂林城區向東防禦的天然屏障，尤其是疊彩山到象鼻山之間3公里的灘江西岸，無疑是保衛桂林的生命線。守護這條"生命線"的是第131師393團和第170師510團，他們以中正橋為界，橋北（包括橋面）歸393團防守，橋南歸510團防守。桂林防守司令部戰前有過分析，如果江東地區失守，日軍很可能選定在伏波山以下至中正橋頭一帶加以突破。理由是這一帶沒有永久性工事，北面的伏波山和南面的象鼻山離此較遠，火力支援方面存在死角。灘江有部分水淺的地方可以徒涉，水漲時又容易遭渡直逼西岸陣地。防守司令部為此採取了一些補救措施：一是在岸邊設置了一些鐵絲網、鹿砦、木柵等障礙物；二是在中正橋西橋頭附近構築了幾個機槍巢和迫擊砲掩體，使其能互相側防。原本還想在這一段灘江中設下障礙，但因缺少器材和相關經驗而作罷。

防守司令部的判斷是正確的，日軍第40師團師團長宮川清三11月6日下午就已經在考慮渡江問題。當時日軍一部牢牢佔據菩陀山頂，宮川自信全部佔領江東陣地只是時間問題，他向橫山勇建議7日零時開始渡江。第11軍沒有同意，根據統一安排，攻擊時間大致定於9日拂曉。宮川退一步要求9日零時先行發起進攻，他振振有詞："第58師團正面似在苦戰，第11軍的直屬砲兵部隊前進遲緩，作為左側兵團的第37師團情況不明。第40師團渡江越晚，第58師團遭到重慶軍的抵抗則越強，同時也將予重慶軍退卻的自由。因此，第40師團有必要比第58師團的總攻時間有所提前。"宮川的話有幾分道理，第11軍未在提出反對意見。7日晚，第234聯隊剛剛攻佔普陀山不久，第235聯隊第1大隊就急不可待殺向中正橋。

中正橋現名解放橋，是桂林市城區橫跨灘江最早的橋樑，始建於1939年，結構屬於鋼木桁架上承式。中正橋全長181米，寬11米，有5孔，每孔跨36米，木橋面，荷載10噸，當年也算是桂林的標誌性建築。日軍想要急襲佔領中正橋，月牙山上的391團2營殘存官兵不答應，他們居高臨下，用機槍封鎖大橋東端，剛好西岸的第170師正派隊增援江東，見狀立馬調頭按下了起爆裝置。隨著

一聲巨響，中正橋第2、第3孔橋面頓時灰飛煙滅，日軍望江興歎，只得在江邊不斷把空竹排放入灘江，一為試探西岸守軍各種火力所在，二為測算水流速度。橋頭堡守軍510團2營不明底細，朝著空竹排開槍射擊，日軍並不理會，搞得2營一團霧水。

8日，第236聯隊和獨立工兵第61大隊早早做好了渡江準備，只待一聲令下就要衝向彼岸。午前，第11軍通知第40師團，軍直屬砲兵部隊將會有力配合渡江行動，在9日零時起用野戰重砲對桂林市區實行擾亂射擊10分鐘。宮川擔心事先砲擊會暴露渡江企圖，當即去電表示謝絕，我們不勞駕砲兵。第11軍沒同意，回電稱"還是應以野戰重砲的威力壓倒震駭重慶軍，以利於進攻的開端"。宮川不甘心，再次去電要求取消砲擊，第11軍仍是強調非先砲擊不可。

9日零時，日軍12門105mm加農砲首先以一分鐘兩發集中射擊了三分鐘，接著是30門150mm榴彈砲各射擊20發，桂林城區王城、象鼻山、體育場、老人山一帶瞬間火光沖天。宮川清三後來回憶說："10分鐘的野戰重砲射擊非常壯烈，好似萬

雷轟鳴不稍間斷，我雖出身於砲兵學校，但也未曾見過如此情景。但在這時，灘江西岸的重慶軍一槍不發，堅持沉默。當射擊停止時，真像死一般的寂靜，不管是誰都會懷疑重慶兵的存在。"從宮川的記憶來看，灘江西岸部分守軍似乎非常沉著，但令人遺憾的是，有些軍官卻十分麻痺。蔣道寬時任393團副團長，他在《桂林防守作戰前後回憶》一文中這樣寫道："江東和北郊敵砲兵對桂林市區猛烈砲擊，砲火主要集中在桂東路及灘江大橋橋頭一帶，那一帶的房屋被燃燒彈擊中起火，我當即打電話給駐木龍洞沿岸的510團2營營長黃樞，擬叫他嚴防日軍強渡灘江，怎料在此緊要關頭，該營長尚在營指揮所內打麻將，我在電話中嚴詞責成該營長，立即親赴前沿指揮作戰。"

日軍的渡江地點並沒有選在木龍洞沿岸，而是瞄準中正橋到伏波山約600米長的鹽街碼頭而去。第236聯隊第3大隊為第一批渡江部隊，第11中隊在上游，第12中隊在下游，各乘10艘登陸艇。393團官兵立即進入橋頭堡和沿街工事，很快形成一道道交叉火力，1營3連連長蔣震宇60多年後對這一幕仍然記憶猶新："日

軍通過在岸邊施放煙幕彈掩護，用橡皮艇渡灘江，速度很快，我們拼命抵抗，日軍死傷很多，河水都被染紅了。"9日零時僅僅過去6分鐘，第12中隊的一艘登陸艇穿過密集火力率先到達岸邊，艇上日軍躍入江中雙手牢牢抓住鐵絲網。第12中隊為搶頭功這時迫不及待發出了登陸成功的信號彈，掩護登陸的砲火根據事先約定停止砲擊，剛到灘江中線的第11中隊急得哇哇大叫，慌忙呼喊砲火繼續掩護。伏波山和岸邊守軍瞅准機會，一齊猛烈射擊，日軍有幾艘登陸艇當即被擊沉，人員死傷不少。

第12中隊自知鑄成大錯，拼命從左側突擊中正橋守軍393團的堡壘工事，後續部隊則利用中正橋橋墩由江面逐次躍進。黃樞營長立即下令集中輕重火力，向江面施行阻止射擊，象鼻山下的4門山砲亦加入戰鬥。日軍戰史形容第11中隊"在江中好像是被拋棄的孤兒"。顯然，日軍236聯隊8日夜間的渡江被有效阻止了，但是守軍393團的橋頭堡陣地很不牢靠，由於缺乏鋼精混凝土材料，多為石灰結合大石塊砌成，強度一般。第12中隊以機槍第1小隊第2、第3分隊全員戰死的代價，當晚一舉佔領橋

頭堡，往北滲入到鹽街一帶。雖說工事品質差了些，393團的戰鬥力是不是也太次了？韋雲淞聞訊大驚，嚴令131師和170師分別派兵堵擊消滅突入之敵，並懸賞奪回橋頭堡的給500萬元，奪回沿江陣地的給1000萬元。據說1944年的100元法幣可以買到半隻母雞，韋雲淞開出的賞錢還是比較給力的。

9日天不亮，393團副團長蔣道寬率領師預備隊391團1營的一個連，170師副師長巢威率領師預備隊508團2營，從南北兩個方向開始掃蕩城內日軍。蔣道寬回憶說：「我們冒著敵人的猛烈砲火直奔桂東路，到達十字街時，桂東路已成一片火海，無法通過，折回繞道東巷，亦被大火隔斷，西華門又被170師堵死，不得已，又率領部隊沿皇城根往法政街桂花街擬取道東華門鹽街撲向中正橋。殊不料我們尚未到達東華門時，東華門外水泥地堡已被敵人佔領，等我們從桂花街奔向東華門時，突然遭到東華門外地堡內敵人的機槍射擊，我先頭的三名搜索兵被敵擊中。」蔣道寬連續組織幾次衝鋒，都被日軍壓回來，戰防排的弟兄躍躍欲試，可是第一發還沒有發射，射手就被敵人擊中

要害倒斃。轉移到陰暗處再射，由於對光看不清目標，結果飛過地堡頂端打中了後面的房屋。火箭筒這玩意在抗日戰場屬於尖端武器，估計日軍也沒見識過威力，隨著一聲巨響房屋轟然倒塌，嚇得他們趕緊放棄地堡往鹽街方向跑去。

蔣道寬哪裡肯放：「弟兄們！快上！」393團突擊連此時士氣頗高，一口氣沖到鹽街口，眼看天色漸明，突然從還沒有完全拆除的舊城牆上射來密集火力，日軍第12中隊的兩挺重機槍牢牢封鎖了路口，不少弟兄在衝鋒時中彈犧牲。蔣道寬清點人數，死傷過半，只得停止進攻，就地監視敵人，他電話報告陳村團長，請求增援。陳村對他說：「北面敵人正猛攻觀音閣、虞山廟，無兵可派，突擊隊殘部撤入皇城，歸170師副師長巢威指揮，你本人立即返回團部指揮所。」

170師除班長和上等兵外多為新兵，倉促上陣反擊日軍並非易事。巢威咬咬牙，選拔老兵編成突擊組，火箭筒、爆破筒、60mm迫擊砲、手榴彈輪番上，9日15時終於奪回橋頭堡和部分沿江陣地，日軍第12中隊所剩無幾，但仍十分頑強，退入皇城外側被燒毀的民房內與我展開逐屋巷

戰，一時難分勝負。防守司令部副參謀長覃戈鳴幾十年後撰文回憶桂林保衛戰，字裡行間充滿無奈：“已經渡江的敵人，除了被壓迫由原路後退之外，還發現有少數幾個人已經鑽進橋頭附近的街道民房裡，這些敵寇東鑽西鑽，不時放冷槍，我軍包圍搜索，因民房甚多互相連接，不僅夜間搜索不著，第二天早上圍搜仍無結果。”傍晚後，巢威奉命撤回。

《半個世紀前的硝煙》一書的作者伍德安曾經採訪到一位參與反擊橋頭堡和沿江陣地的170師排長。

“聽說反擊橋頭堡的戰鬥很激烈？”

“子彈像下雨一樣，我連一下子死傷20多個人，我右手臂也掛彩了，日本兵6支歪把子咯咯地叫。我們打得也猛，輕重機槍、小鋼砲、火箭筒一齊打。午飯後一陣，我們營奪回橋頭堡，但死了百把人，遠遠看起來像曬蘿蔔乾一樣。死樣很怪，斜的、趴的、躺的、半趴的、半臥的，大碉堡上死37人，呈梅花型，像是自盡用手榴彈炸的，橋欄杆掛著兩個日本兵，一個腸子巴在欄杆上，一個沒有頭了。我們死人比日本多，有些是被刺刀紮死的，橋頭堡裡有10多

個死人，很腥，一聞到就想吐。”

“鹽街的房屋裡有多少日本兵？”

“搞不清楚，但聽槍聲，有5把機槍，估計也不少於一個小隊，我們圍攻時，又死傷13個人。日本兵有時打槍有時不打，他們技術好，槍一響，准有人趴下，後來我們不圍了。”

“韋雲淞的獎賞領到了嗎？”

“不知別人有沒有，我反正沒有，連隊加一次菜，是鹹豬肉，還有幾瓶酒和一些煙。”

第11中隊雖然渡江時受阻落後，但最終也在東岸砲火掩護下分散靠近了鹽街江邊，第235聯隊的一個工兵分隊緊跟其後。橋頭堡失守，韋雲淞大發脾氣，闞維雍師長沒少挨罵，陳村團長的處境更是可想而知，他下令1營死守沿江陣地，再不能讓日軍上陸。1營拼死阻擊，第11中隊10多個小時動彈不得，直到9日16時才勉強獲得從登陸點前進50米的位置。渡過砲火紛飛之夜，宮川清三望見鮮血染紅的灕江，漂浮著不少官兵的屍體，這位一度堅持不要重砲部隊支援的師團長，不得不放下姿態，向第11軍砲兵指

揮部通報情況：“雖已進抵灘江右岸，但攻擊暫時受到挫折。主力試圖于13時30分再渡江，但為老人山重慶軍砲兵所阻，渡江時間只得改為本日日落後開始。”

第236聯隊聯隊長小柴俊男為了晚上渡江行動順利，下令西岸第3大隊不惜任何代價，攻下伏波山和佔領東門，確保進入城內的突破口。18時左右，在江東砲火的支援下，還剩下兩個小隊的第11中隊向伏波山發起了“最後的拼死衝鋒”。伏波山高213米，山體孤傲挺拔，半枕陸地半插灘江，灘江流經這裡，被山體阻擋而形成巨大的回流，古人取其“麓遏瀾洄”，制伏波濤的意思，稱其為伏波山。伏波山的碉堡構築在半山腰山，山頂上設有觀察哨，豎著一面青天白日滿地紅國旗，守軍為392團1營5連，連長方緒敏。日軍戰史這樣描敍伏波山的防禦火力：“山頂上有難以對付的重慶軍砲兵直射陣地，在反擊第40師團渡江，從山頂上以美軍供給的武器精准地擊中散開在灘江岸上的我軍。”

第11中隊中隊長本山唯明求功心切，沖在第一位，方緒敏連長眼尖，奪過機槍親自當起射手，10多發子彈頓時將本山打成蜂窩狀。一旁的曹長瀧口揮舞戰刀大聲喊殺，沖到距離碉堡不遠的地方，也被5連弟兄一槍結果。阪本信男少尉代理中隊長指揮，工兵小隊用長竹竿送炸藥包的方法，利用山下的死角隱蔽接近碉堡，成功爆破，于19時20分沖上伏波山。方緒敏連長率部退入伏波岩內繼續抵抗，用手榴彈把阪本信男右眼炸瞎，然而日軍非常頑強，先用機槍封鎖岩口，再用汽油傾入岩內燃燒，致使守軍全部陣亡。

第131師副師長郭少文率搜索連和特務連一排試圖奪回伏波山，但行至鳳北路中段遭到少數日軍有力截擊，無法推進。闞維雍抽調特務連一排及伙夫、馭手等45人前往增援，排長雷日開身高馬大，連續甩出幾顆手榴彈，迫使日軍退到鳳北路東端，旋即進入兩旁民房繼續抵抗。郭少文正準備展開逐屋爭奪之時，伏波山日軍的機槍和擲彈筒如潑水般射來，瞬間澆滅了131師的反擊熱情。11月9日這一天很關鍵，日軍過江的兩個中隊人數並不多，卻能頂住配備火箭筒的170師突擊隊，又能奪下131師的防禦重點伏波山，可見日軍的單兵素質遠遠高出國民政府軍。

伏波山和東門一角陷敵，灘江西岸火力大為減弱，守軍砲兵又彈藥無多，漸漸被日軍重砲壓制。第236聯隊齊集江東岸邊，怎奈第一梯隊過江的工兵傷亡殆盡，登陸艇無法返回渡江點，只能跺腳乾著急。深夜時分，第11軍出動直屬工兵連和預備隊，扛著舟艇趕到江邊報到，236聯隊大喜過望，主力當晚全部渡過灘江。10日黎明，第3大隊第9中隊與伏波山第11中隊殘餘會合，攻向中山公園；第1大隊直趨疊彩山，從背後包抄防守桂林城北的131師392團；第2大隊靠攏第12中隊，選擇體育場、省政府方向突進。

僅僅20多個小時，日軍第40師團就突破了灘江防線。

6、爭奪北門屏障

桂林城北一帶關山重疊，地勢險峻，北門、湘桂鐵路、桃花江是溝通城內外的三條重要通道。北門左有鸚鵡山，右有鐵封山，兩山之間的隘口寬不足百米，自古就是扼守桂林城北的重要關口。鸚鵡山高119米，四周全是懸崖峭壁，只有1米寬的山脊可通向山頂，在約十多平方米的山頂

上，構築有堅固的碉堡。碉堡北面和東面分別開有射擊孔，向北可以控制北門外觀音閣山東側大道和西側開闊地帶，向東可以瞰制疊彩山與鐵封山之間的開闊地及灘江江面。北門右側的鐵封山工事林立，99米高的西峰頂上築有十多平方米的大型地堡，在東西峰之間另有兩個小地堡和一個用大理石砌成的堅固掩蔽部，此外，東側山峰下尚有一處不起眼的臨江工事。

北門外邊200米處還有一道防坦克壕，防坦克壕的前沿密佈鐵絲網和鹿砦，並敷設了一些地雷。附近的觀音閣山、回龍山、虞山也都是重要的防禦據點，只是那裡的工事要簡陋許多。正是因為北門附近山峰錯落，防禦工事相對牢固，守軍幾個重要指揮部全部設置在這一帶。韋雲淞的桂林防守司令部位于鸚鵡山下；賀維珍的第31軍軍部位於寶積山孔明台下；闞維雍的第131師師部位於鐵封山下。三個指揮所之間相距不到500米。

觀音閣山西側蜿蜒向南的便是湘桂鐵路，鐵路兩邊高山聳立，尤其是飛鳳山、蜈蚣山、犁頭山、騮馬山、西山一段，形成一條2公里長的峽谷走廊，雖然沒有防坦克壕，但日軍的坦克在這裡同樣沒有用武之地。

城北防線的最西端是桃花江、甲山口陣地，桃花江從巫山和雞公山之間穿過，這個口子就叫甲山口，由於雞公山下的道路較寬，比較而言是三條通道中最難守的地方。

城北防線全長約4公里，從最西邊的桃花江到最東邊的灘江，守軍為131師392團。與392團相連接的是98師294團，該團防守桂林西北角巫山、雷公山、侯山、德智中學一線。392團作為"北門屏障"的最主要原因是——團長吳展系韋雲淞一手培養的親信，屬於信得過的幹部。吳展祖籍廣東，1908年9月出生於廣西恭城，祖父吳紹伯曾是石井兵工廠的一名採購員。吳展高小畢業後考入恭城縣立中學，後因學校停辦轉而學習報務。根據吳展之子吳錫偉的敘述，當時的梧州警備司令黃蔭茹常到局裡拍發電報，他見吳展年少俐落，為人誠實，便要吳到警備司令部擔任報務員。吳展1928年考入中央軍校南寧分校第二期砲兵科學習，畢業後在第15軍歷任排、連長，副官主任，參謀等職。抗戰軍興，吳展任第31軍特務營營長，隨軍北上抗日，轉戰大江南北。1941年，軍長韋雲淞保送他進入陸軍大學特別班受訓，旋又提升他為第131師第392團團長。

負責進攻桂林城北的為日軍第58師團、坦克第3聯隊以及軍直屬砲兵部隊的主力。11月1日下午，第58師團推進到桂林西北偏北35公里處的三多山南麓，師團長毛利末廣初步決定第51旅團攻擊桂林北門，第52旅團攻擊桂林西北部地區，坦克第3聯隊聯隊長因幡武、第11軍砲兵指揮官山崎清次表示全力配合，只是砲兵的集結尚需時日。第58師團當然不會乾等，重武器沒到，就先進行襲擾性進攻。觀音閣山和果盒岩之間距離較大，日軍利用夜幕掩護，從這一空隙摸進來，試圖從側背偷襲觀音閣山和虞山陣地。392團準備充分，事先用棉花和破布灌煤油及乾柴菜做成"土照明彈"，值守人員發現情況有異，急忙點燃，預先佈置的機槍形成交叉火網，迫使日軍無功而返。不知出於什麼緣故，第52旅團擺了一次大烏龍，竟然發出報告稱"一部已沖入桂林"，師團指揮部那些人聽到後一個勁高喊"萬歲"，沒一支煙的工夫卻又接到報告稱"沖入有誤"。第58師團參謀長有馬純雄一團霧水，他在日記中寫道："對攻佔桂林之誤報甚感難堪，此乃古賀部隊輕率所致。"

日軍為了摸清北門守軍反坦克力量，夜深時把偽裝後的牛車推上前線，真坦克則遠遠躲在後面故意發出閃爍燈光，鸚鵡山上的戰防砲不明底細，對準燈光連發數彈，次日天明大呼上當。也打中過真坦克，3日那天黃昏，敵人以步兵、砲兵、坦克聯合諸兵種向北門外猛攻，有一輛坦克被守軍戰防砲其中，遺留在北門外。日軍又從桂北民間強拉來100多頭耕牛，以火燒牛尾的老辦法將牛趕向北門一帶亂奔，守軍不少地雷被踏爆。第58師團的襲擾戰術十分有效，第131師參謀長郭炳琪在日記中這樣寫道："我與闞維雍師長輪換休息，常被槍砲聲、戰鬥聲、地雷爆炸聲擾得一夜不敢睡覺。"5日，第51旅團乘機突入青龍山高地，日軍戰史稱"俘虜重慶軍營長以下200人"，郭炳琪的日記印證了這一說法："與170師交換情報，德智中學以西98師294團的一個據點，被敵佔領，守兵一連，僅跑回幾人。"

6日，第58師團大致已全部進入進攻展開位置，橫山勇將第11軍前進指揮所推進到桂林西北8公里的山水塘村，他祈禱攻佔桂林一舉成功，特地派遣作戰參謀夏目前往第58師團居間聯絡，毛利末廣很快下達了攻擊部署：

右側支隊（獨立步兵第94大隊，大隊長前崎正雄少佐）從青龍山向老人山西北方15公里的大石山進攻，與針支隊取得聯繫。

右翼隊（步兵第51旅團長野溝貳彥少將指揮的該旅團──缺步兵第94大隊──配屬獨立野砲兵第2聯隊一部、坦克一個中隊）從全家莊、青龍山南麓向老人山攻擊。

左翼隊（步兵第52旅團長古賀龍太郎少將指揮的該旅團──缺獨立步兵第96大隊──配屬獨立野砲兵第2聯隊主力、坦克二個中隊）從北沖南側到張家沖（桂林東北偏北2.8公里）一線展開，攻擊桂林城正北面。

預備隊（獨立步兵第96大隊）部署在社塘村（桂林西北偏北5.2公里）附近。

鐘其富時任第131師參謀主任，他後來回憶說："我登高一望，城外約5華里地方四周全是日軍，如同螞蟻散佈各處，自由往來，肆無忌憚。已到達火車北站附近的日軍坦克部隊，我們用望遠鏡數，時見36

輛。"其實鐘其富看到的只是砲擊停止時的戰場景象，第11軍直屬砲兵沒來之前，守軍火力暫據上風，城外日軍還是有所忌憚的。比如日軍野戰高射砲第22聯隊第2中隊6日剛進入路西村，就遭到守軍150mm榴彈砲猛烈射擊，不得已調頭後撤3公里。但隨著日軍砲兵部隊陸續到達，守軍那點砲火立馬變得微不足道。山崎清次在桂林城北集結了獨立野戰重砲兵第14聯隊、15聯隊、獨立重砲兵第6大隊、獨立野砲兵第9大隊、10大隊，僅重砲就達40多門。相比之下，守軍總共才20門山、野砲和3門150mm榴彈砲，榴彈砲是1936年花鉅資從德國買入的，淞滬會戰時損失了一部分，之後小心翼翼輕易不捨得使用。

防守司令部發現城北日軍坦克較多，便把170師的戰防砲也調來增強北門，按照郭炳琪的說法，北門守軍5日、6日、7日連續三天共擊毀日軍坦克5輛，但城外一些石山據點紛紛陷落。北門和江東地區戰火連天，桂林西南兩面也不平靜。日軍第227聯隊聯隊長皆藤喜代志指揮的步兵四個大隊和山砲一個半大隊，作為第37師團的先譴隊，6日晚上到達桂林

城南2公里的將軍橋。將軍橋原名安溪橋，五代時楚王派指揮使秦彥暈屯兵于南溪山下白龍洞，秦在安溪橋附近打敗南漢兵的進攻，此後更名為將軍橋。第37師團參謀長恒吉繁治預計師團主力9日拂曉可以全部抵達將軍橋一線，他計畫"第227聯隊向西門靠近，第226聯隊進攻桂林南門，第225聯隊從兩者之間插到桂林西南角，截斷重慶軍的退路"。幾乎同一時間，翻山越嶺的針支隊也已趕到桂林西南方向4公里的三仁村，該支隊分出的一個中隊佔領義寧，切斷了桂林西北面通龍勝的公路。

8日15時25分，第11軍砲兵對獨秀峰、象鼻山、老人山、疊彩山進行破壞性射擊，守軍砲兵不甘示弱，雙方對射至16時35分，日軍戰史形容砲戰"聲震山谷"。然而經此一戰，桂林守軍的砲彈已經所存無幾。9日，東方剛剛吐白，第11軍所有的砲兵一齊拉開了砲門，頓時砲聲隆隆震撼整個桂林城，170師有些老兵不禁想起了1937年的淞滬會戰，當時不少桂軍弟兄還沒看清東洋人長啥模樣，就在鋪天蓋地的砲火中身首異處。7時43分，日軍飛行第6戰隊的7架戰機突襲桂林市區南

半部，省政府一帶揚起沖天大火。守軍砲兵因為彈藥不濟，遲至8時20分才著手進行還擊，還不到半個小時，日軍第58師團便對桂林城北防線發起了總攻。

第52旅團逐步推進到棉紡廠、火車北站西側月臺和北沖南面一帶，吳展團長發誓：「死也要和日寇拼！」他親臨前沿督戰固守陣地，日軍進攻受阻，無法從湘桂鐵路打開缺口。11時，日軍坦克25輛沿大道駛向北門正面，但被防坦克壕所阻不得不停下來，日軍戰史這樣描敘城北戰鬥：「攻擊不能順利進展，中午重慶軍集中砲火向我坦克射擊，儘管如此，有些坦克斷然靠近敵前100米處進行還擊，14時30分第52旅團仍然未能從湘桂鐵路前方200米一線沖出。至15時許，第106大隊奪取了水泥廠，我方進攻才得以前進一步。第51旅團當天的攻擊雖前進到老人山西北側，但重慶軍在老人山的守備非常堅固，於是右側支隊從青龍山高地向桂林西南方迂迴挺進。」闞維雍把師預備隊391團1營的兩個連全部投入北門防線，暫時頂住了第58師團的進攻。

日軍的坦克又是如何靠近100米

的？日軍戰史並沒有給出答案。黃孟奎時任392團1營2連特務長，從他的回憶中或許可以窺探一二：「它們一輛輛沖下壕溝，我們正猜想它們將動彈不了而暗自高興，不料過了一陣，坦克又一輛輛爬上來，原來它們安有鐵嘴可以削壕。這些坦克上來後，在我機槍掩體前來回奔突，把埋下的地雷壓響，把鐵絲網、木柵欄統統夷平破壞。」所謂「安有鐵嘴」是不是指推土機之類？黃孟奎恐怕也是第一次看到，加上年代久遠，難免有些說不清。守軍戰防砲、火箭筒立刻組織反擊，日軍坦克也有損失，鐘其富說：「當敵坦克被我擊毀時，在陣地可聽到日寇在坦克中喊叫之聲。」覃戈鳴對392團的浴血奮戰印象深刻，他晚年撰文指出：「由於北面的地形堅固，擔任防守的一個步兵團（團長吳展）比較堅強，敵寇攻擊沒有進展。」石山堅固是不假，但也有弱點，有一個岩洞口的大石塊被砲火震塌下來，一個班的士兵封閉其中，因為敵前不能作業，結果被活活困死。

防守司令部通過望遠鏡清楚看到江東日軍沖上普陀山頂，覃戈鳴坦言：「391團是否還在抵抗，我們不敢再往下想，因為我們不可能也不打算去救他們，我們趕忙做阻止敵軍渡過灕江向城內攻擊的佈置。"然而131師的灕江防線很快被日軍第40師團支解，城西和城南的戰鬥亦趨於激烈。進入將軍橋的第227聯隊，用平射砲對準造幣廠附近的重機槍堡壘射擊，這些堡壘都是石灰結合大石塊砌成，只要被打中槍眼，就會堡毀人亡。170師508團2營本是師預備隊，此時已在副師長巢威帶領之下，前往中正橋附近掃蕩城內日軍。剩下的的兩個營只得依託簡陋工事，憑藉象鼻山砲兵火力支援，步步阻擊日軍接近南門。皆藤喜代志認為"象鼻山高地是防禦桂林的關鍵所在"，決定分出第1大隊進攻象鼻山，第2、第3大隊在將軍橋附近掩護師團主力集結。

城西的第98師294團9日黃昏發生騷亂，不少士兵擁向西南方逃跑，遭到日軍針支隊阻止後，又有不少人重新返回陣地。王卓如團長將殘部混編成一個營，苦撐德智中學和侯山坳兩處據點，但沒過多久也被日軍突破。第79軍新任軍長方靖回憶說："軍部與桂林防守司令部及98師294團每天用無線電聯絡，直至9日下午無線電話、電報聯絡均已中斷。自10月31日日軍形成對桂林城的包圍圈後，敵迅速發動攻擊，我防守部隊未能有效阻止敵人。我軍98師294團堅守德智中學及以西山地各個獨立據點，因遭受敵重點圍攻，孤立無援，除極少數官兵突圍沖出外，全團壯烈犧牲。"

鸚鵡山下的桂林防守司令部內，韋雲淞和覃戈鳴有些坐不住了，日軍第40師團從江東突入市區，雖經派兵掃蕩，收復了中正橋橋頭堡和部分沿江陣地，但始終無法全部肅清，用不了多久，過江日軍勢必越聚越多。城北防線正面392團暫時還能頂住，可393團方面與敵人陷入巷戰，隨著時間的推移，日軍第40師團和第58師團將會很快形成夾擊北門之勢。覃戈鳴指著地圖向韋雲淞進一步分析："明日拂曉後西面和南面的日軍可能全線發起攻擊，以配合東面和北面的進攻。如果不在黃昏後開始突圍，我們就有被全部殲滅的可能，不被打死也會被敵人俘虜。"

7、突圍眾生相

平心而論，單從"突圍"角度來說，覃戈鳴的分析判斷十分準確，再晚一天，或許不用一天，日軍第37

師團和針支隊就會在桂林城西南完成包圍圈。但在"與城共存亡"的評判標準面前，覃戈鳴無疑是膽怯的。他建議韋雲淞經德智橋和牯牛山之間過桃花江（當時也叫陽江）向南和西南方向突圍，再逃到湘、黔、桂三省交界的三江縣地區。突圍的主要方法是"鑽隙"，不走大路和大的山隘，專挑沒有路面但能爬過去的地方，以達到避開日軍的目的。韋雲淞連連稱是，立即指示170師師長許高陽派工兵到德智橋和牯牛山附近架設浮橋。

巢威、郭少文都說9日16時韋雲淞有召開緊急軍事會議，尤其是巢威所寫的《桂林焦土抗戰》一文，內容頗為詳細："韋雲淞首先責備闞維雍的131師作戰不力，被敵突破中正橋以北沿江陣地而竄入城內，屢次掃蕩又不能奏功，造成了心腹之患。他說江東各據點無線電話不通，戰況不明，德智中學以西山地各據點，已大部陷入敵手。雖然各方面陣地尚能穩定下來，但我官兵傷亡過大，陣地守軍逐漸削弱，勢難久守。處在現在戰況下徵求各人意見。大家都不敢發言。韋繼續說，守是守不住了，不如棄城突圍，免得被敵全殲。大家都贊同。於是決議黃昏後除象鼻山、老人山、江東各據點不通知外，其餘各陣地部隊，只留少數人固守原地，大部在黃昏撤離，分向西方突圍，突圍後以兩江圩為第一集合點，以龍勝為總集合點。"

其實巢威本人並沒有參加這次所謂的緊急軍事會議，他正率部與日軍在皇城外側逐屋巷戰，所敘內容雖然詳細生動，但都是事後聽說而來，與實際情況存在很大差距。同樣，郭少文當時帶隊反擊伏波山，真要開會恐怕分身乏術，他的敘述顯然也是聽來的。突圍路線的規劃者覃戈鳴，自始至終都在防守司令部，他的回憶應該較為可信，事實上韋雲淞根本沒有召開什麼會議。覃戈鳴叫通第四戰區長官部的無線電報話機，韋雲淞將戰況報告張發奎，大呼形勢危急，請求批准突圍。張發奎當然不想做"冤大頭"，桂林防守我插不上手，突圍倒來請示我，這算什麼？想拉我分擔責任？"鑽到城內的少數敵人消滅了沒有？"張發奎對突圍不置可否，隨即請示重慶，得到的答案是"不批准"。該如何回覆韋雲淞？張發奎略加思考後說："大軍在行進中，你們……死守待援吧。"張發奎不上韋雲淞的當，韋雲淞也不會相信什麼大軍行進，覃戈鳴又草擬電報向白崇禧、夏威說明情況，要求准予突圍。

不等白崇禧回覆，韋雲淞即決定突圍，在他看來，自家人打過招呼就可以了。闕維雍這時剛好來防守司令部商量戰局，他是反對突圍的，早在10月4日給妻子的家書中就已表明心跡：「此次保衛桂林，大會戰不日即可開幕，此戰關係重大，我得率師參加，正感幸運！不成功便成仁，總要與日寇大廝殺一場也。」馮璜也證實闕維雍確有與城共存亡的決心：「回憶1944年10月某日，我和他視察城防工事經過某街，見棺材店裡擺著不少棺材，他說，副軍長你準備要哪一付？我們打內仗二十多年，沒甚意義，今日抗戰防守桂林，死也光榮，我如先死，你就把這付棺材埋葬我於山水甲天下的桂林城吧！」

韋雲淞、覃戈鳴執意突圍，170師防守的桂林西南部，城外日軍只有37師團的一個聯隊和缺一個中隊的針支隊，相對要容易突出。131師在桂林城東和城北面對日軍第40、第58兩個師團，自然難度很大。韋雲淞「丟車保帥」，他要吳展的392團擔任後衛，掩護防守司令部先走。闕維雍有否就突圍問題與韋雲淞發生爭執，覃戈鳴的回憶沒有提及，他說：「韋雲淞叫我擬命令下達，我已心亂如麻，實在難以動筆寫下去，因此對他說，書面命令來不及了，用口頭或電話指示吧！韋雲淞乃用電話指示賀維珍和許高陽，入夜即由牯牛山過桃花江向南突圍後轉向三江縣方向逃入大山區中，對闕維雍是當面指示的。闕維雍在防守司令部和我們一起晚飯，我想今晚突圍凶多吉少，還有兩瓶好酒，拿出來喝吧！闕維雍和我們一面喝，一面談，席間他斟滿了一大杯喝下去，說來生再見，陳濟恒拉一拉他的手說，不要講這種話。我看見闕維雍態度仍和往常一樣平靜回他的師部去了。」

18時多，闕維雍返回師部，召集副師長、參謀長、各處室主任及有關人員訓話：「本師長與各位共處多年，對上對下以及處世待人，相信各位都很明瞭，本師長光明磊落，素不作不名譽之事。晚上各位準備突圍，本師長萬一不幸，請衛生隊王隊長派擔架兵抬我回公館旁的花園掩埋。師長職務由郭少文副師長代理，郭副師長資歷很深，經驗豐富，對於師長一職，完全可以勝任。桂林雖然失敗了，相信中國是不會亡的。」一旁的衛士楊霖超眼淚盈眶，他走近闕維雍輕聲說："師長請換便衣，我可領走小路十五分鐘可脫險。" "我不能，你們走"。 闕維雍將平日隨身帶的圖囊交給楊霖超，吩咐道："你把圖囊送到融縣交我妻子，讓她不要過於悲傷，諸兒女的教育費用，國家必有照顧，囑他們勤奮自修，切勿疏懶。"

闕維雍以稍事休息為由，走入房間，將燈熄滅，隨即舉起手槍，對準自己的右太陽穴，扣動了扳機。師部官兵沖入房內，扶起闕維雍大呼："師長！師長！"，眾人悲傷不已，涕淚並出。楊霖超回憶說："闕師長穿著新軍服，面帶笑容且紅似關公，血由左耳後方流出，乃由王隊長用白布包紮。所遺手槍、手錶、水筆等物由鐘其富收存，乃將師旗一面，包裹其身，在唐紀公館找得棺木一副，因太大而房屋路狹，不能抬出，只得就近葬於師部前的戰壕內。因戰壕小，棺木大，不能掩完，所餘約三拳寬不能蓋完，臨時找來棉花塞好。"

入夜，防守司令部剛由鸚鵡山轉移至騾馬山，韋雲淞就接到闕維雍自殺的報告，他的第一反應是"趕緊突圍，一刻不能耽誤"。此時路上已經擠滿潰散的官兵，全靠防守司令部掌握的預備隊第188師563團1營開路，韋雲淞等人才好不容易趕到桃花江邊（也就是今天的勝利橋一帶），170師工兵已完成一座簡易浮橋。覃戈鳴原本打算先過去一個營，防守司令部再接著過橋，韋雲淞急於脫離，過去一個連他就按耐不住了，陳濟恒、覃戈鳴只得緊跟其後踏上浮橋。後邊的官兵見狀如潮水般向前湧，一時秩序大亂，浮橋因承受不住力量而斷裂，不少人落水溺斃。韋雲淞絲毫不顧，他急匆匆命令563團1營的一個連向侯山方向搜索前進。侯山是桂林城西第一高峰，海拔531米，山腳下的侯山坳東西長約800米，兩側高山聳立，只有一條小路溝通桂林城區和西郊的聯繫。搜索隊靠近侯山坳時被擊潰98師294團的日軍針支隊發覺，村子裡的日軍並不多，大部分都在侯山坳那邊，陳濟恒督令部隊迅速沖出，覃戈鳴舉起衝鋒槍高喊："弟兄們，停下來只有死路一條。"

侯山村少數日軍抵擋不住，拔腿跑路，陳濟恒、覃戈鳴回頭卻已不見韋雲淞，原來韋司令乘亂先從小路走人了。沒時間罵娘，陳濟恒指揮部隊往侯山坳沖，日軍火力封鎖嚴密，腿腳不便的陳濟恒受傷倒地，悲憤交加，他從上衣口袋中取出名片，在背面寫下"職腿臂受傷不能脫離戰場決定自殺成仁以免受辱"，隨即把懷錶、名片交給衛士，拔出手槍自殺殉國。天亮之後，日軍從俘虜口中知其為中將參謀長，遂用毛毯包裹其屍體，葬于侯山坳畔，幕前豎一塊木牌，上書"支那陸軍中將陳濟恒之墓"。68年後的今天，從侯山坳西坳往東坳走約100米，路的右邊，當年日軍埋葬陳濟恒的地方仍然保留著墳墓。

覃戈鳴沖到半山腰，日軍擲彈筒頻頻打在他跟前的斜坡上，他一想不對勁，陳濟恒因為腿腳不利索，不能爬山，所以才拼命向山坳沖，要避開日軍火力阻擊，不如選擇沒有路的地方爬過去。起先還有二、三十人跟著覃戈鳴，後來各爬各的，也就散了。越過侯山坳，覃戈鳴扔掉衝鋒槍，脫下軍衣，穿上早已準備好的那件皮袍，繼續鑽隙逃命。14日，他在桂林西北數十裡的山村中找到了韋雲淞，韋身邊尚有一個連長和百把個官兵，他們是從侯山坳南邊的亂石山突出來的，看上去還不是很狼狽。

21時多，31軍軍部和170師師部雲集江邊，賀維珍、許高陽立刻指揮部隊搶修浮橋，一個小時後浮橋勉強可以過人。賀、許便帶著509團一個多營先行西去，軍部、師部那些個主任、參謀也都跟跟蹌蹌走上浮橋，片刻不敢停留。過了桃花江，防守司令部已經在前面和日軍交上火，賀維珍擔心打不開侯山坳，遂與許高陽商量，改為向南突圍，因日軍第37師團主力還在集結，所以反倒比防守司令部先一步逃出。

接近午夜時分，巢威在浮橋東岸收攏到175師523團1營、170師510團2營、509團兩個步兵連和一個機槍連，此時佔領德智中學的日軍針支隊一部，向浮橋這邊射來密集的機槍子彈。巢威果真是條漢子，他不是滿腦子向西突圍，突出多少算多少，而是下令523團1營擊退德智中學之敵，確保後續部隊安全過江。梁勝周營長二話不少，立刻帶著弟兄們往德智中學發起衝鋒，拂曉前一舉奪回了這一重要據點。巢威這時完全有機會撤下部隊逃命，但他選擇"要死一起死，要活一起活"，他率各部趕到德智中學，召集各主管說明情況，命令523團1營攻擊侯山坳，510團2營攻擊夾峰坳。接下來的一幕是壯烈的，梁勝周營長陣亡，士兵潰退下來，巢威親率特務連繼續攻擊，面部二處受傷，牙齒被打掉過半，當場昏倒不省人事。31軍參謀長呂旃蒙和170師另一位副師長胡厚基,亂軍之中與賀維珍一行走散,拂曉時也先後戰死在德智中學附近。

闞維雍死後,郭炳琪打電話報告韋雲淞,韋命令他與副師長郭少文繼續指揮戰鬥,閉口不提突圍。21時許,郭炳琪再打電話與防守司令部、軍部及170師師部聯繫,均已無人接電話,後經派人聯絡,才知道都走光了。郭炳琪有些慌亂,對郭少文說:"情況如此,如何是好?"郭倒比較鎮定:"不用著急,他們走得不久,必向西門走,讓他們先走,我們只帶師特務連,跟在他們後面沖出去。"郭炳琪想起當年沒有通知392團和393團一起突圍,始終有點糾結:"當時我也想不出好主張,就照郭少文所說辦事。我心裡可一直想為什麼這樣走了,不告訴兩位團長了?"郭炳琪、郭少文沖過浮橋,半小時後被日軍阻擊沖散,前者和鐘其富、楊超霖一起做了俘虜,後者僥倖逃出。

393團大概是在22時左右發現情況不妙的,副團長蔣道寬打電話向師部報告情況,電話一直不通,派出去的通信排查線兵回來說,師部指揮所空無一人。團長陳村再度派人馳往查看,回報說防守司令部和軍部的人也都統統走光了,只有北門陣地尚有激烈的槍砲聲。還等什麼,咱也趕緊突圍吧!蔣道寬回憶說:"團長陳村命軍需將金庫存款分給團部官佐每人關金券五百元後,即帶領警衛人員向西郊突圍。我們到達鐵佛寺城牆缺口時,各部隊潰散官兵如潮水一樣,無組織地向西郊奔逃,狼狽不堪。我們剛剛通過陽江,剛修好的便橋又被踩斷,後面的人群仍在黑暗中湧向斷橋,亂成一團,落水掩死者不計其數。拂曉時敵人在侯山坳西麓佈置了一個袋形陣地,兩側山頂也被敵人佔領,天亮後到達侯山坳的潰散官兵全部陷入敵人重圍被俘。"

日軍第227聯隊9日晚上接到"主力向桂林西南側轉進"的命令,不知出於什麼考慮,皆藤喜代志並未立刻採取行動。"該聯隊在10日黎明前出發,進到五裡圩附近時,一面殲滅敗退圖逃之敵,一面向西門挺進,9時許沖入西門時,並將敗下來的重慶軍逐個解除了武裝",227聯隊發現倒在血泊中掛著少將領章的巢威,遂一一核對俘虜身份,又證實郭炳琪、陳村、蔣道寬等將校俱在其中。日軍戰史認為"從第11軍的整個攻勢來看，第37師團進入桂林南方地區的時機雖稍有遲疑，但該師團到達桂林西南側地區時，意外地俘虜了敗退的重慶軍，取得了很大戰果。」其實237聯隊還是慢了一步，要是接到命令立馬從將軍橋西進，興許能逮住韋雲淞、賀維珍、許高陽這幾個「大官」。

巢威、陳村、蔣道寬、鐘其富、楊超霖等人後來都被幽禁在桂林環湖路黃旭初的公館裡，鐘其富請求派出二十個人去安葬闕維雍棺靈，日軍同意派去八個，因棺木太重無法抬出，只能就地祭奠。日子一久，日軍戒備漸漸鬆懈，巢威等人陸續逃出魔爪。

392團9日後半夜擊退第52旅團兩個大隊的夜襲，部隊傷亡很大，3營7連幾乎全部打光，吳展計算時間，防守司令部應已脫離危險，便下令全團向西突圍。慌亂之中難免爭先恐後，1營2連先是誤踩地雷，後又與170師潰兵發生誤會，還未出城即死傷大半。來到江邊，浮橋已斷落水中，這時天色大亮，吳展估計城北日軍馬上會追來，停下來修橋勢必費時，倒不如抓緊時間渡河，或許還能沖出一部分。吳展下令2營、3營擔任掩護，1營先走，於是一些會水的人自行泗渡，一些人則到附近民房找來木條，解下綁腿捆木筏。這一切早被侯山高處的日軍看在眼裡，等下水的人一多，日軍機槍立刻噴出致命火舌，形成一張難以逾越的火網。吳展率部拼死衝殺，不幸身中數彈，壯烈殉國，在他倒下來的身後，桃花江早已為鮮血染紅。

象鼻山、老人山等地沒有接到突圍命令的守軍還在繼續抵抗。日軍第51旅團一部迂迴前進，10日晨進入老君洞附近，從背後襲取了老人山。10時25分，第40師團236聯隊攻佔疊彩山，砲兵第10團的三門榴彈砲頑強奮戰到最後一刻，不屈的砲聲猶如中華民族抗戰到底的「怒吼」。11時20分，日軍第58師團突入北門，「退卻的重慶軍與我方沖入城內的部隊，在城內極為混亂，難以分清敵我，戰鬥轉為巷戰」。從日軍的戰鬥記錄來看，北門附近10日下午尚有零星抵抗，一直到傍晚時槍砲聲才漸漸減弱。第37師團226聯隊中午攻下象鼻山，長野佑一郎總算趕在桂林全面陷落前分得一杯羹。

23時，日軍第11軍迫不及待對外發佈攻佔桂林的戰果：

守軍遺屍：5665具

被俘：13151人

繳獲：150mm榴彈砲2門、100mm加農砲2門、山野砲14門、高射砲2門、火箭筒2具、迫擊砲86門、機關砲20門、速射砲27門、自動砲3門、重機槍110挺、輕機槍359挺、步槍2737支、坦克1輛、騾馬265匹、火車頭5個、貨車車廂35節……

桂林保衛戰是整個桂柳會戰中最重要的一次戰役。覃戈鳴證實"中國軍隊有成千上萬的人傷亡和被俘"，考慮到成建制突圍的部隊並不多，日軍公佈的守軍陣亡和俘虜人數還是可信的，也就是說，加上江東七星岩391團遇難的800多人，守城官兵25000人中只有5000餘人成功突出。或許有讀者要提出疑問，中國軍隊並沒有坦克參戰，日軍何來繳獲？豈不是擺明"注水"？請別忘了，韋雲淞不是有一輛想修沒修好的破坦克嗎？

8、將軍百戰殉城去

1987年11月17日出版的《人民日報》刊登了一則題為"桂林修復抗日三將軍殉職紀念塔"的通訊。

"一座紀念抗日三將軍殉職的紀念塔，新近在桂林市七星岩普陀山博望坪重建竣工。紀念塔高6.4米，正面銘刻'陸軍第一三一師師長闞公維雍、桂林城防司令部參謀長陳公濟恒、陸軍第三十一軍參謀長呂公旃蒙殉職紀念塔'；右面刻著當時蔣中正題挽的'英風壯節'四字。1944年11月上旬，闞維雍等率領國民黨軍2萬餘人，在桂林抵抗10余萬進犯廣西的日本侵略軍。6000余官兵陣亡。"

三將軍墓和紀念塔始建于抗戰勝利後的1945年，當年廣西各界上層人士在桂林召開公祭大會，決定在七星岩普陀山霸王坪建造紀念塔等，以供後人憑弔英烈。除了蔣介石，李宗仁、白崇禧和羅鐵青也分別題贈"浩氣長存"、"英靈永峙"、"流芳千古"。文革期間，這些建築都被紅衛兵搗毀，幾塊題贈石刻不知去向，直到1982年下半年，才由廣西壯族自治區人民政府撥出專款，對三將軍墓、八百壯士墓及紀忠亭進行了修復。1984年10月，三將軍墓建築群被正式列為桂林市重點文物保護單位，失散多年的四塊石刻中的三塊，在桂林市飲料廠的協助下找回，陳列於墓側。至於蔣介石那塊，或許是因為他的"罪行"太大，至今仍未找到，說不定早已被紅衛兵"千刀萬剮"。也在1984年，闞維雍、陳濟恒、呂旃蒙相繼被中華人民共和國民政部批准為革命烈士，他們的事蹟漸漸為後人所熟知。

闞維雍1900年8月出生於廣西柳州，母親鐘氏在他未滿四歲那年就離開了人世，父親闞宗駰無奈將他託付給二叔母撫養。其實二叔母家境也不寬裕，少年時的闞維雍常常天未亮就起床，搶著劈柴、挑水、煮早點，放學後還要幫著做農活。不過在他十四歲那年，父親考上了"縣知事"，實際安排為南寧統稅局局長，就把他接到身邊同住，處境才有了很大好轉。闞宗駰的繼室謝氏性情溫順，寬厚待人，常指著家門上的一副對聯教育闞維雍："書禮傳家久，忠義繼世長。"

1917年，聰明好學的闞維雍考入廣州醫科學校，時值兩廣軍閥紛爭不休，闞宗駰堅持要兒子輟學回家。1919年，闞維雍在"五四運動"的洪流影響下，投筆從戎考取廣西陸軍講武堂工兵科，畢業考試以第二名的優異成績跨出校門。期間正逢陳炯明大舉進軍廣西，陸榮廷分兵對抗，闞維雍無意參加軍閥間的爾虞我詐，回到家中躲避戰火。1924年，孫中山任命李宗仁為廣西全省督辦兼第1軍軍長，李宗仁起用闞維雍為軍部機要參謀，先後參與掃除陸榮廷和沈鴻英殘部，抗擊唐繼堯滇軍進犯廣西等一系列戰役，為新桂系平定廣西立下戰功。1925年，李宗仁賞識闞維雍的文武兼備，將其調任南寧軍校第一期工兵科上尉隊附，郭懷邦是這年夏天考入工兵隊的，在他的記憶當中，講武堂出身的闞老師"平日對人態度和藹可親，溫厚易處，上課上操時紀律嚴明，聲音洪亮，動作正確，為一般軍官所罕見"。闞維雍很快因工作表現出色，升任工兵隊少校區隊長、中校教官，他高興之餘拉起胡琴唱幾句桂劇，一下子便拉近了與學生間的距離。1926年，闞維雍離開軍校，先是擔任第57師參謀處上校處長，後調升第19師少將參謀長，1930年，新桂系反蔣失敗，闞維雍隨張發奎的部隊潰退回桂，任縮編後的第4軍第12師第36團團長。

1932年，闞維雍由李宗仁保送南京工兵專科學校深造，學成後回到廣西出任南寧軍校工兵科上校主任兼工兵、交通兵兩隊隊長。梁家駒1934年在南寧軍校學習，他最難忘闞老師一次題為"武德與五得"的訓話。孫子兵法"計篇"中這樣寫道："將者，智、信、仁、勇、嚴也。"闞維雍加入一個"忠"字，他認為有了"忠誠"為基礎，才能發揮智、信、仁、勇、嚴之"武德"修養。所謂"五得"是指"吃得、餓得、睡得、跑得、忍得"，闞維雍時常對工兵、交通兵學員說，作為技術兵種，不單頭腦裡要掌握許多技術資料，還要利用身體各個部位來測算長短距離。1935年春，闞維雍調升第5路軍交通兵團少將團長，翌年則以廣西綏靖公署交通處處長兼任交通兵團團長，主要掌管"桂系"的交通、通信部隊，並負責相關裝備的配發和鐵路、公路、船舶運輸等事宜。據闞維雍的堂弟闞維端回憶，1936年秋天廣西省政府剛從南寧遷回桂林，當時發生了一起憲兵和員警之間街頭械鬥的鬧劇，械鬥雙方相互扭打一團，省府文職官員出面調停未果，反而愈演愈烈。危機時分，闞維雍趕到現場，用手槍向空中連發三槍，大聲吆喝道："中國人不打中國人！中國軍隊不打中國軍隊！"憲兵、員警不到一分鐘放下武器，在闞維雍的口令下排成兩列縱隊，魚貫前往通信兵團駐地解決糾紛。次日的《廣西日報》高度讚揚闞維雍的勇敢、機靈和果斷。

1937年10月，"桂系"第7軍、第48軍浴血淞滬抗日戰場，因傷亡過大相繼退到浙江西部山區整補，闞維雍在撤退途中悲痛地寫下了這樣的詩句："半夜班師天地昏，京滬到處聞哭聲。料應捲土重來日，一戰喚回故國魂。"1939年，闞維雍保送入取陸軍大學將官班乙級第一期，馮璜、姚槐等人亦位例其中，而同期同學中最有名的當數後來擔任保密局局長的鄭介民。1940年2月，陸軍大學將官班乙級第一期的120名學員全部畢業，闞維雍先是出任第31軍參謀長，旋調長第131師師長。從桂南登陸的日軍撤離廣西後，第131師進駐龍州城內，不久移駐靠近山林邊緣的荒野之地，闞維雍親率官兵披荊斬棘，深入叢林割草伐竹，搭建營房。官兵生活十分艱苦，吃的是空心菜佐餐，隨身的兩套軍服質料極差，根本不夠換洗。時任師部搜索連連長的陳必競回憶說："闞公（維雍）毅然發起赤腳、赤膊，只穿短褲運動。全師官兵每日均在晨曦中，赤腳赤膊實施數十分鐘的跑步訓練，上下午的操課也是赤膊，個個都曬得全身黝黑，雙臂粗粗的，健壯有力。"

1941年至1943年間，第四戰區的主要任務是決定有關越南的軍事計畫，闞維雍考慮到接近越境，刻苦學習越語，還親自編寫《越語入門》小冊子，教授所屬官兵，以備日後作戰應用。提起外語，闞維雍的日語更加嫻熟，不僅能會話、還能翻譯一般日本書刊。1946年3月29日出版的《中央日報》（桂林版）這樣評價闞維雍："將軍性恬談，恥談榮利，治事謹嚴，整躬率屬，能與士卒同甘苦。"事實的確如此，闞維雍擔任交通處處長那會，每月經手的軍費開支不在少數，再說汽車，在當時可是做投機生意的最好工具。但闞處長卻長期租房子住，以後經過多年省吃儉用和借貸，才在偏僻的東鎮路上建起一座竹籬批灰的簡易房子，足見其清廉。

將軍的妻子羅永裳屬於舊式家庭婦女，雖然念過幾年書，但談不上有什麼文化。曾有人勸說闞維雍再娶個新派夫人，闞對此是堅決拒絕，不僅幫助妻子提高文化修養，還支持妻子進技術學校，學習珠算和織襪。1944年6月，第131師從南寧開赴桂林，闞維雍路過柳州時順便探家，羅永裳見他因長途行軍而雙腳紅腫，

很是心疼，勸他留下休息一兩天。這位丈夫卻說："大敵當前，怎敢貽誤軍機，我是一師之長，不帶頭行軍，怎能保證按期到達桂林，又怎能團結全師官兵，萬眾一心，共同戰鬥。國家多事之秋，正是軍人盡職之時。"1946年3月，廣西各界紀念桂林陣亡將士，黃旭初在追悼大會上宣讀了國民政府頒發的榮哀狀，追晉闞維雍為陸軍中將。

闞維雍將軍膝下有四子一女。長子培松廣西大學電機系畢業之後即進入柳州電廠工作，1949年反對國民黨破壞電廠而參加了護廠隊，為此曾受到中共新政權的表彰。1950年春，培松踏上東北黑土地，投身鐵路建設，成長為瀋陽機車車輛廠的一名工程師。培松清楚記得18歲那年最後一次見到父親時的情景："父親就義前的幾個月，我正在柳州中學讀書，一天，父親急匆匆趕回家，在家裡沒有呆上兩個小時就離開了。父親在大門口對我說，'如果疏散到鄉下，沒有學校可進，也要在家裡好好自修功課，切勿偷懶，將來好報效國家。'沒想到這一次離別竟成了永訣。"培椿是次子，1949年隨青島海軍學

校撤退臺灣，此後30多年一直沒有音訊，1981年才在香港和美國親友幫助之下，與大陸的兄弟姐妹取得聯繫。在弟弟培桐的記憶中，二哥培椿無疑是個勇敢哥哥：「我父親陣亡那年我才5歲，全家從柳州乘船到融縣，再隨逃難的人流徒步走到羅城龍岸鄉，記得是二哥用籮筐挑著我，籮筐的另一頭則裝著行李和雨傘。」培桐大學畢業後支援北大荒邊疆建設，文革時期亦不可避免地受到不公正對待，最令他可惜的是父親送的一本筆記本，被作為「國民黨反動派」罪證抄走。闞維雍當年在筆記本上留有許多教導幼子的文字，比如「打倒日本帝國主義」、「中國人好，日本兵壞」，還有教育培桐熱愛國家，尊敬父母師長，遵守社會公德等內容。1982年底，在柳州市委統戰部的協助下，培桐由北大荒調到柳州市自行車總廠任工程師，以便照顧年邁的母親。培蒮是將軍的愛女，50年代初就讀于廣西大學農學院，不久轉入北京輔仁大學，1983年加入中國國民黨革命委員會，後來成為廣西經濟幹部管理學院的教師。

陳濟恒參謀長的戎馬生涯我們前面已經說過，這裡就單說將軍的身後事吧。1945年夏，桂林、柳州相繼光復，可陳濟恒將軍的家人這個時候還沒有收到將軍是生是死的確切消息。將軍的遺腹子已經降生，但這個未滿周歲的孩子一直都沒有取名字，「可衛」和「可偉」這兩個名字，羅佩英實在是無從選擇。抗戰勝利後，家人突然聽說報上登載了將軍已經犧牲的消息，儘管如此，大家還是抱有最後一線希望，只要找不到將軍的屍骨，就說不準哪一天他還會活著回來。不過這樣的希望很快破滅，岑溪縣長黃桂丹不久派自己的侄子來到筋竹，代表縣政府及縣長慰問烈士家屬，並將政府的撫恤金6萬元法幣，交給了陳濟恒的家人。1946年3月，陳濟恒的衛士黃某返回家鄉，途中特地跑去陳家述說了將軍犧牲詳情。陳濟恒的族弟陳自彤和將軍當年的勤務兵、桂林保衛戰最後突圍時被俘後又獲釋的陳漢榮，決定一起前往桂林尋找陳濟恒的骸骨。兩人匆匆來到桂林市郊侯山隘，多虧一個放牛娃的指引，才在一處荒塚累累的山崗中找到了將軍的墳墓。據陳濟恒之子陳浩林所說，公葬前夕，陳家向廣西省政府提出了三個條件：一、要一套高級的將軍服裝殮；二、用最好的棺材；三、請省府派軍迎接家屬前往桂林參加公葬。不知什麼原因，省府相關人員對陳家的要求反映冷淡，軍服只能提供一套普通的將軍服裝，棺材可由政府出錢讓家屬自行選購。不過陳浩林也承認，最高級的將軍服和最好的棺材在當時都是極難找到的物品。

1984年10月，中華人民共和國民政部追認陳濟桓為革命烈士。廣西區政府每月發給烈士家屬一定的撫恤金，並把梧州大中路東一巷的陳濟桓房產歸還其家屬。2008年11月10日是陳濟桓殉國64周年紀念日，將軍侄孫陳嶺為了紀念他為國捐軀的英雄壯舉，用油畫的形式再現了其叔公陳濟桓烈士在桂林保衛戰前夕，登山視察佈防，誓死保衛家園的高大形象。陳嶺是梧州桂東美術有限公司總經理、設計師，同時也是廣西美術家協會會員、廣西裝潢設計委員會常委及評委、廣西廣告協會理事、中國現代書畫藝術協會副主席，據他透露，陳濟恒的英勇事蹟將被改編成電影《桂林保衛戰》，目前並已進入實質性啟動階段。如果消息屬實的話，《桂林保衛戰》將是繼《喋血孤城》之後，中國大陸又一部表現國民黨正面戰場的戰爭電影。《喋血孤城》以1943年常德會戰為背景，講述了駐守湖南常德的第57師8000餘名“虎賁”將士，與日軍展開生死對決，保衛孤城常德的血淚故事。

呂旃蒙1905年4月出生於湖南零陵，家境殷實，祖父和父親都是識文尚武，並以武藝高超著稱鄉里。呂旃蒙幼年曾入私塾，少年時先後就讀於零陵縣屬崇文國民小學和永州頻州中學。1926年3月，他投筆從戎考入黃埔軍校第5期，與邱維達、王應尊、胡家驥同學。根據相關史料記載，呂旃蒙的興趣愛好十分高雅，平時喜歡下圍棋和畫國畫，尤其擅長工筆花鳥畫。軍校畢業後，呂旃蒙擔任過排長、連長、營長、團長、政治部主任等職，1935年考入陸軍大學第13期深造，同期湖南籍學員還有陳明仁、王勁修、洪行等。1937年12月，呂旃蒙結束陸大學業，出任中央軍校第16期第2總隊上校總隊附兼四川省學生集訓區指揮官。1939年，應預2師師長陳明仁和副師長洪行之邀，調任預2師參謀長兼補充團團長，不久參加了桂南會戰。呂旃蒙的女兒呂玲曾於2008年4月專程從安徽蚌埠前往廣西昆侖關，憑弔父親昔日戰鬥過的地方。或許是受到父親的影響，呂玲從小酷愛繪畫，中年後專攻梅花、孔雀、蒼鷹，不少作品被海外人士收藏。據《南寧晚報》報導，呂玲當日還向昆侖關戰役遺址保護管理委員會捐贈了一萬元現金，用於遺址的保護和修繕，這筆捐款成為管委會有始以來接到個人捐款數額最大的一筆。1941年，呂旃蒙調任第四戰區少將高參，負責靖西、龍州、欽州、防城等地的陣地構築，一年後又調任第16集團軍第31軍參謀長，率部駐防南寧、龍州、玉林一帶。

呂旃蒙為人謹慎樸實，公私分明，常以"勤勞堅忍"四字勉勵僚屬，據說他在第31軍充當幕僚長三年，除了外出視察外，每天都準時到軍部辦公，有時往往要晚上9時後才得以收工離去。1945年4月，呂旃蒙被追晉為陸軍少將。1969年3月，臺灣當局依據《抗戰將士忠烈錄》把他入祀忠烈祠。1984年4月，中華人民共和國民政部追認呂旃蒙為革命烈士。覃澤文在1985年抗日戰爭勝利四十周年之即曾作詩紀念呂旃蒙：

三年戎幕步亦趨，練兵作戰猶依稀。
鐵佛寺內初分手，灕江橋斷永訣離。
往智沙場戮倭寇，血戰征程染紅霞。
欣封烈士留青史，報與呂公九泉知。

除了闞維雍、陳濟恒、呂旃蒙三位殉城將軍外，其實還有一位將軍犧牲于桂林保衛戰，此人便是吳展。吳展犧牲後的翌年6月，國民政府軍委會追晉他為少將軍銜。1947年，國民政府給吳展家屬頒發了"功在民族，榮及子孫"的榮哀狀，恭城縣參議會和縣民政科還特別撥出專款，在吳的家鄉蓮花瑞獅嶺修建了紀念陵園"鏡清園"。園內有紀念亭、紀念塔及衣冠墓，碑聯如此寫道："戰地歸魂，應許龍蟠邀首肯；在天成象，何須馬革裹屍還。"橫批"浩氣長存"。1985年11月，中華人民共和國民政部追認吳展為革命烈士。憶起父親，吳錫偉不禁感慨地說："父親殉國時年僅36歲，我與碧蓮姐均尚年幼，身後蕭條，我們全賴母親艱辛撫育成人，全家均參加工作，我長女吳曉考錄武漢大學。我等必當秉承父志，熱愛祖國，為國家的現代化建設貢獻力量，以慰父親在天之靈。"

時光飛逝，"將軍百戰殉城去"一轉眼已將近70年。

第七章
從柳州之戰到南寧不守

1、"旭集團"搶攻柳州

柳州地處廣西腹地，居瑤山、九萬山、鳳凰山之間，城區周圍石山星羅密佈，形勢險要，湘桂鐵路和黔桂鐵路在此形成交匯，抗戰時期算是西南大後方的一座中等城市。柳州的歷史十分悠久，遠在五萬年前，"柳江人"、"白蓮洞人"就生活在這裡。西元742年（唐天寶元年），柳州改名龍城郡，故柳州又有龍城之稱。唐代文人柳宗元任柳州刺史時，曾用"越絕孤城千萬峰"、"江流曲似九回腸"的佳句來形容柳州的自然景色。如果從空中鳥瞰柳州，你會清晰看到有一條大河穿城而過，蜿蜒東西，形成一個馬蹄形的河套。這條大河名叫柳江，柳州城區依江而建，最繁華的地段就在這個馬蹄形河套的南北兩邊。著名作家巴金1938年11月到柳州，他對穿城而過的柳江印象頗佳："午後我們走到江邊，搭著渡船跨過柳江，到河北去。河北才是柳州的市區。地方大，熱鬧的街道多。有賣新書的書鋪，也有兩家較大的旅館。我們在其中之一的新柳江飯店的二樓飲茶。……人聲嘈雜。外面還有清脆的鳥鳴，偶爾被風吹進一聲兩聲。我喝著紅茶，吃著點心，仿佛坐在廣州西關的西南酒家裡面。"

作家眼裡的柳江充滿詩情畫意，到了兵家那裡卻是另一番模樣，張發奎說："看一下地圖，柳州城的中心是縣政府，地處柳江的北岸，我的長官部設在南岸。全部兩個部分只能以渡船聯繫，到冬天才能搭建浮橋。北岸容易受到來自桂林、桂平、平樂等方面的攻擊，因其背靠柳江，一旦戰事失利，便無路可退。"張發奎認為柳江是柳州城防的"短板"，他曾建議重慶不必守柳州，蔣介石沒有同意。其實柳州並不缺乏城市防禦設施，且由來已久，劉雄當年是屏山鎮鎮長，他回憶說："鑒於柳州歷來是兵家必爭的戰略要地，1933年李宗仁、白崇禧特派南寧軍校工兵科長劉勤、交通處長藍香山到柳州與駐軍第7軍共同策劃構築城防工事。混凝土工程由第7軍工兵營負責，土方工程則徵集柳州城廂各鎮後備隊負責。我親率壯丁參與其事，整個工程歷時半年才完成，所有地堡掩體全是混凝土結構，重要地段還挖了戰車防禦壕。"工事主要分佈在柳州城北、柳江南岸和張公嶺、馬鞍山、魚峰山等地，其中以張公嶺的工事最為完善，戰壕、掩體、坑道、指揮所一應俱全，部分迄今保存完好。

1944年7月，湖南衡陽激戰正酣，第四戰區緊急成立柳州城防工事構築委員會，在原有的基礎上加強城防工事，以彌補地形上的不足。城構會自8月初開工，到10月中旬結束，完成了可以投入6至8個團兵力的防禦陣地。張公嶺上的戰壕和碉堡看似比以前顯得更加牢固。柳州南市東北1公里處的蟠龍山是隔江俯瞰北市的制高點，所謂"登蟠龍，看柳州"，這次也構築了一個大堡壘，洞口用水泥加固，設有各種槍眼，陣地前還加設一層螺旋狀的蛇腹形鐵絲網。此外，市區各大路口都增設了混凝土地堡，預備巷戰時使用。但張發奎並不打算依靠這些工事進行一場超強度的城市防禦戰，正如他自己所說："基本上我不同意死守任何地方。"

9月24日，白崇禧懇請蔣介石分由寶雞、重慶空運第9軍和第42師到柳州佈防，蔣介石回覆："建議空運部隊至柳換防，著眼甚是，惟九軍四十二師豫戰損失甚重，九軍僅五千餘人，四十二師亦不過四千餘，均非經相當時間整補，無作戰力量。柳州防務，希就現有兵力部署。"10月初，黃濤的第62軍進駐柳州，雖是從湖南戰場一路敗退下來的，但軍風紀方面維持的較好，梁鎮海時任縣政府社會科長，他對黃濤治軍嚴明印象深刻："有一次鄉民持步槍來縣府領槍照，辦事員李泮源好奇拿槍打了幾響，62軍的巡邏隊聽到後沖進辦公室，二話不說把李泮源人槍一併拘送軍部，縣府派我去交涉，說明了理由，人槍始得釋放回來。為了此事，該軍召集了當地各界開聯繫會議，由軍長黃濤親自主持。我代表縣府出席，黃濤強調非常時期不允許任何人隨便放槍。"

岡村寧次一再強調"第23軍擔任攻佔柳州"，田中久一卻在擊退張發奎的內線反擊後，產生了不同看法："殲滅當前反攻之敵已成嚴重問題，即使將柳州作戰置於次要地位，亦勢在必行。即在桂林作戰時，本軍必須牽制並殲滅更多的重慶軍，才最有利於完成本軍的任務"。武宣和貴縣就好比桂平的左右手，要圍殲中國軍隊于桂平西方地區，第23軍就必須西進。田中久一頒令："第104師團主力擊潰當面敵軍，然後向武宣南部地區推進，並以一部向東鄉圩方向挺進。第22師團以有力一部由郁江右岸向貴縣北部挺進，切斷敵南岸方向的退路。"第104師團參謀長鈴木勇雄興奮地寫下日記："第23軍終於又來命令，決定中止日前聯隊長會議的指令，應暫緩挺進柳州，先在貴縣附近殲滅第四戰區軍。即刻執行命令進行部署。"由此可見，在"南集團"內部認為向西追擊中國軍隊比北上進攻柳州重要的人，並不止田中久一一個人。

前面說到張發奎蒙圩頓兵，大雨引發山洪爆發，第64軍不等第46軍接防，便取捷徑向武宣集中待命。雨勢可以遲緩第46軍的接防速度，但無法阻擋日軍西進的腳步。10月30日，第104師團第108聯隊開始進攻金田村以西20公里處的花蕾高地。第16集團軍副總司令周祖晃針對第135師新兵占多數的現狀，特別從中挑選了三個老兵連，加強機槍和迫擊砲，固守形狀似花而得名的花蕾高地。老兵連不僅戰鬥經驗豐富，還有一個共同特點——大部分都是武宣、桂平、貴縣一帶的本地人，對地形地貌熟悉得像是在外婆家捉迷藏。第108聯隊的進攻一次次被這些如猴子般精明的廣西老兵粉碎，不禁長歎"進展不能如意，雖極為焦慮，但無計可施"。第161聯隊"單挑"第157師，一部攻擊雙吉山東側，一部強攻470團2營6連界頂陣地，張雄

明連長死守不退，界頂一夜之間數得數失。469團聞訊趕來增援，一舉把日軍趕下山。翌日，第161聯隊捲土重來，鄧龍光電令第157師師長李宏達，留一部與敵保持接觸，主力黃昏後向西撤退。張發奎理解鄧龍光的想法，白崇禧處處保存實力，就不允許我們廣東部隊留點種子？張發奎對第157師的殺敵表現深感滿意，從戰區拿出10萬元進行嘉獎，還特地呈電蔣介石："敵向我衝鋒達七八次，均遭我手榴彈擊退，……查該師師長李宏達指揮有方，官兵用命，……敬懇賜予優獎，並迅電示為禱。"

第161聯隊雖然拿下界頂，但聯隊長清水園沒有絲毫快感，畢竟強攻傷亡太大，考慮到地形易守難攻和第108聯隊方面的受挫，進軍武宣的道路註定佈滿荊棘。清水園建議師團長鈴木貞次迂回大瑤山，直插中國軍隊背後。大瑤山上的洪水界可是出了名險峻，山澗左右皆是高幾仗以至10餘丈的懸崖峭壁，鈴木有些猶豫，但想到"路難走總比多死人強"，當即批准迂回方案，下令第161聯隊從三江圩北側翻越大瑤山，奔襲武宣西北、來賓東北的大灣圩。清水園遂將重裝備和馬匹留給師部，率部輕裝出

發，這一招算得上是奇招，就像鄧艾伐蜀時偷渡陰平一樣。第108聯隊選擇繼續強攻，第135師和桂綏第2縱隊堅強抵抗後放棄花蕾高地，聯隊長上野源吉大佐和第1大隊大隊長高柳克已少佐以下百餘人負傷，第3大隊大隊長難波正六少佐以下80人戰死。第104師團參謀長鈴木勇雄在11月4日的日記中這樣寫道："以感激之情傾注於（花蕾）山上火葬之火焰中，默默祈禱，深感責任重大。"

第188師564團派出一個營東移接防第64軍陣地，很快又接到海竟強師長命令，迅速擺脫敵人追隨師主力和第46軍軍部向來賓退卻。黎行恕臨走時交代第175師師長甘成城，沿大墟至貴縣邊戰邊撤，不必死守城垣無需打硬仗。這兩個師並稱"外甥部隊"，本來就是白崇禧為了保存實力而從桂林抽走的，有這樣的部署當然不足為怪。友軍都走光了，桂綏第1縱隊無心戀戰，隨即獲准轉進柳州，該縱隊比起第188師，第一線與日軍處於膠著狀態，走起來不是那麼容易。縱隊司令唐紀為此留下一些狙擊手，隱蔽在暗處遲滯日軍追擊。31日，第22師團第85聯隊第2大隊佔領長春山北部山坳，奉令掩護聯隊主力向新葺、官圩方向追擊，大隊長池田秀夫拿起望遠鏡偵察情況，當場被桂綏第1縱隊的狙擊手擊斃。代理大隊的中隊長佐藤屁股還沒坐熱，緊接著又被狙擊手洞穿腦門。

當日傍晚，第85聯隊主力進入官圩，配屬給第23旅團的第3大隊在蒙墟西南9公里處擊退了正陸續朝貴縣方向退卻的第188師，海竟強覺得光跑不是辦法，指令韋善祥團長率部留在大墟掩護夜間撤退。次日，韋團到達棉村休息，冷不防日軍由龍山墟來襲，隊伍一下陷入混亂，紛紛潰散逃命。第175師副師長黃炳鈿指揮第524團負責掩護全軍撤退，部隊在覃塘南端公路的林業公司附近從容佔領陣地，就是左等右等未見韋團蹤影，到了半夜也乾脆棄城走人。就這樣，日軍第23旅團於11月3日輕鬆佔領貴縣。

"南集團"把柳州擺在次要地位，"旭集團"卻時時惦記著。按照原定計劃，攻取柳州以第23軍為主，第11軍為輔，這一既定方針在11月初引起了第11軍高級參謀井本熊男大佐的疑問："方面軍與第23軍之間的通訊，似乎已完全斷絕。……第四戰區可能正向第23軍方面發起攻勢。第23軍雖只有兩個師團的兵力，敵採取攻勢，也不至造成嚴重問題，但在敵進攻兵力佔優勢情況下，也恐對於指導進攻柳州方面的作戰將會產生許多困難。第11軍即便攻佔桂林，如第23軍不得推進，則桂柳作戰不能成功，這樣將會形成嚴重形勢。」井本熊男真夠「眼明手快」，第23軍擊退張發奎的桂平反擊，為了消除側翼安全，派出第22師團西進貴縣，與預定的進攻柳州展開路線偏離了約50公里，態勢確實有些不利。田中久一似乎還沒有意識到這一問題，第11軍的高參井本熊男卻有了新的作戰構想，第13師團解除攻佔桂林的任務，沿荷兔街、中渡向柳城進發，第3師團經荔浦、修仁，由四排、鹿寨向柳州挺進。井本自信憑藉第3、第13師團的能征慣戰，即便在柳州周圍遭遇第四戰區主力的相當抵抗，也能給予重慶軍重大打擊。新的作戰構想很快獲得了其他參謀的一致認同，但最終需要參謀長中山貞武和司令官橫山勇點頭通過。

11月2日晚上，井本召集全體參謀同往司令官宿舍，橫山勇聽取報告後立馬表示同意，反而中山貞武猶豫不決，要求「給15分鐘時間靜靜思考」。15分鐘很快過去，中山貞武提出質問：「現在方面軍命令別管柳州，直接向西北挺進，與第23軍相策應圍殲重慶軍，你們對此怎麼看？」井本等人回答說：「從現在起，即使馬上向柳州西北挺進，也沒有好的道路，莫若先向通往柳州的好路挺進，掌握戰機，由其附近一直前進，最為迅速有利。必須不拘形式而取其實質上的有利條件。」中山還是顧慮重重：「第11軍的決心如因方面軍以後再下命令而動搖，屬下兵團的行動也可能會發生躊躇、分歧或不良事態，那時則將何如？」井本等人自信地拍胸脯保證：「不會有那樣的情況，不成問題。」中山轉而擔心橫山勇反悔：「司令官如不明確下定決心，中途猶豫不定的話，恐怕會很不妥。」橫山勇的回答非常斬釘截鐵：「全部責任由我承擔。」

11月3日11時，橫山勇給第6方面軍、中國派遣軍和大本營發去「旭參電第372號」緊急電報：

一、如前各次所報，本軍正以圍攻桂林為目的積極督促重砲、坦克等挺進，並準備攻擊。攻擊開始時間預定為7至8日。

二、判斷目前桂林城內敵軍雖有2至3個師，但根據俘虜及接觸桂林城師團提供的情況，估計其兵力也許更為薄弱，即使敵軍抵抗相當頑強，只要我軍充分做好準備強行攻擊，短期定可攻下。

三、桂林周圍之敵以第79軍及第93軍為主體，但戰鬥力不強。判斷前者目前在義寧方面，對於該部敵軍，配置支隊于桂林西方地區掩護軍的側翼。後者對鹿部隊（第13師團）進入桂林南方地區，抵抗頗頑強，但鹿部隊將其擊破並逐步予以壓迫，於11月2日晨第一線已進入永福附近。平樂方面雖有2至3個軍，但實力薄弱，判斷山部隊（第3師團）和光部隊（第37師團）可將其迅速擊敗。據當地居民稱，柳州周圍之敵，現正集聚于南集團正面，柳州只有第62軍的兩個師，估計守備能力不強。

四、根據上述情況，最後做出判斷，命鹿部隊和山部隊一舉突入並攻佔柳州，這是最好的機會，攻其不備，有助於波集團作戰，得以迅速達到作戰目的。

五、本軍的新作戰，依據上述理由，對攻佔桂林城不會發生障礙。

六、本軍以上作戰指導，與方面軍和本軍原先的作戰計畫有相當出入，但抓住作戰進展中出現的良機，完全是從達到作戰目的的考慮的。

13時50分，橫山勇又發出"旭參電第367號"特急電報："本軍鑒於柳州附近敵軍配備薄弱，其主力已轉至波集團正面之情況，為一舉攻佔柳州，已命鹿、山向該地突進。"言下之意就是我已經下令第3、第13師團向柳州攻擊前進了。

16時許，第6方面軍接到第11軍的兩封電報，頓時炸開了鍋，參謀長宮崎週一第一個表態："這是第11軍的自私，是破壞方面軍擬由第23軍攻佔柳州，使之獲得立功機會的統帥意圖的手段。"副參謀長天野正一接著說："又這樣幹！這是第11軍固有的專橫！是對方面軍統帥的侵犯！"岡村寧次認為橫山勇嚴重越權，違背方面軍明確規定第23軍擔任攻佔柳州的作戰計畫，立即以急電傳達阻止："統司令官（第6方面軍）之意旨在於深入切斷敵軍退路，以圍殲柳州附近之敵，此方針業已明確，切望執行，不要急於攻取城鎮。旭、南兩軍作戰部署早有安排，關於柳州週邊作戰，目前情況並無特殊變化，無需變更既定方針。根據我的見解，攻佔桂林剩餘兵力，需要改變部署，使之指向柳州西北方以切斷敵軍退路。”橫山勇絲毫不為所動，回電依舊陳述種種理由，口氣十分強硬。

岡村寧次聽取參謀長宮崎週一的意見後，採取沉默態度，只強調：“餘重視宜山勝於柳州。”宜山位於柳州以西80公里處，是黔桂鐵路的要衝，岡村寧次希望第11軍眼光放遠一些，別只盯著柳州，在宜山截住後退的中國軍隊比什麼都重要。橫山勇5日晚從全縣附近出發，前往桂林北側山水塘村設立新的前進指揮所，遲至6日下午才收到“我重視宜山勝於柳州”的電報，他認為已經沒有必要再申訴意見，該說的都說了，決定不予回覆。戰局瞬息萬變，第11軍大膽使用第3、第13師團投入柳州，自信“對攻佔桂林城不會發生障礙”，從某種意義上可以說是“知己知彼”的一種表現。第6方面軍在與第23軍通信中斷的情況下，並沒有及時掌握第22師團西進貴縣的動向，仍大致按預定計劃進行判斷，一味要給田中久一獲得立功機會，自難獲得橫山勇認可。

2、龍城覆棋殘局在

1944年11月3日，心情沮喪的張發奎在第四戰區長官部召開軍長以上高級將領會議，他明知柳州無法固守，但還是希望能守上一些時日，如果就此盼得重慶援軍來，在宜山附近站穩腳跟，面子上總還好看些。據李漢沖回憶，除了韋雲淞、賀維珍在桂林，甘麗初沒有聯繫到外，其餘楊森、夏威、周祖晃、鄧龍光、黎行恕、黃濤、張弛、羅奇、丁治磐等人悉數出席了會議。會議決定：防守柳州的第62軍歸第35集團軍指揮，調赴武宣、來賓以南地區；柳江西岸沿線要點由第27集團軍楊森所部固守，柳州城防改由第26軍擔當，並先以一師兼程由運江開赴柳州接替第62軍防務；夏威指揮第16集團軍殘部於宜山以東忻城至羅城之線佔領預備陣地，爾後以確保宜山為任務，但第188師應先進出柳城，牽制長安方面日軍迂迴行動；周祖晃率領第135師及桂綏第1、第2縱隊，擔任遷江附近紅水河左岸警戒，掩護柳州、宜山右側；鄧龍光指揮第62軍和第64軍，先在來賓以西與日軍保持接觸，以後向那馬、都安紅水河兩岸活動，保障戰區桂西北最後一塊淨土。

這一決定明顯廣東部隊得到了“政策傾斜”，張發奎以桂西北為戰區最後剩餘地，有意保留第62軍、第64軍向都安、那馬一帶比較安全的地帶撤退，畢竟彼此都是"丟那媽"一家。桂系部隊倒也不必承擔重任，而楊森集團則還要在柳江以西有所"付出"，最苦的守城任務就落到了第26軍的身上。親歷柳州會議的李漢沖道出了此中玄機："黃濤怕擔任柳州城防守備，托人向張發奎請求改調任務，張徇同鄉之情答應相機照顧。"前面筆者已經說過，第62軍第157師在武宣告急的時候，已經名正言順的出城"救火"，留在柳州的第151師這下也在張發奎的"照顧"之下脫離了守城"苦海"，黃濤對張長官的"大恩"當然是銘記在心。至於柳州會議的商討細節，李漢沖的回憶文章沒有詳寫，但他透露說："楊森集團的三個軍，均怕擔任城防任務，互相推諉，第20軍是楊森的老本，當然楊不同意。羅奇只有一個師，兵力不足守城，且我與羅奇有舊交，亦從旁代他說話。於是這個任務就落在一個蔣系的雜牌軍丁治磐身上了。"

張發奎看到丁治磐面有難色，略帶歉意地拋下了這樣一句話："我絕不要求你死守柳州，只希望你盡力支持，愈久愈好。"勉力部署柳州防務之余，張發奎不忘向蔣介石陳情告急："……西江方面之敵約兩師兩旅，已進出山地，阻擊難周，桂林方面已發現者，約五個師團，漸成合圍之勢，本戰區兵力雖號稱為九個軍，但皆久戰之餘並轉戰數千里，每軍兵員均僅及四分之一，疲敝已極，殊恐難負重任；尤其士氣不振，一般缺乏信心，雖厘訂縝密計畫，而實施者每難應弦符節，殊感焦慮。至柳州守備部隊調動頻繁，自始即未確定，一切準備亦由各關係無法完成，彈藥之屯儲亦相差甚巨，若臨時指定部隊固守，實難達成任務；且部隊均在轉進中，倉促調集，尤無把握。奉示七、九兩戰區協力桂柳會戰部署，至感盡籌；但依目下形勢，敵準備已極周到，來勢亦甚積極，策應之圖，似失時機，即九戰區奉令歸建之第160師、新20師因入桂路阻，亦無法到達，適應戰機。鈞座指示確保桂柳，亦以此自勉，並曆請增調三軍後備萬全，迄未奉准，現情勢已急，目前能以空運二、三軍到柳，似仍可撐持危局，達成鈞座期許目的；否則殊難應用。凡此，皆此間實際情形，不敢不告，除盡力以赴外，能否達成任務，殊難逆睹。敬懇指示機宜。以便遵循為禱。"

張發奎寄希望于蔣介石空運援軍參加柳州保衛戰，躍然紙上。遺憾的是，蔣介石給了張發奎一個絕望的答覆，不僅沒有滿足空運援軍的請求，甚至連已經到達南丹附近的第97軍亦不願令其再向前推進。

白崇禧在重慶同樣一個勁要求援兵，蔣介石表示"增加兵力應先就本戰區調整部署，如在後方增援，則緩不濟急，而且與原定戰略本旨相違"。蔣介石在11月1日的日記中這樣寫道："健生對各種要求語多威脅，色亦傲慢，但此為其習性，餘皆導之以理，彼卒順從而無異辭，此推誠之效也。桂柳激戰已啟，餘決以固守桂林為主，柳州勢難保持，固不願增兵加防，以免逐次消耗，有礙我集中兵力整個出擊之方略。健生再三求不已。餘以原定戰略與最後決心示之，方無異議，以此為抗戰史中最後勝敗之所系，故不能不堅持到底。"從蔣介石的日記來看，白崇禧當日情緒激動，甚至有所失態，但蔣無論白怎麼說就是不願意再往廣西增兵，也許蔣心裡這樣想：好你個白健生，桂林守城原定4個師你非抽出2個師，你們舅舅心痛外甥也就算了，這會又到我這裡哭窮要兵！

也是11月3日，日軍第3師團先頭第34聯隊進入荔浦，因為這一天是日本明治節，全體官兵齊刷刷跪在地上，向東方遙拜。距離荔浦30多公里的平樂，也有大批日軍在舉行這樣的儀式，為首的正是第3師團師團長山本三男。中午時分，山本接到第11軍發來的急電："軍決定乘敵軍主力聚集于南集團方面，且固守桂林之機，命第3、第13師團攻佔柳州。"山本當日在日記中寫道："未出所料，正中下懷，官兵踴躍直取柳州。"原來山本三男也是一心想打柳州，不過擺在他面前的有兩道障礙，一是"山勢險峻，難以攀登，全體將士對之目瞪口呆"的戰場地貌，二是尚有一定戰鬥力的楊森集團。

羅奇的第37軍進出平南的時候，第20軍在荔浦以東遲滯恭城日軍南下，第26軍則派出第44師一部接替第46軍陽朔城防，一部由荔浦挺進良豐。10月31日，西江方面日軍漸漸逼近武宣、象縣，恭城日軍第3師團進至平樂東北18公里處的二塘。楊森以平樂、荔浦過於突出，命令"第37軍速經蒙山、新墟、取捷徑集結修仁待命，限11月3日前到達。第20軍以有力一部繼續在荔浦以東地區遲滯

連接柳州南市和北市的浮橋。

日軍，主力限11月2日前佔領修仁附近既設陣地，阻敵西進。第26軍第44師即經修仁、頭排、滿村急進，限11月3日前到達，佔領象縣寺村墟之線，阻敵北犯。"第20軍的命令是楊森特別通過電話傳達的，楊漢域言聽計從，當夜即率軍部、第133師和第134師主力轉進修仁。

修仁位於荔浦西南9公里處，由此西去至岔路口一段地勢十分險要。11月4日拂曉，由荔浦西進的日軍第3師團第68聯隊一部進至天鵝嶺、社坪屯一帶，第20軍搜索營及第133師397團2營予以迎頭痛擊，古侯嶺前

進陣地上的2營機槍連排長夏紹軒在戰鬥中身負重傷，射手陣亡，增援上來的日軍第34聯隊乘勢攻入陣地。位於古侯嶺北麓的2營6連中尉排長謝旋立即率部向後仰攻，與該排中士楊鴻軒、廖樹祥等身先士卒，奮勇恢復陣地，擊斃第34聯隊第1大隊大隊長中井郡次郎少佐，日軍戰史承認"在修仁西方隘路口的戰鬥中，犧牲很大"。入夜後，日軍猛撲老縣村烈士墓，第133師399團陣地被攻陷，楊漢域正欲嚴令恢復失地之時，接到楊森"繼續轉進"的命令，遂以第399團與日軍保持接觸，主力集結大

沖嶺待命。楊森顯然要第20軍加快腳步集結柳州，斷後的第133師以為夜雨天黑敵人多半不會追擊，多少有些鬆懈，未料日軍由烈士墓沿公路直撲八裡塘陣地。八裡塘陣地是第20軍轉進的咽喉所在，周翰熙師長當即下令第397團死力抵抗，激戰至5日9時，該團傷亡慘重，陣地丟失。周師長抽調師部搜索連、特務連急馳增援，第397團團長彭澤生同時組織剩餘力量，帶頭反擊日軍，一時間殺聲震天。中午，八裡塘陣地恢復，第133師主力得以安全撤退，而彭澤生團長以下軍官有9員為此付出了生命，士兵傷亡更是可想而知。

因有第133師的力戰，楊漢域的軍部走的還算從容，5日上午進抵四排墟。楊軍長得知第133師的狀況後，即令第134師第401團在石牆口附近佔領陣地，收容第133師撤退，並令周翰熙掌握部隊沿四排墟、榴江向雒容轉進。不久楊森打來電話：「沿鐵路進犯之敵，距離鹿寨還有55公里左右，第20軍著即由四排墟附近改道，向柳江挺進。」楊森並向楊漢域傳達了柳州軍事會議的內容和集團軍需「固守柳江西岸要點要線」的任務。此時第26軍第44師第132

團、野砲營已先期進抵柳州，丁治磐率領的第26軍軍部和第44師主力還在鹿寨至柳州的公路上行進，第41師正從羅秀墟、運江往柳州趕。南面的第37軍當務之急是從蒙山向象縣轉移，佔領沿江要點阻敵西進，可羅奇軍長這會失去了聯絡。6日，日軍第104師團第161聯隊一部從象縣雞沙渡過柳江，雒容一帶也已發現日軍第3師團便衣出沒，第20軍除了一小部分經雒容到達柳州外，主力趕不及從四排墟搶佔柳江西岸有利地形，只得被迫向下游的運江鄉轉移。

日軍第13師團11月1日提出「為切斷桂林重慶軍的退路，並排除南面柳州方面重慶軍的威脅，需要攻佔桂柳公路及永福」。這就意味著第13師團要分出一部偏離原先制定的進攻桂林的路線，第11軍出人意外地爽快批准。赤鹿理當日並不知道，第11軍在批准他的建議後不久，便集體討論通過了搶攻柳州的決議，日軍戰史認為第13師團南下永福與第11軍的獨斷決定關係重大。2日黃昏，赤鹿理命令第116聯隊火速佔領永福。永福是第16集團軍總司令部所在地，位於桂林西南方40多公里處，距離柳州大約還有110公里。第

16集團軍有3個軍8個師，第131師、第170師在桂林守城，第135師、第175師、第188師在貴縣、武宣一線，第10師和新8師已經潰不成軍，夏威手頭實際上只有新19師。進攻桂林的日軍第13師團突然分兵南下，新19師連清江鐵橋也沒來得及破壞，夏威急忙率領集團軍總部撤退。

3日凌晨，第116聯隊第2大隊沖入永福，據說城內滿大街都是夏威總部散落的文件，甚至還有重要的五萬分之一地圖。中午，第13師團接到第11軍搶攻柳州的急電，作戰主任參謀野野山秀美打開日記本，興奮地寫道："重慶軍主力聚集于桂林及南集團正面，柳州只有第62軍所屬的一個師，軍決定利用第3師團進入平樂，第13師團進入永福的形勢，一舉攻佔柳州，堪稱卓越統帥。" 13時，赤鹿裡即以"鹿作命甲第208號"命令：步兵第116聯隊沿永福、理定屯、中渡、東泉、柳城、柳州一線追擊；步兵第104聯隊沿水流洞、古本屯、荷免街、鹿寨、沿埠、柳州一線追擊。

逃出永福，夏威收容到第93軍新8師的一些潰兵，嚴令他們與新19師阻止日軍快速南下，確保集團軍總部安全轉移。第104聯隊第2大隊於3日下午闖入永福東南9公里的金虎村，大隊長永田達夫想要利用雨勢潛入中國軍隊北側陣地的背面，新19師一部正在向側翼延伸，歪打正著把第2大隊包圍起來。日軍戰史這樣描述當時的情況："第3大隊推進到第2大隊左側向陣地進攻，但被陣前小河的懸崖所阻，且因暴雨河水氾濫，前進未能如意。此外，聯隊重武器也未及時到達，終使聯隊的攻擊受到挫折。"雨越下越大，聯隊長海福三千雄十分著急，他倒並不是怕第2大隊被吃掉，就"一號作戰"的行情來看，日軍一個大隊基本能對付中國軍隊一個師，只是師團長來了電報，現在要抓緊時間向鹿寨、柳州挺進，沒時間在金虎村糾纏。

日軍戰史接著寫道："第1大隊第2中隊中隊長宮本學中尉建議，利用夜間潛入重慶軍中，從背後擾亂其陣地，終使敵陣開始動搖。於是聯隊從11月4日開始轉向追擊。在此以前，步兵第116聯隊的一個大隊，進入被包圍中的永田大隊主力方面，永田大隊長以下的兩個中隊，在其掩護下，得以脫出包圍。"這段記錄有一點很容易被人忽視，永田大隊明明有4個步兵中隊，怎麼只有兩個中隊脫離包圍？因缺乏新19師的相關史料，筆者只能做出一個推斷式的結論：新19師拼掉日軍兩個中隊，但自己差不多也垮掉了。5日夜，日軍第104聯隊在追擊途中成功偷襲新19師一個團級指揮部，進而又在逼近鹿寨的路上，拾到中國軍隊丟棄的還未打開箱子的反坦克火箭筒。7日晚上，日軍未遇抵抗進佔鹿寨，距離柳州已不到40公里，第104聯隊為此很得意：「這一帶有很多甘蔗田，將士以及軍馬一邊嚼甘蔗一邊追擊，在鹿寨沒收了被服倉庫。因將近11月中旬，夜間已經很冷，但我軍官兵仍穿夏服，於是大家都穿上了重慶軍的棉服。」

張發奎的「牌」原本就不多，各部尚未完成部署，第16集團軍方面就被日軍捅出一個大缺口。「夏威和他的參謀長韓練成很狼狽地來到我的柳州司令部，報告部隊已脫離前線，敵人已由黃冕渡河向中渡柳城移動，有迂回柳州左側背的模樣，這使我乘敵渡河施行決戰的計畫又告失敗了。」面對如此殘局，張發奎內心非常期望第27集團軍能給出一個有力的支撐。楊森倒也明確表示過「願與長官一起留到最後」，這話聽似豪情

萬丈，仔細分析下來卻不然。撇開第27集團軍的力量不說，所謂「一起留到最後」也就意味著——「你能留到最後，我也奉陪，」問題是我要先走一步呢？楊森肯定不會為柳州殘局「買單」。在「走」的問題上，張發奎與參謀長吳石產生了分歧。吳石主張長官部去六寨，那裡距離柳州近200公里，張發奎認為不妥，他讓吳石先去六寨設營，自己打算第一步暫時退到宜山，以便就近指揮鄧龍光部以及防守柳州的丁治磐部。

張發奎下令開始破壞柳州的機場和附近的鐵路，他回憶說：「我很感謝美國的空軍，他們努力工作至最後一刻。美空軍司令蘊索將軍曾經對我說，在我的柳州指揮所沒有移動以前，一小部的飛機仍將繼續不斷翱翔於柳州的上空。同時他本人決不先我向後方移動，這一種責任感和戰鬥的友情，令我感動而慚愧。陳納德為指揮美國空軍撤離柳州，也在11月7日不顧天氣惡劣，乘坐部下的飛機進入柳州機場，指揮撤退。緊急之時，他將存放的大批航空汽油付之一炬，同時將機場各種建築、設施、跑道炸毀，並安排了44次飛行，將機場員工和主要裝備撤離。因為氣候原因，在撤離

過程中，還損失了3架戰鬥機。這是一次讓陳納德驚心動魄柳州之行。"

3、丁治磐臨危受命

1944年11月7日，柳州機場爆炸聲此起彼伏，楊森在窯埠戰鬥指揮所下達作戰命令：

一、象縣敵6日以二、三百人在雞沙渡河後，與我第62軍戰鬥中。雒容、洛埠昨日亦由黃冕、中渡竄來敵一部，有分犯柳州、柳城模樣。

二、集團軍以確保柳江西岸掩護黔桂路及宜山安全之目的，即以主力固守柳州，以有力一部在柳江以東地區拒止敵之進犯。

三、各部隊任務及行動：

1、第37軍（附象縣民團、砲兵第29團第8連）即以一部在上西鄉、文明村之線，掩護第20軍主力由運江方面之渡河，主力聯繫穿山鄉附近之第62軍在竹山、難村、基田村之線佔領陣地，極力阻敵進犯，俾柳州城防部隊獲得餘裕時間。

2、第26軍（附柳州民團、砲兵第18團第1營、第93軍戰防砲一連、砲兵第47團高射砲一排）固守柳州。奉長官張（發奎）"柳指愛字第

2140號"命令節開：非奉命令，不得撤退。

3、第188師（附柳江民團、第46軍山砲一連）即進出長塘鄉、東泉鎮以東之線，阻敵西竄，以掩護集團（左兵團）切取聯繫。

4、第20軍（附第93軍戰防砲一連、砲兵第47團高射砲一排）應迅速在柳州西車站集結運江西渡之部隊後，即開新圩村準備柳城方面之作戰。

四、作戰地境：（略）

五、砲兵第18團團部、第93軍戰防砲營營部、砲兵第47團高射砲連等，歸總部直轄，隨集團軍戰鬥指揮所行動……

第26軍的任務最重，楊森私下提醒丁治磐要"注意南方"，並對丁說："對不起你，先走一步了。"丁治磐表示理解："在此種情勢下，你的部隊撤出去也好，可在週邊多與我聯絡。"丁治磐與楊森雖無歷史淵源，但幾年相處下來似乎私交還不錯："楊森和我一起在湖南很久，感情很好，楊森觀念新，我和他觀念相合，他的部隊駐紮地及司令部都很整潔，而我也總是幫助地方將道路、骯髒的地方打掃乾淨。"丁治磐1985

年接受"中央研究院近代史研究所"訪問時,已經91歲高齡,他不厭其煩多次提到楊森,但對如何佈防柳州早已不復記憶。張發奎的高參李漢沖晚年著文指責丁治磐:"他一方面在張發奎面前自告奮勇,表示願與柳州共存亡,但另一方面卻在張發奎、楊森離開柳州之後,在敵接近時,將步兵主力移出城外,改以一部砲兵配屬城內,在敵接近時,在城內發砲射擊,以示其尚在城內戰鬥。"

事實究竟如何?筆者認為李漢沖的說法有失公允。丁治磐當日決定利用既有工事保持重點于柳州南市東西兩端及帽盒村、益群林場、雞拉街一帶。第41師佔領獨登山要點,並於羊角山、銀仔山、三門江各地派出警戒;第44師佔領窯埠街要點,柳州河北市區派出一團固守,並於新墟、張公嶺、帽盒山派出警戒;工兵營佔領架鶴山、太平西街、無線電臺間據點陣地,與柳州河北市區部隊相呼應;砲兵隊應以主力使用于窯埠街方面,一部使用于柳州河南市區西北端,對窯埠正面及北市準備火力,最初以一部為遊動砲兵,支援三門江方面之戰鬥。7日20時,日軍第3師團第34聯隊100餘人從雒容附近搶渡

榴河,第44師高雨辰營奮力擊退來敵,從容炸毀雒容鐵橋。8日晨,第34聯隊增加進攻兵力,高營漸漸不支,逐步向南後撤。

田中久一對橫山勇搶功柳州一無所知,一方面是自己重視程度不夠,另一方面是通訊癱瘓,尤其是在進入桂平以西之後,日軍戰史這樣描敘第23軍通訊隊的狀況:"全體人員排成一列踏著岩石一步一滑地勉強通過,特別是牽著馱馬走更為困難。馱通訊器材的馬有時滾落到丈餘深的山澗中,從山澗裡攀登岩石把器材扛上來,這樣的困難是通訊隊平時未曾想到的。而且不分晝夜走在一條小路上,既不能超越也不能停下來讓路,諸如無線電班架機發報以及交替前進等等純屬紙上談兵。"

儘管武宣以東地勢險峻,但鄧龍光和周祖晃只顧各自率部西撤,誰也不想停下來阻止日軍。11月3日,第104師團主力相繼進入東鄉、武宣一帶。5日,翻越大瑤山的第161聯隊先頭一部佔領距離柳州50餘公里的象縣,聯隊長清水園奉命"迅速渡過象江,佔領柳州機場"。8日,第161聯隊第3大隊輕取馬坪,又連夜奔襲柳州東南25公里處的同德。

第157師抵抗微弱倒不是戰鬥力的問題，想當日在界頂、雙吉山也一度讓第161聯隊吃過虧，張發奎還曾特別為李宏達師長請功。幾天下來，部隊咋就變樣了？問題就在於"保存實力"，張發奎要求第62軍和第64軍"先在來賓以西與日軍保持接觸，以後向那馬、都安紅水河兩岸活動，保障桂西北最後地區的安全"，第62軍顯然做到了"保持接觸"。

第188師系臨時歸楊森指揮，該師調出桂林城防序列後，雖然參加了桂平方面的反擊，但重疊配備於第64軍之後，投入戰場時間較晚，實力尚存。副師長劉維楷晚年回憶："由於桂林戰事影響，第188師奉令向柳州撤退，繼則轉移柳城，並於10月間，全師就在柳城河的西岸，佔領陣地。"劉維楷的回憶並不準確，第188師從貴縣經來賓、柳州退到柳城實際上已是11月初，海競強根本沒來得及進出長塘鄉、東泉鎮以東之線。7日晚上，第11軍向第6方面軍通報了第3、第13師團的進展，同時希望方面軍可以轉告南集團的情況。然而岡村寧次與田中久一也已失去聯絡多日，只好回覆："希能從旁收聽第23軍的電報。"橫山勇考慮

到岡村寧次"餘重視宜山勝於柳州"的意圖比較強烈，當晚下令第13師團"派有力部隊渡江在柳州西南方堵截重慶軍向西逃脫"。按照第6方面軍的構想，第11軍要令其"正在指向柳州的兵團及其他有力部隊向宜山挺進"，而事實上第3師團和第13師團都不可能放棄即將到手的柳州，橫山勇權衡利弊，決定抽出第13師團一個聯隊部分回應方面軍的指導。

第188師力量單薄，海競強當然不敢貿然前出，為拒敵西進，他匆匆將第562團和第563團配備在柳城河西岸，第564團擔任預備隊。8日晚，第13師團第116聯隊強攻柳城河，赤鹿理試圖攻佔柳城後兵進柳州西南18公里的流山，以達到切斷中國軍隊退路的目的。海競強派副師長劉維楷到第562團方面督戰，戰鬥中，有一個班長率部退下火線，被督戰組發現後押到團部槍決。儘管如此，第562團的防線還是很快被日軍突破，第564團接替上去仍是無濟於事。翌日傍晚，第116聯隊一舉佔領柳城，第188師幾乎潰不成軍，劉維楷回憶說："第562團撤下來作師預備隊，位於配屬師指揮的軍部醫院附近。撤下來的當晚，我住在軍醫院，

想好好休息一下。不料，當晚敵渡河成功，第一線兩個團分別向左右兩側地區撤退，讓開了正面，敵即長驅直入，師指揮所及第562團倉皇向三岔、洛東、洛西方向撤退。我因疲勞過甚，熟睡未醒，待敵沖到軍醫院附近，方在朦朧中被驚醒。全靠第562團一個連的掩護，才得以安全追上第188師師部。"海競強清點人馬，不足一個營，配屬作戰的第46軍山砲連裝備全部損失，只帶出幾個砲栓。不過第562團擔任掩護的那個連差點擊斃日軍一個大官。第116聯隊聯隊長大坪進當日偕同副官騎馬奔向柳城，在接近城牆500多米時，該連的捷克式輕機槍響起，可惜子彈射偏沒有擊中，大坪進掉轉馬頭倉皇退回。

9日，岡村寧次下令橫山勇："擔任直接攻佔柳州的第11軍部隊到達柳州週邊時，應納入南集團司令官指揮之下。要盡可能向宜山突進。"橫山勇一度堅持認為第3、第13師團已經逼近柳州，"如今使之轉進指向宜山，殆不可能"。但想到自從獨斷進攻柳州以來，岡村寧次總體態度溫和，只用傳達指導方式來貫徹意圖，這回則是下達非常命令，又不得不有所顧慮。橫山勇隨後還是做

了一些調整部署："挺進中的鹿和山部隊的一部，納入南集團的指揮下，直接參加攻佔柳州作戰。鹿部隊的主力于宜山附近，山部隊的主力于柳城及其南部地區，切斷敵軍退路。"

第3師團擊潰新19師後費勁九牛二虎之力才收集到10條民船，山本三男決定先保障第34聯隊從三門江渡口逐次渡過雒容江。雒容江現在叫洛清江，第34聯隊8日深夜趕到渡口時又繳獲了3條民船，第二天中午順利渡江到達西岸，傍晚一舉突破天長嶺、馬草塘陣地。丁治磐嚴令收復，第41師第121團、第44師第130團協力反擊，日軍改而攻向蟠龍山和柳州南市一帶。第41師第122團防守馬鞍山，日軍一個中隊試探著發起進攻，該團官兵沉著應戰，陣地絲毫不動。第34聯隊聯隊長二神力求勝心切，在白天還沒摸透火力點的情況下，便冒然投入第2大隊發動夜襲。第122團起初頗有些措手不及，多處地方被日軍突入，好在馮璽團長頭腦十分清醒，立刻組織力量逆襲，不僅奪回了丟失的陣地，還將部分日軍遠遠驅退到窯埠村。

日軍戰史承認馬鞍山"重慶軍憑藉天險、各種障礙物和據點進行了頑

強抵抗。第2大隊經過拼死夜襲，雖沖入但未能予以佔領，甚至一部分不得不暫時後退到窯埠村附近集結”。蟠龍山是俯瞰柳州的制高點，日軍第3野砲兵聯隊的砲火幾乎全部向此傾瀉，第34聯隊第1大隊砲擊過後躍出攻擊位置，問候他們的是第44師第131團1營雨點般密集的子彈。憑藉多層鐵絲網和交叉火力，1營官兵使敵人未獲任何進展，日軍形容蟠龍山“宛如不沉的戰艦”。

柳州北部的戰況同樣激烈，日軍第13師團第104聯隊8日晚上冒著細雨進抵柳州以北6公里的頭背山附近，海福三千雄沒敢連夜進攻，為此受到師團參謀部的嚴屬指責。第二天一大早，第104聯隊第2大隊和第3大隊猛攻兵營嶺、鳳凰嶺陣地，第44師利用碉堡和防坦克壕頑強阻擊，敵我反復拼殺，形成膠著。8時許，第131團陣地一部被日軍突破，不少潰兵擁向柳江邊伺機南撤，遭到日軍山砲大量殺傷，海福三千雄這次沒有猶豫，命令所部大膽穿插進入柳州北市。10日，第41師第121團嗣因第122團調往帽盒山迎敵，逐步放棄獨登山退守南市。第3師團第6聯隊乘機沿柳州東南側山地迂回南下，在和表村渡過柳江，第3大隊從南面逼近柳州機場，聯隊主力襲向第134師陣地右側背。

據國防部的《抗日戰史》記載，10日3時許，張發奎電話指示丁治磐：“桂林情況已不明，該軍應避免無謂犧牲，著即適應情況開放西側道路，配屬之野砲營應撤至大塘，河北市區之一個團可撤至南岸，對所有倉庫應遵令徹底破壞。”楊森隨後也電示丁治磐：“該軍依情況應轉移至柳州西側山地，繼續抵抗阻敵西犯。”丁治磐於是下令：“第44師南岸部隊仍固守原陣地，北岸部隊應留置一部行持久抵抗，主力即轉移南岸，佔領鵝山附近既設陣地；第41師仍固守原陣地，阻擊西犯之敵；野砲營即撤至大塘附近歸還建制；砲兵團受第44師蔣師長指揮，支援北岸第131團渡河，爾後變換陣地于張公嶺附近，協力第41師作戰；工兵營受第44師蔣師長指揮，徹底破壞所有倉庫，不得遺留物資資敵。”李漢沖認為丁治磐：“這是以張發奎‘不必死守柳州’為根據，不待敵主力之展開，即棄城而走。”

張發奎是有良心的，他晚年口述歷史時指出：“敵軍逼近柳州，我命令第26軍軍長丁治磐在柳江南岸盡可能堅守，該部雖在湖南激戰過，但狀態尚可。換言之，我授權他自行處理後撤事宜。"所謂"尚可"，筆者理解為張發奎基本肯定第26軍的精神面貌和戰鬥作風，為什麼這麼說？筆者是有依據的，中國第二歷史檔案館保存著一份張發奎13日給軍令部長徐永昌的密電，內有"我指揮所於蒸午移至張公嶺，晚即受敵迂回隊之襲擊。……為爾後戰鬥容易計，職於真辰率第44師一部到六道附近收容，並即佈防"等語。也就是說張發奎10日中午（蒸午）還在柳州東南的張公嶺，8日和9日的柳州戰況他足夠清楚，因此對第26軍有"狀態尚可"的評價。11日上午（真辰），張發奎率第44師一部到達六道整理收容，說明他對第26軍棄城西撤完全知曉或許可。作為高參，李漢沖在柳州棄守問題上，並未真正理解司令長官張發奎的真實想法。憑心而論，第26軍以2個殘破之師佔領8個團的柳州防禦設施，肯定是無法充分發揮工事效能的，要再不西撤，難免全軍覆沒。

4、丟城失地

柳州機場遺址位於魚峰山公園

的西南面和龍潭公園的西面，因機場大門面向東南方的帽合山，習慣上又稱之為"帽合山機場"。柳州機場始建於1929年4月，最初規模很小，面積僅有0.5平方公里，簡易的飛行場地只能提供小型飛機起降。新桂系原本是想利用機場和廣東方面合辦航空運輸，機場竣工後首次降落的飛機就是廣東航空處的"中山號"飛機，旋因桂粵失和，航空運輸生意沒做成。1932年10月，機場開始專供第4集團軍航空管理處訓練飛行員。1934年4月，第4集團軍航空學校成立，柳州機場成為廣西空軍的主要訓練基地。抗戰軍興，中央航空委員會接收柳州機場，前後徵調柳江縣民工12280人，進行了第一次擴修。1941年3月，第46軍第170師第510團進駐機場，與柳江縣民工共同挑起擴建任務，使機場成為陳納德"飛虎隊"的主要基地。1943年柳州機場進行第三次擴修，成為大西南為數不多可以起降B－25轟炸機的機場之一。第41師第122團之所以從柳州南市緊急抽出，起因就是帽合山機場告急。

1944年11月7日午夜，短暫失去聯絡的第37軍與楊森恢復聯繫，羅奇率軍部于16時到達四方塘西北約

10華里的陳林村。9日晨，從象縣北上的第104師團第161聯隊第3大隊試圖通過四方塘快速北進，或許是趕時間走的比較急，第95師第284團抓住難得機會打了一次埋伏，斃傷日軍中隊長以下多人。第3大隊的目標是柳州機場，加藤榮吉並不願停下腳步與第284團一較高下。9日深夜，楊森命令羅奇"與丁軍聯繫，掩護宜山公路"，第95師開始脫離當面之敵逐步西撤。看來丁治磐說的對，楊森不參加守城也好，可在週邊多聯絡，第37軍掩護柳州至宜山公路，就是要為第26軍保留西撤通道。

10日黎明，第161聯隊第3大隊到達柳州帽合山機場南側，師團長鈴木貞次得到報告大聲歡呼，要知道第22師團主力此刻尚在貴縣西北，距此路程少說還有100公里。鈴木並不知道第11軍的部隊已經攻入柳州北市，還以為柳州將會是第104師團的囊中之物。其實，第3師團第6聯隊同日沿柳州東南側山地迂迴南下，一部就在柳州機場的北面，只是彼此都不知情。直到下午16時，第161聯隊第3大隊才與第6聯隊取得會師，雙方都有些驚訝，第6聯隊不及細想，主力奔向第20軍和第37軍的結合部——鵝

山據點和柳州火車西站。鈴木貞次空歡喜一場，萬沒想到第11軍會捷足先登，17時左右，第104師團主力在一片唉聲歎氣中快快通過來賓縣城，邁向柳州的步子變得不那麼輕鬆。

守備柳州北市的第44師第131團主力遵令南渡柳江至鵝山佔領陣地，只留下第3營在北市與敵周旋，蟠龍山上的第1營亦大部西移。日軍第3師團第34聯隊事先並不知道當面中國軍隊已減少，凌晨4時還小心翼翼地以第5、第6、第8中隊在蟠龍山堡壘南面400米處隱蔽展開，山上密佈的槍眼使二神力不敢再馬虎。5時，配屬第34聯隊的砲兵先進行了3分鐘的集中射擊，停止5分鐘後又是3分鐘的支援衝鋒射擊，緊接著步兵一擁而上用繩拉倒鐵絲網，第8中隊率先沖入。第131團1營的火力明顯稀疏，畢竟原本就人數不足，再加上這幾天的傷亡減員，戰鬥力充其量也就一個加強連。7時，佔領蟠龍山頂的日軍歡呼雀躍，第8中隊中隊長若松秀三在報告戰場情況時，特別提到自己看見柳州西站一列火車向西開出。日本防衛廳防衛研究所戰史室編著的《廣西會戰》一書稱："據戰後中國報紙發表第四戰區司令長官張發奎

的日記記載，該將軍于11月10日7時乘最後一次列車由柳州出發向南丹後退。"不過分析張發奎給徐永昌的密電，他10日中午還在張公嶺，至少要到下午才離開柳州。而從柳州激烈戰況來看，張發奎7時離柳似乎也在情理之中。13時，第34聯隊第5、第7中隊進入柳州北市，第2中隊佔領了柳江之濱的第四戰區司令長官部，但3營的零星抵抗持續到了11日晚上，直到官兵大部犧牲為止。

南市第41師第121團掩護軍主力西撤，是夜亦陷入日軍包圍之中，丁治磐西移張公嶺時，不忍丟下第121團團長趙鳳銘和那些生死與共的弟兄，當即指令第123團返身去解救，結果該團兩個營也陷入重圍。後來趙鳳銘團長率殘部拼死殺出一條血路，輾轉至1945年1月7日才找到第26軍歸隊。丁治磐的部隊傷亡慘重，第20軍在流山墟以東地區且戰且退，第37軍沿公路佔領拉堡、雙橋陣地，羅奇的戰鬥報告稱"奮戰搏鬥達於極點，敵數次猛撲，均被擊退"。李漢沖指責丁治磐"不待敵主力之展開，即棄城而走"並不符合史實。

明明是第13師團第104聯隊率先突入柳州北市，岡村寧次卻硬要給第23軍記上一功，他在11日2時發給派遣軍和大本營關於攻佔柳州的電報中如此描敘："南集團（第23軍）新指揮下的鹿部隊（第13師團）一部，於10日10時攻佔了柳州，主力現正捕捉敵軍，向柳州以西地區追擊中。"事實上因通訊中斷，田中久一根本沒有指揮上第13師團一兵一卒，橫山勇、赤鹿理為此大有意見不必說，山本三男和他的參謀長福山寬邦，當日也一致認為岡村寧次的做法極為不妥。為了照顧田中久一的榮譽，不顧第23軍在什麼位置都不知道的實情，就要第11軍進攻柳州的部隊歸田中久一指揮，第3師團和第13師團實際是不約而同仍按第11軍的作戰計畫進攻柳州。由於矛盾太深，當岡村寧次接替畑俊六為中國派遣軍司令官時，橫山勇即被調回本土任西部軍司令官，從此與中國戰場絕緣。不久，赤鹿理、山本三男、福山寬邦等人相繼去職，如此徹底調動師團長和參謀長，在日軍歷史上極為罕見，岡村寧次也搞"秋後算帳"。

11日黃昏，張發奎為避免不利態勢並繼續阻敵西進，變更部署大要如下：

一、第16集團軍總司令夏威為中央兵團長，指揮第46軍（欠新編第19師）、第135師、桂綏第一縱隊、砲兵第18團（欠2營、3營）、砲兵第14團第8連、第48師戰車營、戰防砲總隊獨立第1營，以一部與敵保持接觸，主力于冷水村、南鄉村、三岔附近佔領陣地，注意與忻城方面的第35集團軍切取聯繫。

二、第27集團軍總司令楊森為左兵團長，指揮第20軍、第26軍、第79軍，以一部與敵保持接觸，主力轉移至六塘、沖脈、小長安之線佔領陣地。

三、第35集團軍鄧龍光為右兵團長，指揮第62軍、第64軍，以有力一部至大塘、思練之線，遲滯日軍，掩護三岔主陣地右翼安全。

四、第37軍改歸長官部直轄指揮，迅速脫離日軍，經大塘、宜山至懷遠集結。

桂柳會戰打到如此地步，早已超過第四戰區當初制定的作戰計畫範圍，張發奎如今是要以宜山為中心，北起小長安附近，經三岔、大塘至遷江北側一線，重新構築起新的防線，他後來回憶說：「我將各兵團的主力撤退于黔桂鐵路的宜山正面，並於懷遠等地部署數道抵抗線，以遲滯敵人之行動，高度發揮這些疲憊部隊最後的戰力。」宜山就是現在的宜州市，居九萬、鳳凰山脈之間，地勢峰巒起伏，關山重疊，各山標高平均約為500米左右。龍江河從懷遠東經宜山、三岔注入柳江，河幅狹窄，水淺流急，只能通行10噸以下的小型民船。龍江河兩岸較平坦，多為桑田及水田，黔桂鐵路和公路在龍江河南岸蜿蜒西去，走向大致與河平行。1938年11月，蔣百里出任陸軍大學代理校長，在前往貴州遵義時途經宜山，由於心臟病突發而去世，靈柩就安葬於宜山城外的南山。張發奎從柳州一路西撤，只在宜山短暫停留，12日便移往河池，他當然無暇去這位軍事學家墓前憑弔。

張發奎此刻最為期待的是日軍攻佔柳州後會喘息一陣，以便他有時間從容構築宜山防線，但事與願違，日軍兵分四路呈扇形狀尾追不捨：第3師團第6聯隊、第34聯隊和第13師團第116聯隊直接沿黔桂鐵路攻向宜山；第3師團第68聯隊和第13師團第104聯隊由黔桂鐵路以南，經久懷墟、土博墟、南鄉、理苗，攻向宜山南面的石別；第13師團第65聯隊由黔桂鐵路以北，經沖脈、三合，攻向宜山北面的小龍；第104師團留下第161聯隊守柳州，第108聯隊和第137聯隊兵分兩路，經三都墟、裡高墟、大塘墟，追向忻城。

第79軍殘缺不足一師，鑒於情況緊急，張發奎乾脆跳過第27集團軍，直接下令方靖先奔小長安。防守宜山正面的中央兵團配屬有大量特種兵，張發奎對夏威說："第46軍三個師是戰區現在唯一較完整的部隊，在這次會戰中，各師均未經歷激烈戰鬥，現在事到臨頭，應該一顯身手，如敵不以貴州為目的，把最後到達線止於柳州附近不再前進，黎軍還可以因此僥倖邀得一功。" 夏威唯唯，指定由第46軍軍長黎行恕統一指揮，同時下令第135師佔領理苗附近陣地，並派出有力部隊于理苗至南鄉路口警戒，第175師在南鄉、三岔之線扼要佔領陣地，拒敵西進，第188師向宜山集結，桂綏第1縱隊即開屯蒙，聯繫忻城方面。楊森接到張發奎的指示，當即命令第26軍經三都、水源、三岔集結羅城待命；第20軍在洛滿以西地區，先掩護從柳城潰退下來的第188師轉進歸建，然後再於六塘、沖脈互東墟一線佔領陣地。掩護第188師西

渡融江的任務並非來自張發奎，推想可能是先期撤下來的海競強師長親自商請楊副司令長官的結果。

日軍第116聯隊9日攻下柳城，遠遠望見融江對岸的"廣西兵"往西退卻，苦於一時找不到船隻，只能望江興歎。10日晚上，日軍利用白天找到的三條小船從一小支流偷渡融江，第188師發現狀況後用輕機槍猛烈射擊江面，當場擊斃其中一條船上的第11中隊中隊長谷由助中尉等人。其實日軍遇到的多半是一支脫離建制攜有機槍的零星部隊，海競強掌握的第188師不足一個營，無心也無力有效組織融江防線，其他兩隻船就未被發現，成功靠岸登陸。第116聯隊主力隨後用工兵趕制的竹筏，花了一天的時間全部渡過融江，第3大隊率先趕到鐵路邊。第188師士氣低落，幾無招架之力，幸好有第20軍第133師第397團的掩護，才不致於全軍覆沒。日軍戰史承認第3大隊正面的"重慶軍槍擊熾烈，未能順利前進，戰鬥到11日仍處於膠著狀態。"

12日，第20軍以第133師第398團、第134師、軍直屬部隊、第397團的順序在三岔搶渡龍江河。日軍

第116聯隊第3大隊當日午後佔領流山墟，停下腳步埋鍋造飯，第1大隊肚子不餓，沿公路向西急進，在三岔擔任渡河掩護隊的第399團奮力阻擊，入夜後將陣地匆匆交由第175師接防。忙於轉移的楊森聯繫不到丁治磐，無法把這一重要情況及時通報。正率軍部由洛東移駐洛西的黎行恕這時碰巧電話接通第26軍，他提醒丁治磐："柳州之敵已進至三岔附近，敵我正激烈戰鬥，洛東洛西道路甚為擁擠，希另選道路。"第175師很"滑頭"，只在三岔留下一個連，13日凌晨就被日軍突破，轉移到了三岔西南一側，夏威當初要求第175師在南鄉、三岔之線扼要佔領陣地，拒敵西進，可他的外甥甘成城不予理會。3時許，日軍又攻佔柏社村北端高地及八仙嶺前進陣地，繼續向羊角山南北之線主陣地進攻。黎行恕飭令甘成城抽調第524團一部前往增援，甘成城同樣不予重視。7時，三岔西南一帶被日軍佔領，第175師以犧牲第523團3營9連的代價，安然西撤。三岔的抵抗雖然微弱，但總歸還有抵抗，地勢險要的南鄉則完全是真空狀態，日軍第13師團第104聯隊穿過林立的石山，經上博進入南鄉。

三岔、南鄉一線未經激烈抵抗輕易丟失，張發奎十分惱怒，但又拿黎行恕、甘成城這些廣西將領沒辦法，只得"死馬當活馬醫"，下令第46軍在原陣地極力拒止敵人，掩護第26軍、第37軍分別進入懷遠、北牙佔領陣地，爾後以一部在外山、上江壩，主力在都街、三江口之間拒敵。至於第46軍能執行多少，張發奎心裡沒有底。13日早晨，第20軍還不知道三岔已經失守，仍按計劃向北面的六塘、沖脈推進，楊漢域軍長決心先立于優越態勢，再驅逐沖脈之敵。8時許，第20軍軍部行抵三合南端隘路，萬萬沒想到在隘路出口處與日軍第13師團第65聯隊第1大隊發生了遭遇。第65聯隊從柳城渡過融江，先頭擊退廣西民團抵抗，比第20軍早一步佔領三合，原本日軍打算一路向西，但因道路艱險，馬匹不能通過，聯隊長伊藤義彥決定變更路線，先南下六塘再沿鐵路西進。楊漢域對沖脈敵情有所瞭解，他下令第133師警戒東北方向，第134師經三合、龍元村，插到沖脈西面構築防線，軍部隨第134師之後，轉移龍元村。結果發生了意外，因為嚮導迷路，第134師繞了一圈落到了軍部後面，楊漢域和調頭南下的日軍撞了個正著。好在搜索營立即展開掩護，第133師第399團趕到增援，激戰至傍晚時分，日軍無心戀戰，掉頭西去。原來赤鹿理沒同意伊藤義彥的變更處置，第65聯隊無奈將馬匹全部留下，一頭鑽進險峻的山嶺徹夜西行。

脫離險境的楊漢域聽到龍江南岸砲聲逐漸西移，判斷第46軍已經放棄鐵路正面，未等張發奎、楊森改變部署，即決定放棄沖脈、六塘阻敵計畫，改守江口村、中和、太平、龍懷、龍安之線。楊漢域的決斷很及時，與張發奎調整夏威兵團以及第26軍、第37軍的部署完全相適應。至於楊森，他也遇到了麻煩。14日拂曉，第27集團軍總部由龍元村宿營地向四把鄉轉移，中途遭到日軍第65聯隊第2大隊急襲，憑藉總部特務營的拼死力戰，楊森總算安全突出，但軍大衣之類的個人生活用品成了對手值得誇耀的戰利品。第46軍的戰況更為不利，突破三岔陣地的日軍第13師團第116聯隊第2大隊，當天連續攻佔洛東、洛西，第175師、第188師加起來竟然不敵日軍一個大隊。黎行恕將此情形上報夏威，夏威絲毫沒有責怪之意，未經張發奎同

意，便以“第46軍陣地側背受敵威脅”為由，下令該軍向宜山以東附近撤退。這下子亂了套，第175師、第188師彼此爭先恐後向西“轉進”，日軍在後頭窮追不捨，黎行恕很快與各部失去聯繫，僅掌握第188師師部經洛富向理苗跑路。

15日零時，日軍第116聯隊第2大隊未遇任何抵抗進入宜山，繳獲了停放在車站上裝滿貨物、食糖和被服的五列車皮。夏威竟把宜山失守責任推給城內的一個新兵團，他向張發奎報告說：“宜山昨晚有漢奸縱火，東北門外響槍數十，駐城新兵團不瞭解情況，未奉命就後撤，該團現已撤退到懷遠，我已嚴屬譴責，並命令其在葉茂佈防掩護前線部隊退卻。”國防部的《抗日戰史》有意掩飾第16集團軍的潰不成軍：“日軍分數股進出洛西以西附近地區，向宜山急進，並將沿途通信網破壞，我聯絡受阻，此時該軍已無控置部隊，無法應付當前狀況，且時將入夜，情勢危急，亦不能遵照夏副司令所示佔領宜山陣地，乃決心改向石別附近轉移。”

張發奎的隨從高參李漢沖晚年著文斥責道：“夏威、黎行恕早存貫徹白崇禧的保存桂系實力之意圖，豈願破釜沉舟，放棄最後一子。所以黎軍與敵一

經接觸，即行讓開正面，把部隊拉向西北撤退。因此，不但戰區有組織、有計劃的戰鬥已告終止，而且令敵人東奔西竄，使整個桂西地方一夕四驚！"第135師副師長顏僧武1963年也撰文透露了一些內情："張發奎令第46軍及第135師在宜山縣城以東的理苗、南鄉、三岔之線佔領陣地，經約一天的戰鬥後，因三岔方面的第175師不能支持，逐步後退。黎行恕因張發奎有過不得擅自撤退的命令，即撇開張發奎逕向夏威報告情況，請求撤退。夏威不經張發奎同意即答應。黎行恕隨令部隊從理苗、南鄉、三岔之線退卻。張發奎得悉此情後，在電話中與夏威曾激烈爭吵過。"

5、小勝仗難挽大潰敗

從柳州到宜山這一路，日軍贏得很輕鬆，可岡村寧次並不滿意："佔領桂林、柳州為第6方面軍新編後的第一作戰目標。大致計畫由第11軍攻佔桂林，由第23軍攻佔柳州。由於敵軍將由柳州向西退卻，故第11軍于佔領桂林後，應即避開柳州道路而向西南挺進，以逼近其退路為有利。我雖下達如此命令，但第11軍卻急於攻佔柳州，致使逼近其退路的

行動不夠積極，違背了我的意圖。"11月12日，畑俊六飛抵衡陽南嶽視察，岡村寧次詳細陳述與橫山勇之間發生矛盾的經過，畑俊六聽完報告當場爆粗："橫山勇是雜種！"

宮崎週一與岡村寧次觀點有所不同，他認為之所以沒有在宜山一線完成合圍，主要原因出在第23軍身上："至於攻佔柳州，曾擔心由南方進攻的南集團與旭集團的先頭部隊之間，在黑夜裡可能發生互相攻擊之事，但實際上因波進攻遲延，並未造成誤戰事故。但卻失掉了圍殲敵人的機會，令人遺憾。"第23軍確實動作遲延，柳州陷落當日，最外翼的第22師團的主力大體上還在來賓地區，距離柳州尚有80公里，該師團和獨立第23旅團西進貴縣，雖然成功驅退威脅側翼的第46軍，卻與預定的進攻柳州路線產生了很大偏離。第104師團態勢稍好，主力11日進抵柳州西南，先頭第161聯隊第3大隊前一天晚上與第11軍的部隊一同攻佔柳州機場，總算保持了第23軍的體面，難怪該師團參謀長鈴木在日記中這樣寫道："此次南集團的作戰，似乎純屬104師團的戰鬥，武運可謂幸甚。然而，捫心自問，究竟自身貢

獻幾何,實感慚愧!"

張發奎的"內線攻勢"雖然沒有取得多大戰果,但無意中打破了岡村寧次宜山"紮口袋"的如意算盤,儘管其中有第11軍"搶功"的因素,可第23軍被"打痛"後偏離進攻路線亦是不爭事實。合圍不成便成了追擊,至於追到哪裡為止,第11軍的作戰計畫並不明確,第6方面軍也未給予指示。日軍戰史對此解釋說:"那是因為湘桂作戰前段第2期的目的是摧毀桂林、柳州航空基地,在攻佔柳州後預料可能轉入佔據要城,或根據情況也可能與重慶軍,特別是後方增援部隊進行會戰。對佔據要城的範圍雖然考慮大概在宜山、貴縣一線,但並未深入研究作出決定,而考慮根據當時的情況再對這些問題,特別是追擊範圍作出決定。"14日,橫山勇下令第13師團繼續追擊,目標是黔桂路上的河池、南丹,第3師團向宜山及其西南方挺進。第6方面軍的追擊令比第11軍晚一天,岡村寧次要求"在忻城附近圍殲重慶軍主力,第11軍一部儘量深入佔領黔桂鐵路"。橫山勇遵令執行,改令第3師團折向忻城、大塘,第13師團以一部配合第3師團行動,主力立即向西追擊。

張發奎原本寄託第46軍能夠像模像樣打上幾天,保證第26軍、第37軍進入懷遠、北牙,利用河道佈置新的防線,哪知第46軍如此不堪一擊,第37軍倒是趕到了北牙,可從柳州一路西撤的第26軍才剛到宜山南面的太平鄉。眼看宜山西去的公路上潰軍難民混雜擁擠,丁治磐責令第44師第132團沿公路先趨向懷遠,主力選擇從公路南側小道前進,原想抄小路快些,偏偏又遇下雨天,山道泥濘崎嶇,反而邁不開步子。張發奎帶著衛隊、特務團以及長官部非戰鬥人員於14日抵達懷遠,第四戰區的處境非常不妙,除了先期集結的特種部隊,懷遠幾乎沒有其他戰鬥力量,黔桂路正面差不多要上演"空城計"。

張發奎傳令懷遠各部:"在第26軍丁軍長未到達懷遠以前,凡在懷遠附近之工兵第8團、第26軍先頭部隊、砲兵第14團第8連、第48師第142團第3營、戰車防禦砲教導總隊直屬第1營之一連、第46軍砲兵營及地方團隊統歸本戰區幹部訓練團教育長王輝武指揮,在懷遠附近阻敵西進。"張發奎勉力集合特種部隊要在懷遠打一仗,主要是看中懷遠的河道地形。懷遠歷史悠久，至今已有1300年的歷史，據史料記載是廣西四大古鎮之一，小環江、金城江、龍江在懷遠鎮東首形成一個"Y"形交叉，張發奎就想利用這個交叉挫挫日軍的銳氣。"懷遠"臨時總指揮王輝武是湖北漢川人，先後畢業於中央軍校第六期交通兵科和陸軍大學第十一期，起先在西北"剿總"張學良、楊虎城那裡擔任參謀處中校參謀，1937年9月調任第8集團軍作戰參謀，當時該集團軍防守浦東方面，戰事並不十分激烈，總司令就是張發奎。1938年2月，王輝武調升軍令部第一廳第一處上校參謀，翌年9月又調到丁治磐任師長的第41師當參謀長。1943年10月，王輝武升任第四戰區參謀處少將處長，後來又兼任戰區幹訓團教育長。王輝武戎馬多年從沒帶兵官的經歷，之所以被張發奎"點將"，主要是他做過丁治磐的幕僚長，便於等待第26軍接防懷遠.

王輝武掌握的部隊從火力角度來看，絕對超過一個師：砲兵第14團第8連裝備德國造150mm榴彈砲3門；第48師第142團3營10連裝備蘇聯T26坦克5輛；戰車防禦砲教導總隊直屬第1營之一連裝備37mm戰防砲9門；第46軍砲兵營裝備美式75mm山砲12門。王輝武下令："第44師第132團佔領理底、懷遠、安馬之線沿河陣地；工兵第8團附第135師之一連佔領懷遠以北同治嶺、安馬之線；戰車營佔領懷遠以南陣地，火力封鎖河東岸公路，阻止敵人渡河；重砲連、第46軍砲兵營、戰防砲連佔領懷遠以西、林場以南各陣地，火力封鎖河東岸公路及其附近高地。"15日19時左右，榴彈砲、山砲、戰防砲都已進入陣地，工兵第8團完成了破壞懷遠正面公路鐵橋的準備工作，只等第26軍一通過，鐵橋就會炸上天。第142團3營10連的五輛坦克從金城江急駛至大橋西端，佈防也很巧妙，二輛封鎖河東公路，二輛防敵側擊，並掩護砲兵陣地安全，一輛擔任指揮，協力封鎖公路。16日6時，左等右等就是等不到第26軍，王輝武覺得不能再等，下令工兵炸斷公路鐵橋，所有槍口、砲口一律指向東岸，嚴陣以待。一個小時後日軍第13師團第116聯隊蜂擁至河東，王輝武一聲令下，各種火砲及坦克一齊開火。日軍戰史坦言遇到了麻煩："在懷遠東側遭重慶軍的頑強抵抗，不僅公路上的鐵橋已被破壞，而且又無渡船，此外重慶軍的牽引式遠射程砲不斷向公路方面實行火力壓制。聯隊長立即命令部隊展開以聯隊砲和山砲應戰。但從該方向渡河困難，而且其遠射程砲自由進退難以對付。"第116聯隊聯隊長大坪進決定改變路線，從北牙、安馬方面向金城江攻擊。

丁治磐終於趕來，面對已被炸毀的鐵橋，他顧不上和王輝武敘舊，整日督促部隊搶渡金城江。17日黎明，第26軍先頭連接替工兵第8團2營4連防務，不少官兵埋怨工兵把橋給炸早了，工兵弟兄可不這麼認為，要再不炸，鬼子這會已打過金城江，誰讓你們磨磨蹭蹭。沒等理論出結果，一架日機臨空掃射，旋即投彈後逸去，大夥搶著仰天"罵娘"，也就擱置了爭吵。隔半小時，中國空軍6架戰機飛臨上空助戰，懷遠正面的日軍傷亡較大，全部轉向兩翼。工兵第8團第4營等部苦撐安馬防線，第26軍經平匈、平兆悉數渡過金城江，張發奎即令該軍接替懷遠防務，同時解除王輝武指揮之責。丁治磐與王輝武已經沒有心情寒暄，懷遠南面的北牙砲聲隆隆，兵微將寡的第37軍能頂多久實在令人擔憂。北牙一帶的石山雖不高，但全為堅硬的岩石，道路從

石山縫隙穿過，有些地方只能以一列縱隊前進，對於進攻方來說，地勢非常之不利。

第116聯隊被懷遠正面的坦克、重砲打怕，轉而攻向北牙，因山路難走，聯隊本部與前面的第2大隊很快脫節。早已埋伏在高處的第37軍一部沒敢對第2大隊下手，這下總算逮到一條大魚，距離約三四百米的時候，數挺輕機槍全部朝著第116聯隊本部襲去。大坪進連滾帶爬躲到一處土墩後面指揮反擊，第37軍的一顆迫擊砲彈落下，彈片刮中這位聯隊長的背部，只差一點就要一命嗚呼。第2大隊聞訊立即進行砲火壓制，第37軍這支伏兵選擇放棄獵物，悄然撤走，原因推測是日軍第104聯隊從石別進入北山，威脅到了右側背，疲憊之師無心戀戰。

懷遠小勝一回，獲得片刻喘息的張發奎感慨萬千："我親自在懷遠的橋頭，在砲兵陣地觀察戰況。逃避戰禍的難民絡繹不絕地向後方逃亡，時間與他們的負累限制了他們的行動。當太陽西沉的時候，他們不顧空中飛奔的砲彈，一群群的在公路兩旁躺下來，準備露宿以恢復他們一日的疲勞。痛哭、慘叫、離散和人世間

一切的悲哀景象，活生生地映入我的眼簾。"夜深人靜的時候，張發奎想起桂柳會戰以來的種種，更是心潮澎湃，他提筆向千里之外的蔣介石寫下了一段耐人深思的肺腑之言："查此次桂柳會戰，以職指揮無方，日蹙百里，實屬外漸清議，內疚神明。至各將領中忠勤盡職者，固不乏人，而昧於大勢，規避戰爭者，亦不鮮其例，頹風所播，戰意潛銷，試一檢討各軍戰績，除確因轉戰過久，實力耗損無法達成任務者，尚堪原諒外，如第46軍則參戰最晚，人員武器亦較他軍優越數倍，最後宜山正面如再不使之堅強抵抗，不僅不以服苦戰之袍澤，且無以對輸械之盟友，及接觸不及兩日，損耗亦不嚴重，居然自相驚擾，避開正面，致宜山垂手陷賊。懷遠、三江口防軍未集，勉以工兵第8團及本部特務團分別佈置警戒，遲滯敵人，現敵人已迫懷遠，正隔河對戰中。第26軍雖已到，能否阻敵西犯，仍無把握。判斷敵情，如我能在懷遠堅強抵抗，桂柳會戰或即至此而止。但一般戰力耗損過巨，勁旅亦成疲師，倘敵因此擴張戰果，迫近黔疆，亦非絕不可能。職戍桂五年，雖明知部隊疆界太嚴，風氣太壞，而仍委婉遷就，謂可經濟時艱，不料誠信未孚，貽誤滋大，深負鈞座期許，亦職所不能己言者。現金城江重要物資山積，沿線難民死亡載途，目擊瘡痍，罪戾曷極，除遵渝竭盡智能，爭取時間外，敬懇速定大計，指示機宜，無任迫切待命之至。"

蔣介石為之動容："以全權整飭軍紀，凡不從命令擅自撤退之主管，長官應就地正法為要，一切由中（正）名義行之可也。"縱然蔣介石確有此心，張發奎也無此勇氣，他深知重慶這把"尚方寶劍"在白崇禧的廣西地盤上並不鋒利，與其搞的自己下不了臺，還不如繼續"張公百忍"。

18日，工兵第8團將任務移交第26軍後即經三江口向河池撤退，第48師坦克營、砲兵第14團第8連等亦奉命西撤歸還建制，戰防砲連改由戰區長官部直接指揮。這些特種兵的撤離意味著層峰對懷遠防線缺乏根本信心，寶貴的坦克和榴彈砲先走一步，既是規避風險也是降低損失。日軍第116聯隊當日拂曉猛攻第37軍北牙陣地，第95師第283團死傷殆盡，羅奇以僅有的兩連預備隊增援，陣線始趨穩定。19日，日軍在安馬成功偷渡小環江，第26軍炸毀部分物資後放棄懷遠，撤向西北方的德勝鎮。北牙同時宣告失守，張發奎電令羅奇：「萬不得已時，以一部移拉利、王巷街、白土街一帶，主力于喇仁龍頭圩一帶佔領陣地，逐次抵抗，以掩護金城江右側方安全。」羅奇這時真是力量無多了，留下第284團殘部遲滯敵人，軍部和第95師主力轉移王巷街，軍工兵營即向龍頭圩前進。日軍第116聯隊片刻不停追向拉利，赤鹿理根本沒把當面的中國軍隊放在眼裡，他指示幕僚：「師團當前作戰焦點在金城江及河池，即使一個大隊或一個中隊，甚至一個小隊，也要迅速沖進去。」參謀長依知川庸治同樣叫囂：「一個小隊或一個分隊，甚至一個士兵也好，必須儘快闖入金城江。」

丁治磐和羅奇就像是一對難兄難弟，被日軍追著屁股打，兩人名義上都是軍長，可眼下掌握的人馬充其量也就團、營級規模。第20軍的情況也很糟糕，連續作戰已經半年，楊漢域清點人馬還不足4個營，日軍突破安馬，楊森希望「第20軍在百山腳、人和鄉之線暨洛平、思恩之線佔領兩線陣地，阻敵西進。」22日拂曉，日軍攻抵思恩，楊漢域無法組織起有效防線，繼續朝西北方向撤退，後奉命集

結妙石村、甫儀村整頓待命。佔有地利優勢的桂軍最狼狽，據說夏威由金城江到河池這一段路，因害怕被日軍追擊所害，丟下隨從隻身搭乘第48師的坦克跑路。周祖晃的第16集團軍副總司令部在河池保平被日軍襲擊，周和副參謀長孫寶剛都掛了彩，差點就被俘虜。說來無人相信，堂堂的集團軍副總司令周祖晃後來退到百色，連醫療和營養費用都無著落，竟然還要部屬和舊友解囊相助，周為此大發不滿，集團軍又不是沒錢，平日搞集體吃空額，說是做公積金辦官佐眷屬工讀學校，究竟積存多少其實只有夏威個人知道，如今作戰負傷卻得不到該有的撫恤，你說氣不氣。

還是「丟那媽」部隊走的最順暢，第62軍全部離開柳州後，在柳州西邊的大塘地區與第64軍匯合，第35集團軍總司令鄧龍光作為「龍頭老大」，指揮部隊西撤忻城。不過第62軍在忻城以東被日軍埋伏襲擊，蒙受了重大損失，第157師第471團團長鐘光哲陣亡，有些營連被打散。廣東部隊馬不停蹄向都安縣城撤退，由於都安地方狹小，沒過多久就出現糧食補給困難，鄧龍光不得不再向南寧移動，半途中卻得到南寧被日軍佔領

的消息。正不知所措的時候，集團軍與第四戰區司令長官部的聯絡終於恢復，張發奎指示鄧龍光向那馬、果德轉移，防備南寧日軍西進。

張發奎的宜山、懷遠防線被日軍無情撕開，在懷遠西行的一處彎道上，一團蠕動的黑影絆住了他的汽車："我叫司機緊急煞車，當我下車的時候來查看的時候，原來是一個被母親遺棄下的約三四歲的女孩。她不知道她的家鄉和姓名，她只知道不見了母親。戰爭的災難，波及了這無知的小孩，而她的父母家人竟為了逃生而忍痛拋棄了親愛的女兒。一個戰爭失敗者的罪過，使我感受異常的痛楚。我把這個女孩帶回交與我的妻子撫養，並取名'懷遠'，以紀念我在懷遠心情的創傷，但不幸在數月後，這個懷遠的小生命與那個懷遠的清風明月都一齊消逝了。"

不離張發奎左右的高參李漢沖回憶往事亦不無感慨："千百萬不願做亡國奴的人民，此時攜男挈女在黔桂線上奔逃，與向北飛駛的各種軍隊車輛交織為極不調和的人流。在懷遠以北黔桂公路上，沿途都是難民，風餐露宿，擁塞道路，為了逃命與減輕行李負擔，他們沿途拋棄物品，有的最後已是傾家蕩產，孑然一身了。"

6、日軍輕取桂南

打通從馬來亞、泰國、越南經中國大陸至朝鮮的大陸交通線是日軍發起一號作戰的重要目的。攻佔柳州後，這一目的可以說完成了一大半，只要再攻佔南寧與打通印度支那（越南），超過日俄戰爭兩倍以上的一號作戰即可大功告成，至少表面上，日軍可以勝利結束這次空前絕後的世紀大遠征。日軍大本營、中國派遣軍和第11軍之間，對於攻佔南寧與打通印度支那的方案有過多次變動。1944年3月，中國派遣軍的"一號作戰計畫"策定："1945年1、2月份，第23軍由柳州南方地區發動攻勢，攻佔南寧後，打通並確保通往諒山附近法屬印度支那國境的陸路聯絡線。南方軍命令印度支那駐屯軍以第21師團主力，由諒山方面策應本作戰。第23軍隨著作戰的進展，應在南寧附近建設飛機場。有關細節，根據當時情況確定。"8月初，中國派遣軍修訂作戰計畫，規定"第6方面軍大致於1945年1月末命第11軍進行作戰，攻取南寧，並打開通往法屬印度支那國境的聯絡線"。

11月14日，第23軍司令部進入來賓，通信隊幾經努力終於在17日恢復了與第6方面軍的聯絡。18日，岡村寧次電令田中久一："攻佔南寧後，即命第22師團納入第11軍司令官的指揮，其餘主力返回廣州。"田中久一不免有些惆悵，第104師團第161聯隊第3大隊挺進柳州機場之舉，並不能掩蓋第23軍在柳州之戰中未能發揮主導作用的尷尬局面，一旦主力撤回廣州，也就意味著"第23軍所期待的攻佔桂柳作戰宣告結束"。岡村寧次似乎考慮到了田中久一的失落情緒，提前攻佔南寧並將此任務鎖定由第22師團來完成，很明顯要給第23軍返回廣東前最後添上一功。

第22師團此時已全部到達柳州西南方60多公里的思練，歸其指揮的獨立混成第23旅團位於來賓，平田正判師團長18日先是奉命"應大致集結於思練附近，準備向賓陽前進"，隨後又接到"應以一部佔領賓陽，以主力急進南寧，確保該地並整備機場"的急電。平田攤開地圖，思練距離賓陽在90公里以上，從賓陽到南寧大約還有70公里，他下令獨立混成第23旅團經黎塘、甘棠攻向

南寧；第22師團第84聯隊分別從東北、西北兩個方向進行策應，具體部署是：聯隊主力從上林縣向西進攻果德、隆安，然後再沿右江進攻南寧，第3大隊從上林縣向南經思隴、昆侖關、七塘直取南寧。

從元代設置廣西行中書省，治靜江府開始，歷史上的絕大部分時間裡，桂林一直是廣西省的省會，歷時540餘年，從未改變。1912年2月，陸榮庭爬上廣西都督的寶座，經過近半年的爭吵，他把廣西省會從桂林遷到了南寧。1936年秋，李宗仁以"南寧距離海口太近，極易受敵人海上登陸威脅"為由，重新把省會遷回桂林。1939年11月，日軍為遮斷廣西與越南之間的國際通道，派出精銳的第5師團和臺灣旅團登陸欽州灣，南寧很快於11月24日淪陷，李宗仁不幸言中。1940年10月，日軍陸續撤離桂南，第64軍第156師於30日收復南寧。1944年11月，當日軍再度兵臨南寧城下的時候，這座南疆重鎮竟無正規部隊駐防，城內外只有軍統系統的中央別動軍兩個支隊約3000人、武裝員警1000餘人、義勇員警500餘人和邕寧縣自衛團6個大隊以及美軍第14航空隊一部。第四區行

政督察專員兼保安司令李畫新，召集別動軍司令徐光瑛、警察局長唐超寰、邕甯縣長莫深仁等開會商討對策，決定由中央別動軍和員警守城，緊急疏散市民和機關，飛機轉場，同時將機場跑道炸毀，建築物燒毀。會後，徐光瑛聲稱奉總部戴笠電令"別動軍非作戰部隊"，留下一部，主力向上思轉移，只剩警察局所屬的武裝員警開到長嶺一帶佈防。

11月20日，日軍獨立混成第23旅團佔領賓陽，24日8時40分突破員警部隊陣地，攻佔南寧飛機場。幾乎同一時間，第84聯隊經上林佔領武鳴，9時25分侵入南寧城，李畫新、唐超寰率領武裝員警抵抗至17時，終於不支向向壇洛鄉轉移。歷史有時候很巧合，南寧1939年第一次淪陷是11月24日，想不到時隔四年後第二次淪陷也是11月24日。廖碧峰是土生土長的南寧人，少年時親身經歷了南寧兩次淪陷，他回憶說："我家因嘗透上次在淪陷區之苦，決意離邕遠逃，一家6口各挑一擔行李向邕武路方向逃難。11月中旬在武鳴住下歇腳。豈料'躲鬼躲入廟'，日寇分兵由賓陽、思隴竄犯武鳴，21日武鳴縣政府下令緊急疏散，24日南寧、武鳴相繼

被日寇佔領，我家隨大隊難民逃至鑼圩鎮，住了兩天，鑼圩又告急，難民們消息閉塞，並無疏散目標，有朝公路直上果德方向的，也有從小路向隆安逃走的，難民們日間走路，晚間露宿山腰，不時遇到土匪搶劫，沿途丟箱棄篋，失幼掉老，哭聲動地。"

為了策應中國派遣軍打通大陸交通線的最後一段，11月20日，南方軍總司令寺內壽一下令駐越南西貢的第21師團派出一個加強聯隊，執行"從法屬印度支那國境向南寧方向進攻，並負責為第6方面軍各隊進行補給"的任務。第21師團師團長三國直福接到命令後，立即以步兵第83聯隊為基幹，配屬第82聯隊第3大隊、山砲兵第51聯隊第3大隊、工兵第21聯隊大部、輜重兵第21聯隊第1、第4中隊和獨立混成第70旅團工兵隊等部組成"一宮支隊"，交由第83聯隊聯隊長一宮基指揮。11月28日，一宮支隊到達中越邊境線，一宮基決定兵分兩路：支隊主力從諒山以北的同登、鎮南關、憑祥進攻寧明，然後以一個大隊從憑祥攻向以北約30公里的龍州，加強北側的警戒；支隊一部從諒山東南進入廣西的愛店、峙浪、興利、寨安，從南面進攻寧明。

第四戰區靖西指揮所是負責桂越邊境的軍事機構，指揮所主任由戰區副參謀長陳寶倉兼任，轄區包括廣西省的天保、龍州兩個地區。陳寶倉我們前面有提到過，他是陳誠推薦給張發奎的。抗戰勝利後，陳寶倉先是擔任軍政部山東膠濟區接收特派員，後來調任聯勤系統的第四兵站總監。1948年春，陳寶倉在香港加入中國國民黨中央革命委員會。1950年6月，因"吳石案"暴露身份，被臺灣當局特別軍事法庭判處死刑。1952年毛澤東簽署頒發《革命犧牲工作人員家屬光榮紀念證》，授予陳寶倉革命烈士稱號。靖西指揮所副主任曾天節是廣東五華人，東征軍當年攻打五華縣城，他作為學生代表受到周恩來親自接見，20歲即已鋒芒初露。1926年7月考入黃埔軍校第6期，不久加入中國共產黨，歷任共青團五華縣委書記、中共東江特委委員、中共五華縣委書記等職。後來與黨失去聯繫，參加國民革命軍第四軍，從少尉排長一直升到少將高參。1949年曾天節和李漢沖先後在粵東、閩西起事，脫離國民黨，投向中共陣營。第四戰區的正副參謀長和兩位元重要高參全部"染紅"，身在香港的張發奎想必一定是感慨萬千。

曾天節以靖西指揮所副主任兼任龍州地區指揮官，龍州當時是廣西第十一區專員公署所在地，憑祥、寧明等12個縣都歸其管轄，不過和南寧一樣，龍州也沒有正規部隊駐防，可供曾天節指揮的只有兩個訊警營。12月3日，日軍一宮支隊一部從憑祥殺向龍州，另一股越奸武裝從水口關進行迂回包抄。曾天節回憶說："當我們得到敵人發動進攻的情況時，已做好了疏散並實行堅壁清野，部隊則嚴陣以待，迎擊敵人。從鎮南關進犯的敵人，看見龍州對岸毫無動靜，以為我們放棄了龍州，大搖大擺地進來，聚集在龍州對岸的河灘上，準備渡河。奈因船隻被我控制，無船可用，敵人就在河灘上裝橡皮艇，作為渡河工具。正當日軍搞橡皮艇開始渡河時，我們佈置在左江沿岸的部隊，集中火力對敵猛烈掃射，並以迫擊砲對準龍州對岸的法國領事館及附近一帶猛烈轟擊。敵人沒有料到我們這一突然襲擊，以致亂成一團，傷亡慘重。"然而，訊警營在人數和武器裝備上均處於劣勢，終究無法與日軍長久抗衡，打了一天，曾天節不得不放棄龍州，率部向山區轉移。

輕取南寧後，第22師團第84聯隊主力又于11月30日攻佔果德。張發奎嚴令從都安南下的第35集團軍阻敵西犯，鄧龍光將此任務交由第62軍第151師執行。第151師師長林偉儔畢業於黃埔軍校第四期，因在南京保衛戰中成功率部突圍而名噪一時。接到命令，林偉儔帶著各團長和參謀人員前往偵察地形，發現果德縣城位於公路和右江河流交匯點上，右邊河流湍急，左邊是崇高石山，正面進攻非常困難。林偉儔深入鄉間瞭解情況，當地農民聽說打日本，搶著要做嚮導，從小路迂回果德縣城。6日，151師主力佯攻果德，日軍注意力全部被吸引到正面，到了晚上，林偉儔派出有力一部輕裝出發，爬上崎嶇石山小徑，突然襲擊日軍側背。第84聯隊不明情況，星夜向武鳴方向撤退。林偉儔在《金戈鐵馬憶當年》一書中這樣寫道："151師451團乘勝追擊三四十裡路程，迫近武鳴縣城，猛攻猛打，城郊水田平地開闊，敵軍退守武鳴西南高山陣地，我軍佔領武鳴東北高山陣地，停停打打十多天，形成了對峙，師部和其餘部隊進駐果德縣城。是役我軍傷亡官兵一百多人，俘獲敵機關槍兩挺，步槍二十

多支及日記多本。"

平田正判獲悉第21師團一宮支隊已經出動，下令果德、武鳴一線的第84聯隊前往接應，深野時之助聯隊長沒敢多派兵，當面的廣東"丟那媽"部隊尚有一定戰鬥力，他只能分出一個大隊從隆安取道金陵、蘇圩向邕龍公路推進。10日，一宮支隊第83聯隊在綏祿鎮（今扶綏縣東門鎮）的公路上，與東面開過來的第84聯隊取得會合。至此，日軍經7個月又23天的苦戰，終於打通了大陸交通線，但是日軍並沒有力量確保這條漫長的陸地通道，在中國軍隊和中美空軍的雙重打擊之下，它始終處於似通非通的狀態。日本防衛廳戰史坦言："戰局的演變與當初預料的不同，它所發揮的作用也同樣要受到戰局的限制。總之，從南方向日本送回物資和從日本向南方運送軍需品暫時均需作罷。"其實即便通暢無阻，江河日下的日軍也已沒啥物資可送，"想要依靠打通南寧、法屬印度支那間連接線以改善戰略態勢，實際上卻只能利用它作為一部分兵力暫時的行軍路線而已"。

至於一號作戰日軍究竟有多少實際戰果可言，防衛廳戰史比較謹

慎：“中國方面受到很大打擊，是無可爭議的事實。但另一方面在策劃一號作戰當時所考慮的，要摧毀威脅我本土的前進基地，因敵在馬里亞納基地的完成而完全失去了意義，並且不能指望利用南方陸上交通代替海上交通。中國派遣軍本身的消耗也決非輕微，如今明顯暴露出由於我戰場過於偏西，而在美軍新的進攻時，處於極不利的態勢。關於全盤一號作戰，尤其是第二期向桂柳地區挺進的意義和價值，以及是否適當，值得今後深思和檢討。”持續時間超過7個月的豫湘桂大戰，換來重慶和東京的兩敗俱傷，一向驕橫的日軍竟然不敢言勝。後悔嗎？來不及了，陷入泥沼的困獸用盡最後的一點力氣，結果發現自己越陷越深，以至無法自拔。

田中久一返回廣東之前有個願望，就是想要親自到柳州的土地上走一走，按第23軍作戰主任參謀小林友一的話說：“富有強烈責任的司令官，一定要以親自視察柳州來證實攻佔柳州任務的完成。”田中久一還發出電報邀請橫山勇一塊到柳州會晤，不過橫山勇沒來，他已接到調令，要回日本國內擔任西部軍司令官，沒心情陪人散步。12月8日，田中久一坐

飛機返抵廣州，第23軍司令部沿西江陸續乘船下行。10日，第6方面軍頒發命令：“第23軍應以軍主力在廣州，獨立混成第23旅團返回雷州半島恢復原來態勢，力圖恢復和增強戰鬥力。同時應加強廣東地區的對美作戰準備，且鬚根據計畫準備打通粵漢鐵路南段的作戰。以12月15日零時為期，命第22師團、獨立混成第22旅團納入第11軍司令官的指揮，爾後第11軍、第23軍之間的作戰界線定為廣東、廣西省境線。”

1945年1月上旬，日軍第6方面軍以攻佔粵漢鐵路南段及摧毀江西遂川、贛州、新城機場為作戰目的，調集第20軍所屬的第27師團、第40師團、第68師團第57旅團，兵分兩路攻向湖南南部和江西西南部；第23軍所屬的第104師團、獨立第8旅團，進攻粵北韶關等地。至2月上旬，日軍佔領了中國抗戰以來一直是後方的湖南郴縣、宜章，廣東樂昌、韶關、始興、南雄，江西大庚、南康、贛州、遂川、永新、蓮花等地。5月，日軍逐步撤離湘粵贛邊區，中國軍隊得到消息後展開圍追堵截，在日本宣佈無條件投降之前，收復了不少失地。

第八章

黔邊風暴

1、陳素農佈陣拒敵

日軍攻克桂林、柳州之後，面臨一個突出問題——如何追擊中國軍隊的主力以及追擊到何處？第11軍當初制定作戰計畫時，這一點並不明確，第6方面軍也未給過任何指示。10月7日，宮崎週一和天野正一向岡村寧次說明作戰設想時，第一次提到了追擊問題：「戰略追擊從作戰目的看來無此必要，且也無此餘力。攻佔柳州後重慶軍主力逃跑時應如何追擊，除考慮我後方可能使用的兵力及重慶軍後方的狀況外，並需同時考慮打通粵漢線，攻佔南寧等計畫，將戰場追擊稍加擴大，控制在廣西省的重要地區，特別要盡可能深入佔領黔桂鐵路。」岡村寧次對此無異議，在此原則下，11月15日，第6方面軍發佈命令，確定第11軍「大致應追擊到廣西和貴州省的省境線」。橫山勇結合實際情況，當日下令第13師團先向河池、南丹挺進。18日晚上，「為了雙重切斷重慶軍退路」，橫山勇決定第3師團一併加入追擊，同時規定兩個師團「追擊至廣西、貴州省邊境的六寨、麻尾和以東之黎明關」。

黔桂鐵路從柳州南站起，經柳城、宜山、河池、南丹、獨山、都勻、貴定到貴陽，全長608公里。1939年7月開始興建，1944年6月修通至都勻清泰坡，完成471公里。其中河池（當時習慣稱之為金城江）至都勻段的300公里可以說是全線咽喉所在。這一帶山高道險，鐵路爬陡坡、繞大彎，有些地方每列火車要用兩個車頭前拉後推，才能盤旋而上。300公里鐵路僅隧道就有25處，在當時缺乏穿山設備的情況下，施工難度可想而知。1944年11月中旬，黔桂鐵路工程局由宜山遷往貴陽。在日軍隆隆砲聲追趕下，鐵路、公路沿線擠滿了成千上萬的難民和退兵，火車卻因煤源斷絕陷入無謀開車的困境。大約有20萬難民滯留金城江、南丹一帶，他們扶老攜幼，肩挨著肩，腳跟著腳，緩慢地向前蠕動，再加上公路上絡繹不絕的各種汽車，便形成了長達數百里的人流車流「奇觀」。

11月20日，與大批難民、潰兵移動方向相反，有一支軍隊正朝南丹、金城江大踏步行軍。從雲皋當年是宜山電信局職員，他回憶說：「18日我接奉電信管理局命令去南丹工作。19日我步行到車河，次早

陳素農（圖左）1937年任88師少將參謀長，參加淞滬戰役，中為師長孫元良，右為副師長馮聖法。

由車河走出約20餘里至打錫圩附近，遇見迎面來的數千人之隊伍，佩帶第97軍符號，服裝整齊，武器精良。當時逃難民眾和車輛均讓路給軍長先過。難民中有人高呼，'我們的大軍到了，我們逃難可以告一段落了，我們向第97軍致敬！'軍隊官兵亦舉手還禮，軍民融和，足見群眾對該援軍期望之殷。"別說老百姓對第97軍抱殷切期望，就連張發奎也對第97軍的到來猶如"久逢乾旱得雨露"。蔣介石原本計畫第四戰區再在金城江以西頂一頂，可張發奎根本

無法執行："我的部隊都西撤了，就只好依靠第97軍了。"第97軍較長時間駐守在重慶江北白市驛、南岸黃桶埡等地，按理應該是未經損耗的精銳生力，但實際上問題多多，所謂"服裝整齊，武器精良"只不過是從雲皋看慣散兵游勇後的相對印象。

1943年2月，國民政府為了增加陪都的衛戍力量，決定由重慶衛戍總司令劉峙增編一個軍，劉峙首先想到的便是他當初在河南省主席任上以保安團編建的第166師和胡宗南集團的第196師。至於軍長人選，劉峙請示

何應欽後薦舉梁華盛、郜子舉兩人擇任軍長。未料蔣介石一個沒同意，批示：「李明灝如何？」何應欽、劉峙對此有些納悶，李明灝系湖南醴陵人，大革命時期程潛的左右手，抗戰爆發後擔任中央軍校第二分校（湖南武岡）主任，五年來一直兢兢業業辦教育，怎麼突然讓他帶起中央軍？李明灝自己也是倍感意外，他倒有心整頓部隊，但指揮系統直隸劉峙，補給裝備又須經過何應欽的核准，各方牽扯較多，以至第97軍的戰力和士氣一直得不到有效提升。

1944年7月，李明灝被調職，蔣介石另派中央軍校教育處長陳素農繼任軍長。陳素農是浙江永嘉人，黃埔軍校第3期步科畢業，因成績優異一度被蔣介石留在校長辦公室工作，此後還曾擔任過「福安」、「寶壁」、「江漢」三艦艦長，總部副官處副官、南京警衛司令部特務營長等職。1928年10月，陳素農考入陸軍大學第9期深造，期間著有《大軍統帥學》，深受校方好評。陳素農也是最早參加對日作戰的嫡系將領之一，他在第88師團長和參謀長任內兩度與日軍拼殺淞滬戰場，後因功升任預8師師長，率部活躍在晉東南和太行山區，堅持敵後抗戰三年之久。1944年5月，蔣介石調陳素農為第10軍軍長，還在接事半路上，長沙戰火再起，臨陣換將顯然不利於軍心士氣，陳素農奉命折回重慶，但他對軍校教育處長一職表示「不願再返」，等待兩個月後終於當上了第97軍軍長。

陳素農首先清點官兵員額，結果令他很失望，全軍總共才8000人，不過一師兵力。陳素農分析原因，認為精壯力強者很大一部分已被選送到駐印軍，再說重慶物價較高，部隊待遇菲薄，逃亡眾多，所以才會出現如此缺額現象。其實抗戰到了中後期，國民黨軍隊普遍缺額嚴重，兵役制度的不完善加上整補過程中的層層腐敗，使這一問題持續惡化，猶如「病入膏肓」。陳素農呈報何應欽，請求補充兵員，何應欽也頭疼，派兵役署征補司司長何志浩轉告說：「全軍缺額由征補司優先撥補，這事就別報告委員長了。」既然有此承諾，陳素農也就不打算節外生枝了。9月初，張發奎一再要求重慶增派援軍，蔣介石以為第97軍整訓經年，實力雄厚，便命令陳素農率部開赴黔桂建功。

9月19日，第97軍由重慶出發，至10月20日到達黔南都勻、獨山一帶，官兵整整步行一個月下來，體力十分疲乏，關鍵是沒一雙好鞋。那時部隊窮，草鞋費每月規定兩雙，平時由士兵自行編制，勉強還夠穿，可如此長途跋涉，草鞋能頂什麼用，每雙鞋穿三五日便爛了，士兵光腳步行，不用幾天就會腳掌破裂。到職不久的第166師參謀長曹福謙回憶說：「官兵赤足走路哪能走得動、走得快呢？特務連一個士兵睡在公路上不走了，我問他為什麼不能走了？那個士兵回答我說，參謀長我真的不能走了，腳都磨腫了，給我一雙鞋，我就能跟上部隊走。」和士兵的慘苦情形相反，第166師部分高級將領十分腐化，師長王之宇和副師長黃淑竟然都不願意長途行軍，藉故住在重慶公館中，打算等部隊差不多到達防地後再坐車趕赴前線。幸好曹福謙在第166師的時間很長，又是從營、團長一步步上來的，肖超武、樊雄、鄭光傑等幾位團長總還言聽計從，要不第166師豈不「群龍無首」。

第97軍歸黔桂邊區守備司令韓漢英指揮。韓漢英原為中央軍校第四分校主任，他在獨山設校多年，人地相熟，因日軍進逼黔邊，這時又兼任都（勻）獨（山）警備司令，其實他

袁滌清1949年移居香港，在新界與家人一道養豬種菜，生活清苦，以後創辦一間小學。

兵力無多，只有第四分校練習團，主要負責構築工事。陳素農請求將紮佐陸軍演習場的2個步兵團和1個工兵營，編為1個師，充實第97軍，韓漢英做不了主，層峰也不置可否，沒有立即批准，遲至12月初才著手進行整編工作。陳素農認為「時機一失，已無用武之地」。總算補充到一批新兵，沿途怕他們逃走，是用繩子綁著送來的，據軍部機要參謀任文淵回憶，這些壯丁被捆得連汽車也難爬上，臉色蒼白，疾病百出，一路上吃不飽、穿不暖，朝夕想著逃跑。在都勻整訓期間根本沒有心思學習戰鬥技術，更談不上樹立抗日救亡決心。

11月15日，宜山失守消息傳來，第97軍又奉令開南丹、河池佈防，歸黔桂湘邊區總司令湯恩伯指揮。從雲皋看到的正是20日早晨陳

素農軍長率軍部甫抵南丹東郊打錫圩的場景。下午，陳素農向蔣介石報告：「軍部已于今天到達南丹，據報敵人正在向河池推進。河池以下無險可守，南丹附近則有現成築好的防禦工事，我軍是否向前推進，或在南丹布守？」蔣介石回答說：「不必推進，就在南丹佈防，佈置完畢，再將配備情況報告。」21日，陳素農湯恩伯的電報：「第97軍配屬砲兵學校砲6門，佔領吾隘、大廠、車河、八圩、黎明關之線，保持重點於公路鐵路方面，並以一部佔領大山塘、六甲之線，為第一線陣地，無命令不得撤退。」湯恩伯劃定的吾隘至黎明關一線長約200公里，陳素農感到無力擔負，根據實際情況作了一些調整，他把戰鬥力較強的第166師用於防禦鐵路和公路正面。這時王之宇、黃淑已趕到南丹前線，據黃淑回憶，第166師部署如下：第496團附砲兵、工兵各一連，主力佔領大山塘及左右高地為主陣地，扼守鐵路、公路，並以一部進入河池以北佔領警戒陣地；第497團佔領第二線的車河、拔貢間陣地；第498團集結大廠為師預備隊，在大廠構築預備陣地。

第196師的具體部署因缺乏史料難以考證，僅知袁滌清師長以「一個團佔領牛攔關及其左右山地，一個團控置南丹、大廠地區為軍預備隊，一個團（587團）防守黎明關」。陳素農後來回憶說：「除黎明關派去一團外，即就南丹正面，亦約50公里，以不全之兩師五團兵力，擔任佈防，處處形成薄弱，按學理，每師防禦正面約6公里至8公里為適當，兩師之軍，以擔任防禦16公里正面為合理，而現在擔任防禦之正面為50公里，自然無法周密。」21日中午，陳素農與重慶通話，蔣介石認為佈署完善，囑陳親往前線視察，然後再將視察情況報告。陳素農不敢懈怠，第二天一大早便親率第97軍團長以上軍官和作戰參謀，前往各預定陣地偵察地形，發現所謂的「既設陣地」基本上無價值，僅沿鐵路、公路及交通方便之處，有些極小部分工事材料而已。大家見此情況，面面相覷，只得概略指定陣地工事和重兵器位置，由官兵臨時抱佛腳做多少算多少。王之宇見此狀況完全洩氣，假裝掉下馬摔傷，便把部隊交給黃淑和曹福謙應付，自己藉口跑回重慶醫治，其實只不過擦破一點皮。

陳素農按時向蔣介石報告視察

情況：〝前線士氣旺盛，唯防禦工事築得非常簡單，只有薄弱的散兵坑和散兵壕，難抵敵人大砲。敵人有兩個多師團兵力向河池方面推進，因我只有一個軍的兵力，這樣的防禦工事，恐支持不了，請委座增加援兵。〞蔣介石說：〝這種情況我已知道，現已加派了湯恩伯的部隊來支持你，湯部前鋒已進入黔境，你的任務是死守南丹，爭取時間，等待援兵，你估計南丹能守多少時間？〞陳素農回答：〝我遵從委員長命令，要我守到什麼時候，就到什麼時候。〞蔣介石說：〝我要你守南丹一個禮拜，在這期間，非奉我的命令，不能擅自行動。〞陳素農不假思索地大聲答道：〝我保證完成委員長交下的任務，與南丹共存亡，雖戰至一兵一卒，絕不放棄南丹。〞這是蔣介石最想聽到的承諾，他拿著電話連聲說好，陳素農又問：〝第四戰區司令長官張發奎派有參謀到我部聯絡，此後我軍行動，是否受張指揮？〞蔣介石也不假思索：〝你直接向我負責好了。〞

22日晚上，張發奎率第四戰區司令長官部抵達大山塘。張發奎這回狼狽到極點，由於難民擁塞公路，他不得不棄車步行，十幾個衛士從人群中強行擠出一點空間，左右攙扶著他邁行公路大橋。好不容易擠上橋頭，堂堂戰區司令長官連鞋子也被人踩掉，又無法停下腳步彎腰覓取，只好光著雙腳走到496團陣地。張發奎召來大山塘前線最高指揮官曹福謙，先是要一雙好鞋，再是口頭命令496團將所有廣西潰兵繳械。找鞋照辦，繳械曹福謙沒有執行，在廣西地盤上和廣西軍隊過不去，鬧出事情來不好收場，再說又沒有書面命令，張發奎現在是氣頭上，也就這麼一說，事後不承認怎麼辦？你要真想執行，怎麼不叫戰區特務團呢？曹福謙是山西應縣人，畢業於黃埔軍校第四期，我們知道山西籍的黃埔系將領並不多，或許〝長心眼〞正是他脫穎而出的強項。

日軍第13師團第116聯隊距離張發奎只有半日路程，22日15時未遇大的抵抗佔領河池，繳獲大量武器和軍需物資，即有山砲12門、高射砲4門、坦克6輛、裝甲車8輛、飛機1架（部件）、飛機用機關砲60門、重機槍85挺、步槍1500支、卡車107台、火車頭10台、火車車廂420節、發電機30台、砲彈3000發、各種子彈41000發等等。可見第四戰區宜山、懷遠防線被突破後，狼狽至極，別說組織不起像樣的抵抗，就連重要的軍用品也來不及破壞。

顛簸流離的廣西民眾對國民黨軍隊一敗塗地大為不滿，據說廣西省政府在撤退途中發現這樣一副對聯：「桂省府數次搬遷，宜山不宜，都安不安，百色百變，從此淩雲直上，安居樂業。四戰區再度撤退，向華失向，夏威失威，雲淞雲散，盼望龍光返照，氣煞健生。」有人說這副對聯是廣西大學校長白鵬飛所寫，也有人說對聯無署名作者，是在路邊牆上偶然發現的。不管是誰所作，社會輿論對廣西軍政要員的憤懣情緒躍然「牆」上。

2、誤炸六寨與南丹失守

大山塘在河池北面5公里，是一個狹窄的山谷，黔桂公路從谷中通過，有一座長250米、高30多米的公路橋，橋西是陡壁，橋下是深澗。11月22日下午，第46軍的潰兵夾雜著大批難民亂烘烘地擠向大橋，坐鎮大山塘指揮第496團的曹福謙回憶說：「敵人的先頭部隊和便衣隊混雜在人流中進入我們的警戒線，哨兵沒有發覺，不知道混進了多少次及多少

人後，才被第一線部隊發現了。第一線的連、排長們就不問青紅皂白，命令部隊向人流亂開槍，才把敵人的便衣隊及先頭部隊打出去，但同時把逃難的老百姓也打死了千把名。」

要延緩日軍的進攻步伐，看來只有破壞大山塘公路橋，張發奎下令工兵第8團務必趕在24時之前埋好炸藥，等待爆破。23時多，工兵在美國顧問組的幫助下，終於完成任務，可從河池方向過來的大量難民和潰兵，任憑如何喊話阻止，仍源源不斷湧上橋頭，張發奎實在下不了炸橋決心。23日晨，日軍第116聯隊第1大隊攻破496團警戒陣地，情勢十分緊急，工兵第8團向逃難人群再三喊叫：「不要過橋啦！要炸橋呀！」一連喊了幾十分鐘，難民、潰兵根本不為所動，眼看日軍先頭就要追來，張發奎有力一跺腳，大聲下令道：「丟那媽！不管啦！炸橋！」一聲巨響，大橋和橋上五六百人同歸於盡，沙石與血肉齊飛，慘絕人寰！時任廣西綏靖公署參議的于東聘回憶道：「我們急步跑到長橋還有約兩裡路程的時候，天已大亮，負責奪路的一連士兵，分成兩邊阻止難民搶入路的中間，我們全體人員與家屬，總算得以

越過那唯一的通路長橋。我們過橋時，橋頭有幾個美國人和十多個國軍軍官站著狂呼，快呀！快呀！敵人的砲聲更響了，機槍的聲音也已聽到，突然幾聲巨響，幾個大火團和黑煙呈現在我們的眼底，長橋頃刻崩毀，橋面上的人全都墜下深沖，粉身碎骨了。"

公路大橋既經破壞，日軍行動受到相當限制，只得下到谷底仰攻496團。曹福謙有險可恃，信心十足，496團居高臨下，火力容易發揮，戰鬥至黃昏，日軍占不到任何便宜，乾脆偃旗息鼓。第二天、第三天再攻，仍是打不開局面，"敵軍以野砲、迫擊砲進行猛烈抵抗，聯隊長大坪進雖命聯隊砲、山砲展開，並命第3大隊一部從鐵路北側向大山塘前進，但至25日戰況仍無進展。"張發奎趁第166師暫時與日軍對峙，匆匆撤往黔桂邊界上的小鎮六寨，他對第97軍直接對蔣介石負責多少有些遺憾。值得一提的是，張發奎在南丹途中遇到了當時的著名影星蝴蝶及其丈夫潘友聲，蝴蝶夫婦尋求幫助，張發奎安排他們搭乘一輛開往獨山的軍用汽車，據說蝴蝶此後逢人就要稱讚張長官的大恩大德。

25日，陳素農叫通蔣介石電話："據確實諜報，河池、六甲敵人還在整補，在公路上之敵，集結於河池附近各村落，那裡村落範圍太寬，我飛機往炸不生大效。鐵路沿線敵人集中於六甲，那裡村落稀少，皆集中於圩上，請派空軍前往轟炸。"蔣介石滿口答應："我即刻命令空軍往炸。"陳素農的情報本身沒有錯，美機領航譯電員卻犯了大錯，竟把"六甲"譯成"六寨"。六寨距貴州麻尾火車站7公里，數萬難民和很多後方機關的工作人員聚集于此，張發奎本人也滯留在汽車站旁的一座小洋房內，一方面收容各軍潰兵及安頓機關人員家屬，另一方面安排能夠轉移的物資迅速撤離。

9時許，美機17架低空掠過街市散發傳單，大意是要轟炸封鎖公路，叫難民避入附近山村。13時許，美機往南丹轉一圈後出現在六寨街市上空，目擊到盟機標誌，人們反而毫無空襲顧慮，看著飛機翱翔，依舊人山人海擠肩後撤。飛機盤旋一陣後突然俯衝低飛，扔下無數重型炸彈，頓時煙火彌天，血肉橫飛，哀聲遍野。從汽車站往市街約100米處正是難民群集之地，呼爺喚兒，喊爹叫娘之聲此

起彼伏，

　　飛機繼而盤轉俯衝用機關砲輪番掃射，未死傷的人發瘋似地向四郊狂奔。炸後的六寨屍滿街巷，傷者無數，有焦頭爛額者，有殘腿斷臂者，慘不忍睹。張發奎的貼身警衛當場被炸成兩段，他本人倖免於難，不過私人日記和抗戰以來的重要資料都在六寨付之一炬。回首往事，張發奎疼心萬分："這是我一生最難忘的往事，對於盟機的作戰史上亦是荒唐愚昧的一幕。部隊裡的一個中將、二個少將、八個上校和200多員官長、800多名士兵都葬身于盟機的炸彈下。民眾的死亡最少在5000以上。"

　　事後，美軍譯電員被判處死刑，第四戰區美軍聯絡組博文上校轉來美軍顧問團的備忘錄，內有"誤炸事件給中國軍民帶來了巨大的損害，不知如何才能彌補這一重大過失"之語。張發奎回憶說："大禍已經釀成，懺悔又有何用！但我思忖，如果這麼多炸彈扔到準備的目標——六甲的日軍前鋒，敵人的日子一定不會好過。"六寨誤炸事件與花園口黃河掘堤、長沙大火拼稱抗戰時期的三大慘案，國軍政府軍陣亡三員大將，分別是軍訓部中將監督陳克球、第四戰區幹訓團

少將教育長王輝武、高射砲第3區少將指揮官岑鏗。與張發奎感情最深的要數懷遠阻敵有功的王輝武，"當每個部下死亡的噩耗傳來的時候，我悲痛得淚流滿面，傷感不已。這些久經征戰的官兵和義民沒有戰死沙場，誰想到會被盟機奪去他們的生命，能不為之哀悼嗎？"

　　負責善後工作的丹池警備司令莫樹傑，在日軍退出南丹後來到六寨，他簡直不敢相信眼前所看到的一切："遭美機轟炸的六寨，除汽車站一角之外，全市彈坑成密集梅花形，斷垣殘牆，瓦礫屋桁，混雜堆集，殘灰泥塵壓蓋屍體，缺臂斷腿，無頭屍、無腳屍、半身屍、童屍、馬屍，觸目驚心，壯極悲慘。特別是菜市和附近幾條小街，各種屍體交叉堆疊，步行無法避足，只能踏屍而過。時值隆冬季節，地凍屍僵，尚無臭氣，傷心慘目，戰爭之罪！"

　　26日，日軍第116聯隊第1大隊正面佯攻496團，第2大隊和第3大隊從兩翼迂回包抄，避開第497團的車河、拔貢陣地，直插牛攔關和大廠。496團據守山隘，仗並不難打，第1大隊雖然佯攻，還是付出了相當代價，大隊長古賀春一被打成重傷，抬

著離開戰場，後由師團副官田村武夫代理指揮。日軍戰史這樣描敘大山塘正面受阻情況："這一帶的地形，公路南側是橫寬約1000米起伏不平的窪地，左側則是不太高的小丘陵地帶，隔公路北面是險峻的石山，特別是野車河南面的窪地十分寬闊，重慶軍以野砲猛射，我方損失較大，前進困難。"

27日，繞過大山塘的部分日軍穿著繳獲來的中國軍隊服裝，冒稱柳州警備隊，企圖通過498團大廠陣地，肖超武團長將信將疑，直接請示軍部放不放行，陳素農命令斷然拒止。日軍的計謀沒有得逞，迅速露出本來面目，498團大廠陣地一部被敵突破。幾乎同一時間，另一路日軍第104聯隊的兩個大隊，攻入大廠西北4公里的太平，海福三千雄自信正面進攻兵力已夠，下令第3大隊迂迴南丹西面的羅富。陳素農率軍部特務營弛往逆襲，日軍用機槍堵住狹隘道口，反擊未能得手。陳素農動搖了，他向蔣介石報告："我軍陣地遭到敵人猛攻，防禦工事大部被毀，傷亡亦重。大廠被敵攻陷，我右翼被突破，中央暴露，容易受敵側擊。擬將兵力撤到打錫圩、牛攔關防線據守。"蔣介石考慮後表示同意。

協助陳素農指揮的黔桂湘邊區副總司令孫元良，鑒於情況危急，不待後續增援部隊第98軍第42師完成集結，即命先到的第124團和第126團推進打錫圩附近佔領陣地。其實第42師總共也就4000人左右，因擔任輸送的汽車破舊不堪，沿途拋錨許多，趕到南丹的單位建制混亂，營長找不到連長，連長找不到排長。孫元良病急亂投醫，實在也是無奈之舉。黔桂湘邊區副參謀長苟吉堂回憶說："27日經整日激戰，我第97軍及第42師，勉力抵抗，所蒙敵砲火之殺傷甚大，入夜已呈難在抵抗之艱巨狀況。"偏偏這個時候，張發奎又要孫元良、陳素農將空軍南丹器材庫所存的40000加侖航空汽油妥善處理。陳素農本想拒絕執行，現在戰鬥已感不濟，哪有餘力去搬汽油，況且蔣介石不是說過第97軍直接歸重慶指揮，可一想到陳牧農同學的事情，又怕到時候說不清，於是派人把汽油罐引爆，以免資敵。

28日拂曉，空軍器材倉庫爆炸聲接連響起，房屋為之震動。日軍再興攻勢，打錫圩、牛攔關等地陷入混戰，第97軍聯繫重慶用的電臺亦被日軍砲火擊中，通信兵死傷慘重。陳素農借用南丹電信局的線路，向重慶報告戰況，侍從室值班人員對他說：「委員長已睡熟，不便驚擾。」陳素農真是缺乏大將風度，橫山勇是「將在外君命有所不受」，他偏偏要24小時無縫報備：「前方有緊急軍情，非委員長接話不可。」侍從室答道：「要不請錢大鈞主任來接電話？」錢大鈞是侍從室第一處主任，陳素農說：「前線經兩日激戰，陣地大部被毀，為了避免傷亡，爭取時間等待援兵到達起見，我想把部隊撤至離南丹50華里的芒場，再行抵抗。」錢大鈞不敢做主，提醒陳素農就近請示湯恩伯，結果湯恩伯給出五個字——「要再守三天」。

第496團連夜後撤至車河、拔貢之間第二線陣地，第166師特務連、搜索連一併投入戰鬥。怎料498團及196師方面很快潰敗，黃淑認為側翼日軍遠距離迂迴包圍，第二線陣地勢難久守，不如撤至南丹大許家再作打算。曹福謙晚年撰文指出：「第166師496團、497團都打得很好，始終固守原陣地，敵人是突破498團及196師陣地後，直奔南丹，攻擊軍指揮所的，也就是說跑到我們後邊打起

來了，軍長將軍直屬營、連組織起來抵抗，還是沒能阻止日軍。28日，我們奉命向南丹北邊撤退，我到達南丹火車站，同黃淑會面，知道軍部及軍長已于幾小時前撤退，只囑咐我師在天明時要離開南丹，而向哪裡去，黃淑沒有問，軍長也沒有交代。」

陳素農在1974年8月自印的《回憶錄》一書裡，這樣描述當時的情形：「南丹陣地全線，已被擊潰，南丹亦在砲火籠罩中，軍特務營，早已增援前線，何能變得兵力，再來防守三天？但軍人以服從命令為天職，此時唯有坐待殉國，別無他途。」真要「坐待殉國」倒也落個好名聲，陳素農當日不是對蔣介石拍過胸脯，「保證完成委員長交下的任務，與南丹共存亡」嗎？可惜他沒做到，豪情萬丈的話成了說說而已，還要把責任推給張發奎：「第四戰區長官部，在南丹以北約60華里之六寨，張發奎司令長官，聞悉此種情形，覺得徒死不足以報國，即下達命令，退出南丹，改在六寨收容，南丹戰鬥，就此結束。」

事實並非如此，張發奎的意思是要第97軍在南丹、六寨中間的芒場繼續阻擊日軍，畢竟黃淑掌握的496

團、497團傷亡不大，還比較完整。曹福謙當時也主張作節節抵抗，將兩個團及師直屬部隊組成三個梯隊，各相距15里到20里沿汽車路上輪流掩護，這樣既可遲滯日軍前進，又能爭取時間以待援兵的到達。陳素農無心再戰，黃淑也不贊成再打，所謂"何能變得兵力，再來防守三天"完全是騙人鬼話。

日軍第104聯隊攻入南丹，第116聯隊也從大山塘跟蹤追擊496團到達車河一線，海福三千雄報告南丹附近戰果如下：敵遺屍1822具、我俘敵735人、繳獲野砲7門、山砲19門、迫擊砲7門、速度砲9門、重機槍34挺、輕機槍46挺、擲彈筒24具、步槍405支、載重汽車5台、機車16台、車皮200節。104聯隊第3大隊在南丹北面的小場追上撤退中的第166師，曹福謙在他許可權範圍之內，又抵擋了二三個小時，日軍第13師團承認："從河池附近到車河、大廠附近遭到強勁的抵抗，此一情況師團未曾料及，感到與柳州附近的追擊狀況不同。"從敵方的評價來看，496團和497團確實表現不錯，但498團就差勁了，該團一經接觸就往山區跑，直到12月下旬166師在貴

州遵義集中時，才陸續走出大山歸隊。機要參謀任文淵1982年4月撰寫回憶文章時，當年的一切歷歷在目："黔桂公路上的汽車轟鳴聲與軍民吵嚷聲充斥於耳，騷亂非凡，軍、師的電話聯繫均被敵人切斷，兩個師的主力都從前沿陣地上敗退下來了。塗著太陽旗的日軍飛機，掠過樹梢、屋頂，低空轟炸、掃射公路上密密麻麻的撤退人群。隨著時間的推移，軍部已能清晰聽到日軍追擊的機槍聲，大家互相收撿，狼狽向遵義退卻。到遵義後，沒有一個連隊人數夠上原來的一半，有不少單位只見幾名主官及其隨從，部隊大都散了、逃了。"

張發奎不滿陳素農脫離部隊逕自來到六寨，當即質問為何不守芒場，陳答道："我奉蔣委員長命令，直接向重慶負責，不能接受你的指揮。"張發奎氣得直奔都勻，他到獨山后叫通重慶向蔣介石報告："第97軍不守芒場，直退六寨，據我派往陳部聯絡的高級參謀回來報稱，該軍傷亡不大，顯是保全實力，不奉命令，擅自撤退。"蔣介石正為黔桂戰事一敗塗地心情煩躁，聞之大怒，打電話找到孫元良，如果碰到陳素農，立即扣留，就地正法。真要嚴格執行軍法，

桂柳會戰結束後恐怕不止陳素農一人面臨腦袋搬家，事實上和曹福謙沒有執行張發奎要他繳廣西部隊械一樣，孫元良也沒把這事當回事，校長氣頭上的話不能作真，陳牧農同學已經把命丟在廣西，現在仗也打得差不多了，犯不著再殺一個嫡系將領吧。

南丹戰事結束，陳素農撤職查辦，有人對此抱不平，認為第97軍已經盡力。軍法執行總監何成浚約陳素農到重慶面談，亦抱同情態度："南丹戰役，軍委會各首長，曾開會詳加檢討，餘亦出席參加，鹹認為第97軍，在南丹血戰七晝夜，已盡最大之努力，打仗時損毀一座電臺，那是尋常的事情，算不得什麼大罪，最高當局不明了事實，以致批交查辦，此事我可完全替你負責。"1945年10月2日，陳素農"以犯罪情節甚輕"獲刑5年，何成浚當日在日記中寫道："此案本部最初原簽請免議，未獲邀允，今只得照審判長等所擬，再呈候核示。"從就地正法到判刑5年，陳素農其實一天牢沒坐，何成浚早有承諾："如因此監禁你一天，我就對不起中華民國軍人。"1946年冬，陳素農應西北行營主任張治中的邀請，擔任新疆警備司令部副司令。

陳素農以此再起，1947年任國大候補代表，1948年8月任陸軍第6軍官訓練班主任，後又改任海南軍官分校主任。國民黨敗退臺灣，陳素農曆任"總統府"戰略顧問委員會顧問、永嘉縣國大代表等職，1983年3月病逝臺北。

30日早晨，穿著從柳州繳獲來的中國軍隊棉服的第104聯隊進佔六寨，發現黔桂兩省地形地貌截然不同："從六寨起成為高原波浪式地帶，雖偶有柱狀岩石屹立，但並不影響戰鬥行動。在省境鐵路西側約50米處，樹有標誌省界的石碑。貴州省的波浪地形，比起廣西省來顯然大得多。在南丹附近，尚可勉強收集到一些野菜、水果等副食，但從南丹起沿道路兩側4公里內，找不到任何事物，只能在米飯里加些醬粉和醬油粉湊合著吃。"

3、交兵雄關古道

黎明關位於貴州省荔波縣洞塘鄉境內，有"黔桂第一關"之稱。別看現在的黎明關滿目瘡痍、破敗不堪，歷史上卻是黔桂交通要塞，兵家必爭之地。黎明關腳下有一條全用石板鋪成的古道，據說上世紀初，南洋華僑鉅賈胡文虎、胡文豹兄弟從雲貴川採購的藥材山貨，都是經由這條古道出黎明關運到南洋，又將南洋的百貨、布匹、食鹽等物質由此運到貴州。黎明關扼守古道之上，兩側為陡山懸崖，僅有一山間小道通行，有"一夫當關，萬夫莫開"之險。1930年4月，中國工農紅軍第7軍遊擊黔桂邊區，軍長張雲逸率第二縱隊1500餘人，從廣西環江川山、社村翻越黎明關進入板寨，成為進入貴州高原的第一支紅軍部隊。如今的黎明關已經沒落，在寂靜的崇山峻嶺中再也聽不到馬幫響起的鈴聲，再也看不到絡繹不絕的來往客商。或許沒有多少人知道，1944年初冬，在這片悠悠古道，巍巍雄關之上，還曾演繹過一場中華民族抵禦外族入侵的壯麗篇章。

1944年11月18日，"為了雙重切斷重慶軍退路"，橫山勇決定第3師團、第13師團"追擊至廣西、貴州省邊境的六寨、麻尾和以東的黎明關"之線。僅僅過去三天，第11軍又改變初衷，提出以貴州獨山為追擊目標，第3師團一直就是橫山勇的"急先鋒"，山本三男提出"為了完成作戰目的，師團的追擊目標不僅僅

是獨山，而以進入其北方要點切斷公路為有利"，他又在地圖上把箭頭向北推進50公里，選定獨山北面的都勻為追擊目標。山本三男決定"師團主力（步兵第34聯隊為前鋒）沿思恩、黎明關、荔波、獨山路線追向獨山以北，以步兵第6聯隊為基幹部隊，沿天河、宜北、三合、八寨、都勻路線向都勻追擊"。多追50公里就多追50公里吧，橫山勇心想，反正已經超出原先的作戰設想，事到如今也不差這50公里。

還在10月底的時候，陳素農率領第97軍進駐都勻、獨山整訓，他和副參謀長潘明研判日軍由桂入黔不外乎四條路線：一、由龍勝關經通道、錦屏至三穗。二、由融縣經下江、榕江、都江、三合、八寨至都勻。三、由德勝關經思恩、黎明關、荔波、三合、八寨至都勻。四、由河池經南丹、六寨、獨山至都勻。這幾條路線當然是以第四條最重要，黔桂鐵路和黔桂公路從河池開始，折向西北經南丹、六寨進入"地無三分平"的貴州。這條原是大路，但沿途難民和各種車輛擁塞，大路也就成了小路。其次是距離鐵路、公路不遠的第三條路，也很要緊，即便你能固守

南丹,我迂迴黎明關,還不照樣直撲都勻。陳素農統軍作戰實在不怎麼樣,研判敵人進軍路線倒還八九不離十,日軍第3、第13師團主力正是沿第三、第四條路線迫近貴州,只是第13師團分兵天河、宜北、三合、八寨這一路算是猜對一半。

11月中旬,第97軍開赴南丹、河池,陳素農電請重慶另外派兵佈防黎明關,軍委會回電說沒有別的部隊可派,"著第97軍速派有力一部,前往黎明關"。陳素農不敢違令,分出196師587團趕往雄關古道,他為此自詡:"本軍原只有步兵六團,除遵令派一團,赴黎明關佈防外,僅有五團赴南丹佈防,以後日軍行動,果如所料,以主力攻南丹,以一部攻黎明關,故該項建議,實對國家整個戰局,甚為有利,至少可使日軍,遲滯桂黔邊境,達一星期之久,更可使我湯恩伯大軍,得以到達黔南,從容部署,然對本軍利害而言,則不免兵力分散,任務加重,否則,南丹佈防,可有步兵六團,亦可以多支援數日,且日軍一部,必輕易經過黎明關,直撲都勻及貴陽,而我湯恩伯大軍,恐只能到達貴陽、遵義間,則南丹價值全失,自然不必固守,本軍亦可保

全實力,向天蛾縣轉進,以待時機,則我不但不受處分,且將隨時立功,我從軍數十年,每次作戰,均著眼大局,絕不僅顧本軍及自身之利害,耿耿此心,可質天日。"陳素農這番話無疑是為南丹戰敗開脫,但仔細想來,倒也不是一點道理也沒有。仁者見仁,智者見智,由讀者決定好了。

11月20日,第196師587團團長周國仲率官兵1800餘人,從獨山經荔波趕至黎明關。只見石塊砌成的黎明關,主關牆長20米,高3‧5米,寬3米,關卡通道2‧04米。另依山勢修築有長約50米的石關牆,每隔1‧5米,有1個垛口,韓漢英的四分校練習團又臨時在關牆右端山上構築了迫擊砲砲位和機槍陣地。看到地形不錯,587團官兵頓時忘記了連日爬山涉水的疲勞,立即加固工事,政工人員發揮專長,組織起一批自願參加抗日的苗族、水族、布依族同胞,擔任嚮導和運輸工作。周國仲並派出部分兵力佔領黎明關週邊的牛筒、都脂、社村鄉等作為警戒陣地。

24日下午,第3師團第34聯隊第2大隊開始攻擊黎明關東北8公里的牛筒,587團一部憑藉有利地形,愈戰愈勇,第2大隊因缺乏重武器,始

終無法前進一步。第二天，聯隊長二神力把速射砲中隊配備給第2大隊用於進攻，第2大隊又以第8中隊擔任尖兵向前突進，587團警戒部隊漸漸不支，傍晚退到牛筒東北4公里的都脂，繼續阻擊敵人。都脂地形更為險峻，守軍在少數民族幫助下巧妙佈置火力，日軍被打得暈頭轉向，竟然抱怨說什麼"夜間月光暗淡，似在助長重慶軍的射擊"。直到26日深夜，第2大隊第5中隊迂迴都脂以西，587團才被迫退守社村鄉。警戒陣地遲滯日軍兩天多，周國仲團長下令所有週邊部隊集中黎明關。日軍緊追不捨，27日來到黎明關下，一看傻了眼，日本防衛廳戰史這樣寫道："該地附近是所謂一夫當關萬夫莫開的天險，戰況不易進展，而且重慶軍的抵抗異常頑強。據偵察報告，進路兩側為連綿不斷的石山，路外無法行動，因此不能迂迴、包圍和自由運用兵力，只有設法從正面突破。黎明關是這一帶的制高點和分水嶺，有如尼泊爾的加德滿都附近那樣用石頭砌起2米厚的關門，上有好象小瞭望樓的建築物和朱紅的欄杆。"

日軍第3師團的野砲第3聯隊尚在思恩附近，587團佈置在關牆右端山上的幾門八二迫擊砲成了"山中無老虎，猴子稱大王"。第2大隊的中隊長非死即傷，分別由吉永壽男等幾位元少尉軍官代理指揮，沒過多久，第8中隊代理中隊長渡邊總一郎又被打死，"巍峨群山長滿多年的青苔和榕樹，重慶軍向我前進路線進行縱射和背射，一挺一挺的重機槍和輕機槍，難以對付，而且還遭到可能擁有大量砲彈的迫擊砲從後猛烈射擊。聯隊的苦戰筆墨難以形容。"現年93歲的季世華老人，當年是587團的下級軍官，他回憶說："憑著優越的地形和天然的屏嶂，我們以逸待勞，巧妙還擊。一陣轟擊過後，軍號聲嗚嗚吹響，日軍兇狠地向我軍發起了進攻。一陣陣狼嚎聲、咭雜訊、喊殺聲，漫過山谷。我們俟其接近，充分發揮衝鋒槍、手雷、手榴彈的威力，狠狠地打擊著這些往上爬的敵軍，但見一批批的敵人倒在血泊之中，而沖上陣地的少數敵人，也被我英勇的戰士一次次躍出戰壕，用白刃刺倒。"

張發奎27日黃昏電令楊森"應確保黎明關及其附近地區，竭力阻敵西犯"。楊森的第27集團軍此時已經殘破不堪，第20軍實際不足4個營，在妙石村、甫儀村短暫休整後，正朝思恩西北地方且戰且退；第26軍歷經柳州、宜山、懷遠戰鬥，亦無多少實力，24日晚從東江脫離黔桂鐵路，正向荔波以南疾進，丁治磐試圖會合楊漢域進出黔邊山地；第37軍懷遠阻敵時劃歸戰區直接指揮，以後並沒有歸還建制。楊森接到張發奎的電報，下令第20軍"即以兩營由東向西攻擊馬安山以北地區之敵，使我587團作戰容易"，第26軍"先以一團星夜兼程前往"黎明關，主力"以洞塘、聯保為目標，星夜急進，限28日到達。"楊森並命人通報587團盡力支持。結果還是晚了一步，日軍打不開正面，27日下午到社村鄉抓人帶路，從側面抄山間小路包圍黎明關，587團腹背受敵，周國仲忍痛放棄陣地，向洞塘轉移。據目睹黎明關戰鬥經過的布依族老人姚崇安、蒙瓊山等說："國軍在黎明關（附近）抗擊日軍幾晝夜，槍砲轟鳴山谷，從未停過，殺死許多日軍。事後日軍死屍抬到板王村拆百姓的房子來火化。日軍走後，板王村人去揀得銅鈕扣有半臉盆，可想日軍死亡之多。"

丁治磐顧慮與日軍交叉，捨近求遠，選擇荒無人煙的木倫、中倫、吉洞路線，向洞塘行進。29日下午，

經過連續14小時片刻不息，丁治磐帶領的少數軍部人員和特務營方才趕到吉洞。楊漢域的行動要快一些，133師當日擊退圓錐山少數日軍，正要再攻馬安山，得知黎明關已失守。楊森電話命令第26軍迅速集結荔波，第20軍馳往黎明關西北一帶阻擊敵人。楊漢域分兵兩路，第133師會合周國仲團集結洞塘，第134師佔領洞究東西之線，阻敵北進。

周國仲退守譚家坳，第133師也從大哨坡陸續抵達洞塘，周翰熙師長分出一部協同587團遲滯日軍，自己帶著另一部到劉家坳、蒙家坳一帶構築工事。29日，日軍猛攻譚家坳，守軍苦戰至半夜，轉向劉家坳陣地。據家住洞塘鄉街上的傅高貴老人反映，日軍攻下譚家坳進佔洞塘，就把譚家坳戰死的官兵屍體拿到周廷富家門前堆放，拆板壁、門扇及桌椅來化屍，因火勢過猛，引起一場大火災，一連燒去洞塘街上十多戶民房。傅老的說法可以從日軍戰史記錄中得到印證："步兵第34聯隊於11月27日攻下黎明關沖入貴州後，經板寨於29日上午攻擊洞塘北方高地的重慶軍，第5中隊中午佔領了洞塘北面的石山，此時，第2大隊的各中隊只剩

下大約30人，第8中隊中隊長已由曹長代理。重慶軍除撤退下來的兵力外，似有新增援的部隊，利用險要地形進行頑強抵抗。23時攻擊（譚家坳）稍有進展。"日軍一個中隊通常有180人，第3師團沒有參加桂林攻城，從柳州到宜山一路又都是打順風仗，可見死在崎嶇古道上的確實不在少數，要不怎麼連軍官都派不出，只能以曹長代理中隊長。

日軍馬不聽蹄再攻劉家坳、蒙家坳，傅高貴回憶說："我們躲在高山卡上向下看，見日軍連續幾次沖到劉家坳半山坡後，都被國軍猛烈的砲火打退下來，那些日本軍官罵個不停，日本兵也哇啦哇啦亂叫。這回日軍又死不少人，把屍體抬到街上燒，把受傷的抬到全家、王家和我家，屋裡都睡得滿滿的。"第133師和587團從蒙家坳撤下來後，留下一小部在溪竹村遲滯日軍，其餘大部急奔穿洞佈防。穿洞位於荔波南面15公里處，當年是永康鄉進出荔波縣城的必經之路，如今是茂蘭國際級自然保護區的重要抗日遺址。穿洞原先是一個山洞，過去人們來往兩邊，總要翻越數百米高的白岩陡山，後來有人挖火硝無意中鑿穿了山洞，發現從此可以直

接從洞中穿行，故名穿洞。

日軍第6聯隊沿天河、宜北、三合北上，一路上都是連綿大山，山本三男擔心道路險阻，出發時對聯隊長松山良政說："沿途如實報告路況，實在過不去，不要勉強。"松山表示"決死前進"。第6聯隊遇山開路，逢河搭橋，雖然行軍十分艱辛，但沿途沒有遇到任何正規部隊抵抗，只是剽悍的苗民比較難應付，他們專事襲擊三三兩兩的掉隊者。擔任聯隊前衛的第3大隊吃虧不少，大隊長築場市郎左衛門指出："在整個作戰中，這是一次最困難的行軍。徵集食物需要與居民接觸，因此，不斷有人傳染霍亂，加以此地苗族性格剽悍，排外性強，為運送患者費盡了苦心。"28日傍晚，日軍翻過十裡長坡到達九阡鄉石板寨，水族農民潘文高、潘老發等50餘人緊閉寨門，拒絕外來者進入。日軍天黑不明情況，沒敢貿然攻寨，當夜反被潘秀輝派出的突擊隊襲殺數人。次日黎明，惱羞成怒的日軍用迫擊砲轟擊寨子，水族群眾武裝抵擋不住，紛紛逃往後山。30日下午，築場大隊進佔三都縣城。

楊森得知三都失守，立刻打消了集結荔波的想法，他藉口"另有約一

師團之敵，已經宜北、三都，竄犯都勻"，決定"集團軍以攻擊由宜北竄犯都勻之敵為目的，即向三都方向前進"。從字面上看，楊森的處置似乎很積極，其實並非如此。第27集團軍現有實力是否能與"竄犯都勻"的日軍"約一師團"（其實只有第6聯隊）相抗衡，楊森心裡比誰都清楚，所謂"前進三都"，說穿了就是放棄荔坡。楊森下令第20軍將穿洞陣地交由第26軍第44師接替，然後以第20軍、第587團、集團軍總部、第26軍的次序向周覃、三洞方向轉進。

12月2日，二神力親率第2大隊進攻穿洞，第44師尚有1000多人的兵力，面對敵人密集砲火，並不畏懼，時不時派出小股隊伍出洞襲擾日軍。雙方戰鬥異常激烈，洞外被砲彈炸得碎石橫飛，彈痕累累，整個戰場硝煙彌漫，遮天蔽日。二神力當日就差點被迫擊砲擊斃，多虧聯隊高級會計犬飼英男猛然將他推倒，才撿回一條命。日軍戰史這樣描述當時的慘烈情形："師團司令部12月2日在板寨，此時第一線步兵第34聯隊正在攻擊據守水杠（永康鄉駐地）要地的重慶軍。……在當時的戰鬥中，第8中隊的全體軍官非死即傷，而由軍士

擔任隊長繼續奮戰。在大道前方的石山中央有個鑿成隧道的洞穴，是通荔波的唯一進路。前方的石山均被重慶軍佔據，並以輕重機槍和迫擊砲、擲彈筒等雨點般射來。"

3日，第2大隊在2門山砲、1門速射砲、1門迫擊砲、2門步兵砲的配合下，像輸紅眼的賭徒一樣押上最後僅剩的一點"本錢"——也不過一個步兵中隊而已。第44師頑強抵抗，第2大隊輸得很慘，第5中隊代理中隊長吉永壽男負傷，第6中隊中隊長武智通夫陣亡，士兵所剩無幾。增援上來的第3大隊第10中隊同樣損失慘重，中隊長石川音吉以下多人戰死。17時多，第44師的迫擊砲又擊中第1小隊的速射砲，小隊長橫山佐嘉當場斃命。日軍感歎："由於重慶軍多為自動武器，經常迅速移動，其士兵戰鬥動作又非常機智敏捷，所以很難發現敵軍火器。重慶軍似為美式裝備，以瞬發信管的美制手榴彈代替了舊式木柄手榴彈，迫擊砲也可能是美國製造的。"

穿洞正面久攻不下，二神力命令第1大隊向左迂迴，經吉洞、董亥、巴灰攻向荔波縣城。傍晚，第44師完成斷後任務，奉命撤退，日軍第2

大隊第5中隊剩餘士兵14人僥倖佔領穿洞,二神力率第3大隊連夜進入荔波。按照事先制定的作戰計畫,第34聯隊還要從荔波追向獨山以北,山本三男有點想打退堂鼓了,畢竟傷亡遠遠超過預先設想,第3師團轉戰華中多年,還從未遇到過一個大隊幾近全部覆沒的窘迫處境。差一點就要硬著頭皮上,剛好橫山勇下達了全軍停止追擊的命令,山本三男急忙命令二神力原路退回,工兵第3聯隊和第68聯隊修補黎明關附近的道路,以便第6聯隊、第34聯隊容易返還。4日,二神力縱火燒城,退出荔波,沿途老百姓痛恨侵略者破壞家園,紛紛拿起武器截擊落單日軍,給貴州抗日鬥爭史留下了光輝的一頁。

4、攻守之間的貴陽

橫山勇11月21日下午發出"突破黔桂省境線,向獨山、八寨挺進,徹底完成本作戰"的命令,完全超出了方面軍原先設想的"大致向省境線追擊"的規定。從日本防衛廳公佈的戰史資料來看,第11軍進入貴州的追擊命令是22日到達第6方面軍的,岡村寧次一反常態,並沒有加以阻攔,而是"信賴第11軍的卓越統帥和兵團精銳,期待其成功",也就是樂觀其成。

那麼,第11軍為何要越出第6方面軍的作戰意圖,孤軍冒險進入貴州呢?原因主要有兩個方面:

第一,中國軍隊的節節敗退助長了日軍進攻的氣焰。具體到第11軍,起初的作戰計畫是按第11軍、第23軍分別攻取桂林、柳州進行準備的,發現桂林守軍力量薄弱,橫山勇斷然改變計畫,決定在進攻桂林的同時分兵進攻柳州。短短幾天工夫,第11軍佔領桂林、柳州,中國軍隊陷入混亂,除了懷遠、大山塘一度有所堅持外,基本上是沿黔桂路大潰退。面對如此弱不禁風的對手,日軍又怎麼會不貪戀戰果的擴大呢?

第二、橫山勇的逆反心理。你不讓我進攻柳州,我偏偏打下來讓你看。你規定我不能越過黔桂省境線,我才不學唐僧,就要跳出你的金箍棒圈圈。要知道第11軍從上到下充斥著好戰分子,他們豈肯畫地自限,當初是高參井本雄男力主搶攻柳州,這次第13師團參謀長依知川庸治甚至建議"應從獨山、貴定一直追擊到貴陽"。

第6方面不阻擾第11軍的獨山追擊計畫，這倒令橫山勇有些意外。那麼，岡村寧次又為何默許橫山勇冒險呢？筆者認為，岡村寧次是想要嘗試一下從貴州進攻四川的可能性，順便打擊中國西南大後方並不強大的戰略預備部隊。四川是中國抗戰的後方大本營，日軍曾經計畫1943年春從晉南、宜昌兩個方向進攻四川，後因太平洋戰局不利而放棄。1944年6月，畑俊六預計"一號作戰給中國的打擊，需要一年後才能恢復"，考慮到日本在全盤戰局中將日趨不利，他提出"宜在一號作戰結束後盡速攻重慶"。岡村寧次升任中國派遣軍總司令官，對接任第6方面軍司令官的上月良夫留下這麼一句話："鑒於此次作戰（指進攻貴州）的戰績，希望對第3師團、第13師團使用馱馬大膽進攻的機動距離加以研究。："岡村寧次從橫山勇的冒險中看到了從貴州進攻四川的一線希望，那就是以馱馬徹底代替汽車。

11月26日，第11軍以"旭參電第393號"正式向大本營、中國派遣軍、第6方面軍等上級單位報告獨山追擊腹案："鹿部隊沿河池西北地方，山部隊沿黎明關東南約10公里附近追擊中，估計在獨山附近可結束追擊。本軍一旦進入獨山，立即命令各部隊向反轉態勢轉移。"第6方面軍參謀長宮崎週一複電："旭繼續猛追，一舉將目標指向獨山"，"收到快報，期待戰果"。日軍大本營作戰課高度重視，立即著手研究各種方案，當天晚上就形成了"關於貴陽方面的作戰指導"的書面報告，主要內容如下：

方案一　利用當前有利的軍事形勢，一舉攻佔貴陽，並予以確保。

方案二　攻至貴陽附近，對周圍的軍事設施進行徹底破壞，然後適時撤回柳州、桂林地區。

方案三　即按第11軍的作戰意圖，追擊至獨山並佔領附近地區，但須長期確保。

方案四　佔領獨山及其附近地區，先予以確保，再適時撤回至柳州、桂林。

方案五　追擊作戰一結束，立即開始撤回。

作戰課認為攻佔貴陽有利有弊。有利於控制沿途的空軍基地，破壞中央軍的軍事設施及銷毀其作戰物資；有利於遮斷昆明至重慶的交通，給重慶以直接的威脅；有利於增強日軍在雲、貴地區的戰略態勢；中央軍由於根據地一部喪失，反攻的時間將後延。不利因素也很多：需要增加部隊，作戰時間至少需二至三個月；部隊沿鐵路、公路線深入太遠，沿途需警備部隊太多；長久佔領貴州，機動部隊減少，容易形成被動；從全盤戰略形勢看，再分散兵力極為不利；深入、遠駐，保持長遠的供應有困難；一旦中央軍在作戰中進行死守，日軍遭到更多的消耗之後，形勢會很快發生逆轉。

至於長期確保獨山一案，作戰課亦有相當顧慮，主要是擔心輸送能力不足，反而會削弱桂林、柳州的戰略態勢。最後得出結論：「目前現地軍（第11軍）所希望的到獨山附近為止的追擊作戰，即可實行，勿需特別處置。……目前作戰經過，雖按照第四方案進行，但應以第五方案的宗旨為重點。」

張發奎11月17日向蔣介石呈報戰況時指出：「如我能在懷遠堅強抵抗，桂柳會戰或即至此而止。但一般戰力耗損過巨，勁旅亦成疲師，倘敵因此擴張戰果迫近黔疆，亦非絕不可能。」張發奎對日軍入侵貴州有所預見，重慶也未嘗無動於衷。早在10

月下旬，蔣介石就已未雨綢繆，急令撤職留任第一戰區副司令長官的湯恩伯「南調湘黔」，擔任黔邊防守作戰。湯恩伯抗戰初期被稱為「抗日鐵漢子」，1938年春與孫連仲的第2集團軍內外夾擊日軍第5師團，締造了聞名中外的台兒莊大捷，這時卻因豫中會戰失利遭人彈劾，聲望跌到了人生谷地。接到蔣介石的命令，湯恩伯帶上副參謀長苟吉堂及幾個隨身幕僚，從陝西商南星夜兼程趕赴重慶領命。11月3日，湯恩伯到達重慶，蔣介石賦予他「確保黔邊，屏障陪都，相機擊破敵人」的重任。三天后，湯恩伯率同孫元良、苟吉堂和臨時向軍令部借用的一些參謀人員，分乘一輛吉普車、兩輛卡車馳赴貴陽。湯恩伯的吉普車性能較好，7日進入貴陽，路上只用了一天半時間，孫元良、苟吉堂等人坐的卡車相對較破，整整晚一天才到。

10日，蔣介石正式任命湯恩伯為黔桂湘邊區總司令，孫元良、張雪中、萬建藩為副總司令，抽調第9、第13、第29、第57、第87、第94、第97、第98軍統歸湯恩伯指揮。以上8個軍、20個師，除了第97軍已經先期抵達貴州外，最遠的第57軍尚在關中整補，最近的第29軍正從四川合川徒步貴州遵義。湯恩伯的起家部隊第13軍長途跋涉在川陝公路上，距離重慶至少還有半個月的路程，第87軍、第94軍系從第六戰區抽調，鄂西到貴州也不是一時半刻可以趕到的。苟吉堂因此說："這一次各兵團的徒步行軍距離，多在三千公里上下的遠端，所要通過的是崇山大川且很多荒瘠人稀的區域。這一次兵力轉用的艱難，像我們這樣貧弱苦戰的國家，使軍隊飽嘗人世未見的酸辛，決不是我們中外任何兵學家，在圖上研究戰術的矢標一畫那樣的輕便。"據第9軍第54師師長史松泉回憶，該師9月24日自陝西寶雞出發，於12月17日抵達貴州都勻，行程超過2000公里，行軍時間接近3個月，當時他提出一個口號"長途行軍中整軍"，部隊紀律嚴明，所經之處蒙受各界好評。

1940年代的貴陽，無論從街道、建築、居民各方面來看，都算不上一座現代化的城市，說它是鄉城，又未免有點委屈它。隨著湘桂戰事失利，貴陽人口由10餘萬驟增至50餘萬人，幾乎增加了三倍，米價一路瘋長，豬肉和蔬菜的價格甚至超過了

蔣介石正式任命湯恩伯為黔桂湘邊區總司令。

重慶。貴陽警備司令宋思一對難民問題感到十分頭疼："當時貴陽的難民每天成千上萬湧來，負責這事的機構很多，如社會處、地方人民團體、公路局、警察局，都有不少的人協助辦理。我主要是對難民進行守護管理。但由於人數太多，情況緊急，因爭尋住食和爭車疏散等問題，曾發生過不少行賄詐財和非分勒索的事。事後聽說，有時黑市出賣到昆明的車票，竟貴達十兩黃金一張。"宋思一另一項重要工作是招待過境部隊，從10月初至12月初這段時間內，每天經過貴陽的部隊，平均約三五千人以上，總數共約25萬人。宋思一說："蔣

介石為安撫軍心，下令對所有過境部隊，無論官兵，每人到達貴陽時，必需招待半斤肉，四兩酒，並請他們洗澡看戲。河濱公園邊貴陽師範學院的原址，就是我設站招待過境軍隊的地方。"窮苦的士兵幾個省走下來，還要上陣禦敵，的確應該好好犒勞一下，蔣介石治軍也有人性化的一面。

湯恩伯在中央軍校擔任第六期學生總隊第2大隊大隊長的時候，宋思一是中央軍校管理處長。湯恩伯一到貴陽便增劃貴定、龍里、貴築、惠水、修文、清鎮、平壩等7個縣，並歸貴陽警備司令部指揮。宋思一是貴定人，對湯恩伯"確保黔邊，屏障陪都"幫助很大，約在11月初以後的數星期中，他經常和黔桂湘邊區司令部的參謀人員，後來也包括副司令張雪中，經常到貴陽週邊勘察地形和工事，對相關防禦部署貢獻良多。湯恩伯當然比宋思一還要忙，不妨從他的匆匆行程中窺探一斑：

11月15日，率孫元良、苟吉堂一行赴南丹，會晤黔桂邊區守備司令韓漢英，瞭解前線戰況。]

11月18日，前往河池，與張發奎交換意見。

11月20日，派孫元良協助陳素農指揮南丹戰事，指定苟吉堂專門負責獨山、南丹各方面聯絡。晚上返回獨山。

11月21日，召開獨山黨政軍聯席會議。

11月22日，星夜趕回貴陽，電催第9、第13、第98軍等克難兼程急進貴州。電請蔣介石："令由批准陸軍大學甲級將官班張雪中副總司令、陸大特7期的萬建藩副總司令，暫行休學而趕來貴陽設司令部，以翼贊作戰指揮。"……

南丹、六寨相繼失守，戰火從廣西燒到貴州，何應欽奉蔣介石之命趕到貴陽坐鎮指揮，隨行的還有張治中、張道藩等軍政要員。何應欽即將出任總部設在昆明的中國陸軍總司令，貴州形勢緊張，蔣介石對他說："黔省戰況，危機殊甚，非我二人之一前往督師反攻，無以穩定戰局。"何應欽是貴州興義人，既然蔣介石都這麼說了，桑梓之事當然責無旁貸，他對蔣表示"那還是我去吧"，蔣說："如果局勢絕望，日軍繼續深入，即放棄貴陽，固守烏江。"何應欽奉命唯謹，電調中國遠征軍參謀長蕭毅肅入黔參贊，與湯恩伯、宋思一等人，擬定了一個貴陽防禦計畫，其概要如下：

一、以烏江北岸迤盤江西岸沿線為主要陣地，固守北線，以阻止敵人前進，保衛重慶安全。

二、以貴陽為據點，佈置前進陣地，掩護主陣地。

三、在馬場坪設立阻擊敵人的前進抵抗線，以消耗敵人的戰鬥力，遲滯其前進，鞏固貴陽的部署。

四、以黔桂邊境的南丹一帶為主要掩護據點，組成掩護陣地，以保證後方部署的安全。

五、總司令部設昆明，貴陽為前敵指揮所。

何應欽的作戰計畫明顯秉承蔣介石指示，把主要防禦陣地設在貴陽北面的烏江，置貴陽於主陣地之外。接替史迪威繼任中國戰區參謀長的魏德邁也是這個意思，他根據日軍在華兵力及其作戰能力，認為日軍的南路攻勢有可能指向昆明，建議中國軍隊在貴陽以北的烏江沿岸與敵決戰。蔣介石考慮再三，下令遵義的步兵學校教員和學員，立即勘察、指導、構築烏江防禦工事，烏江防線在重慶高層中是達成一致的。何應欽電令第87軍、第94軍速向黃平、鎮遠集結，做好側擊北犯黔南日軍右翼的準備，並需確保黃平、鎮遠，以利主決戰方面作戰；第9軍、第13軍、第29軍集結貴陽、馬場坪、都勻、獨山之間，相機擊破日軍。

12月4日，何應欽在貴陽南明堂召集有關各方人士開會。會上，張治中主張貴陽"堅壁清野"，"焦土抗戰"，貴州省參議會議長平剛第一個反對："敵侵貴州，欺我張惶失措，統帥應督戰前線，現遠居後方，下令強迫人民疏散，怎能堅守貴陽和在馬場坪與敵作戰？"平剛早年參加同盟會，做過孫中山的秘書長，屬於辛亥元老，說話底氣十足。貴州省主席吳鼎昌趕緊打圓場，平剛當日在日記中這樣寫道："予以為今日所言，皆不中肯之言也！於是張治中複起而反對予言，謂予身居民眾代表，不能鼓勵民眾而出此頹唐之言，殊屬糊塗！予將再起而駁之，吳主席勸予莫言，遂即各散。"為了有爭執，何應欽顧全雙方體面和各方的輿論，在會上沒有作出決定。

會後，何應欽找宋思一單獨談話，要宋事先計畫好，準備在必要時，破壞電廠、紙廠、電報設備、各種軍事物資以及主要橋樑，其他一律不作決定。貴州窮鄉僻壤，好不容易才有這麼一點基本建設，何應欽身為貴州人，當然也不希望毀城式的破壞。宋思一回憶說："何應欽指定一個美國軍官會同我辦理此事，我們每天分乘汽車，馳赴各有關指定的地點，如頭橋水泥廠、南門外紙廠、中曹司機器廠、貴陽電廠、電話局、電報局、廣播電臺以及主要橋樑共28處，進行現場察看和拍照。之後，制定破壞計畫要圖，準備破壞的設備，擬定點火實施辦法，並分別準備破壞材料以便必要時使用。"

第13軍軍長石覺。

破壞計畫決定後，何應欽命令宋思一在不得已時予以執行。宋思一為此寢食不安，"焦土抗戰"這事情實在不好超控，什麼是"不得已時"？當初長沙也搞這一套，結果黃埔一期同學酆悌被校長槍斃掉，得想法子脫身啊！宋思一找到蕭毅肅說："貴陽防守任務由第13軍擔任，萬一情況突變，石覺軍長撤離貴陽時來不及通知我，我就掌握不了時機，難免誤事，不如把破壞交給石覺執行較妥。"蕭毅肅想想也有一定道理，遂向何應欽反映改令石覺負責，宋思一僅負地方治安責任。石覺是廣西臨桂人，黃埔軍校第3期畢業，宋思一1928年在中央軍校當管理處長時，石覺是第6期學生總隊第2大隊副中隊長，大隊長就是湯恩伯。1949年1月，湯恩伯任京滬杭警備總司令，宋思一、石覺都是副總司令。宋思一後來選擇起義，留在大陸，湯恩伯、石覺都去了臺灣，湯1954年6月死於醫療事故，石覺1959年7月升任聯勤總司令，1963年7月又改任考試院銓敘部部長，可算是官運亨通。當然，這些都是後話。

石覺11月下旬率部抵達重慶，因前方戰情緊急，片刻得不到休息，當時重慶公私車輛全部用於搶運第13軍佈防貴陽，據說連副委員長馮玉祥的汽車都撥了出來。貴陽位於盆地之中，四周環山，除東山稍近外，其餘距市區都是5公里以上，城區並不好守。石覺第一天到貴陽視察陣地，認為持久防禦至少要有4個師才夠，傍晚時蔣介石從重慶打來電話："你的部隊到了多少？"石覺如實回答："今天才到兩個團。"蔣介石又說："你要死守貴陽。"石覺本能回答："一定遵照指示做。"石覺處亂不驚，把兩個團部署到貴陽東南隅公路出口處的圖雲關，意圖配合有利地形，等待後續兵團到達。至於破壞任務，他也勇於擔責，先令爆破隊在各個目標位置挖洞，裝填炸藥，等待執行命令。

12月4日，佔領獨山、都勻的日軍以進攻時的速度向南退卻，貴陽熬過了1944年這個寒冷的冬天。

5、最後的瘋狂

獨山是黔桂線上的小縣城，以抗戰時期的公路狀況而言，距離貴陽大約還有240公里以上路程。鐵路方面，黔桂鐵路雖於1944年6月修通至都勻境內清泰坡，但終點站尚在獨山，這就是獨山這座小山城的獨特性。據川黔公路線區司令部總務科上校科長高岳文回憶，當時軍政部、後勤部存於獨山各倉庫的械彈物資及盟軍支援空運到獨山的油料、新式武器，如火箭砲、擲彈筒等軍品，待運者不計其數。加上前線各省撤到獨山的各類物資，在火車站各處及月臺上堆積如山，都待汽車轉運貴陽、重慶、昆明等地，高岳文的工作異常忙碌，他回憶說："我處業務上的緊張繁忙，決非局外人所能想像，所有全處官兵，雖日夜廢寢忘食地工作，也很難完成每天應完成的計畫。辦公室內外，談話聲、吵嚷聲、電話鈴聲，一片喧嘩，大家只好鬧中取靜，沉著應對，不敢稍有差池。"

其實整座獨山城都很喧鬧，隨著大量難民湧入，人口由原本的3萬餘人，驟增至10餘萬人，經濟呈現畸形的繁榮，不僅四大銀行（中央銀行、中國銀行、交通銀行、農民銀行）都來獨山設支行，像老鳳祥、老天寶、老萬年、仁豐、華豐這些大城市才有的金號銀樓，一時遍佈獨山大街小巷竟達18家之多。夜市更是通宵達旦，從四季衣服到稀奇古玩，無不應有盡有，地攤上的主人不乏公務員和軍人。據不完全統計，當時滯留獨山的軍事部門和機關團體共有五六十個單位，比如都（勻）獨（山）警備司令部、中央軍校第四分校、貴州省第二區監察專員兼保安司令公署、軍政部特務第2團、兵工署44工廠、後勤部第26衛生大隊、軍委會工程處第29工程隊、中國紅十字會第44中隊、交通部黔桂鐵路前方辦事處等等。

獨山以北65公里的都勻也很糟糕，據說難民總數達30多萬，只是軍事單位較少，只有陸軍砲兵學校和新38師留守處等幾家。11月29日，第四戰區司令長官部到達都勻，張發奎打電話給蔣介石，要求免除自己黔桂線上的軍事指揮權。張發奎認為雖然湯恩伯名義上歸第四戰區節制，但黔桂湘邊區司令部的部隊反而超過第四戰區，這樣的上下級關係難免尷尬。張發奎很識趣地說：“我想避

免誤會，我在廣西就對部隊失控，我失去了自己的戰區，進入貴州，猶如一支敗軍進入了鄰國，我不想在指揮問題上引起困惑。”蔣介石同意張發奎解除部分指揮權，但第16集團軍和第35集團軍仍歸第四戰區戰鬥序列，可以在適當時候重返廣西。

儘管如此，張發奎和湯恩伯還是差點發生內訌。黔桂湘邊區總司令部設在貴陽南廠，湯恩伯有令在先，凡是車輛經過三橋，都要有總部發給的放行證。第四戰區長官部車運安龍轉赴廣西百色，總部衛戍部隊不放行，張發奎勃然大怒，每車配備機槍兩挺，士兵一班，哪個敢阻攔，即刻射擊。貴陽市長何輯武問訊急忙出面調停，何輯武是何應欽的弟弟，湯恩伯不能不賣個面子，遂下令取消了第四戰區長官部車輛也要放行證的規定。吳鼎昌得知此事很不滿張發奎的魯莽，他對何輯五說：“張發奎有此勇氣和湯恩伯拼，何以不再去找日本兵打呢？”

11月30日晚上，日軍第13師團第104聯隊進抵獨山以南約45公里的下司，赤鹿理派遣作戰主任參謀野野山秀美趕往第104聯隊，負責攻佔獨山和撤離獨山時“與師團聯繫並在

必要時指導第一線的戰鬥"。第104聯隊聯隊長海福三千雄覺得赤鹿理有些小題大做："當前敵情問題不大，獨山附近具體不詳，可能是兩個師左右。"野野山秀美轉告說："師團長非常擔心重慶軍增援部隊來攻，特囑加以注意。"據野野山日記記載："輕視敵情。告以餘之判斷後亦向師團長作了報告，師團長要求聯隊長大致採納餘之判斷。"

獨山附近究竟有多少中國軍隊呢？按照苟吉堂的話說，從南丹潰敗的第97軍和第98軍第42師，已經"戰力消失，再無任何兵力繼續抵抗"，第98軍的另一個師，"第169師則以交通工具無法跟進到南丹與獨山作戰，故該軍軍長僅能于11月底至12月初，于都勻楊柳街一帶佈防"。就在南丹失守的11月28日晚上，第29軍先頭部隊第91師趕到了獨山，該師豫中會戰後未經補充，實際僅有2500人左右，師長王鐵麟畢業於黃埔軍校第6期，剛從271團團長晉升上來。因黔桂湘邊區副總司令兼第29軍軍長孫元良尚在南丹撤退途中，湯恩伯急令熟悉獨山地形的都獨警備司令韓漢英先行指揮第91師，選擇防禦陣地。韓漢英命令第91師佔領黑石關、甲塘及白蠟坡橋之間構築縱深防禦工事，拒止沿黔桂路北進之敵，掩護友軍集中並破壞六寨、獨山間公路。

黑石關位於獨山與南丹之間，由黑石關南下經上司、下司、麻尾等地便是黔桂兩省的交界處。黑石關雖然談不上"一夫當道，萬夫莫開"，但在第四分校教育時期，韓漢英曾經作過現地戰術演習，相對比較有些把握。29日晚，孫元良脫離混亂的第97軍，趕回黑石關北面的格勞河，韓漢英趕緊移交指揮權，回到獨山實行"焦土抗戰"。獨山飛機場與軍火倉庫都是要"優先"爆破的，至於縫紉機頭、汽車輪胎、機件器材、棉紗布匹、白糖之類的公私物品，只能破壞多少算多少。爆破聲響起，獨山小城頓時人聲鼎沸，騷亂暴起，人們爭相逃命，滿大街的衣物箱籠，從無一人停下腳步俯身拾取。

30日21時，王鐵麟下令師部搜索連和272團3營向下司方向搜索，很快遇到了穿著中國軍隊棉服的日軍第104聯隊步騎300餘人正在北上，一問口令不對，兩軍即發生遭遇戰，搜索部隊逐次抵抗，退入黑石關以西271團陣地。12月1日，得到山砲兵第19聯隊火力支援的海福三千雄，分股猛攻黑石關、矮關、白蠟坡一線陣地，第91師在王鐵麟師長的指揮下奮起抗擊，戰況十分慘烈。翌日拂曉，日軍再攻，日本防衛廳戰史記述道："海福聯隊在石濱山砲聯隊協助下，拂曉開始了攻擊，但重慶軍得到了美機的援助，抵抗極為頑強。本日美機與地面的戰鬥配合的密切，為此次作戰中所罕見。因此，攻擊遲遲不得前進"。

野野山文秀覺得強攻不是辦法，畢竟日軍這次太過深入，湯恩伯大軍一到勢必陷入被動，唯有迅速攻佔獨山，才能全身而退。他和海福三千雄商議決定，第2大隊繼續正面進攻黑石關，第1、第3大隊不顧一切從左右兩翼迂迴突進獨山。第1大隊從譚窯抓來農民譚宗民等三人強迫帶路，從黑石關以北的里旺繞過第91師防守陣地，經翁卡、交擺、大地直奔獨山。據第2中隊中隊長宮本學回憶："迂迴隊推進到獨山通向平舟的路上時，有很多零散的重慶軍正從獨山西進中，我走在隊前與對面來的重慶軍擦肩而過，沿道路的一側向東急進而入獨山，予以佔領。由於聯隊全員均換穿了前在柳州北部繳獲的中國軍棉

服，重慶軍可能誤認我為友軍，故未採取敵對行動。"

2日14時30分，日軍佔領獨山，第91師有線電聯絡被切斷， 王鐵麟師長為避免陷於不利態勢，黃昏後向平塘方面轉移，他令第273團掩護師主力變換陣地。海福三千雄這時已經得到第1大隊進入獨山的報告，發現黑石關守軍有所鬆動，立即部署第2大隊再興攻勢。第273團竭力抵抗，3營營長桑振宇負責斷後，擔任右側警戒的排長跑來報告敵情，桑營長拿起望遠鏡觀察，不幸暴露位置，飲彈犧牲。王挽危團長平時與桑振宇營長情投手足，聞此噩耗悲痛不已，所幸3營沒有因為指揮官陣亡而動搖，王團長處置適當，確保了師主力順利佔領卡浦、擺卡之線。值得一提的是，王挽危1949年1月升任182師師長，解放軍大舉南下，他率部從江陰下游撤守上海浦西楊舍營，中共通過聯勤總司令部視察員張權，對其進行策反工作。王挽危態度消極，寫了一首詩回覆張權："羨公勇攀列寧山，古柏參天耐霜寒。惆悵不堪附驥尾，各行其志勿相殘。"張權也以一首詩回敬："新詞一曲樂悠悠，歧路原應早回頭。子路聞過輒自喜，反戈一擊是

上游。"上海解放前夕，張權東窗事發，被捕遇害，王挽危最終沒有站到中共陣營，去台後官至"臺灣東部地區警備司令兼任台中師管區司令"。

3日拂曉，黔南大地寒氣逼人，又是颱風，又是下雪，孫元良、荀吉堂帶著十幾個衛士好不容易擠過獨山以北的深河橋，美軍爆破隊已經埋下炸藥，準備炸橋阻敵。據《獨山縣誌》記載，深河橋"建于明隆慶五年（1571），橋高16.35米，跨度12米，橋寬5.7米，全長37米，橋墩高度9.5米"。1647年，孫可望按照張獻忠臨終前"歸明抗清"的囑咐率大西軍以破竹之勢直抵貴陽，南明貴州總兵皮熊率部敗走黔南，倚仗深河天險，駐守獨山州。孫可望追擊至此，只見深河橋毀路斷，斷橋下萬丈深潭，兩面懸崖似刀削斧劈，不禁勒馬長歎："阻我者、唯此也"。鬥轉星移，深河橋再次要為戰爭透支，所不同的是皮熊當年阻敵於橋北，如今抗日要阻敵于橋南。荀吉堂這樣描述深河橋附近的險峻地勢："那一座石橋的兩側，在遠處眺望，雖像一個山地的緩徐斜坡，但臨近俯瞰那兒，才知道是橋的兩岸如刀切的絕壁。"

這時，湯恩伯轉來蔣介石電令："積壓在獨山附近的軍公車輛，不准損失，必須全部輸運後方。"孫元良莫知所措，僅從獨山機場算起，積壓在路上的汽車就足有8公里長，一時間如何處理為好？關鍵時刻，還是韓漢英拉了孫元良一把，荀吉堂回憶說："幸孫將軍與筆者同在該處山隘得與韓漢英將軍把晤，商妥了辦法，由韓將軍派出四分校的學生約百名，和他的一部分隊長教官們，和我們所帶的兩班人，分段掀除所在汽車所載過重的東西，並且把走不了的車都掀倒在路外，如此經過了大半天的道路疏通工作，把那兩千輛車中，救出了約一千四五百輛，其他的廢車，仍在原地，我們無能為力，也只好作為防敵的障礙物了。"

中午，第104聯隊本部進駐獨山，在火車站旅館的牆壁上，海福三千雄寫下了四個大字："無血佔領"。這無疑是國民政府軍的恥辱，《掃蕩報》記者南宮博毫不留情地提筆寫道："獨山的失守，也表現軍方之無能，守軍不戰而退，大砲、輜重完全拋棄。敵軍尚在數十華里之外，我軍即已倉惶逃走，對難民毫不關心。從獨山撤退時的難民極為狼狽，自行破壞的爆破聲，使公路上的難民誤認為敵人砲聲。第四戰區長官部被誤炸後，黔桂路已是每況愈下的局面。然而到達獨山時，決未料到日軍會進攻到此地。從軍隊起，官民一齊開始逃走，獨山頓形混亂，多處起火，成群的難民沿公里西側倉惶逃走，離獨山約10公里處，突然響起震地的爆炸聲，繼又兩次、三次巨大轟鳴。公路左方約2華里處濃煙升起，擁擠的難民急於逃跑，陷入一片混亂。其實既非敵機轟炸，又非敵軍的大砲，而是我軍的主動破壞。"

16時許，日軍第1大隊向北推進深河坡頭警戒，與大井的四分校後衛部隊發生接觸，美軍爆破隊富蘭克上尉大聲招呼學生過橋，眼看日軍追兵將至，毅然按下了爆炸裝置，深河橋又一次選擇了悲壯的倒下。半個世紀後的2007年8月，黔南州和獨山縣黨委政府撥款及社會籌資共計600多萬元，在獨山縣城北9公里處的深河橋建立起了"深河橋抗日文化園"，文化園占地500畝，設有烽火臺、民族門、卵石牆、石級臺階等建築，陳列實物包括日軍侵入黔南時留下的槍械、彈殼、鋼盔、以及大量貴州各族人民英勇抗敵時使用的鳥槍、火藥槍、大刀、長矛等。2008年10月，

88歲高齡的富蘭克重返黔南戰地，他站在深河橋遺址上，心緒感慨萬千，仿佛又回到了60多年前那個雪虐風饕的傍晚："我們準備炸橋，可是難民如潮水一般湧來，如果當時把橋炸掉，那麼多難民將遭受日軍的殘害。於是我下令把炸橋時間從上午推遲到下午。我們把橋炸掉幾分鐘後，日軍的先頭部隊就來到了深河岸邊。"

不少人認為獨山深河橋是侵華日軍突進中國西南最後的地方，其實這一說法是錯誤的。翻越重重大山的日軍第6聯隊12月2日下午攻佔八寨，繼續北進都勻，走在前頭的第3大隊大隊長築場市郎左衛門突然野心膨脹，提出下一步目標應該推向貴定，松山良政沒有回覆，第6聯隊不比第104聯隊，沿途不曾遇到被服倉庫，穿著貼身單衣走在山路上，滋味很不好受。第3大隊從八寨登上高60米的山頂，穿過高原再翻山，小路上人馬只能排成一列行進，有些地方積雪達到三四十釐米，人馬滑倒無數，也虧築場來勁還要追到貴定。3日下午，第3大隊主力抖抖擻擻到達都勻以東的姬家橋、茅草坪一帶，先頭的兩個步兵小隊和兩個重機槍小隊距都勻縣

城只剩下不到3公里的路程，成為八年抗戰中日軍鐵蹄深入中國內陸最遠之地。

6、黔南敵退

1944年12月2日21時30分，日軍第11軍參謀長中山貞武以"旭參電第529號"致電大本營、第6方面軍、第23軍等："鹿部隊於2日12時30分已佔領獨山，本軍作戰目的已完成，決定迅速按既定行動計畫轉移。"3日上午，赤鹿理與參謀長依治川根據上級指示，商議決定4日黃昏後開始總撤退，並命令工兵第13聯隊對獨山地區進行徹底破壞。15時，野野山秀文和海福三千雄接到赤鹿理下達的撤退命令，擬定"從12月4日黃昏後開始反轉，在此以前做好各項準備；獨山附近的各種設施、工廠、軍需品等，由工兵全部炸毀燒光；途中洞窟的彈藥庫、儲油庫等亦儘量燒毀；鐵路、橋樑、隧道、通訊設施也要極力予以破壞後撤退"。隨後，海福舉行部隊長會餐，慶祝攻佔獨山及即將離開獨山，有幾個大隊長借著幾分酒意，吵著不願放棄追擊勢頭，主張不惜任何代價挺進貴陽。野

中國戰區統帥部參謀長魏德邁將軍。

野山秀美好說歹說，做好所有人的思想工作。可見赤鹿理知人善用，當日派遣野野山協助海福聯隊長，並非多此一舉。

4日黃昏，日軍按照原定計劃撤離獨山，工兵放火焚燒城區西郊的被服、衛生、糧秣倉庫，爆破聲震撼大地，火勢迅速蔓延。後衛部隊離開約10分鐘後，獨山北部的兩個彈藥倉庫同時引爆，一時間煙火沖天，巨響震地，獨山小城變成一片火海。野野山在日記中寫道："離開獨山翻越大山，隆隆爆炸聲宛如為我軍送行。"黑石關、下司附近的彈藥庫、橋樑、隧道隨即也被日軍炸毀。連同韓漢

英撤退前的"焦土抗戰"，獨山幾乎蕩然無存，燒毀的房屋超過16000棟，沿途村鎮，幾成廢墟。鐵路方面損失最為嚴重，停放在麻尾、獨山的462型蒸汽機車近20台，無一倖免，交通部長侯家源的高級專用公務車（16節車箱）全部燒光，其中有一節為慈禧太后花車，是慈禧為了到奉天謁靈，花錢向英國訂購的，車內珠寶裝飾，豪華無比。深河車站的縫紉機和棉紡織品，深河至大坪區間的大量錦毫，統統付之一炬，損失不下3000萬元。

有一種說法，大意是獨山陷落的消息傳到重慶，陪都為之譁然，國民政府準備遷都西康，事情真是這樣嗎？根據新近出版的《陳誠先生回憶錄——六十自述》一書："民國三十三年桂柳會戰，白健生將部隊調往十萬大山，致黔桂路兵力薄弱，日寇乘虛而入。時餘由第一戰區回渝。12月1日，調長軍政部。2日，獨山陷落。芨芨乎有進犯貴陽之勢，陪都震動。中國戰區美軍司令官並任中國戰區統帥部參謀長魏德邁將軍，及其副手麥克魯將軍，謁見介公（蔣介石），余與俞大維隨侍在側。麥克魯主張放棄四川，退往昆明，並以手拍著介公肩曰，公等不宜在重慶做俘虜。介公不悅。餘見其態度傲慢，引入別室商談。告以我國對敵抗戰，兵源糧源，大部取給四川。雲南地瘠民貧，若退往昆明，貴國飛機是否能飛越駝峰，轉運大量物資，接濟軍隊？主張放棄四川，實不懂戰略。現我方惟望貴國迅速派飛機，先由第一戰區調精銳一軍，往獨山阻擊。再由遠征軍及第六戰區，各調三軍夾攻。料敵孤軍深入，不超出三個師團，我必能予以殲滅。商談結果，魏、麥採納餘言。於是空運第一戰區部隊至貴陽降落，向獨山增援。是月8日，日寇知難而退，自動撤兵。"

陳誠錯把日軍撤離獨山的日子記為8日，但從他的口述回憶來看，重慶的確因日軍深入黔南陷入了困境，不得不"惟望"盟邦出手相助。魏德邁後來信守承諾，第一戰區的第57軍成為中國歷史上第一支成建制空運戰場的軍隊，美國報紙當時稱之為"亞洲的壯舉"。關於這次空運，第57軍軍長劉安祺1989年接受臺灣"中央研究院近代史研究所"訪問時，留下了珍貴的歷史片斷："日軍南進到達廣西之後，轉向向西，抵達貴州的獨山、都勻。貴陽因兵力不夠，緊張得要命，政府打算由重慶搬到西昌。我在西安忽然奉命加強裝備、充實兵員，由美國的空運大隊支援，派了150多架C46型的飛機，從西安起飛，分批運輸，目的地是雲南沾益。當時西安大雪紛飛，積雪兩、三尺深，在沾益下飛機之後，我們又分批抵達貴陽以南的盤江八屬地區，司令部設在晴隆。"日軍獨山撤兵，劉安祺最終沒有趕上黔南戰事。

7日，獨山抗日自衛隊得知日軍已退，先於正規軍入城維持秩序，並把一面國旗插上城頭。8日拂曉，遲到一步的第91師聲稱"肅清殘敵克復獨山"，重慶軍委會11時30分發表戰訊："我軍於擊退獨山西北附近之敵後，即乘勝向獨山城攻擊前進，至7日晨攻抵城垣，敵據城頑抗，經一晝夜的激戰，我將頑敵擊敗，于8日拂曉完全克服獨山城，計斃敵及奪獲戰利品甚多，正在清查數字中，殘敵已向南狼狽逃竄，我們猛烈追擊中。"明明是日軍主動撤退，偏要說成自己克敵制勝，戰時出於鼓舞士氣和穩定大後方民心，也就算了，沒想到50年過後，原黔桂湘邊區副總司令張雪中變本加厲，說什麼"我攻擊部隊，在麻江以北與敵接觸，展開

猛烈之攻勢，鏖戰達四晝夜，敵傷亡慘重，潰向黔邊逃竄。我追擊部隊，沿黔桂路尾追，更以猛烈之砲火集中射擊，我空軍亦協同作戰，敵陣地全毀，我血戰三周，斃敵近萬，殘敵不支，被迫紛紛南潰"。如此信口開河，張雪中簡直恬不知恥，日軍壓根沒到麻江，何來鏖戰四晝夜？

也不是說日軍在撤退途中一點損失也沒有，都勻一路的第6聯隊傷亡就比較大。12月3日黎明，第3師團接到第11軍命令："本軍決定停止追擊，準備爾後向宜山以北地區轉進。"4日，松山良政下令築場大隊前衛變後衛，聯隊主力沿三都、三洞原路返回，一部從都江、壩街拐著彎後撤，造成攻擊假像，防備中國軍隊尾追、側擊。松山良政往南退，剛好第27集團軍放棄荔波縣城向北"轉進"，楊森原本說要前進三都，這時又以"對長官張（發奎）通信中斷，糧彈兩缺，兼無貴州軍用地圖"為由，打算4日下午通過三洞調頭向東，往榕江"前進"。一會"北進"，一會"東進"，楊森就是要想著法子避開日軍。4日中午，第20軍行至三洞附近與第6聯隊先頭一部發生遭遇，楊森暗暗叫苦，真是

獨山深河橋抗日文化園中的"黔南事變"碑記。

冤家路窄,怎麼到哪都遇上。楊漢域留下133師399團及搜索營斷後,親自掩護集團軍總部往東避戰。三洞到壩街有一段長約30公里的險路,兩山壁立,小河蜿蜒其中,當地人俗稱"九十九道腳不幹",有時並無路徑,人馬均在溪中行進,找不到一處歇腳的地方。夜暗風寒,第20軍與第26軍的砲兵、輜重行列混在一起,雜遝于幽靜山谷中,早已無心再戰。5日拂曉,拐著彎後撤的日軍500多人抵達壩街西端高地,楊森沒有勇氣衝破敵人阻隔,又改"東進"為"南進"。日軍第6聯隊急於脫離戰場,也沒展開追擊,雙方等於打了個照面,各走各的。

第26軍這邊的戰鬥相對要激烈一些。12月3日下午,楊森電令丁治磐:"三洞刻無敵情,我楊軍周師佔領掩護陣地,總部由周覃經三洞向榕江前進。第26軍即隨總部後跟進,於明日黃昏前全部通過三洞。"丁治磐比較謹慎,對集團軍總部"三洞刻無敵情"的情報很是懷疑,據他派出的諜報員回來報告,日軍"經三洞通過者不下萬餘人,該處成為敵人主要後方聯絡線，時有發生戰鬥之可能"。第26軍的情報雖然在日軍人數統計上不切實際，但比集團軍總部"刻無敵情"要沾邊許多，尤其是那句"時有發生戰鬥之可能"，對指揮官判斷敵情幫助很大。丁治磐當即決定第44師一部先經周覃、下寨、弄素、班考至三洞附近擔任警戒，掩護軍主力順利通過三洞向東轉移。

4日中午，第26軍行抵班考附近，三洞方向傳來密集槍聲，探子回報說楊森後尾部隊與300多日軍正在交火，丁治磐即令第44師130團向三洞急進，以遭遇戰指導方法，立刻向敵展開攻擊。日軍不支，退到三洞東南側山地佔領有利地形，等待聯隊主力集結南撤。5日，第44師131團及130團一部再攻三洞，日軍牢牢控制道路輻輳點，"妨礙我之通過"。中午，壩街方向日軍200餘人趕到，第26軍前進榕江的道路完全被封死，幸好佔領荔波的日軍第34聯隊已經原路撤退，丁治磐"遂於三洞、周覃、荔波之間調整秩序"，權派周繼武暫代荔波縣長，負責籌備部隊主副食和安置傷患。7日，填飽肚子的第26軍積極伏擊、截擊撤退日軍，戰鬥持續了一整天。據三都縣政協文史

辦公室後來調查，當天雨霧彌漫，雙方擺開陣勢大幹，從上午8點打到黃昏，槍聲從不間斷，日軍急於走人，一路渡過上江爬到南岸的薰光、巫看寨子方向，直下忙場寨北側排化坡，另一路登上坡頭，向堂皇進發。

8日2時，第26軍搜索隊偵知"經三洞向宜北回竄之敵先頭已過楊柳，後尾尚在中寨以北，計長徑四五十裡"。丁治磐兩眼一亮，老子打不過你先頭，就在你後衛身上撿點便宜。"第26軍荔波附近戰鬥詳報"這樣寫道："我44師經兩日之準備，以王牖民團在右，喻嘯牧團在左，王景星團為預備隊，並增加師直屬部隊，全力於楊柳、三洞之間向敵攻擊，拂曉迄午，戰鬥頗烈，敵掩護隊被我擊潰，遺屍五六十具，均剝去上衣不及掩埋，至晚，我追擊部隊仍在楊柳附近戰鬥中。"對比日本防衛廳戰史，還真有其事："聯隊於12月8日傍晚到達河東寨附近並繼續南進。反轉行動一開始即遭美機襲擾，並散發許多厭戰思鄉的傳單，與此同時，當地居民的遊擊戰也更加活躍，又因在山谷中前進，不時受到來自兩側高地的狙擊。因此前進緩慢，特別對後衛大隊的妨害尤甚。在用門板運

送傷病員以及夜間火化戰死者時，要遭到遊擊隊的射擊。為了處理死者屍體，各隊官兵是經受無法形容的困難才退下來的。骨灰盒最初是木箱，隨後改為餅乾袋，再後為空煙盒，最後只得將骨灰裝入空的火柴盒了。」

丁治磐的部隊從長衡會戰打到桂柳會戰，時間超過半年，官兵衣服難免破損，重武器亦有很大程度毀壞，第44師對敵軍展開攔腰擊尾，只有一般輕武器可用，所以被日軍誤認為遊擊隊。本來這也不足為怪，只是第26軍截擊第6聯隊的戰績因此長期淹沒史海，時人總以為黔南各種地方武裝才是堵截日軍撤退的主力。今天再回顧這段歷史，切不能因為國民政府軍有著太多遺憾和深刻教訓就妄自菲薄，該肯定的不應回避。筆者在此為第26軍正名，當然也無意貶低黔南各族人民在抗擊日軍過程中所起到的作用。我們不妨舉一些例子。

12月初，水更寨的群眾埋伏在三洞、中和交界的低育、姑碰等山坡上，用鳥槍、土砲打死落單日軍十數人，繳獲步槍12支、子彈390發，水族青年潘鑒、潘海術光榮犧牲。3日，日軍開到水更寨報復，大肆擄搶老百姓財物，並開槍打死水族婦女潘

牙敖，當晚有部分群眾摸進敵營進行偷襲，潘讓殺死日軍1人，奪得「武運長久」軍旗1面、步槍1支、戰馬1匹。6日晨，日軍60餘人從三都縣城出發向水龍、九阡撤退，堯麓鄉的江月波自衛隊瞅准日軍後尾開火，據三都縣縣誌辦調查訪問，敵人措手不及，一邊還擊一邊疾步前進，自衛隊一直追擊到10裡遠的水龍坡腳，激戰兩個多小時，擊斃日軍十多人，繳獲輕機槍1挺、步槍11支、子彈1箱、戰馬1匹。正當自衛隊得勝回到燈籠寨時，另一部日軍接踵而至，自衛隊躲避不及，隊長江月波和隊員王興中彈犧牲，其餘隊員急忙撤出戰鬥往上溝隱蔽。8日，洞塘鄉塘邊寨布依族、苗族青年自衛隊20多人，圍攻撤退日軍於洞阿，又打死打傷日軍十多人。饑寒交迫、疲憊不堪的侵略者陷入了人民戰爭的汪洋之中。

從湖南芷江和雲南昆明起飛的中美空軍幾乎每天都飛臨黔桂戰場，也使撤退中的日軍吃盡了苦頭。據當時的中共《新華日報》援引重慶軍委會戰訊，「12月6日，我空軍第四大隊及第十一大隊，連續不斷出擊黔桂前線各地，對敵後方實施破壞，協助地面部隊作戰。計在獨山、六寨、

下司等地炸毀敵倉庫數處，予敵重大損失"；"12月7日，我空軍第四大隊六次出動，轟炸黔桂前線。對南丹車站，河池車站，獨山以南營舍倉庫等，實施轟炸，予以破壞。並在六寨、下司、南丹、河池一帶掃射，敵兵及馬匹數十均被我擊斃"；"12月9日，我空軍第四大隊數次出擊黔桂前線，在思恩城郊附近上空發現了敵砲兵陣地數處，發砲向我射擊，我各機即俯衝對準目標，分別予以轟炸。當見敵砲多門被我炸毀。我機出擊六寨、南丹一帶時，在六寨地區炸毀敵軍工事數處，並在南丹擊毀敵卡車八輛"。

12月11日，第91師收復六寨、南丹，13日，第98軍開抵荔波縣城。第27集團軍總部和第29軍陸續轉移施秉附近整補，第26軍經丹寨向黃平地區集結整理。施秉、黃平現在都是黔東南苗族侗族自治州的下屬縣，兩地相距不過30公里，楊森、丁治磐從湘南開始並肩作戰，又從柳州、宜山一起轉道黔東南，還真是一對形影不離的戰場兄弟。日軍第3、第13師團也一樣，從湖南打到廣西，又從廣西追到貴州，距離長達1000多公里，獨山、都勻撤退後，

第3師團回防柳州，第13師團佈防思恩、河池一線。16日，第46軍新19師和175師追到河池，第13師團第65聯隊死守不退，雙方在河池四周山頭展開爭奪。赤鹿理有些擔心，第65聯隊自湘桂作戰以來已戰死900餘人，還有相當數目的重傷者住進野戰醫院，目前有一些中隊只剩下兩個小隊維持，能不能頂住重慶軍的攻勢？經十幾天戰鬥，第46軍奪取了一些週邊據點，並擊斃日軍第1大隊大隊長田畑。20日，獲得1678人補充的第65聯隊突然變得生龍活虎，第46軍無力擴大戰果，便在與敵對峙中迎來了抗戰最後一年──1945年。

元旦那天，蔣介石照例發表告全國軍民書："我們神聖抗戰到今天已進入了第九年度。回溯這八年來，要以去年這一年為危險最大而受患最深的一年。敵人侵豫犯滇，竄擾桂柳，倡狂盲進，在最深入的時候，侵犯到了貴州的獨山。我們這八個月來，國土喪失之廣，戰地同胞流離痛苦之深，國家所受的恥辱之重，實在是第二期抗戰史中最堪悲痛的一頁。"蔣介石幾乎聲淚俱下，那麼，逆境達到極點的抗日正面戰場，會不會也有否極泰來的一天？

第九章
吹響南疆號角

1、百色整軍

1944年12月5日，第四戰區長官部的數十輛汽車離開貴陽，朝著安順緩緩駛去。張發奎的目的地是廣西百色，但因安龍縣城至八渡鎮的公路有待修復，他不得不在安順停留一段時間，同時也好讓步行的特務團、運輸團等附屬單位從後面跟上來。安順的冬天對張發奎來說特別寒冷，有些下屬辭職離去，有些不辭而別，更多的人表現悲觀消極。美軍聯絡組的博文上校決定與張發奎繼續戰鬥：「我已奉到命令組成一個美軍戰地聯絡團跟隨戰區行動，麥克魯原想派我去擔任湯恩伯方面的聯絡主任，但我拒絕了。」博文的選擇無疑使張發奎在寒夜中感到一絲溫暖，他對博文說：「我將暫以百色為我司令部的地點，那是一個偏僻荒涼的重鎮，恐怕會委屈你過著很苦的生活。」博文的回答很幽默：「我想百色的飛鳥的歌唱會比都市舞廳的爵士音樂來得幽美，百色的月亮會比都市的電燈來的明潔而光亮。我想從百色去發現一個奇蹟，這個奇蹟好像如一顆石子投在水裡。它的小小的波浪會掀起太平洋的洶濤，把我倆的相片刊在全世界的報紙上受著人們的崇拜。」

22日，第四戰區的數十輛汽車在冰天雪地中再次踏上征程，經過5天艱難跋涉，終於抵達桂西重鎮百色。百色是滇、黔、桂三省的交通中心，西部與雲南相接，北部與貴州毗鄰，南部與越南接壤，由於地處邊陲，各種政治勢力魚龍混雜，所以又成為桂西及黔滇煙毒的集散地。百色人口原本只有4萬人左右，隨著第四戰區和廣西省政府、廣西綏靖公署的到來，搖身一變為軍政機關雲集的戰時中心地，市面畸形繁華。張發奎形容百色有如荊棘叢中特別爆出的一朵鮮豔的玫瑰花。事實的確如此，百色有現代建築的街市，有新式的洋房住宅，有規模宏大的學校，有戲院、咖啡館、西餐廳、電燈和女子理髮院。凡是一切現代城市的條件，百色都初具規模。

桂柳會戰後，張發奎麾下的部隊計有第16集團軍的第46軍、第31軍，第35集團軍的第62軍、第64軍，以及歸戰區直接指揮的第37軍、中央軍校六分校練習團等部。張發奎把實力尚存的第46軍擺在鳳山、東蘭一線，防禦河池地區的日軍第13師團；用第64軍接替第62軍的武鳴防線，與佔據南寧的日軍第22師團保持對峙狀態；第62軍調駐靖西一帶，歸陳寶倉節制，用於應付越南日軍。一切部署妥當，張發奎終於在百色這座桂西山城平靜地度過了1944年的除夕。

1945年1月下旬，第四戰區召開桂柳會戰檢討會議，各部隊師長以上人員和廣西省政府廳、局長、委員及在百色的國民黨立法委員、監察委員均應邀出席。

張發奎認為：「這是戰後必須做的一件事。我們要從失敗中找出失敗的原因，要從教訓中去改正以前的過失。還有在戰鬥間，各級指揮官出於自私與畏怯的動機，而有意發生的罪惡，亦須作一個公正的軍法裁判。」檢討會議的另一項重要議題是整軍，經過桂林、柳州、桂平、宜山等地的一系列戰鬥，各部人員和武器損失都很嚴重，有些軍、師只剩下一個空殼子，極需補充整理。張發奎心裡很明白：「現在戰區的範圍，縱深不及300公里，這狹小短淺的地域，是戰區生命的最後寄託。如果我再不能保持這個彈丸之地和這些殘破的部隊，則我的軍事生命恐將在抗戰中途停止。」

檢討會議一連開了十幾天，師以上主官輪流報告本部戰鬥經過，據馮璜回憶，

賀維珍的報告對夏威、韋雲淞非常不利，夏威休會時對韋雲淞說：「丟那媽，我們團體栽培了賀維珍，今天反挨他踢了一腳，真唔抵（不值得）咯！」會議對顏僧武、唐紀也是指責頗多，說他們不聽指揮，未能在大湟江口、三江圩、東鄉圩、武宣一帶長時間與敵周旋，以至柳州反比桂林早一日失守。張發奎在總結發言中把第16集團軍批評得體無完膚，破罐子破摔，他決心不再「張公百忍」，在事先不與白崇禧打招呼的情況下，宣佈撤去韋雲淞、賀維珍、顏僧武、唐紀等人的所有職務。韋、賀二人自行去重慶述職，由重慶決定如何進一步處分，顏、唐二人則被直接押送重慶聽候懲處。

白崇禧認定張發奎有意打壓廣西將領，極力為部下開脫，定性桂林防守司令部是奉命突圍，而非擅自棄守。韋雲淞因此未再受到重責，1948年重出江湖，獲得廣西省禁煙督辦的肥職。賀維珍1947年出任華中「剿總」高級參謀，協助白崇禧指揮桂系軍隊防守江西，比韋雲淞還早

一年起用。顏僧武、唐紀一到重慶，白崇禧即以廣西綏靖公署重慶辦事處的名義給他們辦理保釋，顏僧武回憶說：「執法總監何成浚接見我們，表示案件必須拖延一個時期，才好解決。我在重慶候案，最初住在廣西綏署重慶辦事處，後移軍訓部招待所，最後移居湯峽口溫泉白崇禧家住。我妻子也來重慶與我同住。執法總監曾審訊一次，軍令部次長劉斐任審判長，審判後判決我和唐紀無罪，但須報蔣介石核准。」抗戰勝利後，蔣介石批示重審，顏僧武、唐紀當時已經離開重慶，白崇禧提醒他們不要自投羅網。1946年和1947年，執法總監部兩次電報顏、唐到南京結案，二人以各種藉口拖延時間，隨著國民黨政權的垮臺，事情也就不了了之。張發奎對此倒是早有心裡準備：「我知道韋雲淞等人不會受重罰，結果不出我的預料。如果沒有白崇禧，韋雲淞一定會被槍決。蔣介石對桂系確實是委曲求全，相忍為國。」

張發奎的整軍方案更是觸動白崇禧的神經。取消2個軍級番號──第31、第37軍，取消3個師級番號──第135、第155、第170師，所有編餘官兵和六分校練習團全部併入保留番號的第46、第62、第64軍。調整後的第46軍下轄第175、178師和新編第19師，第62軍下轄第95、第151、第157、第158師，第64軍下轄第131、第156、第159師。第131師的番號是為了紀念殉國的闕維雍將軍而專門保留。蔣介石全盤接受張發奎的整軍方案，白崇禧簡直氣炸了，廣西軍隊一下就被裁撤1個軍、2個師，廣東部隊卻毫髮無損。儘管外界質疑聲不斷，但張發奎並不承認自己有所偏袒：「我以良心保證，這個整編方案是公正的，我沒存有絲毫異己及情感愛惡上的私見或封建的觀念。相反的，我想乘這個機會來消除封建意識的存在，我認為一切都是根據戰績及現狀而確定的。我確定這個方案和處分這幾個將領之前，都沒有先向白崇禧徵求意見，即直接向最高統帥部提出了建議，會不會因此而引起廣西人士和白崇禧的不諒解呢？我沒有作這個考慮。」

檢討會議的另一項成果是建立突擊營。突擊營每個營包含2個步兵連和1個運輸連，每個步兵連有3個戰鬥排、1個補給排。每個戰鬥排配備3挺輕機槍、1具火箭砲、1具戰車防禦槍、6個擲彈筒、18支步槍，火

張發奎與粵系將領合影。

力相當強大。通訊方面，突擊營每營有1具無線電收發報機，可以對空通話，營連之間均配有短距離通話機，指揮上增加了許多便利。張發奎原本計畫每一個師都編組一個突擊營，因為經費和裝備受到限制，只能先成立兩個營，分別從第16、第35集團軍挑選優秀士兵編練。突擊營屬於戰區直接使用的部隊，但武器裝備和戰鬥指導由美軍戰地聯絡團負責。張發奎回憶說：「突擊營集中在田東，由美國顧問提供敵後快速行動與山地戰的特種訓練，他們直接從美國人手中接受美式裝備。博文通知我，一旦裝備運到，無線電臺、輕機槍、卡賓槍，都要優先發給突擊營。」

中國陸軍總司令部於1944年12月25日正式在昆明成立，到了1945年2月，陸軍總部著手進行指揮系統改組，準備把第四戰區改編為第2方面軍，總司令何應欽對張發奎解釋說：「美國急謀解決遠東的戰爭，應允以大量的裝備和充分的砲火，來裝備西南的30個步兵師，並計畫於裝備完畢之後，配合美海軍，在西南沿海地帶，轉取攻勢。為了適應戰鬥的需要，遂將含有消極作戰意義的戰區名稱，改為比較含有積極作戰意義的方面軍。"張發奎覺得"此舉是正確的，有助於加強與集中戰鬥力"，對此並無反對意見。3月3日，軍委會正式任命張發奎為第2方面軍司令官，夏威、鄧龍光為副司令官，第四戰區與第16、第35集團軍同時撤銷，第46、第62、第64軍直屬第2方面軍。令蔣介石、何應欽感到意外的是，原先沒有意見的張發奎突然提出辭職，是取消第四戰區的緣故嗎？還是嫌第2方面軍司令官的名稱不夠威風？其實都不是，張發奎本人對第2方面軍的番號挺有感情，他說："第2方面軍，在我個人是一個光榮的名詞。在我過去的革命史中，第2方面軍曾經威震中原，躍馬豫鄂，有過赫赫戰功的革命戰鬥集團。"的確，當年的第2方面軍可是左右武漢國民政府的軍事支柱。

陸軍總部下面有4個方面軍，第1方面軍司令官盧漢，第2方面軍司令官張發奎，第3方面軍司令官湯恩伯，第4方面軍司令官王耀武。張發奎辭職的原因和《三國演義》中膾炙人口的關羽不滿與黃忠同列五虎將的故事有些相似。陸軍總部副總司令是

第1方面軍司令官盧漢。

衛立煌和龍雲，重慶安排滇軍第二號人物盧漢執掌第1方面軍，張發奎對此有自己的理解："盧漢的任命是考慮到地方勢力，在戰前，中央的權力伸不進雲南。盧漢既統領滇軍，又指揮中央軍，龍雲保留雲南省政府主席一職。"

至於湯恩伯，曾經權傾朝野的"中原王"，全盛時期擁有大軍60餘萬人，與陳誠集團、胡宗南集團並稱蔣介石嫡系集團中的三大系，張發奎自然要有所"識趣"。方面軍司令官中王耀武資歷最淺，黃埔軍校第三期畢業後分配到第1師第3團第2

營第4連任少尉排長，那時張發奎已是第12師師長。王耀武升連長、營長，張發奎升第4軍軍長和武漢國民政府的第2方面軍總司令。於是就有人感到重慶對張發奎不公平，說什麼王耀武黃毛小兒哪能和張司令官平起平做，撤銷第四戰區之際，至少要任命張司令官為陸軍副總司令。被人這麼一說，張發奎越發感覺沒有面子：「這樣的任命使我感到驚詫，盧漢、湯恩伯、王耀武都於不同時期在我麾下任過職。此外，高級將領中比王耀武出類拔萃者比比皆是。我比他們資深得多，我在北伐時期已升任將官。並非我驕矜自負，最重要的是對國家的貢獻。」

另外引起張發奎不快的是第2方面軍的部隊無一獲得美式裝備。4月初，魏德邁的副手麥克魯沿黔桂公路來到百色，視察了正在田東訓練的第2方面軍突擊營。麥克魯此行的另一項任務是替重慶捎話，他對張發奎說，第2方面軍非常重要，在不久的將來要承擔重任，沒有其他人夠資格統率第2方面軍。麥克魯承諾加大後勤部門對百色的糧食補給，並答應把兩個配備美式裝備的師所替換下來的武器移交給第2方面軍。儘管如此，

張發奎仍然試圖辭職。4月17日，鄧龍光赴重慶述職，將張發奎的辭呈面交蔣介石。蔣介石當然不同意，他函複指出「革命者必須堅忍不拔，不要讓盟友小看我們中國人」。麥克魯也通過博文傳遞美國方面的意思：「我們不接受他的辭呈，因為我們當前比以往更需要他的積極服務。」5月1日和6日，陳誠又兩次寫信勸說張發奎放棄辭職念頭。重慶多管齊下，張發奎最終決定：「不應在地位上去爭執，如果國家認為我應負這個責務，我只有從這個職務上去努力。」張發奎報請重慶同意，調甘麗初擔任方面軍參謀長，還特別設立了粵桂南區司令部，以方面軍副司令官鄧龍光獨當一面，同時也好安置一些第35集團軍裁撤下來的官佐。

根據軍令部擬定的《中國陸軍作戰計畫大綱》，中國陸軍要「以開關海口之目的，于盟軍在東南海岸登陸之同時，向桂湘粵轉移攻勢，特須保持重點于黔桂路方面，攻略宜山、柳州，與盟軍會師西江」。大綱規定了4個方面軍的作戰任務：盧漢部扼守滇越邊境，相機進出越北；張發奎部攻略南寧、龍州，確實遮斷敵桂、越水陸交通，並對越北方面構築堅強

陣地，阻止敵軍東援；湯恩伯部沿黔桂鐵路及其南北地區攻略宜山、柳州後，以主力向梧州、三水突進，與盟軍會師西江，以一部經荔浦、平樂、八步向曲江攻擊。如盟軍已先我進至廣（州）三（水）以北地區時，應即以主力使用于荔浦、平樂、八步進取曲江。于攻略宜、柳的同時，即以有力一部監攻桂林；王耀武部以主力攻略邵陽，遮斷粵漢鐵路，以有力一部攻略祁陽、東安，並在第3方面軍協力下，進攻衡陽。同時，另以一部由常德、桃源方面攻略寧鄉、湘鄉，掩護主力左側。

1945年，因為日軍困獸猶鬥，抵抗激烈，美軍確曾計畫在中國東南沿海登陸。後因局勢變化及多種緣故，計畫未能實現，為了加快戰爭的結束進程，美國直接向日本本土投放了原子彈。《中國陸軍作戰計畫大綱》是為配合美軍登陸而擬制的，由於美軍未在中國登陸，而日軍又發動了老河口和芷江的作戰，因而這個計畫受到很大影響。不過第2、第3方面軍還是抓住日軍實施戰略收縮的機會，在廣西進行了一場規模不大不小的反攻，吹響了南疆號角。

2、收縮戰場與追擊反攻

1944年11月下旬，岡村寧次升任中國派遣軍總司令官，橫山勇被調回日本國內擔任西部軍司令官，岡部直三郎、上月良夫分別接掌第6方面軍和第11軍。隨著鈴木內閣上臺，日軍大本營又對陸軍人事進行了一系列調整，其中第11軍的變化比較大。屁股還沒坐熱的上月良夫被調至朝鮮任第17方面軍司令官，所遺第11軍司令官一職由笠原幸雄接任；山本三男、赤鹿理先後調任第93師團、第122師團師團長，毛利末廣撤職；辰己榮一、吉田峰太郎、川俣雄人接任第3師團、第13師團、第58師團師團長。笠原幸雄一上來，就要面臨大本營從第11軍抽調兵力的尷尬局面。

1945年4月1日，美軍登陸沖繩島，兵鋒直指日本本土；5日，小磯國昭內閣總辭職；7日，鈴木貫太郎內閣組成，當日就接到蘇聯通知，不再延長1941年簽訂的有效期5年的《日蘇中立條約》。形勢急轉直下，迫使日軍高層不得不重新研究中國戰場的作戰問題。岡村寧次判斷"華南方面不僅對防衛本土的重要程度已

第2方面軍戰鬥序列（1945年3月）

司令官 張發奎
副司令官 夏威 鄧龍光
參謀長 甘麗初
第46軍 軍長 黎行恕
第175師 師長 甘成城
第188師 師長 海競強
新19師 師長 蔣雄

第62軍 軍長 黃濤
第95師 師長 段沄
第151師 師長 林偉儔
第157師 師長 李宏達
第158師 師長 劉棟才

第64軍 軍長 張弛
第131師 師長 黃炳歧
第156師 師長 劉鎮湘

畢業于日本陸軍士官學校第22期的笠原幸雄傻了眼，第11軍所屬的第22師團、第37師團1月份的時候剛剛調歸南方軍，如今又要抽調第3、第13、第34師團，我這司令官還怎麼當？其實第6方面軍早在2月間就曾提醒上月良夫"要估計到第11軍將來可能收縮的情況"，只是笠原幸雄比較倒楣，輪到他來當

"收縮司令官"。27日，中國派遣軍默認大本營的調兵計畫，規定第3師團於7月上旬從全縣出發，經由漢口、鄭州開往徐州；第13師團於8月上旬從全縣出發，經由南昌、南京開往天津；第27師團、第40師團於5月下旬從廣州附近出發，經由贛州、南昌，然後分別開往濟南、南京。5月28日，日本大本營再次強調："為適應形勢的演變，準備加強華中、華北的戰略態勢。中國派遣軍總司令官應設法迅速撤出湖南、廣西、江西方面的湘桂、粵漢鐵路沿線的佔領地區，將兵力轉用于華中、華北方面。"

大大減少，同時聯軍在該方面登陸的話，恐怕也不會超過英軍奪取香港的範圍"，認為"為防止給戰爭指導造成不良影響，只留下能確保廣州、香港的兵力即可"，決定"把海南島、金門島的兵力撤回到廣州地區，而從該地區把第27、第40、第104師團經由贛州、南昌調到南京附近"。4月14日，日軍大本營通知岡村寧次："為對付美蘇，內定將第3、第13、第34各師團及第27師團，調往華北集結待機。"

收縮中國戰場對日本來說無疑是個痛苦的決定，撤出廣西意味著勞師動眾的一號作戰"全功盡棄"，這才距離打通大陸交通線僅僅過去5個多

月的時間。6月10日，岡村寧次在南京召開中國派遣軍各方面軍和軍司令會議，下達了新的作戰計畫，主要內容如下：

第一　作戰方針

1、派遣軍準備以主力控制華中、華北重要地區，對中、蘇採取持久戰，同時挫敗來攻沿海重要地區之美軍，使本土決戰容易進行。

2、對美準備重點暫時先放在華中三角地帶，其次為山東半島。但應極力在事前識破敵人對華中、華北的登陸企圖，以便及時把派遣軍的主要戰鬥力量集中於敵人來攻方面。

3、即使情況已到最後關頭，也要確保南京周圍、北平周圍及武漢周圍重要地區。

第二　作戰指導要領

1、令第23軍儘快把駐地較遠的部隊撤回廣州附近，使其確保廣州、香港地區……

2、令第13軍迅速撤回駐在福州及溫州的兵力，而以主力確保華中三角地帶……

3、令華北方面軍、駐蒙軍及直轄兵團確保華北重要地區……

4、要使第6方面軍在撤回和轉調下列兵力之後以所餘兵力確保武漢周圍重要地區。

（1）把第34軍司令部、第39師團等迅速派遣到南滿及北朝鮮，使之入列關東軍隸下。

（2）把第47師團迅速派遣到濟南，使之列入第43軍隸下。

（3）迅速把桂柳地區的第11軍撤回，同時把第3、第13、第34師團經九江附近派往南京附近，由總軍直轄。

（4）儘快撤回長衡地區的第20軍，並把第68師團、第22混成旅團、第88混成旅團等派往北京（必要時派往濟南），使之列入華北方面軍指揮下，同時把第116師團、獨立混成第86、87旅團等派往南京，由總軍直轄。

笠原幸雄考慮到中國軍隊必將乘日軍撤出廣西時跟蹤追擊，決定採取“先發制人的行動，將其壓倒，以利於爾後的撤退行動”，他下令第3師團從南寧、第13師團從宜山，分別進攻隆安和都安，以“全殲都安附近之重慶軍第46軍”。按照日軍的話說就是“為不使敵人跟蹤而來，在集中前應先敲打一下敵人”。 為了第3師團可以放手一搏，第11軍將駐在鹿寨的第58師團獨立第94大隊調到南寧接防，結果卻很令笠原幸雄失望。第34聯隊「由於地形險惡在和上林及遷江縣自衛隊的戰鬥中多勞而少功，戰果不大」，第68聯隊雖然衝入隆安、那馬等地，但處處撲空，根本找不到中國軍隊主力。張發奎將隆安方面的避戰解釋為「我們先撤退再反攻」，其實第2方面軍也不是一味消極應對，就在第3師團發動隆安作戰之前，第64軍還主動襲擊了南寧日軍獨立第94大隊的寧村據點。

4月17日晚上，第156師476團呂士傑營長率領300多人，得到金陵鄉自衛隊的配合，悄然摸到寧村附近，試圖以中國軍隊擅長的夜襲戰將敵人打個措手不及。說來也巧，正要下手時，幾架美軍夜航飛機掠過上空，驚醒了睡夢中的日軍。呂士傑營長不甘心無功而返，夜襲不成我就強攻，在迫擊砲掩護下，呂營官兵毅然向日軍陣地發起衝鋒，寧村村長寧廷松衝在前面做嚮導，不幸中彈犧牲。眼看黎明將至，呂士傑只得下令撤出戰鬥，改為監圍寧村。日軍人數不多，也不敢出村追擊，喝了幾天臭塘水後便主動撤離了寧村。20日晨3時

許，日軍獨立第94大隊為了報復，出動150多人偷襲在壇洛休整待命的呂士傑部。呂部早有準備，戰鬥由清晨至傍晚，日軍十多次衝鋒均被打退，最後丟下43具屍體敗回南寧。

第13師團第65聯隊於20日傍晚從河池西南的五圩出發，準備「以一部挺進部隊先主力潛入重慶軍防區，切斷重慶軍之退路，同時以有力一部佔領保平墟；以主力佔領九墟，在兩地區之間捕捉和消滅重慶軍」。該聯隊聯隊長伊藤義彥已於2月中旬晉升少將，調任駐保定的預備士官學校校長，接任聯隊長的正是當初極力策動一號作戰的參謀本部作戰課長服部卓四郎。22日黃昏，第2大隊和山砲兵第7中隊從第188師防地的間隙中間穿過，順利攻佔保平墟。第3大隊則打得比較艱苦，日軍戰史這樣寫道：「21日10時，從河寬70米、水深約80釐米的洛水渡河，追擊敗走之敵，並向九墟前進。然而由於敗走之敵佔領著山岩嶙峋的陣地和不足1米寬的小路的要點，頑強抵抗，我軍難以進展。大隊主力為在22日凌晨從九墟東方約5公里處渡過小河，暫時待機之時，遭到潛伏在附近之重慶軍的射擊，速射砲中隊長中倉中尉戰

死。"22日,第3大隊佔領九墟。翌日,服部卓四郎組織第2大隊、山砲兵第3大隊,對九墟附近進行掃蕩,"但不見一個重慶兵"。24日,第13師團下令第65聯隊"迅速返回原駐地"。

根據第6方面軍參謀安崎在復員後的回憶,第11軍當時擬定了撤出廣西的時間表:

撤出梧州以西西江沿岸 獨立混成第22旅團 4月下旬

撤出南寧 第3師團之一部 5月上旬

撤出賓陽 第3師團主力 5月中旬

撤出宜山 第13師團 6月

撤出柳州 獨立混成第22旅團 7月

撤出廣西全域 8月末

5月3日,第65聯隊接到命令:"自現在起,步兵第65聯隊改為服部支隊,做為第11軍的直轄部隊,掩護軍主力從桂柳地區撤退。在撤退之前,先將側背之敵擊敗,使我軍易於行動並掩蔽我軍撤退企圖。"7日,服部卓四郎親自指揮第2大隊及第1大隊、山砲兵第3大隊主力,沿湘桂鐵路進攻六甲。

與日軍對峙桂西北的是第3方面軍,湯恩伯比起張發奎兵強馬壯許多,計轄第13軍、第20軍、第26軍、第29軍、第71軍、第94軍等,其中第13、第71、第94軍獲得了美式裝備。湯恩伯部署在黔桂路方面的兵力有第20、第26、第29軍。第20軍位於貴州西南部的榕江、永從、黎平、錦屏各縣境內;第26軍配守在湘桂黔邊區通道、城步、靖縣一帶;第29軍第169師防守南丹大山塘,預11師防守荔波黎明關,與日軍第13師團對陣河池、思恩地區。第29軍原本是要和第93、第97軍一起縮編的,後在湯恩伯斡旋之下得以保留,孫元良升任第3方面軍副司令官,軍長一職由陳金城接任。

8日晨,第169師一部對第65聯隊第2大隊進行阻擊,據日軍戰史記載:"在進入湘桂鐵路時,突然遭到來自六甲東南側小路附近的猛烈射擊,擔任尖兵的第5中隊當即應戰,但未能使敵方的重火器沉默下去,被釘住在線路兩側。這時山砲兵第7中隊長中谷中尉奉命率部來援,第2大隊長平林當即命令該中隊砲擊敵軍。"169師打阻擊的只有一個加強連,面對火力大大超過自己的日軍,他們並不戀戰,第65聯隊第1大隊乘機佔領六甲。12日,第13師團電令服部卓四郎:"迅速摧毀現在之警備地，然後自5月20日開始撤退，迅速到宜山接替師團主力的警備。"回到河池後，第65聯隊一邊放出消息說要進攻南丹，一邊銷毀帶不走的槍支彈藥，甚至將多餘的食鹽傾倒河中。第169師師長曹玉珩頭腦比較清醒，他判斷日軍多半要走，命人時刻注意河池方面的動態。

19日晚上和20日拂曉，第65聯隊第1、第3大隊先行撤退，留下第2大隊配屬山砲兵第7中隊斷後。20日10時，第169師得到情報，確認日軍正在撤離，曹玉珩下令第505團主力向布山附近攻擊，一部向大丈追擊，第506團一部攻擊鯉龍關之敵，主力向金城江（河池）攻擊，第507團攻擊五墟及其以北之敵。14時，第505團主力冒著公路兩側高地射來的密集砲火，追上了斷後的第2大隊。日軍戰史形容"其中一發在當面重慶軍的中央爆炸，但是未能阻止住急追的重慶軍"。21時，第505團冒雨進佔布山。翌日零時，第2大隊全線撤退，第505團緊跟其後收復河池。中午，第506團、第507團先後佔領五墟、金城江。陳金城軍長獲悉戰況後，命令第169師、預11師以宜山為目標，立刻進行追擊。曹玉珩認為光追不是

辦法，還得堵，於是抽調精幹步兵3個連，配備部分重武器，無線電1個班，組成突擊隊，先向懷遠穿插，截斷日軍退路。第506團沿黔桂鐵路前進，等待預11師到達，即移隨第505團之後跟進。

24日，第65聯隊全部到達宜山，分駐懷遠、龍頭、北牙，警戒西、南、北三個方向，掩護第13師團主力後撤。26日晨，第169師在迫擊砲和重機槍火力支援下，猛攻懷遠，日軍第3大隊背靠龍江河拼死抵抗。傍晚時分，突擊隊一部70餘人潛入懷遠市街，遭遇日軍工兵小隊和馱馬部隊阻擊，沒有完成破壞懷遠渡河點的任務。27日、28日，第169師和預11師展開更為熾熱的攻擊，雙方短兵相接，戰鬥十分激烈。29日下午，陳金城得到情報："柳州之敵，大部撤退，桂林及其以北之敵，亦相繼向湖南退去，桂林以南沿鐵路線敵似無重兵。"於是下令曹玉珩、趙琳兩位師長大膽迂迴，殲滅宜山、懷遠日軍，迅速進迫柳州。曹玉珩、趙琳一合計，確定第169師505團配屬預11師，第506團、第507團分別向北牙、北山攻擊；預11師第31團密向宜山以北30公里處的天河挺

進，攻佔天河後，一部對羅城方面警戒，主力側擊宜山，第32團攻擊懷遠正面，第33團由木邏村渡河攻擊懷遠側背。值得一提的是，1987年4月升任臺灣當局“國防部長”的鄭為元當時就是第33團團長。

服部卓四郎發覺中國軍隊“可能是改變了企圖而向南面大迂回”，先是將第3中隊撤守龍江河東岸，接著又於6月4日放棄懷遠。至此，第65聯隊的補給完全中斷，連日來各中隊都要派出約1個小隊的兵力，到20或30公里以外的地方搶掠糧食。第169師4日佔領北山，8日佔領北牙，與日軍對峙于蒙屯、雞山、石灰峒、北底之線，各無進展。預11師主力13日進至宜山附近，第31團佔領天河縣城，同時迂回到達宜山北方。就在這時，第65聯隊奉命撤出宜山，向柳城地區集結。14日，預11師未經激烈戰鬥收復宜山，第169師各團乘勢推進到石礐、太平、六段之線。陳金城的戰鬥報告說：“此次戰鬥，前後經過26天，斃傷敵官10員，士兵900餘名，鹵獲亦多，我官兵亦傷亡700餘員名。”

結束都安作戰，日軍第3師團分別集結賓陽、遷江、來賓，南寧只留

下第58師團獨立第94大隊防守。5月3日，第3師團主力開始北撤，第6聯隊則留在賓陽擔任後衛，負責收容獨立第94大隊最後從南寧撤出。第2方面軍突擊營在擊斃的日軍軍官身上搜獲檔，其中有“如受壓迫，得向諒山撤退”的指示，故對日軍放棄南寧有所準備，張發奎回憶說：“我決心作克復南寧的嘗試，我想如果敵人真的授予我良好的機會，我決不候上級的同意，而獨斷地向南寧攻擊。”5月上旬，張發奎集中兩個突擊營于邕龍公路兩側地區，用於襲擾桂南日軍與越南的交通。張發奎同時也很謹慎，他說：“自然我不能由於虛榮心的驅使，而冒昧從事，或妨害整個的作戰計畫，我不過僅想利用敵人的弱點，來一個反攻計畫的提早實施而已。”5月中旬，日軍第3師團主力早已遠走，張發奎仍是小心翼翼，只是命令第64軍部分潛過左江，在南寧側後活動，主力推進到南寧近郊，嚴密監視敵人，伺機反攻。

第6聯隊主力撤往遷江，賓陽、昆侖關只剩下第2大隊駐守。5月22日晚上，第175師夜襲賓陽西北角土地廟內的日軍第2大隊大隊部，日本防衛廳戰史如此寫道：“在迫擊砲、

重機槍火力配合下，重慶軍靠近了大隊本部，激戰達2小時，警備隊將敵擊退，並於拂曉掃蕩了東北一帶村莊。自此，情況逐漸惡化，沒有一天不受重慶軍的襲擊。"張發奎終於出手，他下令第64軍以有力一部進出玎當、武鳴之線，相機攻佔南寧；第46軍第175師進出上林，相機攻佔賓陽與遷江，第188師一團控制都安、保平，與第3方面軍切取聯繫，主力推進平治、那馬；第62軍對高平之敵採取積極威脅行動，策應作戰。

25日，第64軍第156師進至馬村、大灘、潭洛、富庶及興隆街附近，發現日軍放棄南寧的企圖十分明顯，劉鎮湘師長"即以第467團主力于黃昏後渡過右江，佔領興安村迄龍潭嶺之線，第468團佔領鐘鼓樓、風門山迄羅山寺之線，限26日3時前完成攻擊準備，另以第467團一營，對沙井之敵攻擊，掩護師之右側"。第159師同日也積極行動，"第476團3營推進雙橋，準備攻擊高峰隘，2營附工兵一班，攜帶地雷，至昆侖關及馬嶺間設伏"。傍晚，獨立第94大隊撤離南寧，沿邕賓公路北走，一宮支隊同時也從邕龍公路沿線撤向越南。26日晨，第64軍各部相繼攻克

高峰隘、沙井、白沙等地，第476團不顧傷亡登上城北望仙坡高地，於半夜滲入市區。第467團、468團亦由石埠、心墟經南寧西郊突入市街，分別與敵展開巷戰。27日8時，日軍抵擋不住，向賓陽、蘇墟敗退。

光復南寧後，第156師沿邕龍公路尾追逃向越南之敵，6月7日克思樂，8日收復寧明。突擊營與地方團隊克復龍州，日軍遠走憑祥，第156師466團步步緊逼，24日攻佔鎮南關，將日軍完全逐出國境之外。有人對國民政府軍這種追擊反攻不屑一顧，無非是跟在日軍屁股後面收復失地罷了。其實我們也要根據國情啊，中國當時是弱國，僅有的一點工業大都集中在沿海地區，抗戰爆發後內遷的很少，不是毀於砲火就是淪于敵手，哪能像歐洲戰場、蘇聯戰場、非洲戰場那樣大規模出動飛機、坦克，勢如破竹橫掃敵軍。抗日戰爭是一場持久戰，關鍵在於拼消耗。

3、兩路會攻柳州

從5月上旬起，賓陽縣思隆、昆侖、大守、新橋等鄉自衛隊連日對沿邕賓公路北撤之敵展開襲擊，人們

發現日本鬼子變了，很多士兵面帶菜色，衣衫襤褸，有些甚至穿著從老百姓家裡搶來的棉袍，奇形怪狀，無所不有，擔擔抬抬，病員亦多。距離日本投降還有三個月的時間，東瀛島國的戰爭資源看來真是山窮水盡了。第46軍第175師一部會同賓陽自衛隊連續夜襲賓陽縣城，25日晚上發射的迫擊砲彈引起城內大火。待到28日，日軍第6聯隊第2大隊聽到昆侖關方向傳來密集的槍砲聲，判斷獨立第94大隊已經離開南寧，遂決定放棄賓陽走人。31日黃昏，日軍悉數到達遷江北岸，第2大隊沿邕柳公路急促北上，跟在後面的獨立第94大隊磨磨蹭蹭，沿途搜索糧食禽畜，牽著十多頭搶來的耕牛想要改善伙食，似乎忘記了後有追兵。

第175師收復賓陽，甘成城師長當即下令第523團經馬潭墟、莫村、里韋墟向遷江追擊，第524團沿公路直追日軍，第525團一部牽制遷江之敵，主力向石陵附近截擊潰敵。6月1日，第523團攻入遷江，日軍獨立第94大隊被堵在紅水河邊，只得向柳州發電呼救。5日，第6聯隊接到"應立即返回遷江北岸，反擊尾追之敵，已令4輛坦克協助"的命令，重

第3方面軍戰鬥序列（1945年3月）

司令官 湯恩伯
副司令官 孫元良 張雪中 鄭洞國
參謀長 王光漢
副參謀長兼前方指揮所主任 苟吉堂

第27集團軍 總司令 李玉堂
第20軍 軍長 楊幹才
第133師 師長 周翰熙 第134師 師長 伍重嚴
第26軍 軍長 丁治磐
第41師 師長 董繼陶 第44師 師長 蔣修仁

第13軍 軍長 石覺
第4師 師長 駱振韶 第54師 師長 史松泉 第89師 師長 萬宅仁

第29軍 軍長 陳金城
第169師 師長 曹玉珩 預11師 師長 王鐵麟

第71軍 軍長 陳明仁
第87師 師長 張紹勳 第88師 師長 胡家驥 第91師 師長 趙琳

第94軍 軍長 牟庭芳
第5師 師長 李則芬 第43師 師長 李士林 第121師 師長 朱敬民

新調頭來援救獨立第94大隊。8日，第6聯隊回到紅水河北岸的河裡，只見東南方高地佈滿中國軍隊的重武

器，且有一部已渡過紅水河，在北岸
準備採取攻勢。這場遭遇戰出人意外
的激烈，中國空軍的P—40戰鬥機臨
空助陣，日軍的4輛坦克順著公路直
接協助步兵戰鬥，明擺著欺負第175
師過河部隊沒有反坦克武器。獨立
第94大隊瞅准機會，迅速泅渡紅水
河，會合第6聯隊向北撤退，為了拉
幾頭牛解饞，傷亡400餘人真是不值
得。

　　10日，岡村寧次在南京召開
軍事會議，催促第11軍迅速撤出桂
柳，進一步明確各師團的去向：第
3、第13、第34師團經九江開往南
京，由派遣軍總部直接掌握；第58
師團及獨立混成第22、第88旅團
派往北平，歸華北方面軍指揮。15
日，中國陸軍總司令部以“巳刪未謀
戰電”，令“第3方面軍即以有力一
部，沿黔桂路前進，並限於7月15日
前攻佔柳州，以第27集團軍繼續壓
迫桂林方面之敵，使我對柳州之攻
擊容易，第94軍仍歸第27集團軍指
揮”。令“第2方面軍以第46軍有力
之一部，不受第2、第3方面軍作戰
地境之限制，協同第3方面軍進攻柳
州”。日軍急於收縮戰場，國民政府
軍形成了西、南兩路會攻柳州的局

面。西路是第3方面軍，由第29軍軍
長陳金城一併指揮第71軍第91師、
第87師砲兵營，從宜山向東攻。南
路是第2方面軍，由第175師師長甘
成城率領，從遷江往北攻。

　　兩路會攻柳州其實並不是中國
陸軍總司令部的本意。黎行恕反映柳
州日軍好象要向桂林撤退，張發奎便
找來博文商量，決定第46軍不待上
級命令，向柳州挺進，並且承諾先
進柳州城者必有重賞。張發奎同時也
知道：“按理我不應該命令挺進柳
州，因為該城被劃在湯恩伯的轄區。
然而，眼看敵人後撤，我絕不能因為
忌諱跨進不屬於我的轄區而停止追
擊。”果然，何應欽出面制止，向華
你趕緊下令部隊退回來，你到湯恩伯
轄區去幹嗎？張發奎的牛脾氣上來
了，我怎麼就去不得？急得何應欽與
麥克魯親自跑到百色詳解反攻計畫，
麥克魯這個美國人不簡單，他似乎很
能揣摩張發奎不甘寂寞的心思：“張
將軍，你的任務是所有方面軍司令官
中最重要的，我們準備讓你收復雷
州半島，再反攻廣州。”張發奎這
下來勁了：“進攻海南必須同美國
海空軍配合，海南可以供美軍作為海
軍基地，日軍已在榆林修建了一個深

收復後的柳州滿目瘡痍。

水港，能容納美國海軍的大型艦隻。攻佔海南島後，我軍能從雷州半島出發，經陽春、陽江與四邑挺進廣州。」

於是何應欽與張發奎達成協議，邕柳公路上的第175師就算了，協同第3方面軍收復柳州，其他的部隊可不能再擅自北上。其實湯恩伯又何嘗不心急，他在傳達陸軍命令時，自作主張把攻克柳州的時間縮短了半個月，要求陳金城6月底就要打下柳州。湯恩伯為何如此心急？苟吉堂說：「我們雖不能完全把他殲滅，但必要強制退卻的敵寇，遭受我們大的打擊，一定要使他感到首尾難顧的威脅，而奠立我們中國對日總反攻的基礎。」苟吉堂說的是官話，實際上張發奎、湯恩伯明顯是在爭功，後來會攻柳州產生一些摩擦，也就不足為怪了。

日軍第6聯隊沿公路到達柳州西南50公里的大塘，接到第11軍命令：「步兵第34聯隊的賀屋大隊正在大塘以北掩護第13師團的撤退。第6聯隊應于原地收容賀屋大隊以後，再向柳州轉進。」大塘是遷江、忻城、宜山三地通往柳州的公路彙集點，大塘以東里高至三都之間，有一段8公里長的劈山公路，地勢非常險要，尤其是百子坳一帶，公路呈"之"字形，兩旁盡是懸崖峭壁，人在公路上走只能看見一線天。要不是上級有令，松山良政聯隊長一刻也不會停留，巴不得插上翅膀飛過這段險路，如今只好下令第2大隊停在原地等待賀屋大隊通過，第1大隊佔領思練、大塘之間的要點，阻止中國軍隊從西面或南面進行反攻。

15日傍晚，第13師團賀屋大隊完成掩護任務，向柳州撤退。松山良政決心16日晚上撤出第一線警備，第2大隊先到長洞附近守住狹路，第1大隊擔任後衛。松山十分憂心："重慶軍集結了全部兵力，從宜山方向及都安、忻城方向北上，向聯隊周圍聚集而來，數量與日俱增。而大塘位於軍用公路的三叉路口，板則村、長洞、白見村之間又成狹路，先出發的部隊若一停止，後續部隊就很難處置。"松山的擔心很快變成現實，還真有中國軍隊在等他鑽口袋。柳江縣自衛隊設伏百子坳，專等日軍後衛通過撿便宜，當他們發現日軍還有兩個大隊，就覺得力量不夠，便去尋找正

規軍支援。剛好第175師525團到達思練，盧玉衡團長當機立斷，全團急行軍繞過北蕩，出里高到三都鄉，分段設伏日軍。2營最快，當晚率先到達百子坳附近的板立村。

16日，第525團在公路兩側山腰上構築簡易工事，利用山岩地形組織斜射、側射火網，佈置迫擊砲陣地。當地村民知道國軍要在百子坳伏擊日軍，紛紛自發送水送吃的，當天碰巧又是端午節，弟兄們吃到了久違的粽子。21時，日軍第6聯隊第1大隊從大塘出發，第1中隊開路，後面依次是輜重、傷患運送隊、馱馬隊、第3中隊、大隊砲小隊、重機槍中隊、第2中隊、救護班、第1大隊本部、重機槍小隊、第4中隊。17日淩晨，第1中隊進入伏擊圈，盧玉衡不為所動，我先讓你過去，待會專打你中間。不想有士兵過於緊張，忍不住發出了咳嗽聲，盧玉衡只得提前發出攻擊信號彈，頓時我方陣地上輕重武器一齊開火，日軍被打得人仰馬翻，亂成一團。

日本防衛廳戰史這樣描述17日的苦戰："重慶軍扼守狹路巧妙地用山岩地形斜射、側射，並使用了迫擊砲。從長洞到板則村的狹路口戰線

長達4公里以上。槍砲聲極為熾熱。本隊在軍用公路上陷於膠著狀態。重慶軍繼續調來援兵，我第一線各中隊只能竭盡全力保住要點而不能進行反擊，特別是在後衛的尾部和南側方面，已發現重慶軍開始出擊。我軍的大砲連續不斷地射擊，砲身都要燒壞了。"或許是崖壁高深，第525團沒有選擇沖下來進行決戰，日軍為此暗暗慶倖："重慶軍只是亂打一通，不想短兵相接，所以沒有發生悲慘的白刃戰。後衛的各中隊為確保要點，整天都在與重慶軍對峙和奮戰。黃昏以後，部隊漸有進展，打開了軍用公路。"18日，第1大隊在第2大隊第7中隊的掩護下，冒死沖過長洞狹路，快速向白見村進發。

百子坳阻擊戰打死日軍100多人，打死戰馬60匹，第525團和柳江縣地方武裝陣亡官兵29人。為了紀念這一勝利，當地群眾把百子坳改稱"鬼子坳"，並於1945年12月建起一座抗日紀念亭，紀念亭的側門刻有盧玉衡的一首楹聯："百子坳前清血債，蓬萊島上吊孤魂。"抗戰勝利後盧玉衡調任新19師第55團團長，山東萊蕪戰役受傷，複任華中剿總第二處副處長，後來定居香港九龍。

1986年10月，盧玉衡返鄉探親，在他的老部下原525團2營營長蒙獻明的陪同下，驅車前往"鬼子坳"憑弔50多年前的抗日戰場，回憶當年的戰鬥歷程，盧玉衡感慨萬千，即興吟詩一首《戰地重遊有感》，中有"蹦蹦登車戰地遊，萬千感慨話從頭。當年在此殲敵寇，滿嶺遺屍鬼哭愁"之詩句。

第525團百子坳伏擊日軍的史實應該說是清晰的，可是到了苟吉堂筆下卻變得有些模糊，苟在《中國陸軍第三方面軍抗戰紀實》一書中這樣寫道："里高——百子坳的勝利，據本方面軍第169師的報告，說是該師前後夾擊的收穫，而友軍第46軍第175師聲稱，又說是他們在那裡消滅的。我們不問是誰的戰功，消滅敵寇人馬，是千真萬確。"第29軍追擊服部支隊，6月14日在宜山以東20公里的洛東附近與日軍打了一仗，從時間上判斷不可能出現在里高、百子坳一帶。服部支隊18日到達柳城，分駐洛滿、上雷、沙埔，守衛柳州的西面和西北面，聲言"很少發現從軍用公路尾追的敵人，情況平穩"。從武宣撤退過來的日軍獨立混成第22旅團置於柳州河南，分兵駐守里高、三都、穿山、羊角山等要點，警戒柳州南面的公路和鐵路。第58師團獨立第95大隊駐守柳州河北市區。19日，第11軍司令部北撤，柳州日軍由獨立混成第22旅團旅團長米山米鹿統一指揮，擔任總後衛。

八年抗戰下來，追著日軍打還是第一次，第169師和第175師爭相彙集到公路上，彼此都不願意給對方讓路。陳金城電報湯恩伯請示，大塘至柳州公路的攻擊任務，究竟是由第169師負責，還是交給第175師擔任？何應欽當初只是簡單規定第46軍有力一部協同第3方面軍進攻柳州，至於具體如何協同並沒有明確指示，湯恩伯和張發奎也未就此事交換過意見，完全是各打各的。據苟吉堂回憶，湯恩伯表現地很大度，他對陳金城說：「可以將公路方面的任務，全部交第175師擔任，我們第29軍全部北移鐵道方面，向柳城進攻；第2方面軍的將士多籍廣西人，人地相宜，讓他們攻克柳州，我們的部隊不可爭功，我們準備進攻桂林。」可是下邊的人不答應，陳金城沒多大工夫又來電報：「第169師在公路上已經截斷敵後，形成敵我交相包圍的狀態，很難自由移動，如果硬要北

移鐵路，勢必受敵側擊，陷於不利局面。」湯恩伯與苟吉堂商量後，電複陳金城：「將公路以南，交由第175師擔任，而與我第169師並肩攻擊柳州。」這回甘成城不幹，憑什麼你們走公路，我們走小路，眼睜睜看著你們捷足先登？經過重新商議，協定「以公路為兩師公用，即169師攻擊公路以北之敵，175師攻擊公路以南之敵」。

爭來爭去爭出事情來了。25日，第3方面軍砲兵顧問美軍凱佛德上校和中、少校各1人，以及5名中國士兵，乘做指揮車由里高向三都墟急駛，據苟吉堂的說法，因為公路公用的原因，半途有一位第175師的林姓營長搭上了車，該車駛到百子坳以東不遠的村落時，第169師哨兵阻止，說是日軍雖已退去，但前面還有危險。凱佛德等人不聽勸阻，繼續沿著公路往白見村方向疾駛，結果開到中和屯小橋頭時，遭到斷後日軍伏擊，除了凱佛德被俘以外，其他人全部喪命。

那麼究竟是什麼原因促使凱佛德執意前行呢？白見村槎山屯的韋卓史老人當年是抗日自衛隊成員，親眼目睹了日軍伏擊指揮車的全部過程，

他給出的答案比較令人信服："第二天下午，兩位元美國戰地記者在一位元中國翻譯的陪同下，也乘車到中和現場瞭解情況。我和韋香草都是大學生，略通英語，就主動向他們簡介昨天的所見所聞。他們向我們說明慘劇發生的原因是國軍砲兵觀察所誤導前線情報所致。該情報稱，當日追擊日軍的國軍先頭部隊已佔領柳州市附近的拉堡鎮。美軍作戰指揮部聞訊後，即派校級軍官往前線觀察，未料日軍只撤退到三都至六道之間路段，白見村槎山屯仍有日軍的崗哨部隊在後掩護守卡，不幸釀成了這次美軍重大傷亡的慘禍。"至於佔領拉堡的情報到底是誰發出，那就無人知曉了。

26日拂曉，第175師攻佔柳州西南25公里的百朋，第523團跟蹤追擊，日軍退守甘龍、羅漢山地區。27日，米山米鹿派出200餘人，由穿鄉山向羅漢山增援，經我阻止截擊，徘徊於布山、瓦窯間。28日，大雨傾盆，日軍乘機從江中村方面突圍，會合增援部隊，向雙橋方向逃逸。與此同時，第29軍也在步步推進，陳金城揚棄陣地戰硬攻，而是以團、營、連為單位一點點滲透柳州。21日晚上，第169師尖兵連和柳江縣自衛隊一部從思賢鄉突入柳州南站，與日軍獨立混成第22旅團發生混戰。25日，南站一帶即為第169師全部佔領。26日，第91師272團開始進攻柳州市區，當晚收復黃村、北站。27日，柳州北市日軍獨立第95大隊撤向窯埠、獨凳山。29日14時，第169師第505團一部，突入柳州南市及帽合山機場，潛伏市區的便衣響應部隊攻城，到處襲擊日軍。30日凌晨，曹玉珩師長親自督率主力，經由柳州城西的鵝山，克復南市。此際，第169師突擊大隊、預11師的兩個營、別動軍第3縱隊第2支隊一部，先後突入柳州北市，戰鬥至23時，完全肅清殘敵，光復柳州。第175師慢了一步，從百朋方向趕過來已是7月1日拂曉。

日軍在撤離柳州之前，心態完全失衡，原來繁盛的小南、慶雲、培新等主要街道，被付之一炬。柳江南北兩岸的大小房屋3000餘間，占房屋總數的三分之二，一片焦土，觸目傷心。7月2日，第2方面軍作戰處長李漢沖飛抵柳州視察，隨行的中央社記者寫下了題為《柳州一片瓦礫》的報導："當飛臨柳州上空時，俯視地面，所看見的只是矗立的危牆和一片紅色的火後磚瓦而已。機場上敵人所埋的地雷正待清除，市區房屋十之有九被敵焚毀，從前的繁榮市場已成一片瓦礫。南市損失比北市要重，倖存的房屋，南市只剩下了十分之一，北市還剩下十分之三四，但都已殘破不全，比南寧受害更厲害。"

跟隨第3方面軍的《武漢日報》戰地記者戴廣德認為"柳州之捷是我第29軍英勇將士用鮮血和生命換來的成果，……我軍戰術運用成功，迂迴、滲透、圍困、側擊，均收到預期效果。……最後四天為全戰役的頂點，飛機場、火車站、鵝山為敵我爭奪最激烈，也是我軍攻城戰打得最壯烈的地區。"美國新聞處官員格蘭姆・貝克對此有不同看法："當我到達柳州時，國軍圍攻的這座城市戰事已在幾星期前完畢，而且圍攻桂林的戰事也在我來柳州的途中結束了。我發覺不管外邊報導這次戰役多麼了不起，事實本身使我感到失望。幾萬國民黨部隊使用美國的新武器圍攻這兩座城市時，使用了不計其數的彈藥，而日軍主力卻早已安然撤退，兩座城市只各留少數人堅守據點。儘管數量大大超過日軍留守部隊的國民黨軍圍攻柳州和桂林達數星期之久。然而，

依然留下了通道，使這些小股日軍得以安然撤退。"格蘭姆・貝克目光尖銳，他顯然看到了國軍戰場追擊反攻的局限性。

4、進擊桂北

如果說河池、南寧、柳州等地的反攻差不多是跟進接收，那麼接下來的桂北進擊就要激烈許多。道理很簡單，廣西日軍從各地彙集到桂北折騰了一個多月，國民政府軍也就贏得了一個多月的集結準備時間，桂北的作戰兵力遠比收復河池、南寧、柳州時強大，已經能夠有組織、有計劃的對敵進行圍追堵截。日軍第34師團、第3師團及第13師團一部當時已退過湖南，留在桂北的部隊尚有第58師團、第13師團一部和獨立混成第22旅團、第88旅團等，不超過3萬人，具體態勢如下：

第58師團師團長川俣雄人坐鎮桂林，第51旅團司令部和所屬的獨立第92、第93、第95大隊分駐荔浦、平樂、陽朔，擔任桂林東南一線防守，獨立第94大隊從鹿寨開赴桂林西北與第13師團第104聯隊防禦義寧、靈川；第52旅團司令部和所屬

的獨立第108大隊駐永福，扼守桂林南大門，獨立第96大隊在桂林以西50多公里的百壽、長安地區，獨立第107大隊經永福撤往桂林，獨立第106大隊作為後衛，要在鹿寨殿后。

第13師團司令部駐全縣，師團主力包括第116聯隊在內已進入湖南新寧、祁東，脫離廣西戰場，服部卓四郎的第65聯隊剛剛解除後衛任務，尚在柳城一帶轉進。吉田峰太郎因此差一點成為光杆司令，還好駐防興安及桂穗路沿線的獨立混成第88旅團不久改由他就近指揮。據第11軍作戰參謀田中回憶："軍預計從桂林撤退時敵人的壓力將忽然加大，想要從桂林一舉後撤到全縣完全不可能，因而在桂林和全縣中間的大溶江附近部署了獨立混成第22旅團，準備接應第58師團從桂林撤出。"

笠原幸雄的擔心不是多餘的，還沒打下柳州，湯恩伯就已盯上桂林。黔桂湘邊區總司令部改編為第3方面軍，並沒有像張發奎百色整軍那樣引起軒然大波。楊森調任貴州省主席，第27集團軍總司令一職由李玉堂升充，第20軍軍長改為楊森的侄子楊幹才。方面軍副參謀長苟吉堂兼任前方指揮所主任；孫元良不再擔任第

29軍軍長，由黃埔二期出身的陳金城接任；第91師師長王鐵麟與預11師師長趙琳對調職務。6月25日，湯恩伯即以"已有未強汀"電令指示各部："方面軍為迅速擊滅當面之敵，恢復桂柳之目的，即以有力之一部，分沿湘桂鐵路，及桂穗公路，繼續追擊敗退之敵，即以另一部向興安全縣間遮斷敵湘桂交通線，以主力沿桂穗路，直向桂林擊敵右側背，擬包圍敵于桂林而殲滅之。"按照湯恩伯的設想，反攻桂林分為"支作戰"和"主作戰"兩方面。"支作戰"由兩路組成：第29軍沿黔桂鐵路佔領永福，然後協同第94軍會攻桂林；第71軍主力接防柳州，第91師沿湘桂公路進攻荔浦、陽朔，進迫桂林近郊。第27集團軍負責"主作戰"：第20軍第133師出融安攻百壽，目標桂林西郊；第20軍第134師和第26軍攻靈川、興安、全縣，截斷湘桂交通；第94軍從龍勝沿桂穗公路南下，直搗桂林。

第3方面軍參戰部隊為4個軍10個師，合計約85000人，且超過半數是美械或者說是半美械裝備。正如《大公報》戰地記者戈衍棣所說，美械裝備"火力的加強姑且不論，在

精神實已給予一般部隊以莫大鼓舞，因為已經獲得美械的部隊，有了他的優越感，覺得非打一次勝仗無以對國家統帥與盟方，而沒有獲得美械的部隊，則打算在這一次會戰中多賣一點力氣，以好的表現來爭取美械，於是三軍奮勇，個個爭先"。不過苟吉堂認為半美械裝備反而不好："我們的第94軍與第91師名義上已經改換了美械，實際上比之不換械還增加了困難。因為換裝未竣，以致青黃不接，致國械與美械在同一單位內使用，發生多元補給的困難。"苟吉堂的話也有幾分道理，但第3方面軍人數、裝備、士氣畢竟都比廣西日軍強出一籌，要再不好好發揮，恐怕真是無顏見江東父老。

1945年7月7日，沿湘桂鐵路追擊的第169師未遇日軍抵抗佔領鹿寨，第二天進至中渡追上了第65聯隊。預11師則從柳城、雒容一路往北，也是咬住服部卓四郎不放。日軍戰史這樣描述第29軍的追擊："重慶軍很凶，一直追到距我後尾200米處，才開始射擊。在中渡附近架橋渡河，擔任掩護大隊主力過橋的第10中隊的最後尾，遭到只有100米近距離的重慶軍猛烈射擊，最後尾的分

隊瀕於無法撤退的危境。最後依靠中隊從對岸以全部火器進行掩護才好不容易脫兔般撤出臺地，轉入過橋行動。"8日，預11師攻佔中渡，13日，第169師克復黃冕，進抵永福城南。日軍第52旅團司令部奉命撤往桂林北門，留下獨立第108大隊大隊長山田善之輔指揮500餘人堅守永福城內外。這時第29軍卻因彈藥接濟不上，陷入停頓狀態，只能先採取圍城戰術，威懾日軍。第108大隊驚呼："僅僅在幾公里的盆地，有兩萬中國軍隊把500多名日軍包在籠子裡。"

19日，陳金城確定兩天后將解到一批彈藥，他下令第169師奢侈一回，教訓一下永福城外據點的敵人。11時，第169師集中迫擊砲猛轟卑田日軍瞭望哨，第108大隊第4中隊中隊長膽小如鼠，嚇得躲到床底下直哆嗦，部隊實際由小隊長鮫島指揮。激戰至下午，第169師切斷了卑田據點與永福城的聯絡，山田大隊長向各中隊宣佈："旅團長命令我們死守現陣地，直到最後全員殉職，個人所持有的各種物品全部燒毀或埋掉。"20日零時，預11師第32團第1營迂回永福南門，用梯子翻越城牆，勇敢突入

城內。日軍第108大隊大隊部距離南門只有200米，城內的第2中隊拼死抵抗，眼看就要不支，緊急關頭突然下起瓢潑大雨，1營進攻受阻，天亮後只得從西門和南門退回城外。經此一戰，第108大隊也是彈藥、糧食所剩無多，就在官兵普遍感到絕望的時候，旅團長下達了撤退命令。24日，預11師佔領永福，第169師乘勝由羅錦墟向良豐鄉追擊，進逼桂林南大門。

第71軍第87、第88師接防柳州，第91師沿湘桂公路北進，16日通過地勢險要的修仁，17日克復荔浦，日軍第92大隊撤往桂林。第58師團通過飛機偵察回饋報告，發現大批中國軍隊正成包圍之勢接近陽朔，於是命令第95大隊佔領白沙鋪、轉入阻擊作戰。19日這天戰鬥異常激烈，第91師裝備的美式60mm迫擊砲命中率極高，日軍小隊長武藤少尉陣亡，當晚有許多日軍士兵開始在筆記本上寫遺書。20日，第95大隊第1中隊撤往陽朔，第91師第272團抄小路跟蹤追擊，先頭一部因警戒疏忽被第2中隊打了一個反擊，煮好的米飯成了日軍的免費午餐。快到中午時，第272團主力盡出，在火力明顯占優的

情況下卻未能報一箭之仇。魚住孝義原是第58師團野戰醫院的軍醫，他在反映湘桂撤退的《大陸殿兵團》一書中這樣寫道："果真幾百個中國士兵登上來了，中隊長命令全體射擊，立時槍聲大作，把中國士兵打得驚慌失措。一會中國士兵鎮靜下來，也開始還擊，捷克式輕機槍向第2中隊陣地連續掃射，把陣地上的草葉打得直飛。戰鬥進行了近兩個小時，第2中隊卻無一人傷亡，這真是奇蹟。"

23日，山田大隊長調來第4中隊擔任後衛，掩護第2中隊後撤陽朔，他要求第2中隊死守到25日上午。第91師全線出擊，日軍第1中隊抵擋不住，從公路左側轉移至碧蓮洞，結果發現此洞別無出口，無疑自己走進了"墳墓"。果然趙琳師長集中全師的衝鋒槍封鎖洞口，不斷使用火箭筒、手榴彈往洞內深處傾瀉，第1中隊中隊長實崎以下67人戰至24日"全員玉碎"。第58師團原本想要組織兵力去救，無奈笠原幸雄回電制止："不應該影響我軍後撤，沿湘桂公路增援中的中國軍隊兵力大為增加，致使途中難以應付。貴師團積於個人感情想要救援陽朔方面，這種想法是我軍爾後作戰的重大障礙。"大隊副官

岩下博自告奮勇，私自糾集一個步兵中隊前往碧蓮洞，山田善之輔聞訊嚴令撤回。25日，第91師攻入陽朔，日軍第95大隊全部撤退，先是集結桂林東南20餘公里的大圩，然後經靈川去全縣。

"主作戰"方面，第27集團軍根據方面軍指示，於6月27日頒佈了反攻桂林作戰計畫，主要內容如下：

一、方針

集團軍為領有灘江西岸戰略要點，即以一部攻擊百壽，各以有力一部進出靈川、興安，斷敵交通，以主力攻擊桂林而佔領之，攻擊奏功後，即向全縣、黃沙河之線追擊。

二、指導要領（略）

三、兵團部署

（1）第20軍之第133師為突擊兵團，以一部守備長安鎮機場，以主力監視百壽之敵，適時向江圩、永福之線進出，掩護第94軍右側安全。爾後依情況自西向東協力第94軍攻擊桂林，該師暫歸本部直接指揮。

（2）第94軍為攻擊兵團，於7月7日前進出龍勝以南地區，接替第26軍丁嶺界、藍田堡方面防務，完成攻擊諸準備後，即攻取丁嶺界，略取桂林。

（3）第20軍（欠第133師附桂東突擊隊），為截擊兵團，速取捷徑，經龍勝限7月6日前集結兩渡橋以南地區，完成攻擊準備，即向靈川、大溶江口之敵攻擊，重點保持於靈川方面，務確實遮斷公路、鐵路之交通，並截擊敵人。

（4）第26軍為阻擊兵團，速取捷徑，經龍勝、社水，限於7月4日前集結資源以西地區，完成攻擊準備後，即向興安、全縣之敵攻擊，重點保持于興安方面，務確實遮斷敵鐵路交通，阻敵增援。

7月11日，第27集團軍下令各部隊對當面之敵展開進攻。13日，突擊兵團第133師兵分兩路，第398團主力圍攻百壽，第399團走小路直插兩江圩。截擊兵團比較保守，沒有立刻攻向靈川、大溶江，楊幹才軍長因嗜好鴉片，兩眼鼓起，人稱"楊二筒"，他先以第134師第401團分向塔邊屯、淞江口、上潞江等地偵察敵情地形，將第400團控制在硯田附近為預備隊。阻擊兵團第26軍從資源向興安、全縣推進，這一帶是莽莽蒼蒼的越城嶺山脈，沒有公路，武器彈藥由士兵背負，糧食軍需靠民眾運輸。14日，第41師攻下胭脂嶺、雷公頂、五福關、老田洞，第44師連克長葉嶺、大車嶺、五旗嶺，予湘桂鐵路及公路交通以莫大威脅。何應欽限令第3方面軍7月底前佔領桂林。湯恩伯立即指示第27集團軍："本方面軍擬於20日前，先略取永福、百壽、義寧之線，21日起，以全力包圍桂林，而總攻之。"李玉堂奉令後，遵即下達第八號作戰命令，明確第133師應於7月18日前攻佔百壽，第20軍（欠第133師）、第26軍務必在7月20日前，確實推進靈川、大溶江、興安、全縣間地區，截斷敵湘桂交通線。

獨立混成第88旅團一部不敵第26軍，吉田峰太郎擔心退路被斷，急忙坐鎮白沙鋪，從防禦義寧、靈川的第104聯隊抽調第1大隊反擊五旗嶺。17日傍晚，第1大隊到達五旗嶺東麓楊柳田，半夜時各中隊按照第88旅團說明的地形攻擊前進，18日拂曉僅奪回一角，第4中隊80人中有55人非死即傷，加上彈藥接不上，只得重新退回到山腳下。此時第65聯隊剛好沿湘桂鐵路北撤至白沙鋪附近，吉田峰太郎向服部卓四郎傳達命令："要擊退五旗嶺附近之重慶軍。"第88旅團代號"沖天"，名

字雖然響亮，戰鬥力卻很一般，第65聯隊第2大隊剛一趕到五旗嶺，他們就訴起苦來："重慶軍第26軍進至沿軍用公路西側的南北縱行的山地一帶，阻止我軍撤退，頗為頑強，我們損失很大。"入夜，第2大隊發動進攻，第44師沒能守住五旗嶺山頂，轉向西側的青坪界一帶，準備伺機再向東面出擊。

第二天，第65聯隊傾巢而出，丁治磐軍長把軍直屬特務營增加到青坪界，日軍戰史這樣寫道："重慶軍佔據著800至1200米的猶如梳子齒般的山連山要點，我們進攻極為困難，戰況遲遲不見好轉。"22日，第65聯隊費盡九牛二虎之力將山砲、速射砲、步兵砲全部抬到山頂，丁治磐"好漢不吃眼前虧"，下令第41、第44師撤至五旗嶺以西山地，繼續保持對敵交通線的威脅。服部卓四郎打算"抓緊時間一面尾追敗走之重慶軍，一面經油榨坪深入山中，尋找重慶軍根據地將其消滅"，吉田峰太郎沒同意，我們的任務是撤退，"趕走了五旗嶺的重慶軍，在虎留盆地又給了敵人很大的打擊，所以說已經達到師團的目的"。25日晚，第65聯隊返回白沙鋪，之後陸續撤過全縣，進

入湖南境內。

第133師第398團連日猛攻百壽，面對日軍獨立第96大隊的拼死頑抗，18日未能如期完成任務，湯恩伯對川軍比較寬厚，答應周翰熙師長請求，將攻克百壽的期限延展至20日。可是到了20日，第133師還是沒能達成任務，周翰熙急了，嚴令第398團團長蕭傳倫不顧一切拿下百壽，否則提頭來見。22日拂曉，第1營通過架雲梯冒死攻入城內，日軍一部從東門向城內增援，另一部由橋頭村、中村迂回398團右翼，阻止2營、3營前進。第1營堅持到傍晚，終因傷亡太大，被迫撤至百壽城外西南郊。蕭傳倫想想反正橫豎是死，倒不如戰死沙場，還能圖個好名聲，當晚帶隊再攻，碰巧日軍第96大隊奉命增援岩山圩，午夜時乘著濃霧放棄了百壽。23日晨，第398團總算艱難完成使命，周翰熙擦了一把汗，趕緊捷報湯恩伯，再遲恐怕楊森出面也難保住性命。24日，第399團克復兩江圩，進抵桂林城西郊。

第134師於18日拂曉，各以一部由背嶺、二渡水，分別攻擊易家村、司門前，主力從竹坪、筋竹山向公路鐵路方面進攻。日軍獨立混成第22旅團當晚發起反擊，銀礦山、筋竹山陣地激戰竟夜。22日，第134師失守銀礦山、烏岩嶺、六槽嶺，楊幹才集合預備隊第400團，交由伍重嚴師長親自掌握。23日黎明，第400團奮勇沖入敵陣，一舉奪回六槽嶺附近的各個要隘，楊幹才聲言斃敵李田中佐以下200餘人，不管戰績是否屬實，終究沒有完成截斷湘桂交通線的任務，只是與日軍消極地相峙於銅嶺屯、蚊子嶺、7861高地、對北嶺之線。

5、血火桂穗路

桂穗路系指廣西桂林至貴州東部三穗縣的公路，其中龍勝到桂林這一段最為險要，日軍獨立混成第88旅團分布丁嶺界、宛田、磨石嶺、岩山圩、義寧等地，企圖阻止中國軍隊接近桂林。第94軍作為方面軍攻擊兵團，集結龍勝南下，勢必要與日軍來一場硬碰硬的對決。由於桂穗路已經大面積破壞，作戰所需的糧食、彈藥都要依靠人力翻越山間小道運送前線，第94軍反攻桂林之路越發顯得艱辛，

比起第20軍和第26軍的阻截任何不知難上多少倍。

第94軍下轄第5、第43、第121師，加上軍直屬部隊合計約28000人。第5師的歷史最悠久，1928年8月由獨立第1師和第7師縮編而成，首任師長熊式輝出軍入政，兩度擔任淞滬警備司令，主持贛政十年，抗戰中期外派訪美軍事代表團團長。現任師長李則芬是廣東興寧人，黃埔軍校第五期畢業，曾經在陸軍大學擔任兵學教官，1950年代退役後專心治史，著作頗豐。第43師原是孫傳芳五省聯軍殘部，1932年5月被第18軍繳械改編，成為"土木系"大家庭中的一員，現任師長李士林和前任師長劉紹先、皺洪、周祥初、金德洋一樣，都是陳誠保定軍校第八期同學。第121師的老底子是黔軍猶國才部，王家烈倒臺後納入中央軍序列，在日趨國軍化的同時，始終保持著"貴州特色"，吳劍平、牟庭芳、戴之奇、朱敬民等幾任師長無一不是貴州籍。

1942年10月，牟庭芳升任第94軍軍長，他的前兩任郭懺、李及蘭都是陳誠"土木系"得力幹將。牟庭芳是貴州郎岱人，黃埔軍校第一期畢業，留學日本步兵學校，1930年回國後歷任團長、中央軍校昆明分校副主任、貴州省保安處副處長等職，

1936年夏調任第102師副師長，1938年4月晉升師長，兩年後又以第94軍副軍長兼任師長。坊間普遍認為牟庭芳能夠脫穎而出，

第94軍軍長牟廷芳。

離不開何應欽的關照，何氏偏愛黔籍將領，猶如蔣介石親信浙江人。牟庭芳也是很少可以在何應欽、陳誠兩大派系間尋找平衡的人物，抗戰勝利，第94軍先後接管上海、天津、秦皇島，並擔任北寧鐵路的監護任務。1946年牟庭芳因妻子私下出售貴陽倉庫中的舊槍械而東窗事發，後來輾轉香港閒居，1955年鬱鬱而逝時才51歲。所以說娶老婆要長眼睛，當然這些都是後話。

6月27日，第27集團軍下令第94軍集結龍勝以南，攻取丁嶺界，略取桂林，牟庭芳為了適時進入戰場，不待正式命令到達，即令第43師（欠第129團及砲、工兩營），配屬第121師第361團、山砲營及工兵排，於7月1日開始行動，並限6日前到達龍勝以南地區，完成攻擊準備，全力奪取丁嶺界、宛田、義寧，攻略桂

林。並令第121師（欠第361團、山砲營、工兵排）4日出發，沿桂穗路前進，限9日前到達魚灘、龍勝間，進出藍田堡、磨石嶺一帶，截斷日軍交通。第5師到達後，加入第121師方面抄襲靈川。

7月12日，第43師第127團乘著夜色掩護，悄悄繞到丁嶺界背後和側翼，次日9時，突然出現在丁嶺界的攻擊線上，一部進攻佛子坳，一部進攻廟坪。配屬作戰的美式M1A1型75mm山砲向敵猛轟，觀測員劉訊回憶說："步兵從側背接近敵據點，砲兵則在丁嶺界背面隔山相望約公里處的一個山頭稜線後放列。我砲兵對友軍首輪火力支援時，因當時丁嶺界頂尚在雲霧彌漫之中，近乎盲目射擊，收效差。迨雲開霧散，我砲改用直接瞄準射擊，又因敵據點多數在我砲射程死角內，收效仍不大。"直到中午，第127團才在砲火掩護下攻佔廟坪西南高地和佛子坳附近三處據點。13日一大早，丁界嶺日軍第523大隊發動逆襲，第127團死傷排長以下三四十人，但始終頑強堅守陣地，並不斷發起反逆襲，隨軍記者楊魁寫道："敵人非待我軍靠近工事的邊緣線不肯輕放一槍，然後集中火力猛烈

射擊。……壓制得我軍無法抬頭，火力稍一停頓，我軍便躍進了幾步；最後，敵我相距也不過二三十公尺，雙方的手榴彈亂甩，山岩的石頭都炸開了花，丟過去未炸的又被對方手急眼快地投擲回來，一個手榴彈丟在我何排長的腳下，他一腳沒有踢開，再用手去抓，可惜遲了一秒鐘，作成粉身碎骨的慘局。"

第361團由桂穗公路西側迂迴進攻宛田大嶺，一小部分日軍以為前面有丁嶺界頂著，疏於防守，13日拂曉一經戰鬥即潰散逸去。謝世欽團長是苗族人，貴州崇武學校畢業，他把迫擊砲和重機槍陣地佈置在宛田大嶺上，以居高臨下的優勢向王能嶺猛烈射擊，日軍哪裡招架得住，只片刻工夫就棄山跑向王能村。14日，第361團攻佔王能村、大王山，從繳獲的文件中發現日軍獨立混成第88旅團旅團長皆藤喜代志訓令一則，內有"湯恩伯決戰切，牟庭芳主攻桂林不可輕敵"之語。第128團進展亦比較順利，從桂穗公路東側攻克白馬廟、惠元圩，切斷了日軍與桂林的通信聯絡。16日，第127團團長黎振寰親臨丁嶺界火線督陣，有兩個勇敢的士兵，帶著火箭筒潛至距離日軍據點

30米處，一發打進射擊孔內，工事頂蓋夾雜著斷臂殘腿被整個掀開。楊魁冒著槍林彈雨用筆寫下了攻佔丁嶺界的歷史時刻："我軍一擁而上，一部隊敵人仍倚靠殘破工事掙扎，……一個倔強的日本軍官握著把戰刀隱在工事的一角，向我沖進的士兵猛砍，我四名戰士就死在他的戰刀下，我一班長跳在敵人的身後，把他攔腰抱住，正面又飛來一腳，他倒下了，在一陣無情的刺刀底下剁成了肉泥。"日軍第523大隊代號"山嶽"，結果全部葬身在丁嶺界的山嶽裡。

第121師14日6時行抵藍田堡，朱敬民師長接奉牟庭芳電令："著第121師派兵一團，由公平圩進出岩山圩、鴉雀之線，截斷義寧、潭下圩敵之聯絡，策應第43師作戰。以一部進出磨石嶺及其以南高地，向九屋圩、大塘方面搜索。"15日，磨石嶺周圍高地盡入我手，日軍一個分隊憑藉有利地形，死守山頂不退。第121師有位連長會日語，向日軍喊話說："看我大軍雲集，磨石嶺你們是守不住的，趕快投降！"日軍卻用中文回答道："不要打啦，一兩天我們就走！"朱敬民師長哪裡相信，當晚又派兩連人夜襲，還是沒有成功。第

二天組織9人突擊隊再攻，僅生還一人。16日，朱敬民把指揮所向前推進，對擔任突擊的兩位連長說："一鼓作氣沖上山頂，再攻不下來就死在磨石嶺上。"突擊部隊得到靈川抗日自衛隊幫助，一部沿祠堂、蓮竹，襲擊九屋之敵，一部強行沖上磨石嶺山頂，經30分鐘短兵相接，終於全殲日軍。自衛隊成員周邦回憶說："上午9時許，九屋之敵向粟家坳敗退，此時我空軍飛機第一批6架在大洲頭、紅浮瓢上空投下罐頭、糧食，第二批6架投下大量武器彈藥，有些糧食落在敵我之間的陣地上，日本人出來搶被我軍打死好幾個。"

鑒於日軍憑險據守，正面攻擊困難，朱敬民師長找來第363團團長饒啟堯，囑其大膽行動，秘密偷越東臬鄉附近日軍封鎖線，越點直趨桂林城北長蛇嶺，插入敵人心臟。這一越點作戰設想究竟出自何人之手，歷來說法不一，第94軍參謀長張法乾回憶說："我的作戰計畫深得美軍顧問團及軍長同意。首先說明自己在日本士官學校受過訓，瞭解日軍的戰鬥意志及作戰精神。其次指出靖縣到桂林沿途地勢高峻，且設有防禦工事，若依正常攻擊作戰，一個月內要攻下

桂林不易；又因日軍頑抗精神，勢必遲延，故應以越點進攻方式；以少數部隊牽制這些工事，另派一團突入桂林北部長蛇嶺，以主力直接向桂林突進。」張法乾甚至自詡：「後來麥克亞瑟在太平洋上越島進攻，和我的計畫不謀而合，也證明我原先越點進攻的構想不錯。」這話聽起來很牛皮。

川俁雄人、皆藤喜代志不甘心就此敗北，同時也為了能夠比較順利的撤離桂林，從靈川、義寧抽調第104聯隊一部和獨立混成第88旅團第521大隊等部，

分向惠元圩、宛田大嶺大舉反撲。第5師、第121師調換美式槍械時沒有領到刺刀，與日軍近戰格鬥吃虧不少，所仰仗的衝鋒槍每排只有兩枝，日軍一撥接一撥猛衝，子彈消耗很大，第361團在王能村繳獲的一批「三八大蓋」，這回倒是派上了用場，可惜數量太少。19日晌午，第128團失守惠元圩，退到宛田大嶺與敵隔山對峙。20日，第361團大王山陣地不守，當晚宛田大嶺也被日軍奪去。敵人來勢洶洶，牟庭芳立即變更部署，決定由兩翼包抄改為集中主力中央突破，他下令第43師固守中江村、合作屯、毛嶺南端、上下流

峰村之線，第361團至岩山圩歸建。第5師第13團取捷徑進至中央嶺、大王嶺附近，歸第121師指揮；第121師（欠第363團）向岩山圩東西各5公里地區攻擊義寧；第5師（欠第13團）確保農上圖、蔡崗界迄大塘之線，並肅清潭下圩以北之敵，進出桂林、靈川間，截斷日軍退路。

岩山圩是義寧通向靈川的必經之地，牟庭芳意圖越點進攻岩山圩、義寧，打破日軍反撲桂穗路的洶湧之勢，變被動為主動。22日，第362團利用夜間奔襲，一舉佔領岩山圩、仙娘廟高地，陶心團長和朱敬民師長分別在岩山圩、新寨設立指揮所，各連分頭駐防周圍的高地上，只派出一營人向東警戒。23日2時，義寧日軍獨立第94大隊出城反擊，岩山圩、仙娘廟頓時陷入混戰，朱敬民嚴令各級軍官「死守崗位，擅自移動者就地槍斃」。日軍直撲岩山圩第362團團部，陶心團長集合團直屬戰防砲連、特務排準備巷戰，甚至伙夫雜役也拿起武器，各就戰鬥位置。這場近距離的交鋒給楊魁留下了深刻記憶：「敵人的攻勢非常兇猛，正面的一連人被敵沖散了，……敵人也就此沖到內線裡混戰，每個山頭都傳來緊

密的槍聲，擲彈筒尖叫地跳在屋瓦上一陣亂響；敵人的散兵有的竄到離團部二百公尺的地方。"危機關頭，第3營的兩個連殺進仙娘廟，另一連增援岩山圩，楊魁繼續寫道："連長先把弟兄帶到岩大山的後側，就好了攻擊準備位置，然後集中全連的迫擊砲，對當面的高地一同轟擊，每砲發射五六發，最後一發剛炸開即刻沖上去，敵人來不及抬頭的時候衝鋒槍已經到了，一共五個相連的山頭，他們像趕羊一樣的把敵人趕過山。"

24日，日軍捲土重來，第362團分頭迎擊，仙娘廟砲兵觀測所的大批儀器被搶走，砲兵眼看抵擋不住，急忙拆卸山砲零件，預備毀砲走人，幸好工兵連拼命阻擊，山砲才不至落入敵手。朱敬民以第362團第1營經下堡岩、大山以南向北包圍反擊，仙娘廟日軍被壓迫到一處山坳，利用岩洞負隅頑抗。第1營一部從右翼迂回到距離洞口約100米的地方，十幾發火箭筒彈準確射入洞內，日軍的機槍聲瞬間停了下來，只剩下步槍無力地發出呻吟。連長派班長去招降，班長繞到洞口十多米處喊道："我們優待俘虜！"話音剛落就被側翼的日軍狙擊手一槍打死。本想捉幾個俘虜領賞，

未料徒增傷亡，最後只得放火燒山，先驅退日軍狙擊手，再組織敢死隊進洞肉搏，才把敵人全部消滅。

25日，第43師奪回宛田大嶺、王能嶺，沿公路追向義寧，第5師第13團與日軍激戰中央嶺、大王嶺，漸漸佔據主動。26日，義寧日軍104聯隊剩餘部分全部出動，拼死殺開一條血路，退往靈川、全縣，獨立第96大隊也從百壽敗下陣來加入撤退隊伍，大隊長立川頭部中彈，當場斃命。"這一天正是桂北全面戰事最激烈的一天，我方殺得火熱，官兵上下士氣旺盛，搶山頭的搶山頭，燒石洞的燒石洞，勤務兵也架起槍來到處尋找迷路的敵人'發洋財'。"隨軍記者楊魁的興奮之情溢於言表。27日，第43師第128團佔領義甯，馬不停蹄進軍桂林西南郊，第121師主力同時大踏步向桂林西北郊跟蹤追擊殘敵，桂穗路成了血與火的海洋，喊殺聲在蒼茫大地上久久回蕩！

此時饒啟堯的第363團孤軍奮戰長蛇嶺已經超過一個星期。

7月16日傍晚，第363團踏上奔襲長蛇嶺的征途，當晚驅退少數日軍，宿營大塘。17日下午，到達千佛樓，中共靈川特支領導的南藩、

北障兩鄉辦事處，熱情地提供地形、社情等情報，並安排嚮導帶路繞過日軍白竹坪、上下塗家等地的封鎖線。饒啟堯回憶說：「他引導經斜邊嶺，徒涉溶水往復三次，18日午夜11時許，一線昏月中，長蛇嶺矗立眼前，甫感興奮，槍聲暴作，我第3營向其東北高地開始攻擊，該地寇兵甚少，約半時已被我殲滅，全部一舉登上，黑夜難識路，只附藤攀葛，足手砥地直上了！沿嶺西南行，我於蛇山布蛇陣，據登500高峰，集結修整，警戒以待破曉。」天明後，饒啟堯總算看清了長蛇嶺的形勢。桂林有句民謠：大不過堯山，高不過侯山。實際上侯山高不過堯山，但堯山可能長不過長蛇嶺。長蛇嶺坐落在桂林的東北，長約7公里，609高地是主峰，有一個山頭孤立在東南部上和其餘的山峰隔個山陰，山頭有個廟叫盤古廟。長蛇嶺可以控制湘桂鐵路、公路和義寧通往靈川的大道，山勢易守難攻，唯一的缺點就是山上沒有水源。

戰後有記者問：「長蛇嶺那麼險要，離桂林又那麼近，敵人就怎麼沒有駐守？」饒啟堯回答：「敵人並不傻，長蛇嶺的周圍村落像定江街、鴨雀等盡是敵人，長蛇嶺是孤山沒有

擺人馬的必要。而且這一冒險的舉動也是出敵意外的。」中國軍隊出動一個整團奔襲長蛇嶺，確實出乎日軍意料，川俁雄人以為只是少量重慶軍協同地方自衛隊進行襲擾罷了，僅派人在山的四周搜索警戒，根本沒放在心上。20日，609高地上的饒啟堯通過望遠鏡觀察到一隊日軍集合在公路上嘰哩呱啦，便調來迫擊砲集中射擊，隨著砲彈呼嘯而出，1營3連和3營9連乘勢沖下山來。日軍邊戰邊撤，退至老街屯憑屋抵抗，因缺乏刺刀、手榴彈等近戰利器，饒啟堯沒讓出擊部隊硬攻，弟兄們有些不甘心，燒了甘棠渡的油庫和渡船後，快快不樂返回山上。

川俁雄人如夢初醒，趕緊派獨立第92大隊前往收復長蛇嶺。21日晚上，第4中隊中隊長山脅正元想要窺探中國軍隊防禦陣地，結果被363團狙擊手一槍爆頭。22日，第4中隊攻向長蛇嶺東端高地，3營9連連長何紹臣以下大部犧牲。第2中隊接著猛撲盤古廟，守軍2營5連排附李文柱和其他9個戰士都是身經百戰的老兵，僥倖沖上石級的日軍，不是被打死就是被手榴彈炸退。23日，從陽朔撤回桂林的獨立第93大隊也一

併加入反攻長蛇嶺，饒啟堯為集中兵力，便於指揮掌握計，放棄了一些小山頭。1營、2營各以一部反擊東頭村、山嶺底村，主力和3營確保609高地和飲水食糧補給地雷家村，戰鬥晝夜不停，雙方均傷亡慘重。魚住孝義在《大陸殿兵團》一書中這樣寫道："夜深之後，日軍發起了攻擊，但中國軍隊似乎早有準備，用激烈的火力交叉來封鎖日軍的突進。日軍士兵拼死往前沖，前面的士兵倒下去後，後面的接著往上沖，雙方展開肉搏戰，日軍雖然損失慘重，但第92大隊第4中隊終於突入了盤古廟的一角，然中隊長川越祥七被手槍擊中死亡。"盤古廟高地失守，363團失去了逼近公路的前沿陣地。日軍第92大隊死傷200餘人，反擊目的部分達到，"第93大隊得以確保盤古廟通往衡陽的公路，第2中隊這一天作為大隊的前衛尖兵中隊向靈川方向前進"。

24日，日軍第58師團開始撤離桂林，川俁雄人親自到長蛇嶺附近指揮戰鬥，整個師團主力全部投了進去。饒啟堯率第1營官兵沉著固守609高地，打退敵人無數次衝鋒，3營8連連長何雨志陣亡。 26日這一天，長蛇嶺戰鬥達到高潮，日軍殊死反撲，攻到了609高地對面的山頭，363團的彈藥只剩下一小部分，3營連排長非死即傷，士兵幾乎拼光。饒啟堯向牟庭芳發出最後一電："全團官兵死傷過半，彈盡糧絕，長蛇嶺勢將不守，職決與陣地共存亡。"桂穗路到處都在激戰，牟庭芳一時也無兵可派，他把電報交給戰地記者楊魁看，沉吟許久驀地說："我信任饒團長，我信任這一團官兵可以支援到最後五分鐘，軍的主力可以接應到他們的。"黃昏後日軍攻勢有所緩和，從609高地一眼望去，桂林城區火光沖天，饒啟堯意識到敵人又在撤退前幹起放火焚城的罪惡行經，無奈部隊傷亡太大，且又缺少彈藥，無法及時出擊，只得任憑第58師團陸續北逸。

6、"慘勝"凱歌

第3方面軍分進合擊，有計劃地對桂北日軍展開圍追堵截，到7月26日前後，桂林週邊永福、陽朔、百壽、義寧等地均被我攻克。27日，從永福北上的第29軍第169師到達桂林南郊，與從百壽東進的第20軍第133師取得會合。7時，第169師突擊支隊攻入桂林城廂東南隅，曹玉珩師長聞訊，親率師主力突進南郊白石山、思村、三仁村，有效控制了南門一帶。午後，第133師突入西門。23時左右，日軍獨立第94大隊從義寧退下來經過桂林城南，原本想要南門進北門出，未料"中國軍隊憑藉城牆頑強抵抗"，只得灰溜溜繞城而

桂林收復後的中正橋，可見日軍在撤退前進行了徹底破壞。

走。與此同時，第94軍第121師第362團兵臨桂林城北，少數日軍據守北門和火車站，利用車廂作掩體，在火車頭裡面架起機槍猛射，我正面進攻一排犧牲頗重，另一排繞到機槍後面，用手榴彈肅清頑敵。28日上午，失守8個多月的桂林宣告光復。楊魁第二天隨軍入城，他用生動的文字描繪了桂林的殘狀："劫後桂林是一片廢墟，餘火未熄，死人和死馬的臭氣洋溢在街頭上，昔日的繁華一點不可辯識了，獨秀峰上高懸著了國旗，我們的弟兄正在清除街心上的瓦礫。高樓大廈的舊址中剩餘下的是枯焦的梁椽和破碎的磚頭瓦塊，只有夾竹桃花還開著笑臉像在歡迎我們。"

29日，日軍獨立第107大隊奉命返回長蛇嶺，接應陷入重圍的獨立第92大隊。這時，饒啟堯團長派出的突擊隊還沒有回山，一個多連的弟兄守在609高地等處，雷家村只有7個排和一些雜兵，形勢再度危急。傍晚時，師部山砲營剛剛趕來增援，日軍就已沖到眼前，瞄準鏡一時失去

作用，砲手情急之下對著砲口直接瞄準，剛好命中一發，接著又連打幾砲把敵人整個壓下去。是夜風雨大作，饒啟堯回憶說：“激烈戰鬥一晝夜，雙方傷亡慘重，敵雖數度對我猛撲，但終被我擊退，旋團之主力，由雷家東西端之線向敵左右迂迴，敵漸不支。”30日黎明，第107大隊大隊長幸貞雄陣亡，殘餘部隊結合第92大隊趁著雷電交加，拼命向靈川方向突圍而去。牟庭芳派第43師第128團迂迴靈川東北面，先截斷日軍交通，然後與正面策應的第127團一起夾擊靈川，並通報聯絡第133師協同作戰。31日，第128團未遇任何抵抗，進抵靈川東北，可是山洪爆發，不能徒步涉過灘江，於是連夜趕紮竹筏，準備拂曉渡河。8月2日，日軍在我前後夾擊下逃往全縣，第127團收復靈川。

3日，湯恩伯到桂林召集會議，決定分兵兩路擴張戰果，第29軍進軍桂東的灌陽和龍虎關，第20、第26軍和第94軍第5師向桂北追擊，攻取全縣。6日，第29軍行抵灌陽，迎接他們的是唐資生領導的自衛隊，原來日軍早在數日前已全部撤走。陳金城下令再追，還是沒有打上，恭城、

龍虎關一帶已無敵蹤，據老百姓反映，日軍已過湖南永明、道縣，第29軍上演了一出“東線無戰事”。第11軍司令官笠原幸雄撤至全縣，掌握的兵力還有不完整的第58師團、獨立混成第22、第88旅團，以及坦克第3聯隊一部，按照原先制定的撤退計畫，全縣要守到8月末。鑒於中國軍隊果敢發起追擊，笠原幸雄認識到消極守城絕非好辦法，過了全縣就是遼闊的兩湖原野，到時候後有湯恩伯追擊，前有湘西的王耀武立馬橫刀，結果肯定很慘。日本防衛廳戰史這樣寫道：“敵人那種恨不得騎上頭來的追趕，完全忘乎所以。在此情況下，軍司令官認為在全縣地區對敵進行一次最後的痛擊，將有利於今後的撤退作戰。實際上敵軍已追到跟前，情況使得必須設法甩掉敵人。”

笠原幸雄把第58師團、獨立混成第22旅團埋伏在兩邊密林覆蓋的山上，把獨立混成第88旅團主力佈置在全縣城北，同時派出一部到城南佯裝敗退。為了把“戲”做足，笠原幸雄下令放火點燃城內的易然物，造成棄城假像，目的就是要引誘中國軍隊進入“口袋陣”，進行一場防守反擊戰。12日，第20軍先頭部隊追擊

到達全縣南門，遙見城區烈焰沖天，以為日軍又在實行撤退前的破壞，便沿著公路大膽往裡沖。接下去的一幕但凡看過《三國演義》的讀者一定很熟悉，只不過是槍砲代替了弓弩，戰馬換成了坦克。川軍弟兄措手不及，死傷自然不在少數，倖存者急忙退出城外，日軍一路追殺到紹水，14日方才收隊回城。第二天——也就是1945年8月15日，日本宣佈無條件投降的消息傳遍神州大地，全縣日軍垂頭喪氣地退往湖南，魚住孝義不禁感歎：“長眠在山上、山谷裡的戰友啊！再見了！我們失敗了！”

　　回過頭來再說第2方面軍。6月上旬，張發奎將司令部遷到南寧，何應欽遵照重慶軍委會“打通廣州海口之目的，先以有力部隊攻略桂林及雷州半島，再分別攻擊衡陽、曲江（韶關），牽制粵北日軍，然後以主力沿珠江（西江）攻佔廣州”的作戰方針，指示第2方面軍以一軍攻略雷州半島，佔領廣州灣（湛江），第3方面軍以第13軍第89師攻略梧州，掩護第2方面軍側背。反攻廣州的作戰計畫因魏德邁、麥克魯等美方將領參與其中，當時又稱之為“白塔計畫”和“冰人計畫”，顯得“洋味”實

足。張發奎很興奮，他說：“光復南寧後，美國人真的出手幫助我們了。我們為進攻廣州灣作了準備。美國人把新1軍完整地從印度空運到南寧，新1軍完全是美式裝備——最佳的裝備。其先遣設營部隊於6月12日飛抵南寧。”不光是新1軍，何應欽還把陸軍總司令部直轄的第54軍也劃歸第2方面軍指揮，張發奎高興地差點蹦起來：“第54軍陸續抵達南寧，其軍長闕漢騫是黃埔四期，1936年在我麾下任第14師第40旅旅長。他是陳誠的人馬。該軍是中央嫡系部隊，美式配備。我命令它衛戍南寧，留作二線部隊。”

　　7月4日，張發奎命令“第62軍、第64軍守備桂越邊境及防城、欽縣、合浦沿海，掩護南寧安全。粵桂南區總指揮鄧龍光，以原轄部隊，並指揮第46軍、突擊營、新1軍重迫擊砲營等，任雷州半島之攻擊”。並限“第46軍由邕柳公路徒步經貴縣，於7月20日前在玉林、陸川間集中完畢；新1軍之新38師於7月底經永淳到達貴縣，為攻擊雷州半島的第二線兵團”。湯恩伯也比較配合，限令“第13軍第89師7月24日前到達柳州，準備梧州之攻略”。

此時第46軍軍長已由原第16集團軍參謀長韓練成調任，韓練成原名韓圭璋，寧夏固原人，絕對稱得上是一位傳奇人物。中原大戰時，韓練成在馬鴻逵手下當獨立團團長，馮玉祥騎兵部隊襲擊歸德（今河南商丘），停靠在月臺上的蔣介石"總司令列車行營"危急萬分，韓練成聞訊親率主力馳援，成了火線"救駕"的英雄團長，蔣介石當即下了一道手令："韓圭璋忠勇可嘉，特許軍校三期畢業，列入學藉，內部通令知曉。"蔣校長硬是認了一個學生。

全面抗戰爆發不久，白崇禧一眼看中韓練成，將其調為第五戰區高級參謀，作為一個甘肅人，能夠在桂系集團中站穩腳跟並最終脫穎而出，足見韓氏確有過人之處。只是蔣介石、白崇禧當時都不知道，韓練成其實"是一個沒有辦理過正式入黨手續的共產黨員"。

新19師率先到達蓮塘口東西之線，張發奎、韓練成要求蔣雄師長三日內拿下廉江。雷州半島日軍與桂柳會戰前基本無變化，仍是獨立混成第23旅團一部和歸其指揮的獨立混成第22旅團第70大隊。8月1日，南寧天氣惡劣，飛機不能按計劃起飛助

第46軍軍長韓練成。

戰，新19師毅然發起攻擊，只經半小時戰鬥，就佔領紅頭嶺、陸軍堂、大橋頭等據點。中午，第55團攻佔西街嶺，日軍第70大隊固守東聖嶺不退，第57團屢攻不下。蔣雄師長調整部署，接近傍晚的時候，第55團一部攻克縣背嶺，另一部由西門突入廉江城內，東聖嶺日軍無心再戰，陸續由南門撤退，第57團乘勢迫近東門。21時，新19師收復廉江，主力分成數個縱隊，沿通遂溪各道路追擊前進。蔣雄提前完成任務，韓練成下令第131師、第175師加快步伐，確保新19師兩翼不失。3日拂曉，突

擊營夜襲遂溪以西20公里處的安鋪鎮，未料日軍早有準備，於是奇襲變成了強攻，直到4日13時，部分突擊戰士才好不容易沖入街市。遂溪日軍調集300餘人，在裝甲車的掩護下，分由洋箐、後溪增援，突擊營為避免與敵決戰，重新退出安鋪鎮。鄧龍光、韓練成當然也不打算讓突擊營攻堅，他們估計日軍有可能循遂廉公路反擊廉江，便令突擊營和第188師退至公路兩旁，先截斷遂溪、安鋪間交通，再圖進攻安鋪。

7日晨，第188師562團1營驅退向南安、新圩推進的日軍。8日4時，安鋪之敵主動撤退，突擊營迅速跟進，第131師亦趕到後背嶺、黃泥地、兩家灘一線。11日，張發奎電令韓練成："東京10日廣播，日本政府已接受波次坦公告無條件投降。方面軍為捕捉戰機，雷州灣攻擊兵團即攻擊當面之敵向廣州灣進出。"韓練成當即令"突擊隊以一部守備安鋪，主力向洋箐攻擊，第188師對南面山飛機場及遂溪城攻擊，新19師先攻佔馬頭嶺，再協力第188師攻略遂溪，第175師向義合圩、廉江間集結"。誰知命令剛往下傳達，張發奎又來了新的指示："頃據廣播，大陸

及越南之敵，仍將繼續戰鬥，不能接受東京政府命令，我各軍行動應以威力壓迫為著眼，慎重行事，勿以一時意氣之衝動，輕率暴進，作無計畫之戰鬥，致反遭不利。"韓練成比較保守的改令第188師佯攻遂溪，新19師壓迫馬頭嶺之敵，第175師集結待命。曾廣治當年是新19師第56團第3營副營長，他回憶說："13日凌晨我們向馬頭嶺發砲進擊，13日、14日連續激戰兩天，15日繼續發砲，敵人很少還擊。16日清晨敵軍全部停止戰鬥。當時敵軍已先我得知投降消息，其後不久我軍也欣聞日本全部無條件投降的特大喜訊。"反攻變成了接收，新19師後來渡過瓊州海峽，駐榆林、三亞等地，擔任瓊南的警戒和接收任務。

年輕的國民政府軍傘兵部隊（當時稱突擊總隊）也參加了反攻行動。7月12日凌晨，突擊第1中隊的中國官兵159人和美軍16人，分乘14架C—47運輸機，空降廣東開平，成為中國歷史上第一次空降作戰。情報組會同地方武裝多方搜集敵情，獲悉西江北岸肇慶縣城有日軍一個步兵聯隊，南岸的南江口設有據點，但人數不多，主要是保障西江水運暢通。井

慶爽隊長決定以主力突擊南江口，第1分隊配合三羅自衛隊襲擊南渡口。8月3日2時許，第2、第3分隊進迫南江口，拂曉突然發起攻擊，日軍倉皇應戰，一開始反擊火力還算猛烈，等傘兵使用火箭筒猛轟後，槍聲漸漸稀疏，很快就放棄南江口，向北岸逃逸。進入江邊據點，井慶爽發現日軍煮的稀飯還是熱的，可見事前毫無知覺。南渡口那邊因為支援的自衛隊未能如期到達，第1分隊行動稍遲，日軍聞風脫逃。奇襲目的達到，井慶爽率部撤回羅定，準備再伺機執行其他任務。傘兵抗日第一戰殲敵20餘人，陣亡中尉歐健芬和士兵二人，另有一名上尉分隊長和士兵二人負傷。

梧州方面，第13軍第89師從貴陽徒步向柳州前進之際，何應欽命令突擊總隊以3個突擊中隊編成1個大隊，由美軍協助，掃蕩丹竹機場，以待第89師到達，會同向東推進。7月17日，突擊第8、第9、第10中隊，總兵力700餘人分批空運柳州，然後分乘6艘大型舢舨，沿柳江、黔江東下，26日中午捨船上陸，進入平南境內。大隊長林樹英與平南自衛隊取得聯繫，掌握了丹竹機場附近的敵情，日軍獨立混成第23旅團一部約400人，分駐機場北側的蒲陽崖、鳳凰山、土村一帶，另有約300人配置於馬鹿窩、葛麻嶺、丹竹天主堂等地。林樹英決定不等第89師到達，先向丹竹機場周邊制高點推進，28日下午第10中隊佔領上峽嶺的光禿山頭，接下來的幾天雙方通過迫擊砲互射，傘兵未能取得突破性進展。8月2日，第89師陸續進抵平南，經過協商，該師第265團負責進攻土村和馬鹿窩，傘兵負責蒲陽崖、鳳凰山。3日4時，各部採取行動，第265團比較順利，沒費多大力氣便拔掉了土村、馬鹿窩兩處據點，傘兵則遇到日軍一定程度的抵抗，第8中隊與蒲陽崖之敵僵持長達4小時之久，西南聯大二年級生翻譯官繆弘不幸中彈犧牲，鳳凰山陣地激戰到14時，第10中隊耗盡彈藥，無奈撤回上峽嶺。日軍當晚全部乘橡皮艇順流東下，第265團次日進佔丹竹機場。

12日，第89師繞經藤縣東北山地，包圍了三面臨江的梧州，城內日軍約有4個大隊，據諜報人員反映，日軍把搶來的糧食和百多頭豬運上了白雲山，揚言要誓死固守梧州。14

日拂曉，第13軍軍長石覺親自指揮攻城，第89師主力沿桂江東岸攻擊白雲山制高點，一部沿桂江西岸進攻廣西大學和富民坊。師屬砲兵營集中8門美式M1A1型75mm山砲猛轟白雲山，部分摧毀了日軍工事，但當步兵衝近時，未受砲火損害的暗堡吐出奪命火舌，致使進攻頻頻受阻。15日，梧州日軍還是不願意停止抵抗，第89師先後攻克石人山、榜山，殲敵1個中隊，俘虜30餘人，白雲山日軍開始動搖。16日黎明，我軍發起總攻，潛入市區的別動隊襲擊思達醫院等日軍駐地，城內反正偽警亦紛紛響應。石覺回憶說："敵人憑永久工事抵抗，我需逐點克服，利用火箭筒及山砲破壞據點。東正面攻克白雲山，敵遺屍130多具。西正面攻克石嶺，續向市內推進，敵乘快艇400多艘沿西江逃逸。我軍在龍船桶口佈置兩連機槍攔擊，但江面太寬，只擊沉10餘艘敵艇。"第89師遂進入梧州，將殘敵完全肅清。

歷史的指標終於走到1945年8月15日，中國人民迎來了抗日戰爭的全面勝利。這一天張發奎永生難忘："8月15日夜，我在收音機前聽到了日本天皇正式頒佈投降之敕令，我的耳邊突然聽到外面一陣沸騰囂叫的音樂，繼而滿天爆竹的火光，在天空交錯飛舞，我即刻率領了所有的高級幕僚，攜了兩瓶威士忌酒跑到何應欽的行館，高舉酒杯在大家狂歡中互祝抗戰的最後勝利。"作為一名獨當一面的抗日將領，張發奎心頭又有所遺憾："我參加了淞滬會戰、武漢會戰、桂柳會戰。可以說，在戰略上這三次會戰都是成功的，我們以空間換取了時間；但在戰術上，我們失敗了。講句真話，我從未取得過一次勝利，可是我延宕了敵人的前進，還多次重創敵軍。在整個抗戰中，我們一直採取守勢。在戰爭快要結束時，我首次負責發動大規模的攻勢，可惜攻勢剛開始，戰爭就結束了。"張發奎發自肺腑的內心話，一言以蔽之，其實也可以看作對整個國民黨正面抗日戰場的總結。他進一步指出："大多數海內外的同胞認為，我們以劣勢裝備與粗淺訓練，英勇地與武器精良訓練一流的敵人鏖戰了八年，最終取得了勝利。然而從一個軍人觀點，我認為談不上英雄史詩，我們所作的一切只不過是以空間換取時間。"

所幸我們終歸換來了"慘勝"！

後記

這本小書斷斷續續寫了兩年。一方面工作太忙，另一方面家庭瑣事太多，最後不得不犧牲部分睡眠時間，來完成這一次有些感到疲倦的創作。當敲進最後一個句號，江南的高溫季節已經過去，各大超市包裝精美的月餅琳琅滿目，轉眼又該是中秋團圓夜了。看著小兒誠誠在爺爺、奶奶的精心呵護下茁壯成長，做父親的很想拿這本小書作為兒子兩周歲的禮物。或許將來有一天，父親會對長大的兒子說："爸爸在你媽媽懷著你的時候，開始寫這本書，直到你快要兩周歲時殺青，這本小書見證了你的成長。"

北京的王仕豪先生於百忙之中說明複印資料，在此一併謝過。

2012年9月9日

參考文獻

一、檔案史料類

1、中國第二歷史檔案館：《抗日戰爭正面戰場》，鳳凰出版社2002年版。

2、中國第二歷史檔案館：《中華民國史檔案資料彙編第2編第5輯——軍事》，江蘇古籍出版社1998年版。

3、黃錚主編：《廣西抗日戰爭史料選編》，廣西人民出版社2005年版。

4、"國防部"史政編譯局：《抗日戰史——桂柳會戰》，1966年版。

5、"國防部"史政編譯局：《抗日戰史——南戰場追擊》，1982年版。

6、中國國民黨中央委員會黨史委員會：《中華民國重要史料初編——對日抗戰時期第2編作戰經過》，1981年版。

二、文史資料類

1、中國人民政治協商會議全國委員會文史資料研究委員會：《粵桂黔滇抗戰親歷記》，中國文史出版社1995年版。

2、中國人民政治協商會議廣西壯族自治區委員會文史資料研究委員會：《廣西抗戰親歷記》，1987年版。

3、中國人民政治協商會議廣西壯族自治區委員會文史資料研究委員會：《新桂系紀實》，
　　1990年版。

4、中國人民政治協商會議廣西壯族自治區委員會文史資料研究委員會：《新桂系紀實（續
　　編）》，2006年版。

5、中國人民政治協商會議桂林市委員會文史資料研究委員會：《桂林文史資料第5輯——桂
　　林保衛戰》，1984年版。

6、中國人民政治協商會議桂林市委員會文史資料研究委員會：《桂林文史資料第26輯》，
　　1994年版。

7、中國人民政治協商會議桂林市委員會文史資料研究委員會：《桂林文史資料第49輯》，
　　2005年版。

8、中國人民政治協商會議柳州市委員會學習文史資料委員會：《柳州文史資料第7輯——紀
　　念闕維雍將軍》，1990年版。

9、中國人民政治協商會議柳州市委員會學習文史資料委員會：《柳州文史資料第5輯》，
　　1987年版。

10、黔南州政協文史資料委員會：《黔南文史資料選輯第7輯——日軍入侵貴州》，1989年版。

11、廣東省政協文史委、韶關市政協文史委、始興縣政協文史委合編：《揮戈躍馬滿征塵——
　　張發奎將軍北伐抗戰紀實》，廣東人民出版社1990年版。

12、政協柳州市魚峰區委員會：《魚峰文史第13輯》，1995年版。

三、回憶錄類（包括口述歷史、年譜）

1、"中央研究院近代史研究所"：《丁治磐先生訪問紀錄》，1991年版。

2、"中央研究院近代史研究所"：《張法乾先生訪問紀錄》，1992年版。

3、"中央研究院近代史研究所"：《石覺先生訪問紀錄》，1986年版。

4、"中央研究院近代史研究所"：《劉安祺先生訪問紀錄》，1991年版。

5、"中央研究院近代史研究所"：《口述歷史第7輯》，1996年版。

6、張發奎口述：《蔣介石與我——張發奎上將回憶錄》，香港文化藝術出版社2008年版。

7、林偉儔著：《鐵馬金戈憶當年》，陳湘記圖書有限公司1992年版。

8、黃仲文編纂：《民國余上將漢謀年譜》，臺灣商務印書館1990年版。

9、陳誠口述：《六十自述》，"國史館"2012年4月版。

10、陳素農著：《回憶錄》（非賣品），1974年版。

11、稻葉正夫編、天津市政協編譯委員會譯：《岡村寧次回憶錄》，中華書局1981年版。

12、魚住孝義著、湯禮春譯：《大陸殿兵團——日軍湘桂大潰退寫真》，文史春秋雜誌社
　　1997年連載。

四、著作類

1、郭汝瑰、黃玉章主編：《中國抗日戰爭正面戰場作戰記》，江蘇人民出版社2002年版。

2、沈奕巨著：《廣西抗日戰爭史稿》，廣西人民出版社1995年版。

3、李建平主編：《抗戰遺蹤——廣西抗戰文化遺產圖集》，廣西人民出版社2005年版。

4、伍德安著：《半個世紀前的硝煙——廣西抗戰紀實》，灕江出版社1998年版。

5、程思遠著：《白崇禧傳》華藝出版社1995年版。

6、白先勇編著：《白崇禧將軍身影集》，廣西師範大學出版社2012年版。

7、唐凌、付廣華著：《戰時桂林損失調查研究報告》，社會科學文獻出版社2009年版。

8、鄧群、姚藍著：《湘桂戰役與桂林文化城的陷落》，中共黨史出版社2004年版。

9、中共廣西柳州市委員會宣傳部、柳州文化局：《抗戰烽火中的柳州》，廣西人民出版社
　　2005年版。

10、柳州市地方誌編纂委員會辦公室：《圖說柳州抗戰》，雲南民族出版社2005年版。

11、梧州市地方誌辦公室、梧州市人民防空辦公室：《抗日戰爭時期的梧州》，1989年版。

12、丁曉山著：《鬼子進村——1942年"五一大掃蕩"紀實》，山東畫報出版社2011年
　　9月版。

13、戚厚傑、劉順發、王楠編著：《國民革命軍沿革實錄》，河北人民出版社2001年版。

14、曹劍浪著：《國民黨軍簡史》，解放軍出版社2004年版。

15、苟吉堂著：《中國陸軍第三方面軍抗戰紀實》，文星書店（臺北）1962年版。

16、王蓂林編著：《陸軍第64軍抗戰戡亂經過紀實》（非賣品），1982年版。

17、劉忠勇著：《中華民國傘兵作戰史》，經綸天下出版社2011年版。

18、新銘著：《國軍軍史——軍級單位戰史（一）》，知兵堂出版社（臺北）2007年版。

19、新銘著：《國軍軍史——軍級單位戰史（二）》，知兵堂出版社（臺北）2009年版。

20、日本防衛廳防衛研究所戰史研究室：《湖南會戰》，中華書局1985年版。

21、日本防衛廳防衛研究所戰史研究室：《河南會戰》，中華書局1985年版。

22、日本防衛廳防衛研究所戰史研究室：《廣西會戰》，中華書局1985年版。

23、日本防衛廳防衛研究所戰史研究室：《昭和二十（1945）年的中國派遣軍》，中華書局
　　1984年版。

24、王輔著：《日軍侵華戰爭》，遼寧人民出版社1990年版。

25、張明金、劉立勤主編：《侵華日軍歷史上的105個師團》，解放軍出版社2010年版。

26、徐平主編：《侵華日軍通覽》，解放軍出版社2012年版。

27、李惠、李昌華、岳思平編：《侵華日軍序列沿革》，解放軍出版社1987年版。

28、戈衍棣、黃立文、楊魁等著：《桂林血戰實錄》，上海1945年版。

五、學術論文類

1、劉五書：《論抗日戰爭正面戰場的戰略反攻》，《抗日戰爭研究》1995年第3期。

2、李剛：《豫湘桂會戰之黔南作戰》，《抗日戰爭研究》1996年第4期。

3、張力：《白崇禧與桂柳會戰》，"20世紀三十年代的廣西建設"研討會論文2012年
　　5月。

國家圖書館出版品預行編目（CIP）資料

西南揮戈：1944年中日桂柳會戰 / 馮杰 作．
-- 初版．-- 臺北市：知兵堂出版；通寶文化
發行, 2013. 07
　　　面；　公分，——（知兵堂叢書精選；45）
ISBN 978-986-89509-4-8（平裝）

1. 中日戰爭　2. 會戰　3. 中國史

628.58　　　　　　　　　　　102012800

西南揮戈 1944年中日桂柳會戰

作　　者：馮　杰
責任編輯：林　達
封面設計：王詠堯

出版：知兵堂出版事業股份有限公司
發行所：通寶文化事業有限公司
地址：10679 台北市大安區樂利路86巷4號1樓
電話：(02) 8732-5265
傳真：(02) 8732-5295
劃撥帳號：50131613
劃撥戶名：通寶文化事業有限公司
網址：www.warmg.com

零售經銷：吳氏圖書股份有限公司
地址：23586 新北市中和區中正路788之1號5樓
電話：(02) 3234-0036
傳真：(02) 3234-0037
E-mail：web@wusbook.com.tw

初版一刷：2013年7月
售價：新台幣320元
　　　（缺頁或破損的書，請寄回更換）